博悦童年·赋能未来

——立德树人视域下的"小主人"
育人体系构建实践探索

杨 伟 著

中国海洋大学出版社
·青岛·

图书在版编目（CIP）数据

博悦童年·赋能未来：立德树人视域下的"小主人
"育人体系构建实践探索 / 杨伟著. -- 青岛：中国海
洋大学出版社，2025.9. -- ISBN 978-7-5670-4319-0

Ⅰ. G622.0

中国国家版本馆 CIP 数据核字第 202556VF33 号

BOYUE TONGNIAN · FUNENG WEILAI：LIDE SHUREN SHIYU XIA DE
"XIAOZHUREN" YUREN TIXI GOUJIAN SHIJIAN TANSUO

出版发行	中国海洋大学出版社
社　　址	青岛市香港东路 23 号　　　　**邮政编码**　266071
出 版 人	刘文菁
网　　址	http://pub.ouc.edu.cn
订购电话	0532-82032573（传真）
责任编辑	矫恒鹏　　　　　　　　　　　**电　　话**　0532-85902349
印　　制	青岛国彩印刷股份有限公司
版　　次	2025 年 9 月第 1 版
印　　次	2025 年 9 月第 1 次印刷
成品尺寸	170 mm × 240 mm
印　　张	26.25
字　　数	471 千
印　　数	1—1 000
定　　价	86.00 元

发现印装质量问题，请致电 0532-58700166，由印刷厂负责调换。

　　青岛博文小学在杨伟校长的带领下将把多年来的教育改革探索成果结集出版,由衷为之喜悦。

　　与杨校长的相识转眼已十多年的时间,当时她还在市北区的另外一所学校担任校长。由于特殊的机缘,她所领导的这所学校挂牌青岛大学师范学院实验小学,我们曾共同致力于探索一条大学与中小学开展深度合作研究的实践模式,我是该项目的主要负责人之一。在杨校长的价值认同与精心安排之下,合作活动开展得深入扎实且卓有成效,我和研究团队的几位成员都非常珍视每月一次的合作研讨活动,真切感受到教育理论思考与教育实践智慧相碰撞所产生的生发效应,见证了一种独具特色的学校育人体系的逐步成型与完善。

　　杨校长是我所接触的少有的几位可以持续开展深度合作研究的校长之一。印象中的她总是温文尔雅,温和而又坚定。那份沉静的力量,不仅源自对每一个独特生命的珍视与托举,更深植于她对教育本质的深刻理解与不渝追求。尤为可贵的是,她在教育实践中始终秉持着扎实深耕的态度——不贪慕虚名浮利,不追逐表面热闹,沉潜于教育的沃土。无论是精心策划的每次活动,还是系统推进的课题研究,她都巧妙地将前瞻性的教育理念融入日常实践,化为可操作的闭环管理,确保每一项工作都善始善终,在日复一日的精耕细作中,静待生命成长的拔节孕穗,当时对于"小先生"特色育人体系的探索也逐渐结出硕果。

　　杨校长调任到博文小学后,肩负着改造提升薄弱学校的重任,继续致力于实现她的教育理想，她再一次躬耕实践，以前瞻性的教育视野提出"小主人"教育理念，这是她对于教育理想追求的又一次执着奔赴。如果说"小先生"教育理念的提出旨在实现一种办学特色的打造，"小主人"理念则是更高教育理想的诠释，它是立德树人根本任务在学校层面的生动展现。围绕使学生成为自我成长小主人、课堂学习小主人、班级自主管理小主人、学校活动小主人和社会参与小主人等方面，学校深入推进学校育人体系深度变革，扎实且卓有成效。学校以课堂教学为主渠道，将"五育"贯穿其中，用课堂学习小主人实践研究打破"教师中心"的传统格局，以课堂"小讲师"充分唤醒学生的潜能，提高学生的责任担当意识，将课堂教学改革真正落到实处。在班队建设方面，在自我管理与集体管理的共促中落实"德育为先"，通过德育自能岗的创设，实现德育管理的一体化，德育方式的多元化。在活动开展方面，通过学校活动小主人、社会参与小主人系列活动设计，多措并举，助力"五育并举"的真正实现。学校还研究制定了独具特色的学生发展研究评价指标与方案，旨在培养学生四项基本素养——自主、自信、自我管理、自我评价以及四项特质素养——灵活的问题解决能力、多元的批判性思维品质、卓越的领导气质、刚健有为的责任担当精神，最终成为富有责任感和使命感的社会、民族的小主人。

杨校长的教育实践，凝聚着一位教育思想者对育人本质的深刻洞见。她以"博悦童年·赋能未来"为价值内核，将"学生发展第一"的理念转化为鲜活的办学实践。其构建的"小主人"育人体系，不仅是对立德树人根本任务的校本化诠释，更彰显了"让儿童成为自主成长主体"的现代教育旨归。这样一种研究探索，立意高远而又步履坚实，带动了学校办学品质的整体提升。学校六年从规范迈向卓越的历程，不仅实证了该育人体系的可持续发展的生命力，更开拓出一条特色鲜明的学校创新发展之路。

本书的出版，既是对教育智慧的萃取，更是对"为党育人、为国育才"时代使命的校本回应。杨校长的教育实践启示我们：真正的教育创新，永远植根于对教育本质的深刻理解与坚定守望之上。祝贺博文小学在杨校长的带领下取得更大的成就，也期待着结出更大的硕果！

青岛大学教育科学学院　王有升
2025 年 8 月

学校特色
活动剪影

📷 校园美景

学校主教学楼

博园主雕塑

惜味园音乐餐厅

学校操场

七彩鹿

艺体馆

牡丹园

书台雕塑

景观座椅

紫藤长廊

雅趣亭

雅集

学校图书馆

博雅教育·精彩瞬间

多元赋能，星耀博园

风车转动奥运梦，博园绽放新篇章

师心与童心的和弦

向上吧！博雅少年

小博作伴，爱与萌趣的美好

今天我们有了新名字——相遇博园，梦想启航

博爱育人,一路生花

爱心抱抱熊,传递爱与温暖

📷 教师团队

"情系师生，共话愿景"校情会商暖冬行动恳谈会

"数智赋能·专业成长"青年成长营活动

健身康体，"锦"上添花

博雅特色优质学校教育成果展暨表彰会

博雅教师学术研讨活动

博雅书香教师交流会

📷 小讲师课堂

小讲师团 C 位出道

小小英语讲师，大大课堂梦想

快乐闯关，智慧成长 —— 低年级
无纸笔乐考进行时

低年级乐考嘉年华

学术领航人杨校长参加校园学术节
暨博雅教艺节研讨活动

小讲师创享自主课堂——我的课堂我做主

幼小衔接博娃启航课程

小讲师团跨学科项目化学习展示

"小讲台，大梦想"博雅小讲师送"福"啦

"小讲台，大梦想"第二届"博雅小讲师"风采大赛

疯狂科学秀，我们爱科学

"科创点亮梦想"校园科创节

校园科创节，科技点亮梦想

小讲师创享自主课堂的深度对话

📷 校园活动小主人

朝气蓬勃的博雅少年

蹦出精彩——学校蹦床社团参加
市北区中小学生田径运动会
开幕式展演

我的名字叫博文——学校千余名师生
参加市北区中小学生田径运动会开幕式

践行"十个一"，学校运动会开幕式班级特色展演

"哪吒"霸气蹦跳燃爆全场——学校蹦床社团参加2025年青岛市中学生运动会展演

首届家长摄影大赛暨家长开放日活动

一人一岗位，小帮厨自主管理

惜味园"食"光记，每一口都是快乐

与国旗同框，向祖国告白

光影里的赤与青

2024年春季田径运动会开幕式

社会参与小主人

校家社粽香传情，端午节共育安康

最美的遇见——市北区运动驿站遇见博文家长开放日

博悦童年·赋能未来，构建家校共育新生态

博文学子参加"家门口的好学校教育成果展"

博文学子参加"市北区家校社协同育人实践基地挂牌暨'档案学苑'启用仪式"

博雅学子参加公交 421 路车队学雷锋彩绘车厢共建活动

博文馆藏日——博雅学子参观城市记忆馆

目录
CONTENTS

第一部分 理论建构篇：从理念到体系

第一章 课题研究 ·· 1

立德树人视域中的"小主人"课程构建的实现路径 ···················· 3

"立德树人视域中的'小主人'课程构建与实施研究"课题研究总报告··· 11

第二部分 实践探索篇：多维育人行动

第二章 博雅小讲师：课堂中的主人 ······························ 46

第一节 教研成果荟萃 ·· 46

博雅讲堂 成长进阶 ·· 46

教学评一体化下"小讲师"教学模式多维智能发展实践 ················ 51

小讲师"悦"读绘本，赋能学生成长 ································· 56

以《燕子》为例谈构建深度互促课堂探究学习新生态 ················ 64

以"小主人"之力创生数字文化符号 ································· 68

小学信息技术"小讲师"参与微课程设计与应用的实践研究 ·········· 75

小学数学教学中生活案例的运用策略研究 ·························· 78

第二节 教学法初探 ·· 82

聚焦核心素养 小讲师赋能英语学习 ·······················82

"小讲师助学，核心驱动课堂教学模式"之探析 ············86

小学语文课堂"四步进阶式"小讲师教学模式实践研究 ·······91

第三节 典型课例设计 ·······························96

用统计解码"舌尖上的营养"——基于数据调查与分析的营养午餐

设计 ··96

My Favourite Festival 教学设计 ························104

《古诗词三首》教学设计 ······························109

《面积和面积单位》教学设计 ··························119

《有趣的碰碰球》教学设计 ····························132

《顽皮的杜鹃》教学设计 ······························139

《剪纸中的古老记忆》教学设计 ························146

《花球啦啦操 快快跳起来》教学设计 ···················151

第三章 班级自主管理：成长中的主人 ················156

第一节 全员育人案例 ·····························156

赋能 • 共生：小学班级全域自治 ·······················156

不插手的艺术 ······································159

小岗位藏着大成长 ··································162

赋权 • 协同 • 成长："小主人"视域下家校共育新路径的实践探索 ·······165

"小主人"自主管理赋能"大未来" ·····················168

不当"旁观者"，争做"当家人" ·······················171

第二节 班级小主人自主管理实践探索 ···············174

一人一岗位，各负其责显担当 ·························174

搭建自主管理桥，共育成长新风景 ·····················180

破茧与织网 ··183

"班级 CEO"养成记 ·································186

第四章 校园活动创生：校园里的小主人 ··············189

第一节 特色活动策划案 ···························189

星光导航员 ……………………………………………………… 189

告别老师的小尾巴 ……………………………………………… 192

"布"一样的精彩 ………………………………………………… 194

第二节　学生活动策划书精选 …………………………………… 197

跳进元宇宙！奇趣运动会大冒险 ……………………………… 197

艺体双修　跃动未来 …………………………………………… 201

第五章　社会参与实践:社会中的主人 ……………………………… 205

第一节　教联体协同育人案例 …………………………………… 205

"博爱育人"视域下"小主人"成长实践探索 ………………… 205

小主人成长计划 ………………………………………………… 208

"教联体"协同育人赋能"社会小主人"培养的实践 ………… 211

第二节　小主人研学实践 ………………………………………… 215

打破围墙的德育新范式 ………………………………………… 215

赋能·实践·成长 ……………………………………………… 221

小脚丫走天下 …………………………………………………… 225

第三节　学生实践报告 …………………………………………… 228

城市小卫士 ……………………………………………………… 228

青岛路牌"要说话" ……………………………………………… 230

第三部分　成果辐射篇

第六章　区域教育舞台上的博文声音 ……………………………… 235

从"规范创新"到"品质深耕"　办一所有内涵、有品质、有温度的

优质学校 ………………………………………………………… 235

同心谋发展　满意在博文 ……………………………………… 239

假期多元作业宝箱,赋能学生博雅未来 ……………………… 243

教育,就是让每个孩子都发光 ………………………………… 249

明眸"视"界,让前行更有力量 ……………………………… 254

打造"博爱育人"品牌,让小微尘传播大能量 ………………… 257

第七章　教育教学管理新引擎 ···259

　　立足需求，多元赋能，打造"小主人"育人体系下的教师校本研训新
　　样态 ···259

　　自主成长与文化传承双翼并举："小主人"育人体系的创新实践·········263

　　小讲师，大梦想 ···266

第八章　AI赋能"小主人"教育教学管理的创新实践···············272

　　数智共育，破茧成长 ···272

　　智慧赋能，共育未来 ···276

　　智"数"未来—AI赋能数学教学的创新实践 ·························281

　　AI赋能，点燃体育新课堂 ···285

第九章　教师成长故事 ···288

　　讲台上的生长密码 ···288

　　那些看向大海的人，会成为大海 ···291

　　左手墨香，右手星光 ···293

第十章　学生成长故事···295

　　我的课堂我开讲 ···295

　　萤　光 ···297

　　第一次，我的声音盖过了心跳声 ···299

　　讲台上的蜕变：为成长添上翅膀 ···301

　　向上生长的力量 ···303

　　叮！今日自律能量已充满 ···305

　　成长是棵会开花的树 ···307

　　班里有个"小能人" ···309

第十一章　家校共育家长成长故事 ·····································311

　　家长要跟孩子一起长大 ···311

　　陪伴是最长情的告白 ···314

　　家校同心，共赴成长之旅 ···316

第十二章 生命的回响：教师、学生、家长感言 ·········· 319

　　博雅教师感言 ·· 319

　　童言童语 ·· 334

　　家长感言 ·· 349

第十三章 社会反响：媒体报道集锦 ························ 368

　　青岛中小学生寒假作业悄然"大变身" ························ 368

　　岛城百万中小学生花式迎开学 ······························ 370

　　春暖花开日，恰逢少年归 ·································· 371

　　满满的仪式感！2023青岛小学报名确认现场：花样百出、暖心相迎 ······ 374

　　新学期新气象　学习乐园再升级 ····························· 375

　　太暖心了！教师节前夕，青岛博文学子手绘漫画肖像送祝福 ········ 376

　　锦旗飘扬，花束传情！青岛博文小学教师节温情满校园！ ········ 378

　　打造校园亲子运动品牌 ···································· 380

　　第二所赵革"微尘"博爱学校揭牌 ··························· 381

　　科学度寒假寻味中国年 ···································· 383

　　校园运动会科技含量高 ···································· 384

　　助推幼小科学衔接 ·· 385

　　青岛中小学召开春季运动会 ································ 386

第十四章 学校荣誉 ··· 387

第一部分

理论建构篇：从理念到体系

立德树人视域中的"小主人"课程构建的实现路径

杨 伟

【摘要】为落实立德树人根本任务,学校深入推动育人体系变革,培养学生成为课堂学习、班级管理、学校活动及社会参与的"小主人"。学校积极推进五育融合,将课堂教学视作育人的主阵地,通过打造"课堂小主人"角色,充分激发学生潜能,强化学生的责任担当意识。在班队活动与学生日常交往过程中,大力推行班级自主管理"小主人"模式,实现德育管理的一体化与多元化发展。此外,设置学校活动"小主人",借此培养学生的组织协调能力、团队合作精神以及领导力。而社会参与"小主人"实践活动,则着重培养学生的社会责任感和公民意识。学校实施特色评价指标与方案,激励学生形成自主、自信、自我管理、自我评价等基本素养,并进一步提升问题解决能力、批判性思维、领导气质与责任担当精神等特质素养。通过多措并举,学校致力于使学生成为富有责任感和使命感的社会小主人和国家小主人,全面落实立德树人根本任务,推动学校育人体系不断向前发展。

【关键词】"小主人"育人体系;学校探索

落实立德树人根本任务,核心在于培养德智体美劳全面发展的社会主义建设者和接班人。新时代学校教育以学生主体性发展为着力点,通过强化自主选择、自我规划与自我管理能力,培养学生的主动性、独立性及内生动力。青岛博文小学通过"小主人"育人体系构建,以责任意识与创新精神培养为双翼,引导学生树立正确的世界观、人生观、价值观,全面提升核心素养。

一、"小主人"育人体系的内涵

学校育人体系变革的目标是培养学生成为课堂学习、班级管理、学校活动和社会参与的积极参与者。以"小主人"育人体系为核心，强调德育先行、全面发展的教育理念，通过体验式学习和差异化教学，逐步深化育人实践。"小主人"育人体系旨在培养学生的必备品格和关键能力，使其具备成为课堂学习、班级自主管理、学校活动及社会参与小主人的素质。这一育人体系贯穿于学校教育的各个层面，确保所有教育活动都服务于立德树人根本任务，促进学生全面发展。狭义上，学校"小主人"育人体系则聚焦于学校本位的教育实践，通过设定一系列与"小主人"能力发展相关的概念性主题，引导学生综合运用在各类课程中学到的知识和技能，进行跨学科学习。这种学习方式不仅促进学生知识技能的迁移和应用，更在实践中锻炼和提升他们的自主性、责任感和领导力，使之成为能够主动探索、积极管理并贡献于社会的小主人。

二、"小主人"育人体系的构建路径

（一）"小主人"育人体系的目标设置

"小主人"育人体系是一种有助于培养孩子自主、自律、自强的教育模式。学校着眼于"让学生成为有修养、有气度、有家国情怀和有国际视野的未来社会小主人"的育人目标，结合学生参与校内外活动的方方面面，将目标具体分解为课堂学习小主人、班级自主管理小主人、学校活动小主人和社会参与小主人，注重四项基本素养（自主、自信、自我管理、自我评价）和四项特质素养（灵活的问题解决能力、多元的批判性思维品质、卓越的领导气质、刚健有为的责任担当精神）的培养。

（二）"小主人"育人体系的内容构建

"小主人"育人体系通过一系列实践活动，培养学生的主动性、责任感和综合素养，主要包括课堂学习小主人、班级自主管理小主人、学校活动小主人和社会参与小主人等四方面内容。

1. 课堂学习小主人（小讲师）角色设计

学生是课堂的主人，他们在课堂中的角色定位和行为方式直接影响学习效果和教学质量。通过设计课堂学习小主人（小讲师）的角色，可以显著提高学生的学习主动性和积极性。

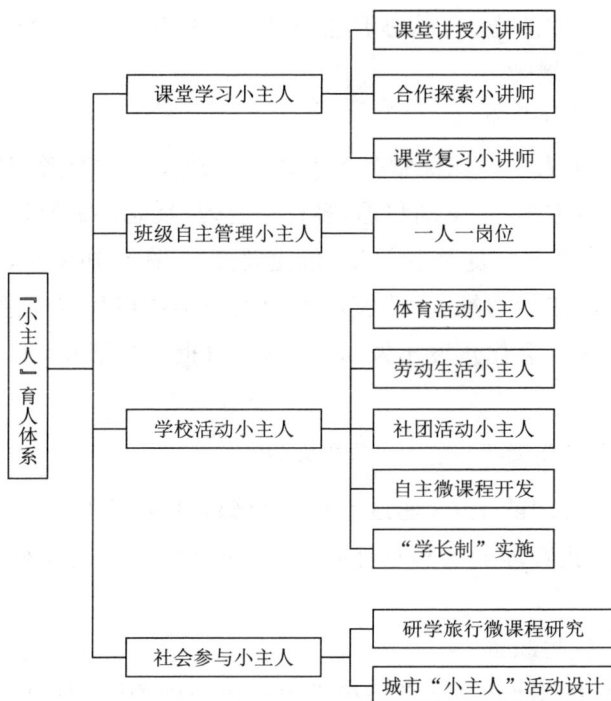

青岛博文小学"小主人"育人体系结构图

（1）课堂讲授小讲师

学生是学校教育教学课堂的主人，在课堂授课中，课堂"小主人"亦称为"课堂讲授小讲师"。课堂讲授小讲师是在课堂学习的各个环节中担任讲解和演讲任务的学生。他们通过提问、讨论、示范等方式激发学生的思考和学习兴趣，为全班同学传授知识、解答问题，并引导学生积极参与课堂活动。有时，根据学习主题，他们也会形成课堂小讲师团，向同学们展示组内的学习成果任务。例如，在数学课上，小讲师可以讲解解题思路，组织同学们进行讨论，最后总结解题方法。这种角色设计不仅提高了学生的表达能力，还促进了课堂互动和思维发展。

（2）合作探索小讲师

合作探索小讲师在合作学习中发挥主动性和创造性，通过自主学习和探索的方式，向同伴传递知识，组织和管理小组合作的学生。他们在合作学习过程中提供必要的引导和支持，引导学生明确学习目标、分工合作、制订学习计划等，确保学生在合作学习中取得良好的学习效果。他们具有自主学习、主动探索、团队合作和主动分享的能力和品质，同步培养了他们的四大能力：目标管理能力、自我调控能力、沟通协调能力与责任担当能力,最终实现知识建构与素养发展的双重增效。

（3）课堂复习小讲师

课堂复习小主人是指在课堂复习过程中扮演主动学习者和整合者角色的学生。他们具备自主学习、主动整理、多样化复习、反思和调整以及合作学习的能力和品质。培养"课堂复习小主人"的重要意义,在认知层面,有助于学生加深对知识的理解;在能力维度,能够培养学生的学业自我效能感,助力其掌握终身学习策略;从社会化角度出发,还可以孕育批判性思维,催生学术领导的雏形。

2. 班级德育自能岗"小主人"角色设计

学生是班级管理的主人,通过设计班级德育自能岗"小主人"的角色,可以培养学生的自我管理能力和责任心,促进班级的和谐发展和学生的综合素养提升。

（1）角色定位与职责

班级德育自能岗"小主人"是指学生在班级中扮演的积极、主动的角色。他们不仅是班级的一员,更是班级的管理者和决策者。通过参与班级会议、发表意见和建议、共同制定班级规则等方式,小主人们能够积极主动地参与到班级的管理中来,从而促进班级的协商民主文化的形成,提高班级的凝聚力指数。

（2）实施策略

在班级管理中,教师充分发挥学生的主体性,激发他们的自我管理能力和责任心。例如,通过设立"一人一岗位"管理规则,每个学生都有自己的职责和任务,如卫生监督员、纪律委员等。这种角色设计培养了学生的责任感和集体荣誉感。

3. 学校活动小主人角色设计

教师如何组织学生当好学校活动小主人是一个重要的研究课题。作为小主人,学生不仅要承担活动组织和协调的责任,还要展示良好的礼仪和沟通能力。在文化艺术活动、体育活动、劳动课程活动、社团活动等方面,教师通过一系列的策略和方法,帮助学生发挥小主人的作用。以下将从各个方面进行论述,并举例阐述。

（1）体育活动小主人

在体育活动中,学生可以承担引导观众入场、组织比赛和颁发奖品等重要职责。例如,在运动会上,小主人们可以负责运动员的检录、比赛的计分和颁奖等工作。这种角色设计培养了学生的团队协作能力和组织协调能力。

（2）劳动生活小主人

学校劳动生活小主人可以有效组织和管理学生的劳动活动,促进学生的综合素质和能力的提升,培养学生的劳动精神和团队合作意识,提高学生的责任感,实现学校五育并举的教育目标。学校倾力打造食育文化,倾心确保舌尖安全。学校打造的"惜味园"音乐餐厅是师生享受的乐园,作为小主人,学生承担协助教师组织和管理食堂的职责,宣传饮食知识和文化、参与食堂的管理工作。博雅玄关树、博雅笑脸墙、心愿墙、"惜味园"主题文化都是食堂"小主人"的创意。为了教育学生"爱惜粮食,反对浪费",学生中间选拔了校园"小帮厨",这些较高年级的同学在午餐时间指导并帮助低年级同学有序取餐盘、打餐,同时提醒小伙伴们吃多少取多少,少量多次取餐,并号召剩餐的同学尽量不挑食,养成珍惜每一粒粮食的习惯。

（3）社团活动小主人

在社团活动微课程中,教师组织学生参与各种社团的活动,如彩艺荟装饰画社团、漫迷之家社团、合唱社团、舞蹈社团等,以培养学生的兴趣爱好和创造力。作为小主人,学生承担组织社团活动和展示成果的职责,展示自己的才艺,并提升团队合作精神。小主人们制订活动计划、联系相关人员、安排活动场地和设备等。他们还负责宣传活动,吸引更多的人参与。在活动当天,小主人们会负责现场的管理和协调,确保活动顺利进行并让参与者有一个愉快的体验。此外,他们还会负责整理活动资料、记录活动过程和总结活动效果,以便以后的活动改进和提升。

（4）自主微课程开发

学生自主开发课程是极具价值的学习途径,能够充分激发学生的学习兴趣与创造力,有效培养其独立思考和问题解决能力。其中,金牌自主微课程《校园文化宣讲课程》致力于培养学生成为文化宣讲"小主人",促使他们积极弘扬学校文化,深度发掘校园之美。文化宣讲"小主人"在参与过程中,不仅能够掌握基础宣讲技巧,深入了解学校历史,深化对学校博雅文化的理解,还能锻炼自身胆量,提升语言表达能力,习得待人接物的基本礼仪。他们以最动听、最洪亮的声音为博园代言,为学校增添光彩,也为自己的成长历程绘就绚丽底色。

（5）"学长制"实施

"学长制"是一种学校的创新教育方式。通过学长学姐的辅导和引导,同学们互学互助,提高自主学习能力和团队合作精神。例如,在学长制课程中,学长学姐在课堂上为同学们答疑解惑,组织小组学习活动,或为低年级的学生提供学业辅导等帮助。通过这样的学长制课程,学生们能够提升学习成效和动机,同时也能够培养领导能力和团队合作能力。这样的学习经历将对学生的成长和发展产生积极的影响,为他们未来的学习和生活奠定良好的基础。

4. 社会参与小主人角色活动设计

鼓励小学生参与社会活动具有重要意义。通过设计社会参与小主人角色活动,可以培养学生的社会责任感和公民意识,学生不仅能成为社会服务的参与者,更能发展成为具备变革型领导力的未来公民。

（1）研学旅行微课程研究

小主人式的研学旅行是一种创新的学习方式。通过让学生扮演小主人的角色,参与旅行目的地相关事务的管理与组织,从而有效提升实践能力,培养团队合作精神。例如,在研学旅行过程中,小主人们负责行程规划、住宿安排和景点讲解等工作。这样的角色设定,极大地锻炼了学生的实践操作能力与组织协调能力,对学生综合素养的提升具有积极意义。

（2）城市"小主人"活动设计

通过组织城市"小主人"活动,可以让学生全面了解和参与城市的管理和发展。比如,在环境保护方面,我们的"小主人"可以进行环境教育,并进行垃圾分类、清扫等工作。这样的角色设置有助于培养学生的社会责任感和公民意识。

（三）"小主人"培养评价

学校实施特色评价指标与方案,促进学生养成四项基本素养——自主、自信、自我管理、自我评价,提升四项特质素养——灵活的问题解决能力、多元的批判性思维品质、卓越的领导气质、刚健有为的责任担当精神,最终成为富有责任感和使命感的社会小主人、国家小主人。

学校把学生参与校内外活动的各个层面有机融合,建立起一套多元化、发展性且全方位的评价制度。该制度涵盖"课堂学习"小讲师、班级自主管理"小主人"、学校活动"小主人"、社会参与"小主人"等多个维度。学校以特色文创为载体落实评价方案,其中评价指标之一是学生积极参与"博雅讲师团"，并通过"入门级小讲师—进阶级小讲师—博士级小讲师"三阶五级的进阶路径发展。

我校特色文创产品以"小博"作为主要形象，开发出吉祥物、3D 形象、小主人粘贴等多种学生喜闻乐见的形式，旨在唤醒、陪伴、见证并激励学生在各方面的成长。小主人粘贴共设五款，分别对应五大研究领域，学生可通过类似"集邮"的方式收集粘贴。在每月及学期末，依据学生所获粘贴数量，评选出班级、年级、校级小主人，并以"小主人荣誉榜"的形式进行统一表彰，借此号召并带动全校学生积极参与，共同进步。

三、学校"小主人"育人实践的总结与反思

（一）深化"小主人"培育理论研究与实践结合

为构建科学的"小主人"育人体系，需从教育学、心理学、社会学等多学科视角深入探讨其理论依据。主体性理论、社会认知理论及情感教育理论等均可为"小主人"课程提供教育原则和方法上的解析。理论研究应全面覆盖概念定义、理论依据、实施机制、策略及效果评价，同时紧密结合实践经验，确保理论与实践的深度融合。通过设计具有吸引力和挑战性的任务，结合学生的实际需求与兴趣，激发学生的主体性和创造性。此外，学校提供多样化的参与机会，引导团队合作，并及时给予反馈与认可，以提升学生的参与度和投入程度。在此基础上，进一步激发学生的责任感和自信心，让他们在实践中不断成长，为"小主人"课程的发展提供坚实的理论基础和实践指导。

（二）建立"小主人"育人体系培训与家校合作机制

为确保"小主人"育人体系的有效实施，需建立全面的培训机制。这包括培养家长和教育者的"小主人"育人理念和能力，提升他们的专业素养和育人水平。培训内容应涵盖责任意识、自主能力和社会参与意识的培养，通过班级培训、线上学习平台、沙龙研讨等多种形式进行。同时，培训师应具备相关教育背景和经验，并接受专业培训，以确保培训质量。此外，家校合作至关重要，学校应与家长建立良好的沟通机制，共同制定育人目标和计划，鼓励家长参与培训过程，形成家校共育的良好氛围。通过评估与反馈机制，及时调整培训内容，确保培训效果。

（三）优化学校育人政策环境，促进全面发展

为进一步优化学校育人的政策环境，学校应制定明确的育人政策，明确育人目标和原则，指导育人工作的方向和重点。同时，提供教师专业发展机会，加强育人培训和研讨活动，提升教师育人能力。建立激励机制，对表现优秀的教师给予奖励和表彰，激发其积极性和创造力。加强家校合作，建立良好沟通机制，共同制定育人目标和计划。此外，建立监督机制，定期评估和检查育人工作，及时发现问题并采取改进措施。学校还应积极争取政府和社会的资源支持，为育人工作提供必要的经费和设施保障。通过这些措施的综合运用，培养更多具备责任感、自主能力和社会参与意识的学生，为他们的个人成长和社会责任做出积极贡献，推动学校育人工作的持续发展和提高。

"立德树人视域中的'小主人'课程构建与实施研究"课题研究总报告

杨　伟

一、简介部分

（一）标题

立德树人视域中的"小主人"课程构建与实施研究

（二）摘要

"立德树人视域中的'小主人'课程构建与实施研究"是山东省教育教学研究重点课题,此研究从课堂学习、班级自主管理、学校活动、社会参与四个维度系统构建立德树人视域中的"小主人"课程。落实立德树人根本任务,学校以课堂教学为主渠道,将"五育"贯穿其中,用课堂学习小主人实践研究打破"教师中心",充分唤醒学生的潜能,促成学生的责任担当。在班队活动与同学交往中,在自我管理与集体管理的共促中落实"德育为先",实现德育管理的一体化,德育方式的多元化。多措并举,通过学校活动小主人研究为五育的实现进行有力补充。课题研究针对立德树人视域中的课程构建亟须系统设计,学生综合发展有待于提升,学生自主发展需要迫切关注,评价标准需关注自我评价的构建等问题而提出。课题研究主要采用行动研究法、个案研究法、经验总结法、调查研究法,历经筹备与立项、课题实施、立项与开题、总结与结题四个阶段,共计三年时间完成。课题研究主要成果为《立德树人视域中的"小主人"课程构建与实施研究》研究报告、骨干教师学科小讲师教学设计、骨干教师教学研究案例集,既能丰实现有理论研究,又能通过大量的实证研究充实教育教学实践,在转变学生学习方式,提升学生综合素养的同时,也期待能促成教师的专业成长与提升。

二、主体部分

（一）研究问题

1. 研究目的

本研究拟采用行动研究法、个案研究法、文献法、观察法和访谈法，旨在发现小主人课程与构建中存在的问题和困境，结合学生参与校内外活动的情况，探讨如何在立德树人的视域下推动小主人课程的有效实施和构建。本研究从"课堂学习小主人、班级自主管理小主人、学校活动小主人和社会参与小主人"四个方面，具体探讨"小主人"课程的具体实施策略。在"小主人"课程学习中，学生具备四项基本素养：自主、自信、自我管理、自我评价四项特质素养，逐渐成为灵活的问题解决能力、多元的批判性思维品质、卓越的领导气质、刚健有为责任担当精神的社会主义"小主人"。

2. 研究意义

（1）理论意义

通过对立德树人视域中"小主人"课程构建与实施研究下七个子主题的细化研究，对各相关主题理论基础研究进行深入探讨，丰富现有理论，为该领域的研究提供新的理论视角和理论框架。

（2）实践意义

研究成果将为学校和教师提供实践指导和建议，帮助他们更好地设计和实施课程。这些指导和建议包括教学策略、活动设计、资源利用、学生管理等方面，有助于提升教育质量和学生的核心素养。研究者在尊重儿童的身心发展规律，满足儿童成长需求、实现个性发展的基础上进行构建，并通过"课堂学习小主人研究""班级自主管理小主人研究""学校活动小主人研究""社会参与小主人研究"四个维度来改变"立德树人"根本任务落实的薄弱处，在实践中提炼成果，以期成为具有普遍应用意义的样本，既能充实立德树人这一根本任务的实践内涵，也能为后来研究者提供一些借鉴经验。

3. 研究假设

首先对立德树人视域中的"小主人"课程的内涵和目标进行充分的探讨；然后以学校为实验对象，具体展开对立德树人视域下的"小主人"课堂教学、班级自主管理、学校特色活动、社会参与等方面的综合研究；最后对课题的实施成效与案例进行整理与分析，进一步提炼出"小主人"课程对培养新时代富有责任感和担当意识，具有刚健有为的奋斗精神的社会主义接班人的理论和实践价值，作为立德树人在小学教育真正落地实行的有益尝试，最终构建立德树人视域中的"小主人"课程。

4.核心概念

"小主人"课程，本研究认为是指通过构建并实施"小主人"课程，把立德树人融合于学校生活、班级管理、学科教学活动和社会实践当中，激发学生自我意识觉醒和主体参与，着眼于造就多维度、全方位的自主、自信、有自我管理和自我评价能力的社会主义"小主人"。"小主人"课程广义的理解，指我校全部课程的总和，所有课程均服务于立德树人视域中"小主人"所需要的必备品格和关键能力。狭义的理解，指引导学生去调动所有课程中学到的知识和技能，通过整合学习促进"小主人"能力的发展。

（二）研究背景和文献综述

1.研究背景

当前新时代背景下，立德树人是教育的根本任务，其核心目的是培养全面发展的人，而不仅仅是传授知识。传统的教育注重知识的灌输和技能的培养，而立德树人则更加关注学生的主体性发展，致力于培养学生主动、自主和自觉的品质和精神。学生主体性的培养是立德树人的重要内容，它强调学生作为学习的主体，应当拥有自主选择、自我发展和自我管理的能力。立德树人教育强调学生的参与性和主动性，鼓励他们主动探索、积极思考和自主学习。通过培养学生的主体性，他们可以充分发挥自身的潜能，积极主动地参与学习和生活，从而实现自身的全面发展。

学生主体性的培养不仅仅是学校立德树人的成效的体现，更是学生核心素养发展的重要内容。当学生具备了自主选择和主动学习的能力，他们能够在面临问题和困难时积极思考和主动解决，不再依赖他人的指导和帮助。这种自主性的培养使得学生在面对挑战和变化时更加具有适应能力和创新能力，能够主动探索和发展自己的兴趣和潜力。同时，学生的自主性还能够促进他们的自我管理和自我激励能力，使他们在学习和生活中能够自律、自信、自强，更好地实现个人价值。

在立德树人的教育理念下，学生主体性的培养是教育的核心目标之一。通过培养学生的主动性、自主性和自觉性，他们可以成为具有独立思考、自我发展和社会责任感的全面发展的人。因此，教育者应该积极探索和实践立德树人教育的方式和方法,为学生的主体性发展提供更加有力的支持和引导,让每一个学生都能够成为真正的主人,发展出自己的独特潜能和个人魅力,为社会的发展和进步做出积极的贡献。通过立德树人视域中的"小主人"课程构建与实施研究,我们可以更好地推动学生主体性的培养,培养学生的责任感和社会参与能力,实现教育的立德树人目标。

当前我国的学校教育虽然正在改革创新中不断发展完善,但仍然存在一些问题。研究问题聚焦:① 立德树人视域中的课程构建亟须系统设计;② 立德树人视域中的课程构建应注重学生综合发展;③ 立德树人视域中的课程构建需关注学生自主发展;④ 立德树人视域中的课程构建评价标准需关注自我评价。

我们基于以上分析,本研究的着力点有以下几个方面。

我们遵循学生身心发展规律,站在学生立场,满足学生的发展需求,培养学生自我认知、自我管理和自我评价的能力,从课堂学习、班级自主管理、学校活动、社会参与四个维度系统构建立德树人视域中的"小主人"课程。

落实立德树人根本任务,我们以课堂教学为主渠道,将"五育"贯穿其中,用课堂学习"小主人"实践研究打破"教师中心",充分唤醒学生的潜能,促成学生的责任担当。在班队活动与同学交往中,在自我管理与集体管理的共促中落实"德育为先",实现德育管理的一体化,德育方式的多元化。多措并举,通过"学校活动'小主人'研究"为五育的实现进行有力补充。

充分运用校外资源,连通课堂内外,用多种有益的活动引领学生在"社会参与'小主人'研究"中,实现自我的提升增强社会责任感。

学校在充分调研的基础上,首先通过载体确立、环节引入、根植合作、课程拓展这几方面的展示创新,引领学生作为自己成长的主人,在各种活动中都要有主人翁意识和参与意识,主要从"课堂学习小主人研究""班级自主管理小主人研究""学校活动小主人研究""社会参与小主人研究"四个维度来改变"立德树人"根本任务的薄弱处,通过四个维度的紧密联系,互为补充,在评价系统的动态生成,全程监控中促成"立德树人"这一根本任务的落地实施,改变立德树人教育研究领域理论多实证少的现状。

2. 理论基础

(1) 建构主义理论

建构主义是一股较热门的教育教学改革潮流,瑞士学者皮亚杰关于个体认知结构形成与发展的原理是建构主义学习的理论基础。建构主义理论认为知识是个体通过主动构建的方式产生的，学习是一个主体和环境互动、共同构建知识的过程。而立德树人视域下的"小主人"课程旨在通过培养学生的自主学习能力和创造力，引导学生通过实践探究和合作交流，建构知识和价值观。

本研究在考量学校课程建设目标、内容和实施上，把握建构主义强调以学生为中心的宗旨，在建构主义理论的指导下，实施"小主人"课程时，教师应该创设丰富多样的学习环境和情境，鼓励学生积极参与实践活动和问题解决，培养学生的合作意识和创新思维。学生通过与他人的互动和交流，不断调整自己的认知结构和构建新的知识体系。

因此，建构主义理论与立德树人视域下的"小主人"课程建构是相辅相成的关系。建构主义理论提供了一种学习的理论框架和指导，帮助学生主动构建知识和价值观；而"小主人"课程则以立德树人为目标，通过实践活动和社区服务，培养学生的自主学习能力和品德素养。

（2）人本主义教育思想

美国著名心理学家马斯洛和罗杰斯是其主要代表人物，人本主义心理学的宗旨是重视研究个人的创造性和自我实现，把人的尊严和价值的提高作为其研究的主要方面。本研究中，学校课程理念与育人目标的确立，要与课程实施效果建立因果关系，学生要依托课程内容，达成课程目标，使其身心各方面的潜力获得充分发展，实现学生自我主动学习的天然倾向，包括好奇心、寻求知识和探索秘密的欲望。

人本主义理论提供了一种关注个体发展和尊重人的价值的理论基础。实施"小主人"课程时，教师应该关注每个学生的个体差异和需求，尊重学生的主体性和自主性，给予他们充分的支持和关怀。本研究中"小主人"课程以立德树人为目标，通过实践活动和社区服务，培养学生的全面素养和社会责任感。通过提供多样化的学习机会和资源，激发学生的兴趣和潜能，促进他们的自我发展和实现。

（3）多元智能理论

1983 年，美国哈佛大学著名心理学家、教育学家霍华德·加德纳教授在其著作《智力的结构》中首次提出了多元智能理论，发展至今，提出了人类的智能涵盖九个范畴：语言、数理逻辑、空间、身体、音乐、人际、内省、自然探索、存在。多元智能理论认为人类具有多种不同的智能类型，每个人在不同的智能领域中具有不同的优势和潜力。立德树人视域下的"小主人"课程旨在培养学生的综合能力和全面素养,关注学生的个体发展和社会责任感。

在多元智能理论的指导下,实施"小主人"课程时,教师应该充分认识到学生的多元智能差异,鼓励学生发展和发挥自己的优势智能。通过提供多样化的学习活动和评估方式,让学生有机会在不同的智能领域中展示自己的能力,激发他们的学习兴趣和自信心。

多元智能理论提供了一种关注学生多元智能发展的理论基础,"小主人"课程强调立德树人的目标,帮助教师充分发掘学生的潜力和优势,注重培养学生的品德素养和社会责任感。通过参与实践活动和社区服务,学生能够认识到自己的社会角色和责任,培养出高尚的品德和价值观。

3. 文献综述

笔者利用《中国知网》,以"小主人"为主题,在社会科学Ⅱ辑的教育类高级检索中,从 2000 年到 2021 年,共有 320 条。幼儿教育有 79 条,比如金艳在《学前教育研究》中发表《幼儿园"小主人"教育的含义及其实施》,钱磊在《辽宁教育》中发表《做幸福快乐的生活小主人——游戏精神关照下的幼儿园半日活动剖析》,这些著述大都对幼儿的良好习惯养成,生活自理能力培养进行比较深入的剖析。当然,有关"小主人"主题研究也有学科的探究,比如朱嫣在期刊《科学大众》中发表《做学习的小主人——浅谈如何培养学生学习英语的自觉性》,李云会 2018 年在《科学咨询》的期刊中发表《"小主人 • 五学法"模式下的数学智慧课堂》等。值得注意的是戚韵东 2011 年在江苏教育研究中发表《小主人教育:一种教育思想的创新与发展》,在 2015 江苏省教育研究期刊上发表《小主人教育:——一体化课程与教学改革探索三十年》,对"小主人"教育体系的探索构建进行了较为全面持续的研究。他们提出一体化学习的理念,并从课程设置、教学管理进行全面实践探索和梳理总结。

在总结梳理过往研究中不难发现,研究者对"小主人"为主题的研究多是从单一角度进行内涵、特征、实现途径等的综合研究,实证研究较少。

2018 年 9 月 10 日,习近平主席在全国教育大会上提出"立德树人"为目标的教育体系构建,笔者利用《中国知网》,在以"立德树人"为主题的研究著述中,有很多高校结合自身学校实际对"立德树人"的内涵和实施进行了全面论述,比如靳诺在期刊《中国高等教育》发表《立德树人:高等教育的根本任务和时代使命》,白显良、崔建西在《思想理论教育》期刊发表《新时代立德树人的价值定位、时代内涵与实践要旨》。我们以"立德树人"为主题，并含"小学"词频，在社会科学Ⅱ辑的教育类高级检索中，从2000年到2021年，共有440条。在这些论述中，有很多著述是从德育、课程、学科教学等角度进行阐释，比如柳晓琳、柳玉国在2018年期刊《现代教育》中发表《传统文化教育下的小学德育课程的实施》一文，杨小微在2018年期刊《中小学德育》中发表《立德树人，纲举目张：学校课程一体化设计与运作》一文。当然，这些研究著述中不乏系统又全面的论述，比如清华附小的《成志教育：小学立德树人的模式构建与实践探索》，但总体来说，对于概念解析、内涵理论阐释较多，实证研究较为缺乏。

　　笔者利用《中国知网》，以"课程"为主题，从2000年到2021年，在社会科学Ⅱ辑的教育类高级检索中检索到大量词条。其中不乏全面前瞻的著述研究，比如张金磊、王颖、张宝辉在2012年期刊《远程教育杂志》中发表的《翻转课堂教学模式研究》，辛涛、姜宇、王烨辉在2013年期刊《北京师范大学学报（社会科学版）》中发表的《我国义务教育阶段学生核心素养模型的构建》，从增强学生主体、提升核心素养等方面指出了课程体系改革的必要性和可行性。我们以"课程"为主题，并含"小主人"词频，在社会科学Ⅱ辑的教育类高级检索中，从2000年到2021年，共有74条。比如刘兴春在2013年《小学教学研究》中发表的《搭建个性平台，构建多彩生活教育课程——"行知村"综合实践活动的开发与实践》，魏小红在2015年期刊《读书文摘》发表的《让学生成为数学课堂评价的小主人》，大多从单一角度针对具体情境中的小主人素养展开探究，缺乏系统的课程构建和多维度的全面开发。

（三）研究程序

1. 研究设计

第一阶段：筹备与文献整理（2020年9月—2020年11月）

① 搜集文献资料，确定研究步骤，制订课题方案并进行申报。

② 将课题研究内容按子课题进行划分，确立子课题研究小组。

第二阶段：立项与开题（2020年11月—2021年3月）

① 进一步收集、整理与课题相关的资料，进行研究。

② 进行相关理论学习、培训。

第三阶段：课题实施（2021年3月—2023年4月）

① 以行动研究法、个案研究法、观察法和调查法等为主要研究方法，根据

现有研究基础,确定子课题研究活动的主题和内容。

② 组织与实施各个子课题研究活动,并做好相关音像和文字记录。

③ 按计划分级实施,反思并调整活动内容和实施方法。分散研讨与主题例会相结合的形式一直贯穿整个课题开展过程。

④ 每学年对课题实践情况进行梳理,汇总课题研究档案,部署下一阶段研究方向。

⑤ 学校召开课题中期报告会,全面梳理提炼研究成果、查缺补漏,邀请专家论证指导,为结题工作做好充分准备。

第四阶段:总结与结题(2023 年 4 月—2023 年 10 月)

在前期研究成果的基础上,进行验证性、完善性重复研究,最终完成整个课题的结题工作、形成课题研究系列成果。

① 分析整理有关课题研究的文字、音像资料,依次进行各子课题的结题工作。

② 总结课题成果,形成最终《立德树人视域中的"小主人"课程构建与实施研究》课题研究报告,并提出下一阶段的可能研究重点。

2. 研究对象

学校全体学生。

3. 研究方法

根据研究目的、研究内容以及小学教育的客观条件,本研究综合采用行动研究法、个案研究法、文献法、观察法、调查法和访谈法。在具体的行动研究中,根据需要适当运用观察、调查、访谈等方法。

① 行动研究法:以解决教学实践中问题为主要任务的一种方法,整个研究过程就是解决教学问题的过程。本课题来源于基础教育课程构建与实施的具体化问题,我们针对实际教育活动,不断提出改革意见或方案,系统地、科学地解决实际问题。比如在"课堂学习小主人研究"中,为更好地促成学生自主学习,主动发展,我们在生本智慧课堂的教育实践中不断探索,以"小讲师"作为典型带动研究,针对问题及时跟进并调整思路,认真改进。

② 个案研究法:在本课题中,包括指向于学生个体和立德树人视域下的"小主人"课程构建的案例研究,用于更为深入地分析和论证。

③ 经验总结法:作为常用的教育研究方法,因为它能根据已发生的结果追溯其原因,从而揭示教育规律。本课题的研究以专题性经验总结为主,针对

课题中的四个维度进行比较深入、全面的分析总结，以揭示其规律。

④ 调查研究法：我们通过访谈法、问卷调查法、观察法、文献分析法等多种途径广泛收集关于立德树人的实践研究、"小主人"课程构建研究以及立德树人视域下的"小主人"课程构建基础教育研究，及时了解并分析这些方面的研究现状与动态，更新相关理念，并根据研究目的与研究内容提取有价值的信息。

4. 技术路线

确定研究 目标和问题	→ →	文献综述	→ →	调查研究	→ →	案例分析
（介绍"小主人"课程的基本内容，以及在当今教育领域的意义和价值。）		（了解"小主人"课程的理论基础、国内外的研究现状以及实施经验。）		（了解参与相关课程的教师对课程的看法、体验和反馈。）		（选择数个案例，深入研究和分析其中的关键因素、实施方式和效果。）

↓
↓

总结和展望	← ←	效果评价 与反思	← ←	经验总结	← ←	实践探索
（总结研究成果，探讨"小主人"课程建构的发展方向和展望。）		（对实践效果和实践过程进行评价和反思，提出进一步改进的建议。）		（总结实施经验和学生学习的成效，提炼出有效的教学策略和方法。）		（通过实际介入和参与实施过程，研究者作为观察者和参与者进行行动研究。）

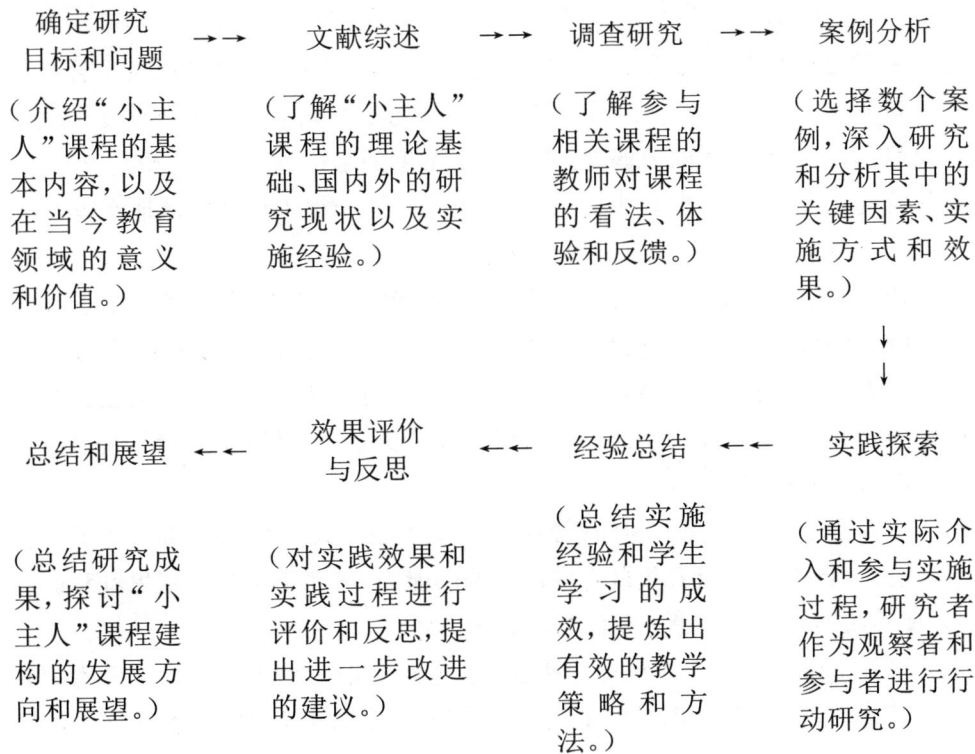

（四）研究发现或结论

1. 立德树人视域下的"小主人"课程内涵

落实立德树人根本任务，我们以课堂教学为主渠道，将"五育"贯穿其中，用课堂学习"小主人"实践研究打破"教师中心"，充分唤醒学生的潜能，促成学生的责任担当。在班队活动与同学交往中，在自我管理与集体管理的共促中落实"德育为先"，实现德育管理的一体化，德育方式的多元化。多措并举，通过"学校活动小主人研究"为五育的实现进行有力补充。充分运用校外资源，连通课堂内外，用多种有益的活动引领学生在"社会参与小主人研究"中，实现自我的提升增强社会责任感。

遵循学生身心发展规律,站在学生立场,满足学生的发展需求,培养学生自我认知、自我管理和自我评价的能力,从课堂学习、班级自主管理、学校活动、社会参与四个维度系统构建立德树人视域中的"小主人"课程。

2.立德树人视域下的"小主人"课程目标

学校在充分调研的基础上,首先通过载体确立、环节引入、根植合作、课程拓展这几方面的展示创新,引领学生作为自己成长的主人,在各种活动中都要有主人翁意识和参与意识,主要从"课堂学习小主人研究""班级自主管理小主人研究""学校活动小主人研究""社会参与小主人研究"四个维度来改变"立德树人"根本任务的薄弱处,通过四个维度的紧密联系,互为补充,在评价系统的动态生成,全程监控中促成"立德树人"这一根本任务的落地实施。

基于以上认识,确立"小主人"课程目标如下:

培养学生的品德素养。通过"小主人"课程,培养学生的道德品质,强调诚实、守信、勤奋、友爱等品质的培养,促进学生形成正确的价值观和道德观念。

培养学生的社会责任感。通过"小主人"课程,让学生认识到自己在社会中的角色和责任,培养学生的社会责任感和公民意识,激发学生参与公益活动和志愿服务的热情。

培养学生的自主能力和创新精神。通过"小主人"课程,培养学生的自主学习能力、自主管理能力和自主解决问题的能力,培养学生的创新思维和创造力,使其成为具有独立思考和创新能力的人才。

培养学生的团队合作精神。通过"小主人"课程,培养学生的团队意识和合作精神,鼓励学生在集体中主动参与、积极合作,培养学生的领导能力和团队协作能力。

培养学生的实践能力和生活技能。通过"小主人"课程,培养学生的实践能力和动手能力,提供实践机会和实践活动,让学生通过实际操作和实践经验学习,培养学生的生活技能和实用能力。

总之,"小主人"课程的目标是培养学生全面发展,促进学生身心健康成长,使其具备良好的品德素养、社会责任感、自主能力和创新精神,能够积极参与社会生活并为社会作出贡献。

3.立德树人视域下的"小主人"课程内容

立德树人视域下的"小主人"课程内容包括以下几个微课程内容:课堂学

习小讲师微课程、班级自能岗德育小主人微课程、社会参与小主人微课程、学校活动小主人微课程等四方面内容。

（1）课堂学习小讲师微课程研究

学生是青岛博文小学教育教学课堂的主人，他们在课堂中的角色定位和行为方式对于学习效果和教学质量有着重要影响。所谓课程研究中"小讲师"也就是课堂学习中担任讲解和演讲任务的学生，他们负责向全班同学传授知识、解答问题、展示学习成果等任务的课堂授课小讲师。

通过探索课堂授课小讲师的角色定位、实施策略、教学方法和课堂组织等方面的内容，提高学生的学习主动性和积极性，促进课堂互动和思维发展。课堂授课小讲师是指学生在课堂中扮演的积极、主动的角色。他们不仅是知识的接受者，更是知识的探究者和创造者。我们通过充分发挥学生的主体性，激发他们的学习动力和创造力，提高学习效果和学习质量。小讲师的背后，是学情的激发，智慧的凝聚；是学习效能的高热度提升，综合素养的高品质发展。把课堂真正还给学生，营造积极的学习氛围，为孩子们的成长奠基赋能。

① 课堂授课小讲师。

教师组织学生当课堂小讲师是一种积极的学习方式，它能够提高学生的学习兴趣和主动性，培养学生的表达能力和自信心。在这种学习方式中，教师通过一系列的步骤和策略，帮助学生准备和呈现自己的"授课内容"，从而达到深入学习和合作学习的目的。

学校"学术节"活动成为课堂授课小讲师的主要实践基地。聚焦新时代背景下"双新"课堂教学实践中学生核心素养培养和学习方式变革中突出问题，我校进行创享自主课堂教学实践。通过"创"和"享"，勾勒出博文课堂教学深层次变革的一种导向。这两个字着力诠释课堂教与学发展全过程中的三个层次"创"——创新、创造和创生，"享"——分享、共享和乐享，通过教与学方式双向变革与提升，达到师生在教学理念、教学方式、教学资源、教研机制等方面的智慧成长。"创享自主课堂"的核心就在于激发教师深耕课堂的信念与创造活力，并将之转化为学生学习的"新引擎"，夯实学校立德树人视域中的"小主人"课程，让学生在创新智慧的学习氛围中，学会自主学习、学会合作学习、学会深度学习、学会创造性学习，并能够将学习成果以小讲师的姿态应用于学习生活实践中。

"学术节"活动期间，为进一步突显课堂授课小讲师的作用，提升学生的核心素养。我们做出如下思考和实践：

　　首先，明确学生担任课堂小讲师的目的和任务。与学生共同制定学习目标，并明确小讲师需要完成的任务和要求。例如，小讲师选择一个主题，进行深入的研究，准备课堂材料和演示，向同学们讲解和展示自己的研究成果。通过这样的目标和任务设定，学生们能够明确自己的学习方向和目标，同时也能够明确自己在课堂中的角色和责任。其次，需要为学生提供必要的支持和指导。在学生准备小讲师的过程中，提供一些学习资源和参考资料，帮助学生开展研究和准备课堂材料。教师引导学生进行文献检索和资料整理，帮助他们收集相关的信息和数据。同时，教师还提供一些学习技巧和演讲技巧的指导，帮助学生提高表达和演示的能力。在这个过程中，教师与学生进行一对一或小组交流，给予必要的反馈和建议，帮助学生不断改进和提高。然后，教师需要设计合适的学习活动和评价方式。在学生进行"授课"的过程中，教师组织学生之间的互动和讨论，让他们能够相互学习和交流。例如，安排学生之间的问答环节，让其他同学提问并回答问题，增加课堂的互动性和参与度。此外，教师还设立一些评价标准和评价指标，对学生的小讲师进行评价。评价包括内容的准确性和完整性、表达的流畅性和清晰度、演示的有效性和吸引力等方面。通过评价，教师及时给予学生肯定和建议，帮助他们提高学习效果和表达能力。最后，教师需要在学生"授课"结束后进行总结和反思。教师与学生一起回顾学习过程和成果，总结学习的收获和经验。同时，教师还引导学生进行自我评价和反思，让他们意识到自己在学习过程中的进步和不足之处。通过这样的总结和反思，学生能够更好地认识自己的学习能力和学习需要，为以后的学习提供参考和借鉴。

　　② 合作探索小讲师。

　　合作探索小讲师是指在合作学习中发挥主动性和创造性，通过自主学习和探索的方式，向同伴传递知识，组织和管理小组合作的学生。他们具有自主学习、主动探索、团队合作和主动分享的能力和品质。通过合作探索小讲师的运用，激发学生的学习兴趣和积极性，提高学习效果。

合作学习中的自主探索小讲师的开展需要从教学环境、教师引导和评价反馈等方面进行详细规划和实施。具体操作如下：首先，组长制定具体的小组学习目标：明确小组之内组员需要掌握的知识、技能和能力，确保小组成员在自主探索中能够达到预期的学习目标。其次，组长设计开放性任务：设计具有一定挑战性和开放性的任务，要求学生在探索中运用所学知识解决问题，鼓励他们进行独立思考和创新实践。再次，组长提供资源支持：为学生提供相关的学习资源，如书籍、文献、实验器材等，以帮助他们进行自主学习和探索。

教学环境方面：创建积极的学习氛围，营造鼓励学生自主探索和表达意见的氛围，让学生感到安全和自由，积极参与到课堂活动中。提供良好的学习设施：为学生提供良好的学习环境和设施，如实验室、图书馆、计算机等，以支持他们进行自主学习和探索。

教师引导方面：提供启发性问题，教师可以提供一些启发性问题，引导学生思考和探索。问题可以涉及到课程的重点、难点，或者与实际生活相关的问题，激发学生的兴趣和思考能力。给予适当的指导和支持：教师可以给予学生适当的指导和支持，帮助他们理清思路、解决困惑。但要避免过多的干预，鼓励学生独立思考和解决问题，培养学生的思维能力和表达能力。合作学习中，教师可以主动引导学生思考，提出问题，并鼓励他们积极回答和讨论。给予学生充分的发言机会，鼓励他们分享自己的观点和经验。同时，组织小组讨论、辩论赛等活动，促使学生们在互动中思考、交流和表达。通过这样的合作学习，学生们能够激发自己的思考能力，增强学习的参与度和兴趣。

评估与反馈方面：教师可以定期对学生的合作学习成果进行反馈和评价，鼓励他们不断改进和提高。同时，也要给予肯定和鼓励，激发学生的学习动力。设计多样化的评估方式：评估不仅仅要注重学生的成绩，还要关注学生的学习过程和能力发展。可以采用口头报告、展示、小组讨论、项目作业等多样化的方式进行评估。给予及时的反馈：教师应及时给予学生反馈，指出他们的优点和不足之处，并提出改进意见和建议。通过反馈，激励学生不断提高和进步。

通过以上的措施和步骤，课堂自主探索小讲师的开展有效推进，学生在自主学习和探索的过程中，不仅能够提高学习效果和学习成果，还能培养解决问题的能力、创新思维和团队合作能力。同时，教师的引导和支持，以及适时地评估和反馈，可以帮助小讲师更好地发展和成长。

另外,充分利用信息技术手段,提供小讲师自主学习的平台和资源。通过建立学习网站、在线课程和学习社区等,让小讲师可以随时随地进行自主学习和交流。学校为小讲师提供学习资源和学习工具,引导他们进行自主学习和独立思考。再次,给予小讲师足够的支持和鼓励,让他们在自主学习过程中增强价值感。学校定期进行学习评价和反馈,及时给予他们肯定和建议。同时,提供一些学习技巧和学习方法的指导,帮助学生提高学习效果和学习质量。学生能够更加自信地进行自主学习,培养出强大的学习内驱力。

③ 课堂复习小讲师。

课堂复习小讲师是指在课堂复习过程中扮演主动学习者和整合者角色的学生。他们具备自主学习、主动整理、多样化复习、反思和调整以及合作学习的能力和品质。通过培养复习小讲师的能力,提高学生的复习效果和学习成果,加深对知识的理解和记忆,提升学习自信心和自主学习能力。

首先,课堂复习小讲师的出现,激发学生课堂复习的好奇心和主动性。学生主动参与到学习过程中,在学习中体验到自主掌控学习的乐趣。复习小讲师带领同伴制定学习目标和学习计划,明确学习需求和学习方向。根据自己的兴趣和优势,同伴选择适合自己的学习方式和学习资源。学生们能够体验到自主学习中互相支持和共同进步的乐趣,激发他们对知识的探索和学习的热情。

其次,课堂复习容易引起学生的心理复习倦怠。赞扬和奖励不仅能够激发学生的学习热情,也能够增强他们的自信心和自我价值感。课堂复习中,复习小讲师看到同伴在复习上取得进步或表现优异时,及时给予肯定和赞扬。例如:颁发一些小的奖励,如表扬信、小礼品等,直接地激励学生的学习积极性。

(2)班级德育自能岗"小主人"微课程研究

学生是班级管理的主人,他们在班级中的角色定位和行为方式对于班级的和谐发展和学生的综合素养提升有着重要影响。通过探索德育自能岗"小主人"的角色定位和作用,培养学生的自我管理能力和责任心,促进班级的和谐发展和学生的综合素养提升。德育自能岗"小主人"是指学生在班级中扮演的积极、主动的角色。他们不仅是班级的一员,更是班级的管理者和决策者。通过充分发挥学生的主体性,激发他们的自我管理能力和责任心,提高班级的学习效果和学生的素养。

在班级自主管理中,德育自能岗"小主人"成为班级事务的积极参与者和推动者。他们参与班级会议,发表自己的意见和建议,共同制定班级规章制度和行为准则。通过学生们的共同努力，班级的管理方式更加贴近学生的需求和实际情况，能够更好地满足学生的学习和成长需要。

① 学生自治。

鼓励学生参与班级事务的决策和管理是德育自能岗"小主人"角色定位的重要方面。学生们的参与和主动性可以促进班级的凝聚力和合作精神，同时也培养学生的自我管理能力和责任心。为让学生更好地参与班级事务的决策和管理，采取一些具体的方法和策略。

首先，定期组织班级会议，让学生们共同参与讨论班级事务。在会议中，提供一个平等的讨论环境，鼓励德育自能岗"小主人"发表自己的意见和建议。学生们提出关于学习、活动、规则等方面的问题，并一起寻找解决方案。通过这样的班级会议，学生们充分了解班级的现状和需求，并参与到班级事务的决策中。其次，设立班级委员会或小组，让学生们负责具体的管理工作。例如，设立学习委员、文体委员、劳动委员等职位，让学生们在自己擅长的领域发挥作用。这样的分工不仅能够让学生们有更明确的责任感，激发他们的主动性和创造力。学生们通过这些职位的担任，积极参与到班级事务的管理和决策中，共同推动班级的发展。另外，设置班级项目或活动，让学生们在组织和筹划过程中发挥主导作用。例如，组织班级志愿者活动、文艺演出、社区服务等。在这些活动中，担任指导者的角色，鼓励学生们提出创意和计划，并组织实施。学生们通过参与这些项目或活动，不仅锻炼自己的组织和协调能力，还培养团队合作精神和领导能力。此外，利用现代技术手段，如班级群、在线投票等，提高学生参与班级事务的便利性。通过班级群，学生们可以随时发表自己的意见和建议，与教师和同学们进行交流。在线投票则可以帮助学生们参与班级事务的决策，例如选举班干部、确定活动方案等。这样的互动平台可以激发学生参与的积极性，提高班级事务的透明度和民主性。

"一人一岗位"电脑
管理者小主人

"一人一岗位"
午自习小主人

"一人一岗位"
讲台管理者小主人

最后，给予学生足够的支持和鼓励，让他们敢于表达自己的意见和提出建议。教师尊重学生，鼓励他们勇于发表自己的观点，同时也要倾听他们的意见并给予合理的反馈。通过建立良好的师生关系和沟通渠道，学生们会更加积极地参与到班级事务的决策和管理中。

②班级规范的执行。

培养学生遵守班级规则和学习秩序的意识和能力是班级自主管理的重要任务之一。学生们遵守班级规则和学习秩序意味着他们能够认识到自己的责任和义务，明确自己在班级中的角色和行为准则。为了培养学生遵守班级规则和学习秩序的意识和能力，采取一些具体的方法和策略。

首先，明确班级规则和行为规范，并与学生们共同制定。通过让学生们参与到规则的制定过程中，可以增强学生的参与感和责任感。学生们提出自己的建议和意见，共同讨论并制定出适合班级的规则。这样的制定过程不仅能够让学生们理解规则的重要性，还能够让他们明白规则是为了班级的整体利益和发展。例如，班级管理小主人团队制定关于课堂纪律、交往礼仪、课后作业等方面的规则，并共同约定好相应的惩罚和奖励措施。

其次，德育自能岗小主人带领同伴们在实践中学习和掌握遵守规则和学习秩序的意识和能力。例如，要求同伴们遵守合作规则，如相互尊重、平等合作、互相帮助等。通过这样的活动，学生们感受到遵守规则的重要性和好处，并逐渐形成良好的学习秩序和行为习惯。另外，在班级活动中，德育自能岗小主人组织一些游戏或竞赛，要求按照规则进行，如遵守游戏规则、公平竞争等。通过这些活动，学生们可以感受到规则的约束力和公平性，进一步培养他们遵守规则的意识和能力。此外，德育自能岗小主人通过讨论，设立相应的奖惩机制。通过建立积极的激励和奖惩机制，促使同伴们遵守班级规则和学习秩序，增强学生们遵守规则的动力和意愿。另一方面，小主人也需要设立相应的惩罚措施，对违反规则的行为进行处理。例如，如果学生在课堂上违反规定，采取撤销他喜欢的课外活动等方式进行惩罚。通过这样的惩罚措施，让学生们意识到违反规则的后果，进而提高他们遵守规则的自觉性和纪律素养。

③参与班级公共服务。

班级服务是班级自主管理的重要组成部分，它能够培养学生的社会责任感和关心他人的意识。通过小组合作和团队项目，培养学生的合作意识和团队精神。通过激发学生的志愿服务精神和合作意识，促进班级之间的交流和合作，提高班级的凝聚力和社会责任感。

首先，德育自能岗小主人参与各种志愿服务活动微课程，体验到服务他人的价值和意义。例如，参与社区清洁活动、义务劳动、慰问老人或儿童等。通过这些活动课程，学生们能够亲身感受到自己的行动对他人有着积极的影响，并培养起热心帮助他人的意识。同时，这些活动让德育自能岗小主人更好地了解社会的需要和问题，激发他们对社会公益事业的关注和参与。其次，通过小组合作和团队项目，培养学生的合作意识和团队精神。在班级自主管理中，学生们组织各种团队项目，如班级文化节、社会实践等。在这些项目中，学生们需要协作完成各种任务和活动，相互协作，共同解决问题和完成任务，体会到团队合作的重要性，并逐渐形成班级凝聚力和团队精神。

此外，设置班级公共服务岗位，让学生担任相应的职责和任务。例如，学生担任班级志愿者队长、文化活动策划者、宣传推广员等。通过这样的设置，德育自能岗小主人有机会参与到班级事务的组织和管理中，同时也锻炼自己的领导能力和组织能力，能够更加深入地了解班级的需要和问题，并提出相应的解决方案。以本校低中高年级每个年级其中一个班为例，介绍班级自主管理岗位。

二(3)中队学生自主管理岗位设置表

岗位	人数	人员	职责
讲台保管员	2	张桂婷、王芊墨	每堂课下课整理讲台
开关员	2	封姝含、付以茉	上课、下课、放学及时开关灯
图书管理员	2	郑子铭、贾珺尧	整理图书，做好图书借阅登记
黑板清洁员	2	谈润 韩颜矫	下课擦黑板
路队长	2	卢添赫、赵依洋	放学、集会的路队要求快、静、齐
HI 记录员	2	冯一诺、傅锦泽	记录班级的好人好事
HS 记录员	2	郭润皓、安继圩	记录班级的不良事情及人员
听默写记录员	2	袁梓航、白文博	检查家长对学生每课的听写、默写情况
外号稽查员	2	曹云智、王雨欣	记录给同学取外号的学生姓名
课堂提醒员	2	刘一冉、姜瑞雪	上下课铃响，提醒老师上下课，叫老师上课
安全巡视员	2	高昱瑾、李源熙	下课期间检查同学能否文明安全、安静游戏
领操员	2	陈若琳、蒋紫言	早操时在最前面领操

续表

岗位	人数	人员	职责
矛盾调解员	2	张涵烜、曹博	学生间发生矛盾时，及时劝解
佩戴检查员	2	薛佳怡、张清钰	检查每天的红领巾佩戴情况
温馨提示员	2	徐新淇、袁博杨	每天早上在群里提醒需要带到学校的物品
作业提醒员	1	部梓琛、张荣琳	每天在群里公示所有的作业
板报设计员	1	杨明澄、张荣琪	负责黑板等版面设计
扫除工具维护员	1	寇嘉泽	保持洁具摆放整齐
电脑开关员	1	高佳宸	负责开关电脑
出勤记录员	1	方婉清	晨读午读时，有无学生未到校
卫生巡视员	1	冷佳熹	下课时巡视班级卫生有无纸屑
零食监管员	1	张佳嘉	提醒学生不要乱扔果皮、零食包装袋
互助岗	1	林奕汝	帮助同学克服困难、问题
心理委员	1	卜祥和	帮助和疏导心里有问题的学生

四（5）中队学生自主管理岗位设置表

岗位	人数	人员	职责
教室窗棂维护员	2	付娆、冯一帆	负责擦窗棂，保持干净
讲台保管员	2	任昶硕、刘可心	每堂课下课整理讲台
卫生工具维护员	2	刘梓萱、刘若菲	保持洁具摆放整齐
开关员	1	王梓宸	上课、下课、放学及时开关灯
图书管理员	2	刘雨瑶、史紫桐	整理图书，做好图书借阅登记
黑板美容员	2	王添翼、吴承泽	下课擦黑板
电脑开关员	1	王一宇	负责开关电脑
宣传栏维护员	3	王梓宸	监督宣传栏的整洁情况
卫生巡视员	1	宋文博	下课时巡视班级卫生有无纸屑
路队长	2	任昶硕、田嘉兴	放学、集会的路队要求快、静、齐
通讯员	2	赵曼婷、张婧萱	反映班级出现的意外情况
花草管理员	2	王嘉译、秦志轩	定期浇灌、修剪班级花草

续表

岗位	人数	人员	职责
班班通记录员	1	李子晴	提醒老师记录班班通手册
早自习监督员	2	朱鑫宇	记录早自习的读书情况
学习记录员	5	谭佳蕊、张靖埔、沈煜喆、鲁元昊、王钰轩	记录每课学生写作业情况
心理安全员	2	赵曼婷、梁明皓	记录心理不开心的同学问题
课堂提醒员	2	张健骏、邱灏	上课或下课铃响,提醒老师上下课
安全巡视员	2	马伊然、满文旭	下课检查同学能否文明安全游戏
领操员	2	孙智恒、张琬钰	早操时在最前面领操
矛盾调解员	2	王伊一、孙艺菲	学生间发生矛盾时,及时劝解
出勤记录员	2	邱婉茹、赵清芷	晨读午读时,有无学生未到校
指甲检查员	2	王艺洲、张晓睿	检查学生每天的指甲干净情况
任课教师小助手	2	李梓宸、徐梓洋	帮助任课教师为同学们服务
班牌管理员	2	张梓阳、吴承泽	负责班牌的送拿

六(5)中队学生自主管理岗位设置表

岗位	人数	人员	职责
讲台管理员	1	吴金婷	整理讲台,擦拭讲台
班班通管理员	1	张子岳	提醒老师做记录
队伍整齐监督员	2	李晓雅、李源晨	站队、上楼梯、走路监督哪位同学没有走齐、走歪了需要提醒
安全巡视员	3	孙启航、王玺源、王松豪	监督课间同学在走廊、厕所门口打闹情况
午餐管理员	2	徐雁海、张馨月	监督午餐
劳动值日组长	7	张雅琪、陈筱臻、刘天一、赵书旻、杜嘉泽、张子岳、徐雁海	每天值日负责管理同学,安排任务
卫生角管理员	1	陈小艺	整理卫生角劳动工具,监督同学们乱扔垃圾情况
桌面小卫士	1	吴金婷	课间操监督孩子整理桌椅,清空桌面

续表

岗位	人数	人员	职责
图书管理员	2	张子岳、李雨辰	整理图书,监督同学们要爱护图书
数学课代表	2	张馨月、杜嘉泽	负责数学各项任务
英语课代表	2	尹耀荦、鲍蕾蓉	负责英语各项任务
语文课代表	9	陈小艺、李鋆璨	负责帮助习作较弱的同学修改作文等
矛盾调解员	2	李彦霖、李芷仪	学生间发生矛盾时,及时劝解
窗帘、窗户管理员	1	孙浩轩	负责保护收、拉窗帘,及时开关窗
体温卡提醒员	1	张法	早晨及放学提醒检查同学们体温卡填写
路队长	2	李芷仪、滕文瑄	放学时整队
眼操小医生	2	张雅琪、陈筱臻	督促同学认真做眼操
防校园欺凌安全信息员	3	张子岳、周弋杰、袁宗泽	监督安全文明游戏,预防欺凌
安全监督员	2	唐铭潞、李昊泽	检查班级校园中的危险角,平日及节假日提醒监督同学们注意安全
公物管理员	2	朱高龙、李芷仪	维护班级公物
桌面管理员	1	朱高龙	提醒大家做好课前准备
外出督促员	1	鲍蕾蓉	督促大家尽快出门站队
开关灯管理员	1	吕皓南	及时开关灯
心理管理员	2	郝梓涵、袁宗泽	开导帮助同学们,关注同学心理情绪变化
小药箱管理员	2	孙懿汝、张馨月	负责小药箱物品保管、帮助同学处理伤口
百宝箱管理员	1	李芷仪	负责百宝箱物品的正常使用
后橱整理员	1	张铭哲	随时整理后橱物品摆放
桌洞管理岗	1	刘田泽	提醒同学整理桌洞
价值观检查员	1	张恩述	抽查同学价值观背诵
美术课代表	4	刘宇曦、张浩辰、杜嘉泽、郝梓涵	分发美术书、作业本

续表

岗位	人数	人员	职责
音乐课代表	3	张法、李源晨、刘宇曦	搬琴、收发书
放学牌管理岗	1	朱高龙	管理放学牌不丢失、不破损
文明用语监督员	2	李浩诚、车建濠	关注文明用语，收抄写

最后，需要给予学生足够的支持和激励，鼓励他们积极参与班级公共服务。表扬和奖励那些热心服务的学生，激发他们的服务意愿和动力。同时，为学生们提供相应的培训和指导，帮助他们提升服务能力和专业素养。通过这些措施的落实，学生们会更加热心地参与班级公共服务，并逐渐形成积极的服务习惯和行为。

3. 学校活动小主人微课程研究

教师如何组织学生当好学校活动小主人是一个重要的课题研究。作为小主人，学生不仅要承担活动组织和协调的责任，还要展示良好的礼仪和沟通能力。在文化艺术活动、体育活动、劳动活动、社团活动等方面，教师通过一系列的策略和方法，帮助学生发挥小主人的作用。以下将从各个方面进行论述，并举例阐述。

（1）文化艺术活动微课程

在文化艺术活动微课程中，教师组织学生参与各种艺术表演，如音乐会、舞蹈演出和戏剧表演等。作为小主人，学生可以承担接待嘉宾、引导观众入座和介绍演出节目等重要职责。教师在组织学生担任小主人时，采取以下策略来帮助他们更好地履行这些职责。

首先，教师提前进行礼仪和接待技巧的培训。学生作为小主人，需要具备良好的礼仪和接待技巧，以展示出优雅和专业的形象。教师通过模拟演练和角色扮演等方式，让学生了解如何礼貌地迎接嘉宾，如何引导观众入座，如何向观众介绍演出节目等。例如，在接待嘉宾的环节中，教师模拟嘉宾到场的场景，指导学生如何主动迎接、礼貌问候，并介绍嘉宾的身份和重要性。通过这样的培训，学生能够学会应对各种场合的礼仪和接待技巧，提高自己的形象和沟通能力。其次，教师帮助学生了解活动的流程和组织方式。学生作为小主人，需要清楚了解活动的整个流程，以便能够顺利组织和引导观众。教师向学生介绍活动的策划和安排，让他们了解演出节目的顺序和内容，以及观众入场和退场的流程。同时，教师与学生一起制订一个详细的活动计划，包括每个环节的时间安排和任务分工，确保整个活动的顺利进行。例如，在音乐会中，教师与学生一起制定演出节目的顺序，安排学生在不同节目之间的引导和介绍，以及观众的入场和退场流程。通过这样的策划和安排，学生能够更好地组织和引导观众，提高整个活动的效果和质量。此外，教师可以鼓励学生展示自己的艺术才华和自信心。作为小主人，学生在活动中展示自己的艺术才华，如演唱、舞蹈或表演等。教师鼓励学生积极参与演出，并给予他们充分的支持和肯定。在准备演出节目的过程中，教师提供指导和培训，帮助学生提高艺术表演的技巧和水平。例如，在舞蹈演出中，教师可以与学生一起排练舞蹈动作和编排节目，确保演出的精彩和流畅。通过展示自己的艺术才华，学生能够增强自信心，同时也能够感受到观众的认可和赞赏。

综上所述，教师在组织学生担任小主人时，通过提前的培训和指导，帮助学生掌握礼仪和接待技巧，了解活动的流程和组织方式。同时，教师还鼓励学生展示自己的艺术才华和自信心。通过这样的策略和方法，学生能够更好地履行小主人的职责，提高组织能力和沟通能力，同时也能够展示自己的艺术才华和个人魅力。这样的经历将对学生的成长和发展产生积极的影响，为他们未来的学习和生活奠定良好的基础。

（2）体育活动微课程

在体育活动微课程实施中，教师组织学生参与各种体育赛事，如运动会、体育比赛等。作为小主人，学生可以承担引导观众入场、组织比赛和颁发奖品等重要职责。教师在组织学生担任小主人时，采取以下策略来帮助他们更好地履行这些职责。

首先，教师提前进行组织和协调技巧的培训。作为小主人，学生需要具备良好的组织和协调能力，以确保比赛顺利进行。教师通过模拟演练和角色扮演等方式，让学生了解如何引导观众入场，如何组织比赛，并且如何顺利颁发奖品。例如，在引导观众入场的环节中，教师模拟观众到场的场景，指导学生如何热情地欢迎观众，并引导他们有序入座。通过这样的培训，学生能够学会应对各种情况的组织和协调技巧，提高自己的领导能力和组织能力。

其次，教师帮助学生了解比赛的规则和流程。学生作为小主人，需要清楚了解比赛的规则和流程，以便能够顺利组织和引导比赛。教师向学生介绍比赛的规则和要求，让他们了解比赛项目的种类和规则，以及比赛的整体流程。

同时,教师还与学生一起制订一个详细的比赛计划,包括比赛项目的时间安排和任务分工,确保比赛的顺利进行。例如,在一场田径比赛中,教师与学生一起制定每个项目的开始时间和结束时间,安排学生负责不同项目的组织和协调工作。通过这样的策划和安排,学生能够更好地组织和引导比赛,提高整个比赛的效果和质量。

此外,教师鼓励学生展示自己的运动才华和团队合作精神。作为小主人,学生在比赛中展示自己的运动才华,如参加某个比赛项目的演示或示范。教师鼓励学生积极参与比赛,并给予他们充分的支持和肯定。在准备比赛的过程中,教师提供指导和培训,帮助学生提高运动技巧和比赛表现。例如,在篮球比赛中,教师与学生一起训练基本的篮球技巧,如投篮、传球和防守等,并指导他们在比赛中如何运用这些技巧。通过展示自己的运动才华,学生能够增强自信心,同时也能够体验到团队合作的重要性和乐趣。

综上所述,教师在组织学生担任小主人时,通过提前的培训和指导,帮助学生掌握组织和协调技巧,了解比赛的规则和流程。同时,教师还可以鼓励学生展示自己的运动才华和团队合作精神。通过这样的策略和方法,学生能够更好地履行小主人的职责,提高组织能力和领导能力,同时也能够展示自己的运动才华和个人魅力。这样的经历将对学生的成长和发展产生积极的影响,为他们未来的学习和生活奠定良好的基础。

（3）劳动活动微课程

在劳动活动微课程实施中,教师组织学生参与学校的食育文化宣讲、食堂管理等活动,以提高学生的责任感。作为小主人,学生承担协助教师组织和管理的职责,帮助创建一个整洁、美丽的校园食育环境。首先,学生制订"小帮厨"管理的计划。根据食堂的具体管理情况,将工作任务分配给不同的小组,并协调他们的工作进度。在活动中,学生需要学会如何组织和协调同学们的行动,确保食堂管理工作任务的顺利完成。通过这样的指导和实践,学生能够学会如何协调和分配工作任务,提高自己的组织能力和协作能力。其次,学生宣传食育文化知识。学生不仅要参与实际的食堂管理工作,还要宣传食育文化知识,提高他们爱护粮食的意识。教师为学生提供一些食育人文化知识资料,学生通过海报、演讲或小品等形式,向同学们传达这些知识,并号召他们积极参与食堂管理行动。

学校成立文化宣讲小主人,学生宣讲学校的食育文化,发现校园的美。文化宣讲小主人能够掌握基本的宣讲技巧,了解学校历史,加深对博雅文化的理解，并且能够锻炼胆量、语言表达能力以及待人接物的基本礼仪。用最美丽、最响亮的声音为博园代言，为学校争光，为自己的成长历程增添亮丽的人生色彩！

学校食育文化宣讲

此外，教师还鼓励学生主动参与食堂管理活动，并给予他们充分的支持和肯定。学生的参与度和积极性对于活动的效果和成果起到关键作用。教师鼓励学生主动参与劳动活动，并给予他们一定的自主权和决策权，让他们感受到自己的重要性和责任感。例如：学校分批开展小帮厨实践活动，轮流进行。每周一，少先队辅导员给本周参与班级的小帮厨们进行培训讲解和工作安排，学生洗净双手、戴好套袖和头套，穿好小帮厨的衣服，按时上岗。每一名同学都是自我管理的小主人，成立小帮厨自我管理团队，通过"大帮小"的形式，落实学校"一人一岗位、一岗一职责"的学生自主管理方式。小帮厨们在午餐时间，会帮助同学们摆放餐盘，协助分发食物，引导同学们安静、有序到食堂窗口打饭。餐后，小帮厨们还会引导同学们养成"惜物"的品格，积极践行"光盘行动"，养成珍惜每一粒粮食的好习惯。

学校食堂管理"小帮厨"活动

学校食堂管理"小帮厨"活动

综上所述，教师在组织学生担任小主人时，通过提前的培训和指导，帮助学生掌握协调和分配食堂工作任务的技巧，引导学生宣传食堂文化知识，并鼓励学生主动参与劳动活动。通过这样的策略和方法，学生能够更好地履行小主人的职责，提高组织能力和领导能力，同时也能够培养环保意识和责任感。这样的经历将对学生的成长和发展产生积极的影响，为他们未来的学习和生活奠定良好的基础。

（4）社团活动微课程

在社团活动微课程中，教师组织学生参与各种社团的活动，如美术社团、音乐社团、科技社团等，以培养学生的兴趣爱好和创造力。作为小主人，学生承担组织社团活动和展示成果的职责，展示自己的才艺和团队合作精神。教师在组织学生担任小主人时，采取以下策略来帮助他们更好地履行这些职责。

首先，教师可以帮助学生策划和组织社团活动。在社团活动中，学生学会如何策划和组织具有吸引力和独特性的活动，以吸引更多的参与者和观众。教师引导学生了解社团成员的兴趣和特长，并与他们一起制定活动的内容和形式。例如，在音乐社团活动中，学生组织一场音乐会，安排不同乐器的演奏和合奏，展示社团成员的音乐才华。教师可以提供一些建议和指导，帮助学生选择适合的曲目和安排演出的顺序。通过这样的策划和组织，学生能够锻炼自己的创造力和组织能力，提高社团活动的质量和影响力。其次，教师帮助学生展示社团成果。作为小主人，学生学会如何向观众展示社团成员的创作和努力成果。教师引导学生选择合适的方式和形式，如展览、演出或比赛等，来展示社团成员的作品和表演。例如，在美术社团活动微课程中，学生可以组织一次美术作品展览，展示社团成员的绘画作品，并邀请同学和家长参观。教师帮助学生设计展览的布置和安排，提供一些建议和指导，以展示社团成员的创作风采。通过展示社团成果，学生能够提高自己的表达能力和展示能力，同时也能够得到观众的认可和赞赏。此外，教师鼓励学生团结合作，培养团队合作精神。在社团活动中，学生与社团成员密切合作，共同完成活动的策划和组织工作。教师帮助学生了解团队合作的重要性和技巧，如何有效沟通、如何分工合作等。例如，在科技社团活动中，学生组织一次科技创新比赛，要求社团成员分工合作，设计和制作科技作品，并进行评比和展示。教师可以鼓励学生积极参与团队活动，提供一些建议和支持，以培养他们的团队合作精神和领导能力。通过团队合作，学生能够锻炼自己的协作能力和组织能力，同时也能够互相学习和共同进步。

通过以上方面的活动，学生能够充分发挥小主人的作用，同时也能够锻炼自己的组织能力、表达能力和领导能力。教师通过培训、指导和反馈等方式，帮助学生不断提升自己的能力和水平。此外，教师还鼓励学生互相学习和合作，通过互帮互助的方式，共同努力成为出色的学校活动小主人。总之，教师通过一系列的策略和方法，帮助学生发挥小主人的作用，参与学校文化艺术活动、体育活动、劳动活动、社团活动等。通过参与这些活动，学生能够锻炼自己的组织能力、表达能力和领导能力，同时也能够展示自己的才艺和自信心。教师在组织学生参与活动的过程中，可以提供必要的指导和支持，帮助学生不断提升自己的能力和水平。通过这样的活动，学生能够充分发展自己的潜能，为个人成长和发展奠定良好的基础。

（5）自主微课程开发方面

学生自主开发微课程是一种重要的学习方式，激发学生的学习兴趣和创造力，培养学生的独立思考和问题解决能力。在学校中，教师通过引导学生开展节日课程文化研究、校园植被研究和社团活动课程等，来促进学生的主动学习和全面发展。

首先，教师引导学生开展节日微课程文化研究。节日是文化传承的重要组成部分，通过学习和研究节日文化，学生增进对传统文化的了解和理解。教师提供一些节日的背景知识，并激发学生的兴趣，鼓励他们主动参与节日课程的开发和研究。例如，学生选择一个特定的节日，如春节、端午节或中秋节，进行深入的研究。他们了解节日的起源、传统习俗和庆祝方式，并通过制作海报、制作手工艺品或组织文化展示等方式，向同学们展示他们的研究成果。通过这样的研究和展示，学生能够提高自己的学术研究能力和团队合作能力，同时也能够增进对传统文化的认知和尊重。

其次，教师引导学生开展校园植被研究。校园植被是学校环境的重要组成部分，通过研究校园植被，学生了解植物的生长特点和生态环境的保护。教师可以带领学生进行校园植被的调查和研究，了解不同植物的生长环境和特点，并通过实地观察和实验，进一步探索植物的生态功能和生态系统的稳定性。例如，学生选择一个特定的植物，如花卉、树木或草坪，进行观察和研究。他们了解植物的生长周期、需求和适应性，并通过采集植物标本、拍摄照片或绘制草图等方式，展示他们的研究成果。通过这样的研究和展示，学生能够提高自己的观察和研究能力，同时也能够培养对自然环境的保护意识和责任感。

此外，教师引导学生开展社团活动课程的研究。社团活动是学校中促进学生全面发展的重要途径，通过参与社团活动，学生培养自己的兴趣爱好和领导能力。教师帮助学生了解不同社团活动的特点和目标，并激发学生的创造力，鼓励他们主动参与社团活动的策划和开发。例如，学生选择一个感兴趣的社团活动，如音乐社团、戏剧社团或运动社团，进行深入的研究和探索。他们了解社团活动的组织形式、参与人员和成果展示方式，并通过组织演出、比赛或展览等方式，向同学们展示他们的研究成果。通过这样的研究和展示，学生能够提高自己的组织能力和表达能力，同时也能够展示自己的创造力和团队合作精神。

（6）"学长制"微课程实施

"学长制"微课程是一种学校的创新教育方式，旨在通过学长学姐的辅导和引导，促进学生之间的互助学习和交流，培养学生的自主学习能力和团队合作精神。在小学阶段，学校开展学长制课程，为学生提供一个积极的学习环境和学习氛围。

首先，小学通过组织学长学姐担任课程助教的方式，开展学长制课程。学长学姐是学校高年级的学生，他们在学习和生活方面已经积累了一定的经验和知识。学长学姐可以在课堂上担任助教的角色，协助老师进行课堂教学，辅导同学们的学习。例如，在数学课上，学长学姐帮助同学们解答问题，引导同学们理解数学知识，同时还向同学们分享一些学习方法和技巧。通过学长学姐的辅导和指导，学生们能够更好地理解和掌握知识，提高学习成绩和学习兴趣。其次，小学通过学长制小组的方式，开展学长制课程。学校将学生按照不同的学科或兴趣爱好分成小组，每个小组由一个学长学姐带领。学长学姐帮助小组成员制订学习计划，安排学习任务，并在学习过程中给予指导和反馈。例如，在语文学习小组中，学长学姐帮助小组成员选择适合自己的阅读材料，指导他们进行阅读和写作练习，并组织小组成员之间的讨论和交流。通过这样的小组学习，学生们能够相互学习和借鉴，提高学习效果和学习动力。此外，小学还开展学长制的辅导班或学习小组。学校组织学长学姐为低年级的学生提供辅导和帮助。学长学姐制订学习计划，帮助低年级的学生复习和巩固基础知识，并解答学生们在学习中遇到的问题。例如，在英语辅导班中，学长学姐为低年级的学生讲解英语单词和句型，并与他们进行口语练习。通过学长学姐的辅导，低年级的学生能够更好地理解和掌握知识，提高学习成绩和学习自信心。

综上所述,小学通过组织学长学姐担任助教、学长制小组或开设辅导班等方式,开展学长制课程。通过学长学姐的引导和辅导,学生们能够相互学习和帮助,提高自主学习能力和团队合作精神。例如,学长学姐在课堂上辅导同学们解答问题,组织小组学习活动,或为低年级的学生提供辅导和帮助。通过这样的学长制课程,学生们能够提高学习效果和学习动力,同时也能够培养自己的领导能力和团队合作能力。这样的学习经历将对学生的成长和发展产生积极的影响,为他们未来的学习和生活奠定良好的基础。

4.社会参与小主人微课程研究

鼓励小学生参与社会活动具有多方面的重要意义。通过参与社会活动,小学生可以培养社会责任感和公民意识,认识到自己是社会的一员,有责任为社会做出贡献。参与社会活动也能够提升小学生的合作与团队精神,他们与他人合作、共同解决问题,学会倾听他人的意见和看法,并通过协作实现共同目标。此外,参与社会活动可以增强小学生的社交能力,他们扩展社交圈子,结交新朋友,提升与他人沟通交流的能力。同时,参与社会活动也能够提高小学生的实践能力,他们将课堂上学到的理论知识应用于实际问题中,提高解决问题的能力和创新思维。通过参与社会活动,学生获得成功的经验,增强自己的自信心和自我认同感,从而更加积极主动地参与社会活动。总的来说,鼓励学生参与社会活动对他们的成长和发展具有重要的意义,有助于他们树立正确的价值观,培养社会责任感,提升合作与团队精神,增强社交能力,提高实践能力,并增强自信心。这些能力和品质将为学生未来成为有责任感、有担当的社会人士奠定良好的基础。

(1)研学旅行微课程研究

小主人式的研学旅行是一种创新的学习方式,旨在通过让学生扮演小主人的角色,参与旅行目的地的管理和组织,促进学生的实践能力和团队合作精神。在小学阶段,学校组织学生开展小主人式的研学旅行,为他们提供一个全面发展的学习机会。下面将阐述小学如何组织学生开展小主人式的研学旅行,并举例说明。

首先,选择适合的旅行目的地和主题,组织学生进行研学活动。旅行目的地可以选择一些具有教育意义和文化底蕴的地方,如博物馆、历史遗址、科学实验室等。学校根据学生的兴趣和微课程需求,选择不同的主题,如自然科学、历史文化、艺术创作等。例如,学校组织一次自然科学主题的研学旅行,前往一个自然保护区或野生动物园。在旅行过程中，学生扮演小主人的角色，负责组织活动的安排和执行，如制订行程计划、组织野外观察、收集资料等。通过这样的研学活动，学生能够增进对自然科学的了解和兴趣，同时也能够锻炼自己的组织能力和实践能力。

"小主人"研学——参观建在火车站上
的胶济铁路青岛博物馆

"小主人"研学之旅——参观
青岛市科技馆

其次，让学生参与研学旅行的准备和策划工作，培养他们的团队合作和问题解决能力。在研学旅行之前，学校组织学生进行相关的准备工作，如学习目的地的背景知识、设计调查问题和实践活动等。学生们分成小组，各自负责不同的任务，并在老师的指导下进行讨论和合作。例如，在一次历史文化主题的研学旅行中，学生分组进行历史文物的研究和调查。每个小组负责选择一个具体的历史文物，并在旅行之前进行相关的资料收集和调查。通过这样的准备工作，学生们能够提高自己的团队合作和问题解决能力，同时也能够充分了解研学旅行的目的和意义。此外，安排学生在研学旅行中担任小主人的角色，参与活动的组织和展示。在研学旅行的过程中，学生扮演小主人的角色，负责组织和协调活动的进行，并向其他同学或观众展示自己的成果。例如，在一次艺术创作主题的研学旅行中，学生分组进行绘画或手工艺品的创作。每个小组负责选择一个主题或题材，进行创作和制作，并在旅行结束时展示自己的作品。通过这样的活动，学生们能够锻炼自己的组织能力和表达能力，同时也能够展示自己的创造力和团队合作精神。以下是学生开展研学旅行的图片。研学旅行"小主人"微课程实施采用如下量表进行评价：

"小主人"研学旅行评价量表

"小主人" 研学旅行评价表 （每项1-10分）	研学 前准备	研学 过程	研学后 成果展示	小组 互动	研学 有效性	总分
备注	研学前准备：认真参与研学活动，活动过程资料准备充分。 研学过程：积极参与活动，认真学习，努力践行。 成果展示：研学后能够通过活动心得、绘画、照片、宣讲等形式展示研学所得。 小组互动：能和同学们积极互动配合					

综上所述，通过选择适合的旅行目的地和主题，让学生参与研学活动的准备和策划工作，以及安排学生担任小主人的角色，开展小主人式的研学旅行。通过这样的学习方式，学生们能够提高实践能力和团队合作精神，培养自主学习和问题解决能力，同时也能够增进对知识和文化的理解和认知。这样的研学旅行经历将对学生的成长和发展产生积极的影响，为他们未来的学习和生活奠定良好的基础。

（2）开设建设城市"小主人"活动微课程

青岛市作为一座美丽的海滨城市，拥有丰富的文化底蕴和旅游资源。博文小学通过组织学生开设城市小主人论坛，让学生充分了解和参与城市的管理和发展，提升他们的社会责任感和公民意识。

邀请专家来校举办讲座。邀请专家来学校，给学生们讲解青岛市的发展情况和城市管理工作。专家们可以向学生介绍青岛市的特色和发展规划，以及政府在城市管理方面所做的工作和取得的成就。学生们可以提前准备问题，与专家们进行交流和互动，了解城市管理的内情和困难，同时也能够了解自己作为小主人应该怎样为城市发展做出贡献。

进行青岛市调研和参观活动。组织学生进行青岛市的实地调研和参观活动。学生通过"探寻市北新发展，争做城市小主人"实践活动，他们走进新市北，了解新市北，热爱新市北。学生们还分年级分成小组，选择不同的主题或区域，进行实地考察和观察。例如，高年级学生调研青岛市的环境保护工作，了解垃圾分类、绿化建设等方面的情况；中低年级学生可以参观青岛市的文化场所，如博物馆、家风馆等，了解文化传承和教育发展的情况。通过调研和参观，学生们能够亲身体验和了解城市的发展现状和问题，同时也能够提出自己的建议和意见。

组织城市规划和发展的讨论和创意活动。组织学生进行城市规划和发展的讨论和创意活动。学生们根据自己的调研和观察，提出对青岛市发展的建议和创意。例如，学生设计改善交通状况的方案，提出增加公园和绿地的建议，或者思考如何保护和传承青岛市的海洋文化。学生们分组进行讨论和创意活动，展示自己的成果，并向老师和其他同学分享自己的想法。通过这样的活动，学生们能够培养自己的创新思维和解决问题的能力，同时也能够提高自己的表达能力和团队合作精神。

举办青岛市城市小主人论坛。组织学生开展青岛市城市小主人论坛，向学校的师生和家长们展示学生的成果和想法。学生们可以准备演讲、展板、模型等形式的展示，向观众介绍他们的调研成果和创意方案。学生们还邀请家长和社区的居民参加论坛，与他们分享自己的观点和想法，并听取他们的意见和建议。通过这样的论坛，学生们能够提高自己的演讲和表达能力，同时也能够加强与社区的联系和交流，真正成为城市的小主人。

通过以上的组织活动，博文小学让学生们全面了解和参与青岛市的管理和发展，提升他们的社会责任感和公民意识。这样的学习经历将对学生的成长和发展产生积极的影响，为他们未来的学习和生活奠定良好的基础。

5. 立德树人视域下的"小主人"课程评价

学校秉承"博悦童年，赋能未来"的办学理念，着眼于"让学生成为有修养、有气度、有家国情怀和有国际视野的未来社会小主人"的育人目标，结合山东省教育教学研究重点课题《立德树人视域中的"小主人"课程构建与实施研究》，深入研究学生成长规律和时代变化，激发学生积极主动参与立德树人教育活动。

通过实施特色评价指标与方案，激励学生培养形成四项基本素养——自主、自信、自我管理、自我评价，提升四项特质素养——灵活的问题解决能力、多元的批判性思维品质、卓越的领导气质、刚健有为的责任担当精神；帮助学生成为成长的主人、学习的主人、生活的主人、班级的主人、学校的主人，最终成为富有责任感和使命感的社会、民族的小主人。

结合学生参与校内外活动的方方面面，构建多元化、发展性、全方位的评价体系，涵盖"课堂学习"小讲师、班级德育自能岗"小主人"、学校活动"小主人"、社会参与"小主人"四大领域激励机制，并以学校特色文创为载体实施评价方案。

学校特色文创是以"小博"为主体，开发的吉祥物、3D形象、小主人粘贴等多种喜闻乐见的形式，用于唤醒、陪伴、见证、激励学生各方面的成长。其中小主人粘贴共分五款，分别对应五大研究领域，学生通过"集邮"的方式收集粘贴，在每月、学期末依据获得的数量参评班级、年级、校级小主人。同时，以"小主人荣誉榜"的形式统一表彰，号召带动全校学生。

评价指标仍然从以下几个方面入手：

课堂学习"小主人"：学生积极参加"博雅讲师团"，通过"入门级小讲师—进阶级小讲师—博士级小讲师"三阶五级的发展路径成为博学乐学、合作互助、勇于探究、勤于思考的课堂学习小主人。在各学科学习中充分参与教学环节，表达自己的学识才思，形成自主学习、自我超越、生生互助的深度学习方式，助力实现智慧高效课堂。

班级德育自能岗"小主人"：学生积极参与"一人一岗位"班级管理，主动竞岗、上岗，履行班级文明礼仪、班级劳动管理、班级组织管理等各个方面的职责，形成强烈的"我的班级我管理"意识，做学雅规、养雅行、塑雅魂的博雅好少年。

学校活动"小主人"：学生积极参与校内各类活动，在节日文化课程、校园植被研究、社团活动课程、艺体劳动教育等项目中表现突出，培育人文情怀、审美情趣、健康体魄；主动加入"学长制"课程的开发与实践，在不同阶段激发成长的潜能。

社会参与"小主人"：学生积极参与校外的社会实践活动，在研究性学习、志愿服务、社会劳动等项目中表现优异，用实际行动贡献社会；能在城市"小主人"论坛中分享自己的所见所闻，强化社会责任感。

（五）分析和讨论

1. 课题选题具有很强的专业性

课题能够积极贯彻国家教育政策，精准抓住"立德树人""五育并举"两个关键词，引导教师们积极探索出一套落实立德树人根本任务的课程及有效途径，通过多维度的紧密联系唤醒主体意识，在动态生成中全程监控促成"立德树人"这一根本任务的落地实施。该课题具有较强研究和推广价值，以期成为具有普遍应用意义的样本。

2. 课题研究具有重要现实意义

该课题的研究与探索，不仅仅是面向传统意义上的立德树人，而是切入了变革传统育人方式的突破口，抓住了教育的根本性矛盾，回归教育本质，激发学生的主人翁意识，帮助学生积极主动参与立德树人教育活动。

3. 课题研究思路具有较强的科学性和创造性，具有辐射带动作用

课题设计方案注意紧扣课题标准，做到了研究目标明确，内容翔实，结构完整，思路清晰，切合学校实际，保障课题真正落到实处；课题研究的方法手段具体、严谨且易于操作，整体上方案设计科学合理，既能充实立德树人这一根本任务的实践内涵，也有了充分探索的空间。该课题具有较强的原创性和原生性，在取得丰硕成果的同时能够产生一定的辐射带动作用。

（六）建议

1. 要深入开展"小主人"课题构建的理论研究

下一步，学校需要从教育学、心理学、社会学等学科角度，深入探讨"小主人"课程体系的理论依据。可以结合相关理论，如主体性理论、社会认知理论、情感教育理论等，解析"小主人"课程的教育原则和方法；开展"小主人"课程的理论研究还需要从多个角度进行深入探讨，包括概念定义、理论依据、实施机制、实施策略、效果评价等。同时，与实践结合，将理论研究与实践经验相结合，为"小主人"课程的发展和实施提供科学的理论指导。

2. 需要建立"小主人"课程实施的培训机制

建立"小主人"课程的培训机制，需要培养更多的家长和教育者具备"小主人"育人的理念和能力，提高教育者的专业素养和家长的育人水平。建立"小主人"课程的培训机制旨在培养孩子们的责任感、自主能力和社会参与意识。培训内容设计包括负责感、自主能力和社会参与意识的培养，通过班级培训、线上学习平台和夏令营等方式进行。为确保培训质量，培训师应具备相关教育背景和经验，且进行专业培训。评估和反馈机制将用于评估学习成果并及时调整培训内容。同时，家庭参与和家校合作也是关键，鼓励家长参与培训过程，与家长建立良好沟通渠道。通过这样的培训机制，孩子们将逐步成长为具备责任感、自主能力和社会参与意识的"小主人"，为他们的成长和未来的社会角色扮演打下坚实基础。这样的培训机制将为孩子们的全面发展和成长提供有力的支持。

3. 需要进一步优化学校育人的政策环境

为了进一步优化学校育人的政策环境，我们可以采取多种措施。首先，学校应制定明确的育人政策，明确育人目标和原则，以指导学校育人工作的方向和重点。其次，学校应提供教师专业发展的机会，鼓励教师参与育人培训和研讨活动，以提升其育人能力和水平。同时，学校还可以建立激励机制，对在育人工作中表现优秀的教师给予奖励和表彰，激发其积极性和创造力。此外，加强家校合作也是重要的一环，学校应与家长建立良好的沟通机制，共同制订育人目标和计划。而建立监督机制可以定期评估和检查育人工作，及时发现问题并采取改进措施。另外，学校还应积极争取政府和社会的资源支持，为育人工作提供必要的经费和设施支持。通过以上措施的综合运用，我们可以进一步优化学校育人的政策环境，促进学校育人工作的持续发展和提高。这将有助于培养更多具备责任感、自主能力和社会参与意识的学生，为他们的个人成长和社会责任做出积极贡献。

三、主要成果

①《立德树人视域中的"小主人"课程构建与实施研究》，形式：研究报告。

②《博悦童年·赋能未来——立德树人视域下的"小主人"育人体系构建实践探索》，形式：专著。

第二部分

实践探索篇：多维育人行动

博雅讲堂　成长进阶

——博雅课堂小讲师育人模式的研究与实践

杜　君

在立德树人教育根本任务的指引下，培养学生自主学习能力、责任感与使命感成为教育创新的重要方向。课堂小讲师育人模式作为一种以学生为中心的创新实践，通过角色转换激发学生的主动性和创造性，为深化教育教学改革提供了新思路。基于"博雅小主人"课程及评价指标体系，系统构建博雅课堂小讲师育人模式的理论框架与实践路径，旨在为同类教育实践提供可借鉴的范式。

博雅课堂小讲师是指学生在教师指导下，通过系统化培训与阶段性实践，在课堂学习中承担知识讲解、问题探究、成果展示等教学任务的育人模式。该模式突破传统"教师中心"格局，构建"双主体"教学关系：学生既是知识学习者，又是知识传播者；教师既是教学组织者，又是学习引导者。其核心价值在于通过"教学相长"机制，实现学生核心素养的全面提升，包括自主学习能力、批判性思维、领导力及社会责任意识。

一、框架设计

基于建构主义学习理论、主体性教育理论、最近发展区理论，博雅课堂主张充分尊重学生主体地位，强调知识建构的主动性，依托"入门级—进阶级—博雅级—硕士级—博士级"小讲师育人模式，引导学生从"辅助讲授"向"独立授课"进阶。围绕学科内专项知识、跨学科综合知识，小讲师从"课堂讲授""合作探索""复习梳理""学科拓展"等多个维度，通过"讲授—反思—重构"

全过程深化认知,在角色实践中形成自主规划、时间管理、信息整合等基础素养,语言表达、逻辑思维、问题解决等核心能力,以及责任担当、团队协作、家国情怀等优秀品质。

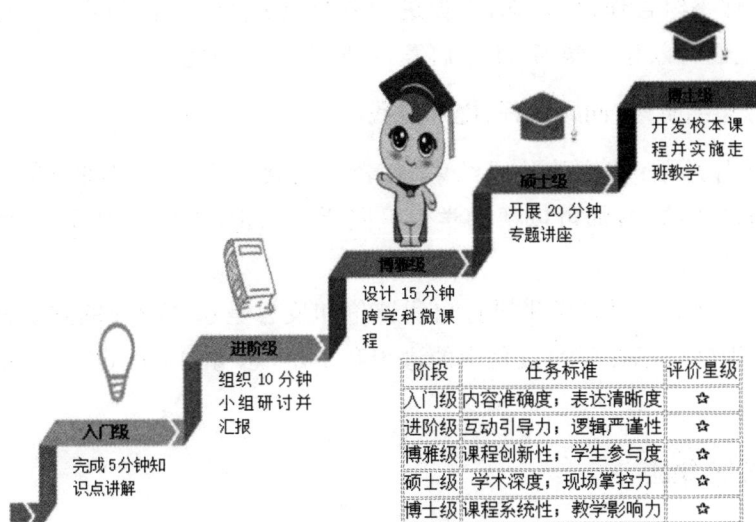

阶段	任务标准	评价星级
入门级	内容准确度；表达清晰度	☆
进阶级	互动引导力；逻辑严谨性	☆
博雅级	课程创新性；学生参与度	☆
硕士级	学术深度；现场掌控力	☆
博士级	课程系统性；教学影响力	☆

博雅小讲师育人模式进阶框架图

二、实施流程

课堂小讲师育人模式的实施流程是一个循序渐进、环环相扣的过程,主要分为准备阶段、实施阶段,以及总结阶段。

(一)准备阶段:奠定基础,明确方向

① 明确目标与任务:这是实施流程的起点。教师需要与学生共同制定清晰的学习目标,明确小讲师需要完成的具体任务和要求。例如,小讲师可能需要选择一个主题进行深入研究,并准备相应的课堂材料和演示内容。

② 提供支持与指导:为了确保小讲师能够顺利完成任务,教师需要提供必要的支持。这包括提供学习资源和参考资料,帮助学生开展研究和准备课堂材料。同时,教师还需要提供学习技巧和演讲技巧的指导,帮助学生提升表达能力和自信心。

(二)实施阶段:实践操作,互动交流

① 小讲师授课:这是实施阶段的核心环节。小讲师在课堂上向同学们讲

解和展示自己的研究成果。为了增加课堂的互动性和参与度，教师可以组织学生之间的互动和讨论，鼓励同学们提问和发表观点。

② 合作探究学习：在合作学习中，小讲师扮演着重要的角色。他们需要组织和管理小组合作，传递知识，促进团队成员之间的交流与合作。通过合作学习，学生们可以相互学习、相互启发，共同提升学习能力。

（三）总结阶段：回顾过程，提升自我

① 教师总结：在实施阶段结束后，教师需要与学生一起回顾学习过程和成果。通过总结，教师可以帮助学生巩固所学知识，提炼学习经验，为后续的学习提供借鉴。

② 学生反思：引导学生进行自我评价和反思是总结阶段的重要任务。学生需要意识到自己在学习过程中的进步和不足，思考如何改进学习方式，提升学习能力。

三、实施策略

为确保博雅课堂小讲师育人模式的有效落地与持续优化，从资源保障、动力激发、协同联动三个维度构建了系统化实施策略，形成"三位一体"的推进机制。

（一）资源支持策略

① 云平台建设：搭建"博雅讲师团"数字平台，集成课程资源、备课工具、互动社区。

② 导师制构建：实施"1+N"导师辅导制，每位小讲师配备学科教师、年级内高阶讲师与跨年级学生导师。

③ 课程包开发：构建涵盖教学设计、课堂管理、评价量表的培训资源库。

（二）协同机制策略

① 家校社联动：邀请家长参与课程评审，对接社区资源开展实践授课。

② 跨学段衔接：与初中共建"小讲师联盟"，构建九年一贯制培养链条。

▶ 课堂讲授小讲师策略

① 激发兴趣：选择有趣的主题和任务，激发学生的学习兴趣和主动性，使他们更加积极地参与到小讲师的活动中来。

② 提供资源：为学生提供必要的学习资源和参考资料，支持他们的研究

和准备,确保小讲师能够有充分的准备进行授课。

③ 组织互动:设计互动环节,如问答、小组讨论等,增加学生的参与度和学习效果,使课堂更加生动有趣。

④ 及时反馈:教师给予学生及时的反馈和建议,帮助他们改进和提高,使小讲师能够不断优化自己的授课方式和内容。

▶ 合作探索小讲师策略

① 明确目标:组长制定具体的小组学习目标,确保小组成员在自主探索中能够达到预期的学习目标,使合作学习更加有方向性。

② 设计任务:设计具有挑战性和开放性的任务,鼓励学生独立思考与创新实践,培养他们解决问题的能力。

③ 营造氛围:创建积极的学习氛围,提供良好的学习设施,支持学生的自主学习和探索,使合作学习更加高效。

④ 引导思考:教师提供启发性问题,引导学生思考和探索,培养他们的思考和表达能力,使合作学习更加深入。

▶ 复习梳理小讲师策略

① 激发主动性:通过赞扬和奖励激发学生的学习热情,增强他们的自信心和自我价值感,使他们更加主动地参与到课堂复习中来。

② 制订计划:小讲师带领同伴制定学习目标和学习计划,明确学习需求和学习方向,使课堂复习更加有针对性。

③ 多样化复习:鼓励学生采用多样化的复习方式,如制作思维导图、建立错题本,加深对知识的理解和记忆,使课堂复习更加高效。

▶ 学科拓展小讲师策略

① 跨学科项目式学习:设计"主题融合工作坊",通过整合多学科知识框架,构建知识网络图谱,引导同伴完成跨学科任务,培养系统性思维与知识迁移能力。

② 学术前沿浸润计划:开设"博雅学术讲坛",邀请学者、专家开设线上讲座,小讲师负责提炼学术观点,设计"前沿知识转译"任务,编制《学科拓展简报》。

③ 实践场域拓展工程:建立"学科实践基地群",与科研院所、文化场馆共建实践平台。策划"我的家乡研学计划"(如海洋生态监测、非遗技艺考察),制定《实践操作手册》,实现"做中学"与"研中学"的深度融合。

④ 国际理解教育项目:开发"全球胜任力课程包",选取传统文化、经典阅读等议题,设计"跨国文化比较"等学习活动,配备多语种学习资源包,培养全球视野与跨文化理解能力。

四、评价机制

评价机制是课堂小讲师育人模式的重要组成部分,它能够激励学生积极参与小讲师活动,提升他们的学习能力和自信心。

(一)评价指标

评价维度	评价指标	评价工具
专业素养	学科知识准确性;教学设计创新性	课堂观察量表;作品集
教学能力	课堂组织力;互动生成力	学生满意度调查;微课视频
发展潜能	反思深度;创新潜力	成长档案;专家面谈
育人效果	同伴影响力;学习共同体建设	小组互评;学业监测数据

(二)评价实施

① 过程性评价:采用"课堂观察+数字画像"实时记录成长轨迹。
② 终结性评价:通过"小讲师风采大赛"展示综合素养。
③ 增值性评价:对比分析参与前后学业成绩、学习动机变化。

(三)评价策略

① 荣誉体系:设立"月度小讲师""学期金牌讲师"称号,颁发特色文创奖品。
② 成长档案:建立《博雅小主人成长册》,记录培训、实践、成果全历程。
③ 成果转化:优秀小讲师课程纳入校本课程资源库,作者获课程开发认证。

五、结论展望

课堂小讲师育人模式通过"角色赋能—实践历练—评价激励"的闭环设计,有效促进学生学习方式转型。未来,我们将进一步深化博雅课堂小讲师育人模式,探索"教育+技术"融合创新的个性化培养路径,以及跨学段协同评价机制,为构建九年一贯的初小一体贯通式教育体系提供创新范式。

教学评一体化下"小讲师"教学模式多维智能发展实践

刘春丽

【摘要】本文从教学评一体化的视角出发，结合青岛博文小学"小讲师"实践以及基于多元智能理论的学生综合评价改革研究，深入探讨了"小讲师"教学模式在促进学生多维智能发展中的实践应用。通过构建"小讲师"的评价体系，结合多元智能理论，分析"小讲师"教学模式如何有效提升学生的语言表达、逻辑思维、团队协作、创新思维等多方面能力，为教育教学改革提供新的思路和方法。

【关键词】教学评一体化；小讲师教学模式；多维智能发展；青岛博文小学；多元智能理论

一、引言

随着教育改革的不断深入，教学评一体化已成为提升教学质量、促进学生全面发展的重要途径。青岛博文小学在"博悦童年，赋能未来"的办学理念引领下，积极探索立德树人视域中的"小主人"课程构建与实施，其中"小讲师"教学模式作为重要组成部分，通过学生自主授课、互动评价等方式，有效促进了学生的多维智能发展。本文将从教学评一体化的视角出发，结合多元智能理论，探讨"小讲师"教学模式在促进学生多维智能发展中的实践应用。

二、理论基础

（一）教学评一体化

教学评一体化是指将教学、学习、评价三个环节有机结合，形成一个相互促进、共同发展的整体。在这一模式下，评价不再仅仅是教学活动的终点，而是贯穿于整个教学过程,成为指导教学、改进学习的重要手段。通过及时反馈评价结果,教师可以调整教学策略,学生可以明确学习方向,从而实现教学相长。

(二)多元智能理论

多元智能理论由美国心理学家霍华德·加德纳提出,认为人的智能是多元化的,包括语言智能、数学逻辑智能、空间智能、身体运动智能、音乐智能、人际智能、自我认知智能和自然观察者智能等多个方面。该理论强调每个学生都有自己的智能优势和潜能,教育应关注学生的个体差异,提供多样化的学习机会,促进其全面发展。

(三)陶行知"小先生"制

陶行知提出的"小先生"制是其生活教育理论的重要组成部分。"小先生"制倡导"即知即传人",鼓励学生将自己所学知识及时传授给他人,打破了传统教育中单纯由教师向学生传授知识的模式。在这种理念下,学生不仅是知识的接受者,更是知识的传播者。它强调学生的主体地位和主动性,让学生在教与学的过程中锻炼多种能力,如表达能力、组织能力、沟通能力等,同时也培养了学生的社会责任感和团队合作精神。"小先生"制为"小讲师"教学模式提供了本土化且极具实践价值的教育理念支撑,让"小讲师"活动有了深厚的理论根基和可借鉴的实践经验。

三、"小讲师"教学模式的多维智能发展实践

(一)"小讲师"评价指标与方案

青岛博文小学构建了"小讲师"评价指标与方案,通过"入门级小讲师—进阶级小讲师—博士级小讲师"三阶五级的发展路径,激励学生积极参与课堂教学,成为博学乐学、合作互助、勇于探究、勤于思考的"小讲师"。这一机制不仅提升了学生的自主学习能力,还促进了其语言表达、团队协作、创新思维等多方面能力的发展。

1.评价指标设计

"小讲师"评价指标涵盖了学生在"小讲师"活动中的表现,包括预习准备、课堂授课、问题解决、团队协作等多个方面。具体指标如下:

预习准备:学生能否提前预习,准备相关授课资料。

课堂授课：学生能否清晰、有条理地授课，吸引同学注意力。

问题解决：面对同学提出的问题，学生能否独立思考，给出合理的解答。

团队协作：在小组准备授课过程中，学生能否与同伴有效合作，共同完成授课任务。

2. 实施路径

"小讲师"教学模式的实施路径包括学生自主备课、授课、互动评价等环节。学生在教师指导下提前备课，独立承担教学环节，通过讲授、演示、互动等方式，向同学传授知识。同时，学生之间进行互动评价，提出改进建议，促进共同进步。

（二）多维智能发展的具体体现

1. 语言表达与逻辑思维能力

"小讲师"教学模式要求学生自主备课、授课，这一过程中，学生的语言表达与逻辑思维能力得到了显著提升。通过组织语言、清晰表达观点，学生不仅加深了对知识的理解，还学会了如何有条理地阐述自己的观点。同时，在备课过程中，学生需要梳理知识结构，形成逻辑清晰的授课内容，进一步锻炼了其逻辑思维能力。

2. 自主学习与问题解决能力

在"小讲师"教学模式下，学生需要自主查阅资料、准备教案，这一过程中，其自主学习能力得到了锻炼。同时，面对课堂上同学提出的各种问题，学生需要灵活应对，提出解决方案，从而提升了其问题解决能力。例如，在授课过程中，学生可能会遇到同学提出的疑问或挑战，需要迅速调整思路，给出合理的解释或回应。

3. 团队协作与领导能力

"小讲师"教学模式鼓励学生以小组形式进行备课、授课，这一过程中，学生的团队协作能力得到了增强。通过分工合作、共同完成任务，学生学会了如何与他人协作，发挥各自优势。同时，部分学生在小组中担任领导角色，负责协调小组成员的工作，其领导能力也得到了锻炼。

4. 创新思维与实践能力

在"小讲师"教学模式下，学生需要设计新颖的教学方案，吸引同学注意力。这一过程中,其创新思维得到了激发。同时,通过实践授课,学生将理论知识应用于实际,提升了其实践能力。例如,学生可能会采用游戏化教学、案例分析等新颖的教学方法,使课堂更加生动有趣。

四、教学评一体化在"小讲师"教学模式中的应用

(一)过程性评价与终结性评价相结合

在"小讲师"教学模式中,教学评一体化体现在过程性评价与终结性评价的有机结合。过程性评价关注学生在备课、授课过程中的表现,包括预习准备、课堂授课、团队协作等方面;终结性评价则关注学生的学习成果,如知识传授效果、同学反馈等。通过两者结合,教师可以全面了解学生的学习情况,为其提供有针对性的指导。

(二)多元化评价主体与评价方式

"小讲师"教学模式中的评价主体多元化,包括教师评价、学生自评、同伴互评等。教师评价关注学生的学习成果与表现;学生自评则促使学生反思授课过程,明确改进方向;同伴互评则通过相互学习、借鉴,促进共同进步。同时,评价方式也多样化,包括口头报告、实践操作、授课效果展示等,以全面反映学生的智能发展水平。

(三)反馈机制与持续改进

教学评一体化还体现在反馈机制与持续改进上。在"小讲师"教学模式中,教师及时反馈评价结果,帮助学生了解自己的优点与不足。同时,根据评价结果调整教学策略,优化课程设置,以满足学生个性化发展的需求。学生则根据反馈意见进行改进,不断提升自己的能力水平。

五、实践成效与案例分析

青岛博文小学实施"小讲师"教学模式以来,取得了显著成效。

学生能力提升:学生在语言表达、自主学习、团队协作、创新思维等多方面能力得到了提升。从语言表达上看,学生从最初的不敢开口、表达混乱,到能够自信、清晰、有条理地阐述观点,语言组织能力和表达技巧有了质的飞跃。在自主学习方面,学生逐渐摆脱了对教师的过度依赖,能够主动查阅资料、制订学习计划,自主学习意识和能力显著增强。团队协作能力上,学生们学会了

分工合作、相互支持,在共同完成任务的过程中,培养了团队精神和责任感。创新思维与实践能力方面,学生敢于突破传统思维,设计出新颖独特的教学方案,并将理论知识灵活运用到实际授课中,实践能力得到锻炼。

教师专业成长:教师的教学能力也得到了锻炼与提升。在指导学生成为"小讲师"的过程中,教师需要不断更新教学理念,改进教学方法,以更好地引导学生自主学习和授课。同时,通过观察学生的表现和反馈,教师能够更深入地了解学生的学习需求和特点,从而调整教学策略,形成更加科学、有效的教学模式。

学校发展:学校的办学品位也得到了提升,赢得了社会的广泛认可与赞誉。"小讲师"教学模式成为学校的一大特色,吸引了众多学校和教育界的关注,为学校的发展注入了新的活力。

七、结论

教学评一体化视角下"小讲师"教学模式的多维智能发展实践为教育教学改革提供了新的思路与方法。通过构建"三阶五级"小讲师评价体系,结合多元智能理论,青岛博文小学有效促进了学生的语言表达、逻辑思维、团队协作、创新思维等多方面能力的发展。未来,随着教育改革的不断深入,"小讲师"教学模式将在更多学校得到推广与应用,为培养具有多维智能的新时代人才贡献力量!

小讲师"悦"读绘本，赋能学生成长

——英语学科"课堂学习小主人"教学研究案例

许 静

2020年12月，我校山东省教育教学研究重点课题"立德树人视域中的'小主人'课程构建与实施研究"成功立项，全校掀起了"小讲师"助力课堂的创新实践热潮。基于此课题的研究方向，自2022年10月下旬开始，笔者选取一年级一个班级为实验班，开展了为期一学期的小讲师"悦"读绘本专项教学实践活动。

一、教学研究实践活动背景与学情剖析

实验班共有学生44人，在家长问卷中发现，约25%的学生在入学前有一定英语基础，约65%的学生仅仅接触过英语，还有约10%的学生从未接触过英语。

从"学生家长英语水平调查"（图1）中可以看出，超过70%的学生家长不擅长英语，对于孩子一年级的英语学习只能辅导部分内容；还有约9%的学生家长

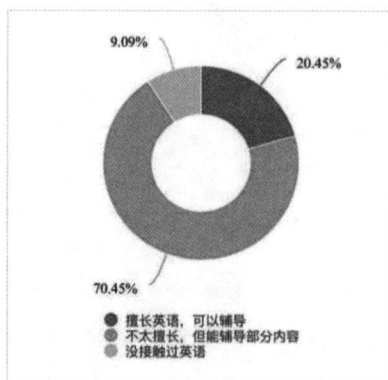

图1　学生家长英语水平调查

从未接触过英语。通过数据分析，我们可以了解到，大部分家长能对孩子的课下学习起到督促作用，但受英语水平的影响，无法为孩子提供专业的帮助。

根据"学生课后英语阅读情况调查"（图2）数据显示，当前制约学生开展课后英语阅读的因素主要体现在四个方面：第一，阅读素材来源较为单一，课本教材仍是学生课后阅读的主要内容；第二，尽管家长具备拓展孩子英语阅读的意识，但在选择合适阅读材料时存在方法欠缺；第三，部分能够提供阅读材料的家长，面临着指导孩子阅读的实际困难；第四，学生尚未形成良好的阅读习惯，日常缺少接触英语阅读的机会。

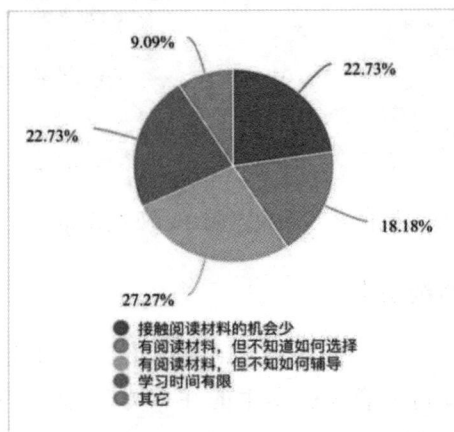

图 2　学生课后英语阅读情况调查

二、小讲师"悦"读绘本教学研究实践活动开展流程

（一）前期动员，点燃学情

小学低年级课时量少，且一年级学生年龄小，正处于学习自主性和能动性养成的阶段，因此，其英语阅读兴趣与能力的培养亟须家长深度配合。为此，笔者充分利用家长会平台，通过系统阐释与经验分享，强化家长对英语阅读重要性的认知，并提供科学指导策略。在一次线上家长会中，笔者详细介绍了学校"立德树人视域中的'小主人'课程构建与实施研究"课题，并推介小讲师"悦"读绘本活动，依托班级微信群启动报名程序（图3）。在活动前期动员阶段，通过针对性答疑消解家长顾虑，同步为参与学生提供专业指导，有效激发家长与学生的参与热情，报名人数随活动推进持续攀升（图4）。此外，针对能力尚不足的学生，设置课文领读小讲师过渡环节，助力其积累积极阅读体验。

截至 2022 年底,实验班历经约 3 个月实践,已有 18 名学生完成绘本分享,学生参与率达 40%,初步验证该模式的可行性与实效性。

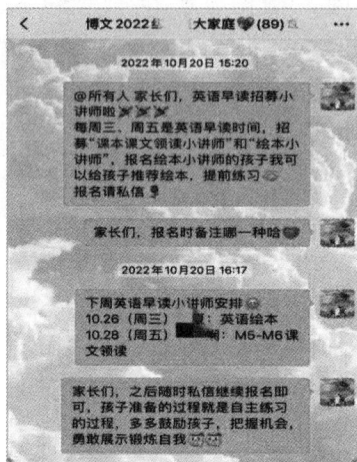

图 3 班级微信群动员报名情况　　图 4 班级微信群小讲师报名情况

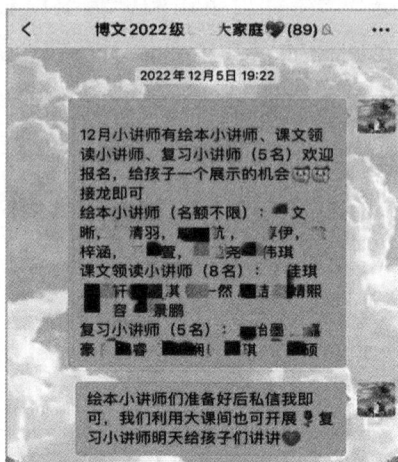

(二)教师参与,精选绘本

一年级学生年龄小,知识储备有限,因此在绘本的选择上,要符合学生的背景知识和语言水平,同时能吸引学生的注意力,引起学生的学习兴趣。教师要为学生选择阅读素材提供帮助指导,并依据教材顺序,编排小讲师进行绘本分享的顺序。在绘本推荐和选择上,笔者主要考虑以下三个因素:

首先,巧用绘本做话题拓展,丰富教学内容。

如一年级下册第四模块的话题是 Animal body,小讲师补充了绘本 *What Is He?* 该绘本既复现了课本所学,同时拓展了词汇如 feet, toes, tail 等,该绘本充满童趣且难度适中,能激发孩子们的想象力,课堂气氛活跃。在小讲师讲解后,80% 学生在校就能够自主朗读。

其次,活用绘本做教学衔接,充实教学过程。

在进行绘本推荐时,要考虑将绘本故事中的部分内容作为课堂素材,应用于课堂教学中。绘本小讲师可利用课堂最后 5～10 分钟进行分享,作为课堂拓展阅读。如一年级上册第四模块学习 colours,小讲师补充绘本 *Brown bear, What do you see?* 该绘本情节简单、句型反复、语言押韵,有助于吸引学生注意力,延展课堂所学。

最后,精用绘本做情感渗透,促进学生核心素养的发展。

鲁子问老师在强调绘本的育人价值时曾说，绘本作为故事书，核心不在知识，而在故事背后的价值，在于阅读绘本的人通过明白道理而接受道理，从而实现社会化发展，成为文化传承者。一名学生在报名小讲师时，自选绘本 *I can help*。该句型在一年级教材中没有出现，但考虑到绘本的情感线索，笔者将其安排在一年级下册第一模块后补充。教材中该模块的话题是描述自己的家庭成员及其职业，学生初步感知家庭成员工作的辛苦。绘本内容中，主人公描述了在不同场景为家人提供帮助，进一步帮助学生体会其在家庭中的重要角色，使学生获得积极的情感体验。

（三）评价激励，营造氛围

《义务教育英语课程标准（2022 年版）》指出，教学评价应贯穿英语课程教与学的全过程。教师要充分理解评价的作用，明确评价应遵循的原则，落实"教—学—评"一体化。在实施教学评价时，应以学生核心素养的全面发展为出发点和落脚点，充分关注学生的持续发展。

在小讲师悦读绘本活动中，制定评价量规（见图 5），通过师生、生生评价等多种方式给予小讲师不同的星级，并纳入学生过程性评价的考核。课后，将小讲师绘本讲解的视频分享到班级微信群，邀请家长们欣赏小讲师的课堂风采，让家长近距离了解班级活动，同时找出差距，根据自己孩子情况明确学习目标，营造积极的班级氛围。

小讲师评价量规		
一颗星	两颗星	三颗星
绘本难度不限；发音基本准确，朗读不够流畅，有部分语法错误。	绘本难度不限；发音较准确，有1-2处错误，语音语调优美；仪态自然，有一定感染力。	绘本难度为两星及以上；发音准确，语音语调优美；仪态大方，能够加简单动作且富有感染力，有简单互动。

图 5 小讲师悦读绘本评价量规

（四）课后延展，夯实所学

受学生在校时间有限以及基础差异性的影响，学生还需课下继续巩固所学绘本。因此，在小讲师"悦"读绘本活动开展的过程中，班级钉钉群建立了"英语绘本资源库"（见图 6）。小讲师讲解绘本后，会同步将绘本上传资源库，作为学生课下阅读的补充，因选取的绘本都与教材话题或句型相关，在校听完小讲师讲解后,大部分学生能读懂绘本,大大降低了学生课下阅读的难度。

图6　班级钉钉群英语绘本资源库

同时,在小讲师讲解绘本的过程中,通过观察学生们的学习兴趣和接受能力,选择适合的绘本,鼓励学生们进行读后绘本表演。例如绘本故事 *We have different body parts*,一年级学生对动物类话题兴趣高,因此,在课堂小讲师讲解绘本后,鼓励学生选择1~2个自己喜欢的动物形象,通过课下跟读模仿绘本,将其生动地表演出来。通过绘本表演,学生能深入绘本角色,运用语言理解意义,促进语言内化。

三、教学研究实践活动成果

（一）小讲师"悦"读绘本激发了学生的英语学习兴趣

在小学英语学习中,兴趣是首位,学生学习语言的能力在一定程度上是由其对英语学习的兴趣来决定的,而阅读英语绘本能有效地激发学生的阅读动机,成功的阅读体验有助于培养学生可持续的阅读兴趣,使其在英语学习中充分发挥主观能动性。

以下为一组数据对比(见图7)。通过课堂观察,在整个教学过程中,采用绘本阅读教学的实验班的学生学习热情高涨。课程开始五分钟后,85%的学生都已经进入状态,注意力集中,表现出了极大的学习兴趣;在课中,学生发言积极,一堂课中回答问题发言的学生覆盖率达到75%;在同伴合作和小组活动中,学生整体参与度高,敢于用英语交流和表达;课下大部分学生能主动背诵课文,在次日的课文背诵检查中,86%的学生能完成背诵任务。对比平行班级,整堂课中,课堂发言集中在几个孩子身上,一堂课学生回答问题覆盖率40%左右;课下学生学习热情不高涨,课文的指读和背诵需要家长监督,落实不到位。

	课堂学习氛围	学生课堂回答问题情况	学生课后学习情况
实验班	85%	75%	86%
平行班	70%	40%	50%

图7　班级钉钉群英语绘本资源库

(二)小讲师"悦"读绘本提高了学生的英语阅读能力

鲁子问老师指出,小学英语教育的巨大困难是:学生基于母语发展的认知能力,远远高于其英语语言能力,简单重复的英语语言教学,根本不在其最近发展区。而以图画为主、语言为辅,可满足学生的认识能力与语言能力的非对称性,图画直观呈现的情境,有助于学生理解、记忆、掌握语境,以及基于真实语境的真实语言运用。在小讲师"悦"读绘本活动家长问卷调查(图8)中,超过70%的家长认为,小讲师"悦"读绘本活动能帮助孩子初步掌握阅读方法和技巧。实验班每周进行1~2本绘本分享,在小讲师讲解的过程中,教师担任了助教的角色,借助英语绘本大量的图片,初步培养一年级学生预测、猜意、略读、跳读的英语阅读技能。经过半学期,大部分学生观察图片,从文中找关键信息的能力有很大提高。当低年级学生能够顺利阅读并理解故事,便会产生愉悦的阅读体验,有助于语言知识的学习与内化,从而提高他们的阅读效果和能力。

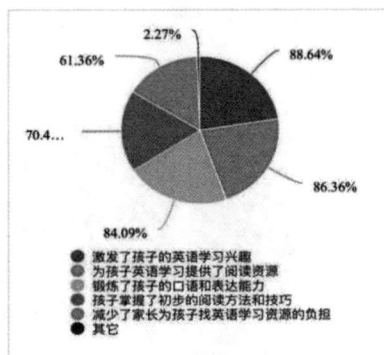

图8　小讲师"悦"读绘本活动家长问卷调查

(三)小讲师"悦"读绘本拓展了学生的英语阅读资源

在前期的班级学生阅读情况调查中,我们可以发现,一年级学生的课外英语阅读十分贫乏,大部分学生课下没有机会接触课外读物,同时,家长难以为孩子选择合适的读物,常常因为阅读材料难度过大,在阅读中容易遇到障碍,从而产生挫败感,打击孩子的阅读兴趣。因此,小讲师"悦"读绘本活动的开展能够充实学生的课下阅读资源,一学期的时间,资源库绘本资源40余本。根据绘本词汇、语法的难度,将绘本资源分为三个难度等级(图9)。

图9 绘本资源难度等级分类

(四)小讲师阅读绘本激活了学生英语思维的可视化实践

在当下英语教学偏重知识与技能传授的背景下,阅读教育的价值愈发凸显。绘本阅读教育聚焦学生认知发展与价值建构，能够全方位培育学生核心素养。小讲师阅读绘本活动，正是对绘本阅读教育理念的实践探索。学生在讲解绘本前，需深入观察画面细节，精准提取关键信息，这有效锻炼了学生的观察能力；为清晰阐释绘本内容与主题，学生需组织语言、构建逻辑，提升了语言表达能力；而绘本中蕴含的多元价值观，在学生分享过程中，引导其完成自我价值建构，强化社会责任意识；精美的绘本图画与叙事艺术，也在潜移默化中培养学生的审美能力。此活动将阅读与表达有机结合，让学生在小讲师的实践中实现思维品质进阶，切实推动核心素养的发展。

在小讲师"悦"读绘本活动开展的过程中，学生化身为"课堂学习小主人"。活动背后，是学情的激发，智慧的凝聚；是学习效能的高热度提升，学生核心素养的高品质发展。

参考文献

[1] 中华人民共和国教育部. 义务教育英语课程标准(2022 年版)[S]. 北京：北京师范大学出版社,2022:53.
[2] 鲁子问. 小学英语绘本教学中的德育渗透[J]. 英语学习,2023(05):12-17.

·教师类（非课例）

以《燕子》为例谈构建深度互促
课堂探究学习新生态
——"三单"任务驱动下小讲师学习模式的典型案例探究

李 珍

【内容摘要】一直以来，传统的课堂常因"满堂灌"被人诟病，为突破这一困境，提升学生主体性与深度学习能力，本文提出"课前预学单—课中导学单—课后助学单"与"小讲师学习模式"相互支撑、深度协同的教学策略体系。该模式以"三单"为结构化支架，以"小讲师"为动力引擎，通过任务驱动与角色赋能，构建了课前自主探究奠基、课中协作深化攻坚、课后巩固拓展延伸的完整学习闭环，有效激发学习内驱力，培养高阶思维与综合素养。

【关键词】学习任务单；小讲师；任务驱动

《义务教育语文课程标准（2022年版）》指出，学生是学习的主体。语文课程必须根据学生身心发展和语文学习的特点，爱护学生的好奇心、求知欲，鼓励自主阅读、自由表达，充分激发他们的问题意识和进取精神，关注个体差异和不同的学习需求，积极倡导自主、合作、探究的学习方式。教学内容的确定，教学方法的选择，评价方式的设计，都应有助于这种学习方式的形成。

基于传统课堂常陷入"教师讲、学生听"的被动局面，学生预习流于形式、课堂参与度低、知识巩固碎片化，学习过程缺乏深度探究与有效协作，我们积极探索"三单"任务驱动下小讲师学习模式，以《燕子》为例，构建深度互促的课堂探究学习新生态，高质量地探究教学活动开展的路径。

一、设计指向自主学习单驱动为载体的情境化学习任务

部编版小学语文三年级第一单元围绕"可爱的生灵"主题，编排了《古诗三首》《燕子》《荷花》《昆虫备忘录》四篇课文，以及口语交际《春游去哪儿玩》，习作《我的植物朋友》和语文园地，形成一个有机的整体，旨在引导学生多角度感受大自然生灵的可爱与美丽，生发热爱大自然的情感。基于此，本单元的学习主题确定为：寻找可爱的生灵。而在教授《燕子》这一课时，我们设置了这样的大情境化任务。

春风随意自东西，可爱初春燕子飞。又逢春来，三年级一班开展了"活力春天，我的自然之旅"主题学习活动。我们的主题任务二是"亲近可爱的生灵"——寻找"春之精灵"。在中华的历史长河中，"燕子"常常与春天相连，被称为"春天的使者"，燕子衔来春风暖，最是一年春好时！下面，让我们一起牵手"春日使者"，走进《燕子》。

为了将这一大情境学习任务扎实落地，以学生为主体，设计《燕子》一课的三种学习任务单。课前预学单，是自主探究的"导航图"与小讲师的"备课案"；课中导学单，是深度探究的"脚手架"与小讲师的"指挥棒"。课后助学单，是巩固拓展的"训练场"与小讲师的"辅导站"。以自主学习单为驱动载体，助力学习活动有效开展。

二、开展三单任务驱动下小讲师为主体的语文实践活动

"语文学科核心素养是学生在积极的语言实践活动中积累与构建起来，并在真实的语言运用情境中表现出来的语言能力及其品质。"通过在语文课堂中营造贴近学生真实生活的教学情境，引导学生在充满情趣、丰富多样的语文实践活动中感受到学习语文的乐趣，在"有情有趣"的课堂上主动表达、乐于表达，在不断提升学生言语交际能力的过程中，促进学生核心素养的深化发展。

在教学《燕子》一课时，教师安排了具体连贯的语文实践学习活动，引领学生清楚表达，有效传递信息。在单元大情境的设计之下，在任务驱动的助力中，本课设计了"借助支架，整体感知""赏读燕子外形图""赋能燕子春归图""对读燕子动静图""迁移运用，读写结合"五个主要的学习活动，几个教学环节环环相扣，紧密联系，融合了儿童生活和文本的价值资源。

(一)学习任务一:学一学,借助课前预学单,整体感知文本内容

(1)预学单任务

① 认识"凑、伶"等 10 个生字,读准多音字"散、杆"。

② 划出文中描写"燕子"的语句。

③ 读完此文,你最喜欢哪个句子? 有何疑问?

(2)小讲师行动

汇总组员对"燕子形象"的初读印象词,如"伶俐""轻盈""敏捷"等,以及主要疑问,如"为什么说燕子是春天的使者?"

引导学生初步接触新知,明确学习目标,暴露认知起点与疑问。以问题引导,学生进行课前预习的自我检测。以板书内容、屏呈图画的形式,在领读小讲师的带领下,完成课文内容的整体感知。

(二)学习任务二:读一读,依托课中导学单,突破本课重难点

此教学任务下,设计了如下三个具体的教学活动:

赏读"燕子外形图"。通过品读优美生动的词语,体会描写燕子抓住主要特点、从局部到整体的写作手法,从而感悟燕子的外形美。

聚焦关键词语"聚拢",在写一写和感悟读的基础上,学生边读边想象画面时,借助 AI 软件赋能,AI 生成第 2 自然段内容,让学生对比欣赏课文中文字与"生成图"的异同,并分享交流。在此基础上,挑战尝试诵背第 2 自然段,完成课后的要求练习。

对比朗读"燕子飞行图"和"燕子休憩图"。

① 自读课文 3~5 自然段,边读边想象画面,这 3 个自然段分别写了小燕子的哪些姿态? 明晰"斜飞""横掠""休憩"三种燕子不同的姿态。

② 将学生带入燕子的视角,说说作为"小燕子",你最喜欢哪种姿态,选一幅自己喜欢的画面读一读,用波浪线画出优美生动的语句,并说一说你仿佛看到了怎样的一幅画面。学生分享交流,边读边想象画面,感受燕子飞行时的敏捷与轻盈,休憩时的悠闲静美。

(1)导学单任务

①"散""杆"多音字的记忆和习得方法。

②"聚集"的写法和练习,有写字小讲师统筹并当堂巡视。

③ 小组合作,用波浪线画出文章中优美生动的句子,并进行优美生动语句的强化记忆和分享交流。

（2）小讲师行动

写字小讲师、阅读小讲师、课堂总结小讲师组织各组内学习成员，互助学习。

在这一部分主题学习活动中，聚焦核心目标与重难点，以问题为导向，聚焦教学重难点。设计了递进式、挑战性的三层问题推进教学。

（三）学习任务三：忆一忆，回归课后助学单，迁移运用拓展学习

助学单任务：

① 课堂总结小讲师带领各小组汇报分享学习收获，复盘记忆本课所听、所感、所悟。

② 分层作业设计，拓展阅读《绿毛龟》。

三、突破任务驱动和学生主体协同为核心优势的增效机制

① 目标一致，贯穿始终，"三单"围绕同一核心目标螺旋上升设计，小讲师活动紧密服务于各阶段目标的达成，避免环节割裂。

② 角色赋能，激活主体，小讲师角色赋予学生责任感与展示平台，显著提升其在课前预学、课中研讨、课后巩固各环节的参与深度与质量。

③ 信息贯通，精准教学，预学单暴露学情，小讲师反馈关键信息，使教师课中导学设计更精准；课后助学单及小讲师的质检反馈，为后续教学提供诊断依据。

④ 社会建构，深化理解，小讲师组织下的组内协作、讲解与质疑过程，本身就是社会性知识建构，极大促进了对知识的深度理解和元认知发展。

⑤ 能力综合，素养落地，学生在完成"三单"任务、担任小讲师过程中，自主学习、批判思维、合作交流、表达演示等高阶能力与核心素养得到系统锻炼。

综上所述，"课前预学单—课中导学单—课后助学单"与"小讲师学习模式"的深度融合，构建了一个目标聚焦、任务驱动、角色赋能、信息贯通、协作深化的课堂学习新生态。它有效破解了学生被动学习的困局，让探究真实发生，让思维深度碰撞，让学习责任回归主体，为培养具备自主探究能力、批判性思维和卓越协作素养的未来人才提供了可操作的实践路径。这一模式的持续探索与优化，是推动课堂革命、实现核心素养落地的有力支点。"小讲师"不仅是知识的传播者，更是学习生态的共建者；"三单"不仅是任务的载体，更是思维进阶的阶梯。当脚手架与引擎协同运转，课堂便拥有了生生不息的成长动力。

以"小主人"之力创生数字文化符号

——基于项目化学习的校园 3D 吉祥物"小博"设计实践

杨晓光

一、项目实施背景与教育价值取向

1. 校园文化建设需求

从 2020 年开始,我校文化品牌团队在学校文化品牌塑造的论证过程中得出结论,亟须为"小讲师""小主人"等育人理念构建可视化实践载体,以推动校园文化的具象化发展。

2. 项目育人目标体系

学生发展维度:通过项目实践强化学生校园主人翁意识(赋予学生策划参与权与决策话语权),构建美术创作、信息技术应用与校园文化相融合的跨学科素养,锻炼团队协作与公共表达能力。

校园文化维度:依托项目成果打造具有校本特质的数字化文化标识,重点开发基于三维模型的"小博"数字形象,围绕图形、动画、实时渲染的数字交互介质形成可感知、可传播的文化符号。

3. 教师职能定位

信息技术学科教师作为专业指导者和项目协作者,主要承担技术方法指导、资源协调支持等辅助性工作,坚持"引导不替代,支持不包办"的实施原则,确保学生在项目推进中保持主体性地位。

二、项目化学习框架设计方案

▶ **阶段一**:项目启动与文化建构(学生担任校园文化策划员)
学习活动:

1. 开展校园文脉探究

通过师生访谈、校园探索、学校理念研读等活动，具象化"小博"形象，提炼"小讲师""小主人"育人理念的核心要素。

2. 确立形象设计标准

组织主题研讨确定形象设计准则。［设计需突出活泼亲和感，建议采用 Q 版形象，外形设计可融入书本、博士帽等讲师元素及领结、校徽等小主人符号。角色表情生动（大眼睛、微笑），发型简约，服饰可搭配学院风或披风，增强记忆点与童趣］

教学支持：

指导运用数字化调研工具：演示在线调查平台使用方法，辅助设计需求采集问卷。

开展思维可视化训练：教授概念图绘制技巧，协助整理文化符号体系。

▶ 阶段二：技能储备与创意实践（学生担任数字创作员）

学习活动：

1. 数字绘画能力培训

采用系列微视频教学，指导学生使用绘图板结合绘画软件进行数字绘画操作。（使用轻量化绘图工具 Autodesk Sketch Book）

2. 吉祥物原型设计

分组进行校园吉祥物"小博"形象设计，依据形象设计准则进行绘画创作。

教学支持：

实施差异化指导：建立组内分工机制，针对设计难点（线条优化、涂色技巧等）进行专项突破，确保创作员的形象设计与设计诉求相一致。

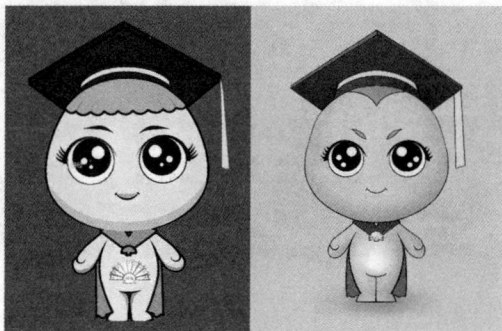

▶阶段三:方案优化与文化融合(学生担任项目决策者)

学习活动:

1. 开展方案论证会

组织方案论证会,各小组阐释创意理念,通过集体评议确定优化方向。

2. 文化元素植入研讨

为后期形象二次开发展开研讨(围绕"小主人""小讲师""十个一"、节日节气、学校活动等因素进行二创远景研讨)。

教学支持:

提出细节调整方向:进一步优化形象设计,确定形象细节特征,创作最终形象并确定配色方案。

形象设计三维化:设计"小博"的正、侧面 T 型视图形象,使用 3D 设计软件对"小博"和配饰、道具等进行三维制作,并运用骨骼系统对模型进行动作绑定,使其适用于多种设计场景需要。

实体化验证实验:运用 3D 打印技术制作等比例模型,进行结构强度测试与改良,将改良后的模型交予第三方,制作基于校园吉祥物形象的手办模型。

▶阶段四：成果转化与文化传播（学生担任文化传播官）

学习活动：

1. 打造实体文创矩阵

依靠校园文化调研设定吉祥物 IP 故事线，联动第三方制作各类实体手办、校园雕塑等，在校园食堂、门厅等场景设置沉浸式互动专区，使吉祥物与学生能够进行场景化交互。

2. 构建多元应用体系

围绕"小主人"、"小讲师"、"十个一"、节日节气、学校活动等因素进行吉祥物二次创作，设计多种主题的吉祥物形象，在活动推广和校园宣传中应用。

教学支持：

文创产品指导体系：提供从概念图到量产的全流程指导，包含 3D 打印原型制作、环保材质选型、三维模型转模具等指导，引入校园文化元素植入规范，确保设计效果。

跨媒介传播工作流：开展多场景应用开发：使用无代码平台搭建 H5 互动页面，使其能够跨平台适配（含微信公众号、宣传设计、视频宣传媒体等载体），制作不同宣传节点的素材调用图像、视频、模型库。

预留扩展接口：为未来应用开发做铺垫。指导学校人工智能社团开发基于开源硬件的交互工具，预留吉祥物雕塑的内部空间，为吉祥物未来的科技化做好准备。

方案特色说明：

1. 以学生为主体的实践型学习模式

打破传统学科框架，构建"策划—创作—决策—传播"四阶角色成长体系。学生通过完整参与校园文化符号从创意到落地的全过程，实现从被动学习到主动建构的转变。通过赋予学生策划参与权与决策权，将"校园小主人"理念转化为真实实践，如学生主导设计标准研讨、集体评议方案等，使校园文化建设成为学生自主表达的实践平台。

2. 跨学科融合的立体化培养体系

项目整合美术创作、信息科技、校园文化三个领域，形成了设计思维＋数字技能＋文化理解三维能力模型。通过 Q 版设计及服饰符号（如书本、博士帽等）创作，规范了吉祥物的形象。运用数字绘画、3D 建模、3D 打印等技术，系统培养了学生的数字创作能力。将"小主人""十个一"行动计划、传统节日等校本元素融入 IP 故事开发，实现文化符号的动态演绎。

3. 技术驱动的文化创新链路

项目构建虚拟建模—实体验证—跨媒传播的数字化生产体系，采用 3D 模型，预留动画交互接口，3D 打印验证设计，制作校园吉祥物实体模型，开发 H5 互动页面与多场景素材库等方式，构建了校园立体传播矩阵。

4. 教师协同的双轨保障机制

建立了专业指导加情感支持的双轨教师协同模式：通过微视频教程与个性化指导，解决数字创作技术难题。运用可视化工具帮助学生提炼文化符号，构建 IP 形象与校本理念的关联网络；在关键环节提供策略支持，坚持"引导不替代"原则，保障学生主体性。

5. 可持续发展的文化生态

规范二次创作工作机制，形成节日、活动主题衍生。预留吉祥物雕塑开源硬件接口，支持未来增强现实｜虚拟现实、体感、数字化交互等未来场景开发。构建了集手办模型、校园雕塑、数字媒体三位一体的应用体系。

三、项目成果与育人成效

博文小学通过"小博"3D 吉祥物设计项目，成功构建了具有校本特质的数字化文化标识体系，实现了校园文化建设与育人目标的深度融合。项目以三维建模技术为核心，打造出兼具活泼亲和感与文化符号价值的"小博"数字形象，形成了虚实结合的立体化呈现载体，使吉祥物形象深度融入校园食堂、门厅等公共空间，形成沉浸式文化体验场景。项目同步建立起规范化的二次创作机制，围绕"小主人""十个一"等校本理念，节日节气和各种校内外主题活动，构建起将手办模型、校园雕塑、数字媒体等三位一体的可持续应用生态。

　　项目通过赋予学生策划参与权与决策话语权，有效强化了学生的主人翁意识。在完整经历校园文化创意的孵化过程中，学生在形象设计、数字绘画、3D 建模、手办制作等多个环节中系统地提升了跨学科素养。项目创设的"策划—创作—决策—传播"四阶角色成长体系，促使学生在方案论证、集体评议等实践中发展出高效的团队协作能力与公共表达能力。教师团队在保障学生主体性的同时，助力其构建起设计思维与数字技能结合的实用能力。这种技术赋能的文化创新实践，不仅催生出具有校本特质的数字文化符号，更培育出兼具文化自觉与创新能力的新时代学习者，为校园文化建设提供了可复制推广的实践范式。

小学信息技术"小讲师"参与微课程设计与应用的实践研究

袁 波

【摘要】一般情况下，小学阶段是学生初步认识信息技术的阶段，教师在进行课堂教学时，通过引导"小讲师"参与微课程设计，合理应用微课程，可以使学生更为具体地认识信息技术，确保学生可以更为高效地参与课堂学习。本文首先分析设计小讲师参与微课程设计的注意事项，然后综合探究"小讲师"参与微课程应用策略，希望信息技术教师能够引导"小讲师"更为高效地应用微课程。

【关键词】小学；小讲师；信息技术教学；微课程；设计；应用

在小学阶段开展信息技术教学时，"小讲师"参与微课程的合理应用具有重要的价值，可以使其教育工作实现更高的个性化，确保学生能够基于个人兴趣进行自主学习，提升学生学习效果，为了进一步明确小学信息技术教师引导"小讲师"如何更为高效地设计和应用微课程，特此进行本次教学研究。

一、小讲师参与微课程设计的注意事项

1. 明确"小讲师"和教师核心职责的区别，从而避免误区

信息技术教师在引导"小讲师"参与微课程设计，首先需明确小讲师和教师核心职责的区别，小讲师核心职责主要聚焦同龄学习者视角，负责内容创意构思、脚本编写（语言口语化、趣味化）、素材收集（如图片、简单动画）、部分录制/演示（如操作步骤）。而教师核心职责主要是，提供选题方向与框架引导、把关知识点的科学性与准确性、教授必要的微课设计方法与技术工具（如 PPT 录屏、简易剪辑）、提供资源支持与脚手架、组织协作与时间管理。从而避免误

区,防止教师过度干预导致"小讲师"沦为执行者;避免完全放任导致内容偏离目标或质量失控。明确哪些环节必须由教师把关(如知识正确性),哪些可以充分放权(如表达形式、互动设计)。

2. 引导"小讲师"以同龄人视角运用自己的理解构建微课程

"从学生中来,到学生中去。"引导小讲师选题应源于学生真实的学习难点、兴趣点或操作困惑点,确保微课内容对其他学生有实际价值。指导"小讲师"避免直接复述教材或教师语言,鼓励用自己理解后的、通俗易懂的语言、生活化的比喻、分步演示来讲解复杂概念或操作步骤。引导"小讲师"思考如何在微课中设计小问题、小挑战、小游戏或有趣的动画/音效,提升学习者的参与感和学习兴趣。把握微课"短小精悍"的特点,聚焦核心点,避免信息过载或冗长拖沓。

3. 教师及时汇总反馈,形成"设计—反馈—优化"的闭环

过程性指导而非最终评判。教师在"小讲师"选题、构思、脚本撰写、制作、初稿等各阶段及时介入,提供建设性反馈,如"这个步骤讲得有点快,可以再拆解一下吗?""这个比喻很有趣,能帮助理解!"等,而非只在最后纠错。根据学生年龄和能力,选择并提供易上手的技术工具,如演示软件、录屏工具、简单剪辑 App 模板等,并提供必要的操作培训和模板参考,降低技术门槛。组织"小讲师"小组内部或跨组互评,从学习者视角提出改进建议;教师汇总反馈并引导"小讲师"进行修改完善,形成"设计—反馈—优化"的闭环。

二、小学信息技术"小讲师"参与微课程开发设计与应用的具体策略

1. 优化课前预习:激发"小讲师"微课兴趣

教师根据新课目标,设计具有挑战性或趣味性的预习任务:尝试操作、发现问题、收集资料。引导"小讲师"围绕预习任务中的核心疑问点或潜在操作难点,制作短小精悍的"预习引导型微课"。在内容上可以聚焦1~2个核心问题,进行演示、设问或提供线索;展示常见错误或有趣现象引发思考;提供必要的资源链接或工具提示。形式上强调趣味性、启发性,时长控制在3~5分钟。

2. 改进新课教学:精准分配知识点,让"小讲师"微课突破重点,深化理解

将新课中的关键操作步骤或抽象概念拆解成若干小模块。由不同"小讲师"小组分别负责1~2个小模块的微课制作。精准聚焦分配的知识点,进行清晰、规范、慢速的演示讲解;强调易错点和操作细节;使用对比演示。以操作

录屏为主,辅以简洁字幕或"小讲师"画外音解说;步骤清晰编号。时长控制在5～8分钟/模块。让"小讲师"角色,成为特定技能点的"示范者"和"解说员",展现精细化操作。 教师在新课讲授中,适时插入"小讲师"制作的模块化微课,替代或补充教师演示。鼓励学生观看微课时,跟随"小讲师"同步操作练习。利用微课进行课堂即时互动。主导课堂流程,在关键节点调用微课资源;观察学生学习情况,进行个性化辅导;组织学生对"小讲师"微课进行即时评价。

3. 引导学生自主学习:以"小讲师"微课拓展延伸,构建资源库

鼓励学有余力的"小讲师",围绕教材内容的延伸应用、趣味技巧、相关软件、解决实际问题等,自主选题制作"拓展探索型微课"。教师可以提供选题库或方向建议,用画图工具设计班徽小技巧、Scratch 制作简易小游戏秘籍、如何更高效搜索信息。在内容上强调创新性、实用性和趣味性;鼓励展示个性化解决方案或创意表达。形式上更灵活多样,鼓励加入创意元素。在此过程中"小讲师"角色成为知识的"探索者"和"分享者",展现自主学习成果和创造力。将审核通过的拓展微课分类整理,形成班级的"小讲师自学资源库",学生在课后、兴趣时间、项目学习时,可根据兴趣和需求自主选择观看学习。同时 设立"微课推荐""点赞评论"等功能,促进交流。

三、研究成效,在"小讲师"的任务驱动中赋能终身学习

小学信息技术教师通过分析学生认知特点,明确课程教学目标,引导"小讲师"参与微课程设计与应用的实践,打破了教与学的传统边界,让学生从课堂的边缘走向中央。这一过程不仅高效传递了信息技术知识与技能,更在真实的任务驱动中,淬炼了学生的核心素养,培育了其自主管理、协作探究、勇于创新的"小主人"精神。实践证明,当学生被赋予信任和施展才华的空间,其潜能的释放和成长的活力远超预期。尽管在实施细节上仍需不断探索和完善,但其在激发内生动力、优化教学过程、生成优质资源、赋能终身学习等方面的价值已清晰显现。

未来,我们可进一步探索"小讲师"机制与项目式学习、跨学科主题教学的深度融合,并借助更智能的平台实现资源的精准推送与学习分析,让技术真正服务于学生的全面而有个性的发展,让"小讲师"的光芒照亮更广阔的智慧学习空间。

小学数学教学中生活案例的运用策略研究

阎 青

【摘要】对于小学生来说,数学学科学习起来有一定的难度,所以教师要善于在课堂教学中通过生活案例来辅助教学,采用一些具有生活化的教学手段来对学生进行教学,因为数学中的许多知识和素材都是来源于我们的生活,通过这些方法来有效提高小学生的数学水平。本文将对这一问题进行分析并且提出相应的措施。

一、在小学数学教学中运用生活案例的意义

为什么要在小学的数学教学中引入生活案例呢?教师又要如何才能更好地在教学过程中引入生活案例?其实简单地来说,这就是生活化教学,教师要将教材中所涉及的内容和知识点和我们的生活紧密联系起来,采用一个更加通俗易懂的方式让小学生们去理解和学习。在课堂教学中引入生活案例,最重要的一个积极意义就是这能够将学习氛围变得轻松愉悦,打破以往枯燥死板的教学理念和方式,在这种情况下,小学生会更加容易去接受教师所讲解的知识。小讲师为枯燥的学习注入活水。特别是数学这门学科在小学阶段,小学生是初次接触,它的逻辑严谨,思维缜密,所以其中很多的知识对于他们来说非常复杂,学习起来会感到很吃力,概念性的东西如果不能通过他们所熟知的方式表现出来,那么他们将会很难理解这些,教师只有通过生活中他们所熟悉的人、事、物来给学生们讲解知识,他们才可以更加容易地去接受。课堂教学中通过数学小讲师的示范作用,更能以点带面激发学生的学习热情,进一步提升他们的数学素养。

二、在小学数学教学中运用生活案例的措施

（一）将生活元素有效引用到教学过程中

教师想实现在教学中有效运用生活案例，可以通过将生活中的元素不断引入到教学中。将生活元素引入到教学中有多种多样的呈现形式，教师不仅可以通过我们在生活中经常所见到的物品来表现，还可以通过组织各种活动来让小学生参与到其中，要让他们充分发挥出自己对于生活的认知，把自己所能想到的和教材相关的生活元素表达出来。

比如，教师在进行课后作业的布置上，可以进行一些巧妙的设计，让课后作业和我们的日常生活紧密联系起来，让小学生去发现我们生活中的数学。数学小讲师将他们在完成作业的过程中，发现的生活中的数学元素，购买商品等生活体验和同学们分享，这样在他们的示范带动下足以让学生有效地去理解"数的加减乘除"，他们通过自己购买，自己亲身感受，更能有效加强对于数字的敏感度。

（二）创设相关的生活情境

情境教学法在很多学科中都被教师普遍应用，它的特点就是能够让学生们更加直观真实地去感受这些学科的知识，感受该学科和我们日常生活的联系。创设情境的目的是为了更好地帮助学生们去理解以及掌握学习内容，小学数学教学也是如此，教师应该在立足学生学习实际的基础上，去创设一些和他们生活很贴近的教学情境。数学知识来源于我们的生活，所以教师在教学的过程中应该巧设一些生活情境，让小学生们可以更加轻松自如地去学习数学。那么根据不同的教学内容教师应该创设不同的教学情境，要做到对症下药。

比如说，教师在教学"分数的初步认识"这一章节内容时，可以创设这样的情境，同学们，我们班一共有 36 个人，但是我们只有 10 个苹果，我们要怎么样把这些苹果平均地分配给每一个人呢？这时他们就会进行思考，一般来说就是用 10÷36，得到的数就是每一个学生分得的苹果数量，但学生们发现这个数并不是整数，而且"几分之几"这种样子的数字，教师这时候就可以引出分数这一概念。创设生活情境的这一教学法不仅能够让学生都有效参与到课堂活动中来，更能帮他们加深记忆，巩固教师所讲的知识。在老师的指导下，小讲师结合自身的生活观察融入课堂情境中，这样难懂的数学概念、定义便轻而

易举地解决了。

（三）增强教学趣味性

想要有效地将生活案例运用到教学当中，教师最应该做的就是掌握教材内容，灵活地分析运用教材，将其和生活联系到一起，这样才能够实现最佳的教学效果。数学这门学科虽然比其他的学科较为抽象和复杂，可是它其中很多知识还是充满了趣味性的，教师在引入生活案例的基础上，应该借助多媒体来辅助教学，该手段可以使得抽象难懂的知识变得更加直观，进而有效激发学生的学习兴趣。

比如说，"空间和图形"相关的知识，教师如果只是空洞地将教材中的概念讲给小学生听，那么他们很难真正理解这些知识，把这些静态的图形如果变得"鲜活"了起来，那么学生就可以很直观地去理解。具体做法就是教师通过多媒体演示，以及创设动态的情境，有效发散小学生们的思维，让他们进行大胆的想象，小讲师结合课堂所学，积极搜集我们日常生活中所涉及的数学图形展现给同学们看，在师生、生生互动的浓厚氛围中解决重难点。

（四）将生活中的案例有效导入课堂

如果小学数学教师想要更好地将生活案例在课堂教学中应用，可以采用导入的方式，那么导入教学法是什么呢？教师要采用趣味性的开头来导入本节课所需要讲述的内容，这样的形式更能有效吸引学生们的学习兴趣，进而有效地提高整堂课的教学效果。也就是说，教师在讲课之前可以通过讲故事，提问题或者其他的方式来导入本节课所讲的内容，当然这里所说的故事和问题都需要和我们生活有着紧密联系的。虽然说，一节课导入的时间只有那么短短几分钟，可是它对我们教学所带来的意义却不容小觑，教师如果能够将导入这一环节设计到位，首先就可以抓住学生们的眼球，让他们把更多的注意力集中到我们的课堂中来，这对教学效果有着很大的影响。在导入这一环节，教师还需要注重的一个问题就是，要结合学生们的学习情况和兴趣爱好，通过他们所感兴趣的内容来导入课堂。

比如，教师在给小学生们讲解"路程、速度和时间"相关的内容时，可以问他们，在日常的生活中乘坐汽车或者公交车，有没有注意车行驶速度是多少？时速又是多少？通过提出这些问题，教师就可以引入本节课所讲解的内容，而且这些内容都是和生活息息相关的，也更容易引发小学生们的共鸣。

三、总结语

综上所述，我们可以看到在小学数学教学中运用生活案例给教学带来的便利和积极影响，这一方法能够在很大程度上降低数学学科的难度，激发小学生对于该学科的学习兴趣和热情。教师在引用生活案例的时候要密切地结合教材内容，根据不同内容选取不同的案例，借此来提升小学整体的数学水平，提升小学生的数学素养。

第二节 ｜ 教学法初探

聚焦核心素养　小讲师赋能英语学习
——小学英语小讲师五维互助教学法探究

袁　丛

《义务教育英语课程标准(2022年版)》提出：英语课程要培养的学生核心素养包括语言能力、文化意识、思维品质和学习能力等方面。借我校 2020 年度省重点课题成功立项的东风,全校掀起了小讲师助力课堂的热潮,"小讲师"育人文化正是学生学科素养的集中显现,体现学生从"要我学"到"我要学"的转变,指向新课标倡导的学生学会学习的教育理念。

一、小学英语"小讲师"五维互助教学法概要

2020 年我校山东省教育教学研究重点课题"立德树人视域中的'小主人'课程构建与实施研究"成功立项,学生以"小主人"身份参与学校的各项活动和教学活动,英语学科立即行动,确立了"小讲师"五维互助教学法。突出一个中心：以调动学生的主观能动性为中心。开展五个维度研究：即"小讲师"五维互助英语教学法。五维即：师生课堂互助；生生课后互助；媒体多元互助；空间交换互助；资源共享互助。通过教学法的实施,实现了三个教学方式的转变。

（1）学习方式转变

突破传统学生被动听讲模式,通过小讲师互助激活学生思维动能,提升学习参与度。

（2）师生关系重构

转变课堂教学中教师中心主义倾向,通过小讲师,让学生全过程教学参与强化学生主体地位。

（3）教学理念革新

突破应试导向的教学局限,强化语言实践应用,促进语言习得而非单纯学得。

"小讲师"五维互助教学法通过纵向阶梯式培养与横向专业化分工的双轨机制,为落实"双减"政策、提升课堂教学效能提供了实践路径。在纵向维度上,建立了基于能力发展的"三阶五级"培养体系:新手阶段(小助教)→熟练阶段(初级/中级/高级小讲师)→专家阶段(小博士),并配套动态成长性评价机制;在横向维度上,依据教学任务类型设立了绘本阅读指导小讲师、习题解析小讲师、课文领读小讲师等专业化小讲师角色。实证研究表明,该教学法通过创设结构化互助情境,有效提升了学生的学业投入度与语言实践能力,促成学生之间的"学"与"教"。

二、小学英语"小讲师"五维互助教学法解决的问题

（1）学习兴趣差异问题

通过师生互助、生生互助等,可以将一直徘徊在学习的边缘的学生聚焦到学习中心点,让学习和学生产生连接,小讲师互助课堂,让学生自己动起来,解决了这一难题。

（2）学习方式差异问题

根据多元智能理论,不同学生学习方式是多样的、差异化的。通过小讲师五维互助,可以为不同学习方式的学生提供多元参与学习的机会、平台和空间,有效弥补单一学习方式的不足。

（3）学习能力差异问题

一个班的学生,智商之间差距不大,为什么学着学着差距变大了呢?是学生变笨了?不是,是学生觉得这个事和我没有关系。通过英语小讲师系列化阶段化培养,借助五维互助学习,为学生英语学习搭建多元化综合性语言实践机会,促进学生综合语言运用能力全面提升。

（4）学段特点差异问题

低段英语主要是培养学生"听、说、读、写"四项技能中的"听、说"能力,"说"就显得尤为重要。所以在低段,我们主要设立:绘本阅读小讲师、课文领读小讲师。

中段英语主要是能理解日常生活中熟悉的简单语言材料,开始产生语感;能用基本的、简短的语言与他人交流,描述身边熟悉的事物。所以在中段,我

们主要设立：绘本阅读小讲师、课文领读小讲师、单词认读小讲师，尝试设立习题讲解小讲师。

高段英语主要是能理解日常生活中常见的简单语言材料，初步形成语感；能围绕相关主题，用所学语言进行交流，表达自己的想法，实现基本的沟通交流。所以在高段，我们主要设立：英语阅读小讲师、单词认读小讲师，习题讲解小讲师、互助小讲师。

三、小学英语"小讲师"五维互助教学法带来的改变

《义务教育英语课程标准（2022年版）》中指出：教师要充分认识到学生是语言学习活动的主体，要引导学生围绕主题学习语言、获取新知、探究意义、解决问题，逐步从基于语篇的学习走向深入语篇和超越语篇的学习，确保语言学习的过程成为学生语言能力发展、思维品质提升、文化意识构建和学会学习的成长过程。

（1）开发了小讲师英语课堂教学模式，提高常态化互助学习质量

"小讲师"们在备课的过程中发现，要给别人"一杯水"，自己先得有"一桶水"，会主动地在课下搜集资料、探索问题，形成良性循环，有利于形成终身学习的习惯与能力。"小讲师"存在于课内，也存在于课外，潜移默化浸入每一个学生的生活，帮助每个孩子书写自己的精彩！

（2）开发了系列化英语小讲师培养体系，提高语言实践能力

随着小讲师团的日益壮大，班级里自主学习、独立思考、互相帮助的学习氛围日益浓厚。在争当小讲师的过程中，同学们逐渐养成课前要预习、课上要记录、课后要反思的学习好习惯，英语学习兴趣日渐高涨，自主学习能力逐步提高。

（3）开发了全景式英语小讲师学习方式，提高学生学习参与度

根据学生的复习需求，教师让学生列举了自己亟待解决的复习困惑，小讲师负责根据同学们的困惑回家备课，同一问题还可以同课异构！小讲师们开展了别开生面的"趣味讲堂pk"，从不同的视角出发，结合自身优势，全面又细致地讲解复习要点，从梳理要点、认真备课，到精讲方法、答疑解惑。这种合作互助的模式，让英语复习因为有了思维的碰撞而更加有效。

教师梳理学生的英语学习困惑，对提出的问题给予评定。就有价值、较集中的问题依托"帮扶小助教"和"英语小博士""点对点"+"点对面"点面结合的教学模式，答疑解惑、合作互助，让英语学习更加省时高效。

① 学生学习能动性由被动变为主动。在课堂上，我们让学生以小讲师的身份站到课堂前沿，涵盖课前预习、导课、新授、练习反馈、总结拓展等不同环节，班级英语学习氛围浓厚，英语讲师团也越来越壮大。课堂习题小讲师、自然拼读小讲师、英语绘本小讲师、专项复习小讲师等都在课堂中绽放精彩。

② 学生自主学习能力由外驱变为内驱。学生当小老师，会自然而然地产生一种使命感，他会主动地要求自己把知识掌握扎实，然后想办法给同学们讲好，学生的表达能力在一次次的讲解中得到了提高。把时间、空间和学习的权利还给学生，还原学生的课堂主体地位，唤醒了学生的潜能，不断获得自信与勇气，获得学习愉悦感和成功感。

③ 学生英语综合评价由成绩变为素养。英语教师大多承担着不同学段的教学任务，面对的学困生较多，小讲师的作用尤为重要，英语教师借力"小助教"，为英语复习加持能量！老师为学困生找了英语学习的小伙伴，一对一专属 VIP 形式"开小灶"。教室里合作学习的热情高涨起来，小助教们铆足了劲在"发功发力"！我们欣慰地看到小助教们听写四会、指导课文读音和含义、讲解试卷习题，甚至是分享自己买的复习材料，耐心地讲解难题……

④ 课堂由师本变为生本。教师老师也从中学习到很多东西。学生讲课，是从学生的角度去理解教学内容，去表达教学内容，他们所讲的可能更符合学生的实际。备知识就是"知己"，备学生就是"知彼"，而备方法就是研究战略战术。另一方面也促进老师在教学设计中，更加详细，把学生可能问到的、可能出现的问题尽可能考虑。这样相互借鉴，取长补短，利于教学相长。

自教学法实施以来，老师们的课堂也焕发了活力，教学水平不断提高，英语教研组荣获市北区第一届学术节优秀教研组；多人多次在区级教研中进行经验交流；《"英语小讲师"炼成记——点亮智慧课堂，赋能学生成长》做区级经验介绍；《核心素养视域下"小先生制"在英语教学中的研究》发表于《新时代教育》；《依托"小先生制"提高小学英语教学质量的策略研究》立项区级草根课题；两名教师获评区级教学能手，参加区级公开课 3 人次；市级优质课 3 人次并获得市级二等奖；区级优质课 3 人次并均获得区一等奖；一人获市北区青年教师竞赛一等奖；5 人获市北区命题大赛一等奖；连年在区配音模仿秀中获一二等奖；青岛市中小学生英语大赛百余人次获奖。

英语小讲师的背后，是学情的激发，智慧的凝聚；是学习效能的高热度提升，综合素养的高品质发展。把课堂真正还给学生，点亮智慧课堂，为孩子们的成长奠基赋能！

"小讲师助学，核心驱动课堂
教学模式"之探析

高玉洁

【摘要】"小讲师助学"课堂模式是当前课堂教学改革的热点。本文针对减轻师生课堂负担，提升学生学习热情的角度出发，探索"小讲师助学，核心驱动课堂模式"的四大教学环节。教学环节围绕"情境激趣，目标引领——小讲师启智之妙；任务驱动，合作探究——小讲师疏通之巧；深度思考，智慧碰撞——小讲师促学之智；巩固拓展，凝结升华——小讲师精练之效"几个方面深度剖析小学数学课堂，从而激发学生学习热情，激活数学思维，培育学生核心素养，为未来发展赋能。

【关键词】核心问题；数学课堂小讲师；小讲师促学

《义务教育数学课程标准（2022年版）》提出数学学科需要培养学生的核心素养有三点：会用数学的眼光观察现实世界、会用数学的思维思考现实世界、会用数学的语言表达现实世界。基于以上三点，作为一线数学教师，认真思考当前数学课堂存在如下问题：教师易拖堂，加重学生负担，学生数学学习的兴趣随着年龄的增长降低。虽然提倡自主探索的教学方式，但由于教师常年教学习惯，很难更新教学方法，接受最新教学理念，学生的学习激情难以激发。基于以上问题，大胆思考，为了打造数学高效生本课堂，提出"小讲师促学，核心驱动教学模式"，成为"双减"背景下小学数学课堂减轻师生负担的有效措施。

"小讲师助学，核心驱动"课堂教学模式中，全班学生分成两个团队。第一个团队是课堂讲师团队，专门负责数学课知识点的讲解、数学习题的讲解、数学文化的收集以及数学学习经验的分享。第二个团队是师徒结对团队，我把班级"需要努力的学生"和"优等生"结成对子,颁发聘书给"小讲师",由他们负责监督"小徒弟"每日的作业纠错情况,数学概念的掌握情况等,每日累积工作积分,用工作积分来换取荣誉证书。

一、小讲师课堂的现实意义

1. 靶向聚焦:明晰高效学习之轨

学生在数学课堂中精准把握一节课的核心问题,才能找准学习方向。而"核心问题"在学生开始学习阶段比较模糊,"小讲师助学,核心驱动"数学课堂模式在学习的最初阶段,提出一个"核心问题",学生学习起初就看到这节课要到达的"终点",做到心中有数,这样全体学生都能够精准把握当堂的学习方向。在课堂环节设置一个"核心问题",主要训练学生从生活中发现数学问题和学会用数学思维思考现实世界两方面能力。学生经历数学"再发现"的过程,在探索过程中质疑问难,最终形成实事求是的科学态度,初步养成讲道理,有条理的思维品质,提升学生的数学思维。

2. 激趣启思:点燃学习热情之火

每一位上台当小讲师的学生都佩戴"博士帽",这种仪式感让学生在讲解知识点的过程中倍感自豪。另外,这种教学模式主要强调"生生互动学习",小讲师贯穿整个学习的始终,教师只是课堂的组织者和引导者,学生占主体地位,更大程度地激发学生的探索欲望。尤其是在课堂"任务驱动、合作探究"和"深度思考、智慧碰撞"两个环节,小讲师需要提前对数学课堂的主要学习任务做好充分的"备课",才能在这两个环节中对组内其他成员进行一定的精确指导。当小讲师发现自己的知识储备比其他成员多时,会促进他们帮助成员一起学习,互动交流,提升数学课堂成就感。

3. 深耕厚植:促进深度理解之实

根据学习金字塔现代学习方式理论,学习者采取讨论、实践、教授给他们等的主动学习方式,学习内容平均保存率比被动学习方式要高。学习者采用"教给别人或者马上应用"的学习方式,可以记住90%的学习内容。"小讲师助学,核心驱动"数学教学模式中,每个环节都有小讲师助学,以"三角形内角和"小讲师教学为例,四位小讲师通过合作授课,利用锐角三角形、直角三角形、钝角三角形三种三角形,分别展示测量法、剪拼法、折叠法等三种方法,带领同学们通过猜想、验证、演示、主动参与学习,最终得出三角形的内角和是

180°的结论,学生深度理解数学定理,学习效果倍增。

二、小学数学课堂教学模式解析

"小讲师助学,核心驱动"数学教学模式包括以下四个教学环节,第一环节:情境激趣,目标引领——小讲师启智之妙。第二环节:任务驱动,合作探究——小讲师疏通之巧。第三环节:深度思考,智慧碰撞——小讲师促学之智。第四环节:巩固拓展,凝结升华——小讲师精练之效。

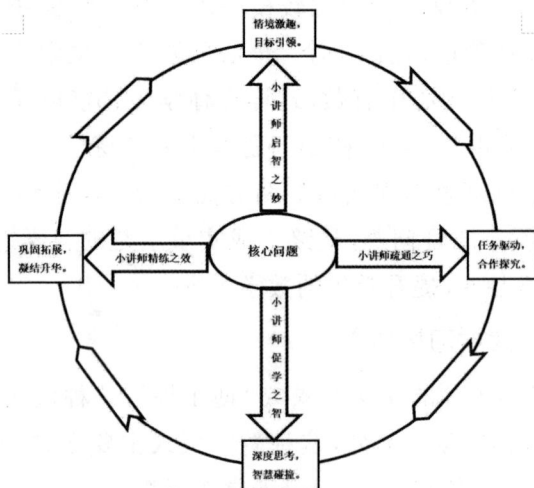

课堂第一环节要求小讲师设置真实有效的学习情境,引入数学课堂,带领同学抽象出数学问题,顺势提出本节课的一个核心数学问题,明晰学习目标。小讲师通过"情境创设——目标引导——思维激活"三个步骤来完成此环节。例如,教学"平均数的认识"时,授课开始,小讲师创设"博园校长杯足球赛"的情景,设置启发性问题"如果您是一名篮球教练,您会选择什么样的替补队员上场呢?"学生便有了根据分析数据选择优秀的篮球队员上场的深度思考。实践表明,这种由同龄人创设的情境更易引发学生的共鸣。课后调查显示,94%的学生表示"更喜欢小讲师创设的学习情境"。

课堂第二环节强调通过任务驱动推动学生主动探究新知识的欲望。小讲师通过"任务设计——过程指导——难点突破"三个步骤完成此环节。小讲师将每节课的学习内容分解成多个子任务,多个任务围绕一个核心问题,课堂互动小讲师组织组员们进行自主探索,并在小组活动中巡回指导,及时发现并疏通组员之间存在的数学疑惑。小讲师最后针对共性问题进行集中讲解。例如，教学"探索长方形的面积"时，小讲师设置三个子任务：感知面积概念；探究面积与边长的关系；归纳公式。小讲师在小组合作探究时巡视，发现个别同学混淆"周长"和"面积"的概念，便提示"周长是绕图形边线一圈的长度，面积是图形这个面的大小。"而后，集中讲解共性问题"为什么长方形的面积＝长×宽？"小讲师用方格图动态演示：每行摆 5 个方格，摆 3 行，总数就是 5×3＝15 个，直观验证公式。通过任务链驱动，学生从操作中发现规律，小讲师的引导既保证有序探究，又留出思考空间，最终实现学生从具体操作到抽象逻辑思维的跨越。

课堂第三环节旨在促进学生的深度思考和表达交流。小讲师通过"问题引领——互动组织——思维拓展"三个步骤完成此环节。小讲师课堂中抛出矛盾问题，各小组通过辩论冲突，深化理解，避免机械记忆。学生用规范的数学语言真实表达数学思考，迁移应用于生活，培养高阶思维。例如，教学"分数的基本性质"时，小讲师抛出矛盾问题：小亮说 3/6 和 1/2 相等，小丽说不对，因为 3 比 1 大，6 比 2 大，你同意吗？学生结合操作结果，用数学语言反驳：分子分母同时 ÷3，3/6＝1/2。小讲师提出挑战任务：如果分数的分母加上 10，要保持大小不变，分子该怎么变化？借此问题，引导学生逆向思考，学会应用分数的基本性质来解决此问题。最后小讲师还总结道："过生日分蛋糕，切法不同，但是每个人吃的数量可以相同，从而实现高阶思维的提升"。

课堂第四环节皆在帮助学生形成系统知识，迁移应用。小讲师通过"系统梳理——方法提炼——分层挑战"三个步骤展开教学。小讲师引导学生用思维导图的方式构建知识网络，总结解题策略和数学思想方法，设计分层练习。基础题面向全体学生，重点巩固基本方法；提高题面向中等生，训练思维灵活性；拓展题面向优等生，培养创新能力。教师务必当堂批阅，订正答案，让整个数学课堂尽量少留遗憾。

三、成效与反思

"小讲师助学，核心驱动教学模式"实施以来，通过情境激趣和目标引领，小讲师以生活化问题点燃学习兴趣，学生课堂参与率高达 90％以上。在任务驱动环节，小讲师将知识点拆解为由易到难阶梯式的子任务，辅以组内巡回指导，使 80％的学生能自主突破重难点。通过"问题辩论"等互动，学生学会用数学语言表达观点，逻辑严谨性显著改善。巩固环节中，小讲师设计基础、提高、拓展三级练习，配合教师当堂批改，使学困生掌握方法、优生获得挑战，课堂达标率达90%。

然而以下几个问题还需要进一步改进。其一，课堂小讲师培训需细化。部分小讲师"深度思考，智慧碰撞"这个环节中，错误分析上能力不足，需教师指导，后期教学将会增设"提问技巧"的专项培训。其二，小讲师任务设计需更加突显梯度。小讲师分解成的子任务，需要教师进一步点拨，保证任务设计的弹性和梯度性。

综上所述，"小讲师助学"课堂模式通过四大环节的有机联动，实现了"减负"与"增效"的双赢。该模式以学生为主体，让小讲师在情境激趣中点燃学习热情，在任务驱动中引导合作探究，在深度思考中促进思维碰撞，在巩固拓展中实现能力升华。对学生深度理解数学课堂提出更高的要求，它不仅有效减轻教师的单向灌输压力，更让学生在角色转换中提升自主学习能力、表达能力和批判性思维，最终实现学生数学核心素养的提升。

参考文献

[1] 教育部. 义务教育数学课程标准（2022年版）[S]. 北京：北京师范大学出版社，2022.

[2] 张奠宙等. 小学数学教育概论[M]. 北京：高等教育出版社，2016.

[3] 吴正宪. 小学数学教学基本概念解读[M]. 北京：教育科学出版社，2019.

小学语文课堂"四步进阶式"小讲师教学模式实践研究

王宇宇

一、内容概要

2022 年,《义务教育语文课程标准(2022 版)》对义务教育阶段语文核心素养进行了定义,该文件认为"语文核心素养是学生在积极的语文实践活动中积累、建构并在真实的语言运用情境中表现出来的,是文化自信和语言运用、思维能力、审美创造的综合体现。[①] 语文核心素养概括为文化自信、语言运用、思维能力、审美创造四个方面。基于此,纵观小学语文课堂教学,以教师为主导,重视知识灌输的教学方式普遍存在;填鸭式的课堂教学,学生被动学习,忽视了其主动性参与和思维能力等培养。基于以上分析,我们立足于语文核心素养的培养,从学生立场出发,进行小学语文课堂"四步式"小讲师教学模式实践,也是"双减"背景下减轻学生负担的有效措施。

该模式主要分为"课前预热,主动分享——单元统整,导课感知——问题驱动,合作学习——总结回顾,拓展提升"的四步式教学模式,每个环节根据教学需要,设置不同作用的小讲师,实现教学方式转变的同时,更能促进学生深度学习,提升课堂教学质量。课前"温故知新"小讲师、"课堂讲授小讲师""合作探索小讲师"等发挥十分重要的作用,既能极大地激发学生的学习兴趣,培养学生在语文课堂中的自主、自信,更能唤醒和激发学生语文学习的内驱力,促进学生走向深度学习,从而实现高阶思维的发展,以此促进语文核心素养的提升。

---

① 中华人民共和国教育部. 义务教育课程方案和课程标准(2022 年版)[S]. 2022.

二、教学模式解决的主要问题

该教学模式我们主要解决以下问题：

（一）提升课堂教学质量，促进学生深度学习

我们的语文学习以问题为驱动，串联具有内在逻辑关系的小学语文实践活动，小讲师贯穿在教学的各个环节，学生通过持续探索、思考、交流、反思等，深化对知识的理解。学生主动构建知识的过程中，更加积极观察、感知生活，丰富语言经验，提高学生的观察力、思考力和表达力，最终将核心素养落实到课堂深度学习的每个阶段、每个环节。

（二）激活真实学力，实现思维的层级跃升

语文学习任务就是要在真实的和生活密切相关的情境中让思维真实地生长。我们的语文课堂更加注重互动性与实践性，在问题驱动下的合作学习，鼓励学生批判性分析文本、辩证看待问题（如探讨人物形象的复杂性、解读文章的深层寓意），培养逻辑思维与创新思维。也通过小组讨论、演讲分享、情景剧表演等形式，引导学生学会倾听他人、信息整合、协同完成任务，提升团队协作能力，最终实现思维的层级跃升。

三、教学模式流程图

我们语文课堂"四步式"小讲师教学模式主要分为以下环节：
第一环节：课前预热，主动分享——讲师激趣；
第二环节：单元统整，导课感知——讲师启智；
第三环节：问题驱动，合作学习——讲师思辨；
第四环节：总结回顾，拓展提升——讲师延伸。

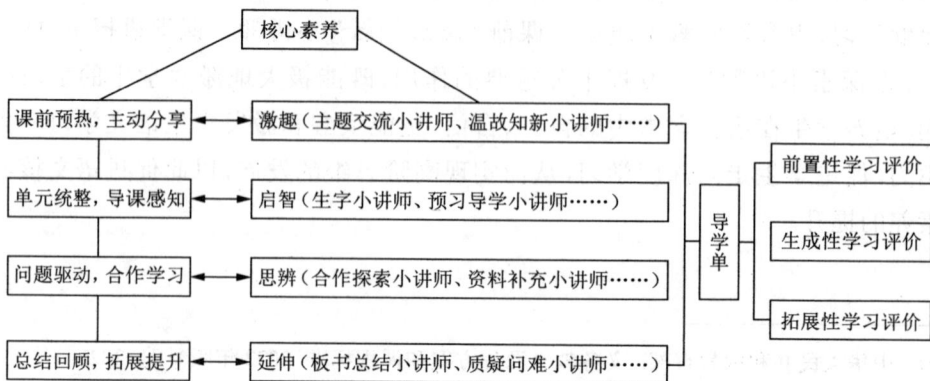

　　第一环节的课前预热，主动分享是学习起始的准备，是调动学生各种感官、情感体验的开始。我们可以根据不同单元主题，进行与之相关的交流活动，比如在执教统编教材四年级下册第三单元现代诗诗歌单元时，学生在课前进行现代诗歌搜集整理，学生将课外搜集到的现代诗歌作品诵读并交流自己的阅读体会，在主动分享中畅谈阅读收获，提升语文表达能力的同时，更能加深审美体验。我们在精读课的第二课时，课前由小讲师带领复习，比如生字听写，或者检查背诵，抑或复述上节课所学课文内容等，根据不同的文体特点因势而导，这些都可以为学生的主动建构知识做好铺垫。

　　第二环节的"单元统整，导课感知"主要分为"聚焦目标—创设情境—检查预习—整体感知"四个环节。我们教学中立足于单元教学目标，聚焦大单元学习任务群，创设和真实生活紧密联系的情境导入新课，通过导学单中前置性学习内容，检查生字、课文等的预习情况，为接下来的深入学习做准备。比如精读课文中我们通过学习单中的前置性学习，小讲师带领同学学习生字，进行易错字关键笔画指导；带领学生理解难懂的词语，教师适时点拨方法，为接下来的深入学习进行铺垫。

　　第三环节是整个教学模式中最为关键的一环。这一环节主要分为"问题驱动—自读自悟—合作分享—难点突破"四个环节。此环节主要围绕课例中的重难点设计主线问题，在问题驱动下小组合作，交流探究后，小组展示学习成果，组际之间互相补充，教师点拨指导，形成生生互动、师生互动的思辨氛围。比如在教学《飞向蓝天的恐龙》一课时，我们围绕"恐龙是如何飞向蓝天的"这一主线问题，聚焦第四自然段，抓住关键语句，结合思维导图梳理恐龙飞向蓝天的过程，同时能在交流品析中感受说明文的用词准确。

　　第四环节的"总结回顾，拓展提升"主要为了巩固本节课所学成果，并能迁移运用，实现语用能力的提升。这一环节主要分为"方法提炼—迁移运用—总结拓展—布置作业"四部分。我们主要立足于单元目标，通过文本解读，重难点解析后进行方法提炼并能迁移运用，内化为学生自身的能力。对尚未解决的问题进行质疑问难，在合作互助下师生共同解决。学生可以结合课堂板书进行本课重难点、学法的总结。作业分层布置，尊重差异，所有学生都能得到不同程度的提升。

　　围绕语文课堂教学，我们以导学单为支架，分为前置性学习评价、生成性学习评价、拓展性学习评价三部分串联整个教学评价过程。前置性学习主要将学生课前预习情况进行反馈，生成性学习主要将学生自学、小组互学、师生共学的过程进行及时性评价，拓展性评价则更加关注课后的反馈。每个评价部分都包括自评、互评、师评，以真正实现动态监控，老师们不但要及时地对学生的学习状况进行回馈，还要将教育效果结合到学生的评价之中，从而最终促成学生的语文核心素养提升。

四、教学模式创新点

我们摒弃传统灌输式的教学方式，聚焦语文核心素养，通过问题驱动，创设生活化情境，在教学的各个环节都设置不同任务的小讲师，不断调动学生的学习主动性。在小组合作交流中，围绕主线问题的提出进行谈论交流，学生深度学习，提升语用能力。该模式更能够点燃学生探究热情，提升学生语文核心素养。

（一）"小讲师机制"驱动下的学生主体赋能

我们在教学各环节设置分层任务型小讲师（如温故知新小讲师、生字小讲师、合作探索小讲师等），让学生从被动的"听众"转变为主动学习者，同时通过创设真实任务、问题链驱动和任务群串联，引导学生在解决实际问题中自主建构知识体系，推动学习从"知识记忆"向"能力生长"转型，最终实现学生核心素养的全面提升。

（二）"主线问题锚定"的合作学习走向深度对话

我们区别于传统小组讨论的碎片化交流，小组合作中以主线问题驱动为思维锚点，引导学生围绕核心议题展开结构化讨论。小组内部交流探讨，分享心得，组际之间交流，教师点拨指导。通过"问题拆解—分工探究—观点碰撞—共识建构"的闭环，避免合作流于形式，推动思维从表层对话走向批判性、系统性的深度学习，培养学生的思辨能力与协同创新意识。

五、教学法应用及效果

语文核心素养不仅涵盖语言文字运用能力，还涉及思维发展、文化传承、审美鉴赏等能力的培养。随着教育改革的日益深化，学术界对语文核心素养的关注程度不断加深。学术界聚焦小学阶段核心素养研究较少，将小讲师课堂探究与其相关联进行阐述的更是少见。我们的教学法应用效果主要体现在：

（一）课堂教学质量的明显提升

该教学法打破语文传统课堂的单向灌输模式，构建起"学生主讲—同伴质疑—教师点睛"的多维互动生态。教学各环节嵌入各类小讲师，调动学生参与课堂学习的积极性，如"字词小讲师、合作探索小讲师、板书总结小讲师"等，推动学生从被动接受转向主动建构，进一步促进学生的思维发展，使学生的语文学习能够达到事半功倍的效果，实现教学效率与差异化指导的双重突破。

（二）学生语文核心素养的进阶生长

语文课堂教学各环节引入小讲师机制，推动学生语文核心素养从知识层面向实践能力深度转化。语言运用上的显著提升，合作学习中思维能力的提升，思辨能力显著增强；我们也在语文综合性学习活动中，将文本解读与生活实践结合，实现从文本认知到生命共鸣的素养进阶。

（三）阶段性荣誉成果的多元呈现

语文小讲师教学法的实践成效显著。我们的语文教师在市、区优质课比赛，青年教师基本功比赛等斩获佳绩。同时，名师引领下的博雅书香教研组先后获得市、区级荣誉。在老师们的指导下，学生在各级各类书法比赛、诵读比赛、读书征文活动等捷报频传。学校语文教研组承办各级各类教学现场会，并进行经验交流，形成师生共成长的立体化成果矩阵。

第三节 | 典型课例设计

用统计解码"舌尖上的营养"
——基于数据调查与分析的营养午餐设计

范晓倩

一、教材解读

本节课通过设计调查表,学生填写常见的富含碳水化合物、脂肪、蛋白质、维生素、矿物质的食物,进行统计分析,最后用复式条形统计图呈现最受学生喜爱的 15 种食材。在学习过程中,学生感受到与日常生活息息相关的"饮食"中也存在大量的数据,蕴含着丰富的数学信息,利用统计图表可以处理和呈现这些信息,培养学生的分析能力、数据意识、模型意识和应用意识,提高学生解决问题的能力。

二、学情分析

综合与实践是小学数学学习的重要领域。五年级的学生具备一定的生活经验,"饮食"是与学生生活密切联系的学习情境,该学习情境的设置容易激发学生的探究兴趣;经历过之前学段统计与分析知识的学习,学生已经培养了初步的数据意识、模型意识和解决问题的能力。但是仅仅依靠之前的知识是不够的,新问题新要求,因此学生在建立解决新问题的模型是存在一定的困难。

三、教学目标

① 综合运用简单的排列组合、统计等相关知识,分析问题、解决问题,体会数学在日常生活中的应用价值,增强学生应用数学的意识。

② 通过了解学龄儿童所需的营养物质和各类食物的营养成分感受合理膳食的重要性,养成科学饮食的习惯。

③ 通过多主体的参与方式、多元化的评价方式,多阵地的学习方式,培养学生的综合素养,发展学生的跨学科融合素养。

④ 培养学生重视调查研究、合理设计规划的科学态度。

四、教学重难点

重点:利用数学统计知识分析问题、解决问题、建立模型。

难点:根据选出的食物设计营养食谱。

五、教学过程

(一)课前准备

学生通过书籍或网络查阅常见食物中富含的主要营养成分,理解它们的含义及在人体中的作用,并从高到低记录常见食物中含量最高的营养物质的前三位。并对食物种类进行统计,思考如何选择食物种类更有利于我们身体健康。查找富含蛋白质、脂肪、糖类、维生素和矿物质等营养物质的常见食物。

【设计意图】本环节学生通过查阅资料、记录食物中含量最高的前三位营养素并进行食物种类统计,着重培养学生获取、整理和分析信息的能力,并初步建立对食物营养构成的认识。进而引导学生思考不同食物种类的选择与健康之间的关系,激发其对均衡膳食的重视,为培养健康的饮食习惯和提升生活能力奠定基础。

(二)视频展示,引出话题

① 视频导入:播放《舌尖上的中国》美食烹饪宣传片,以中华优秀烹饪文化为指引,引入关于食物营养成分及不同食材之间合理搭配的话题。

② 谈话:同学们,中国有句古话"民以食为天"。中国不仅具有历史悠久、源远流长的饮食文化,而且随着现代社会的发展,人们对饮食的要求也在进一步提高。营养均衡的饮食影响着学生的健康,良好的饮食习惯和均衡的膳食搭配可以使学生更加健康地成长。

③ 知识回顾:回顾项目伊始,同学们设计的自己理想的菜谱,在这些菜谱随处可见炸鸡、汉堡等垃圾食品。学生通过课堂学习以及课外查阅书籍或网络了解到人体膳食营养是一项系统的科学。

【设计意图】无情景不教学,良好的教学情境能充分调动学生学习的主动性和积极性,启发学生思维、开发学生智力,是提高教学实效的重要途径。通过丰富的生活情境让本项目能充分调动学生学习的积极性,让学生在真实的情景中感受健康饮食的魅力。

(三)分工合作,小组汇报

分小组根据教师上节课提出的调查要求,收集整理人体膳食营养相关知识和数据。

小组活动一:

任务目标:调查了解人体需要的各类营养物质及它们的作用

① 小组拟订活动计划与分工:各小组拟订活动计划,进行合理分工。每个小组成员重点调查一种人体必需的主要营养物质(如碳水化合物、脂肪、蛋白质、维生素、矿物质、水等)及其对人体健康的具体作用。

② 调查与整理:通过查阅资料、讨论等方式,小组汇总调查结果。明确人体需要的主要营养物质种类及其核心功能。

任务:我知道的营养成分

你了解的营养成分有哪些? 它们的含义及作用。

营养成分	含义及作用
蛋白质	维持身体机能运作;增强免疫力;能量和精神来源
脂肪	提供能量和储存能量
糖类	人体主要的能源物质
维生素	人体生长和代谢所必需的微量有机物
矿物质	维持人体正常生活的无机物质
水	维物生命的必需品;帮助人终代谢排毒

③ 成果整理与推选小讲师:小组合作将调查成果系统整理在一份清晰的图表(如思维导图、表格或海报)中。每组推选1~2名同学担任本组的"营养科普小讲师"。

小讲师们利用本组制作的图表,面向全班清晰、生动地讲解所调查的各类营养物质的作用。讲解需涵盖本组负责的所有营养物质。展示结束后,小讲师进行互动答疑。

谈话:通过小讲师们的精彩讲解和展示,我们了解到碳水化合物、脂肪、蛋白质、维生素、矿物质、水等是维持人体健康必不可少的物质,每一种都对我们的身体有着独特而重要的作用。想要拥有健康的身体,科学均衡地摄入这些营养物质,正如小讲师们强调的,缺一不可!

【设计意图】本环节的设计,特别是"营养科普小讲师"的角色设定与展示交流活动,不仅是为了让学生了解营养知识本身,更是为了变被动学习为主动建构,化知识接收为能力培养。它通过赋予学生"讲师"的责任和舞台,极大地提升了其学习主体性、探究深度和综合素养,并以其独特的"同伴教育"方式,更有效地传递了"健康饮食需全面均衡"的核心目标。

小组活动二:

任务目标:调查富含碳水化合物、脂肪、蛋白质、维生素、矿物质等营养物质的食物,并利用统计表记录下常见的富含各类营养物质的常见食物。

① 小组拟订活动计划,进行合理分工,每个小组成员收集富含一种营养物质的常见食物。

② 利用统计表将各类食物分类统计,整理在统计表中。

任务:食物中的营养成分

查阅资料,查找 5 种以上富含下列营养物质的常见食物。

含蛋白质丰富的食物名称	含脂肪丰富的食物名称	含糖类丰富的食物名称	含维生素和矿物质丰富的食物名称
鸡蛋 牛奶 鱼肉 虾肉 鸡肉	猪肉 牛肉 羊肉 大豆	红薯 山药 土豆 芋芳	西红柿 萝卜 白菜 玉米

③ 通过统计表,学生清晰了解到富含各类营养物质的常见食材,为后续食谱设计提供了素材。

【设计意图】本环节引导学生了解生活中常见的富含各类营养物质的食物,便于学生在日常生活中注意饮食均衡,同时为项目主题设计健康食谱提供了必要素材。

小组活动三:

任务目标:通过调查了解不同食物之间的搭配适宜和禁忌,避免将不适合搭配的食材同时使用,造成营养成分流失或者对身体不宜。

① 小组拟订活动计划,进行合理分工,分别调查收集常见食材间的搭配

关系。

② 根据收集到的资料，整理出常见食材不宜搭配的种类，以及原因。

③ 在班级内展示调查成果，帮助全体同学注意日常饮食，也避免在设计食谱过程中出现类似问题。

【设计意图】本环节引导学生全面了解健康饮食相关知识，不能单纯凭借个人喜好随意搭配食物。学生充分参与其中，有助于提高学生的学习积极性。

（四）用"数据"选材

① 运用统计学知识将全班同学调查后得到的食材进行分类汇总，便于设计食谱。

② 学生投票方式在富含碳水化合物、脂肪、蛋白质、维生素、矿物质各类食物中选取自己最喜欢和最不喜欢的食材，每种营养物质的食物都要包含在内。

③ 利用统计知识将票选结果整理在统计表中，并绘制出复式条形统计图，便于直观比较观察同学们最喜爱和最不喜欢的各类食材。

④ 通过统计图直观对比，筛选出获得选票数最高的 15 种食材。

⑤ 在餐厅工作人员的帮助下，分小组调查 15 种食材的价格。

受欢迎食材价格调查表

食物名称	价格	食物名称	价格
猪肉	11.5 元/500 克	土豆	2.5 元/500 克
牛肉	4.9 元/500 克	菠菜	7 元/500 克
虾	29 元/500 克	菜花	5.99 元/500 克
鸡肉	11.12 元/500 克	黄瓜	8.9 元/500 克
鸡翅	27.6 元/500 克	香蕉	7 元/500 克
鸡蛋	5.5 元/500 克	苹果	8 元/500 克
西红柿	5.99 元/500 克	橘子	4.9 元/500 克
豆腐	4 元/500 克	哈密瓜	8.3 元/500 克

⑥ 学生分小组，运用选出食材进行食谱设计和营养搭配，设计食谱。

A. 学生先结合了解的食物膳食宝塔进行午餐食谱的初步设计，列出每份食物的含量以及所含的营养物质。

B. 结合膳食宝塔中营养成分的含量以及饮食建议的资料，计算出食谱中各种营养物质的含量是否符合营养标准，对午餐食谱进行再设计。

C. 根据调查食材的价格，计算一顿午餐的价格，确保成本在 12～15 元范围内，对食谱进行调整。

惜味园营养午餐设计

菜名	热量/KT	脂肪/g	蛋白质/g	碳水化合物/g	其他营养物质/g
酱烧鸡腿	607.77	9.87	10.11	8.44	3.72
木须肉	553	4.92	7.31	4.81	1.33
清炒土豆丝	447	5.12	4.78	14.95	1.03
菠菜炒鸡蛋	675	5.15	7.11	26.01	0.81
馒头	1 071	1.1	7	47	1.3
八宝粥	292	0.88	2.9	19.26	0.84
营养合计	3 645.77	27.04	39.21	120.47	9.03
设计理念	荤素搭配，营养全面，美味可口				

D. "惜味园"午餐小讲师展示会。

各组小讲师展示并推广本组设计的"惜味园"营养午餐食谱。每组选派 1 名"惜味园"午餐小讲师，负责介绍本组的食谱和成果。

展示内容：

a. 讲解设计理念：运用 PPT/视频/图片等，清晰讲解食谱如何科学搭配各类营养素。

b. 展示实物成果：介绍本组烹饪制作的代表性菜肴，解说其色、香、味、形的亮点。

c. 解说宣传海报：展示为本组食谱设计的宣传海报，解说其设计意图并阐述食谱的设计亮点。

全班从食谱科学性、菜肴色香味形、海报设计、小讲师讲解表现、成本控制等方面对各组进行评价。小讲师代表小组回应评价与提问。

【设计意图】本环节通过设计"惜味园"午餐食谱及担任"午餐小讲师"进行阐述，加深对营养计算、数据统计等知识的理解和实践应用。在食谱设计、评价中经历数据收集、整理、分析过程，借助小讲师角色体会统计对解决实际饮食问题的作用。通过小讲师分享与推广，锻炼表达、实践能力，并增强对日常生活中数学与营养知识的关注敏感度。

(六)作业设计

① 小小志愿者:学生将本次学习成果进行社区宣传,号召居民合理饮食、均衡营养。

② 家庭小厨师:学生化身"家庭美味魔法师",自己动手为家人设计营养美味的午餐食谱,做一顿可口的饭菜。

(七)板书设计

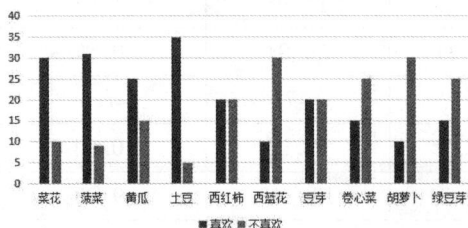

班级食材调查表:蔬菜部分

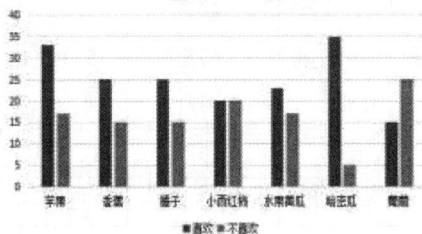

班级食材调查表:水果部分

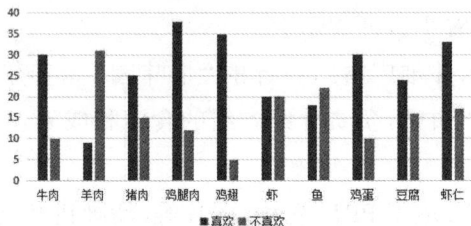

班级食材调查表:肉蛋部分

五、教学反思

本节课以"营养午餐设计"为跨学科实践载体,有效整合数学统计与营养健康知识。在"膳食营养小讲师"环节中,学生通过角色驱动实现深度学习。其一,数据思维与科学认知的深度融合。小讲师运用复式条形统计图分析食材偏好,同步参照膳食宝塔标准评估营养配比,使健康理念转化为可量化、可验证的实践方案;其二,素养培育的多维实现。学生在"膳食营养小讲师"角色驱动下,通过成本核算深化数学应用能力,借助食谱讲解提升科学表述与逻辑论证的语言素养,经由烹饪实践掌握劳动工具操作与团队协作技能,在"做中用、用中学"的教学理念中,实现从书本知识到生活应用的素养转化。

值得深化的关键点有以下三点：

① 部分小组探究"食材搭配禁忌"时，科学原理与数据应用的联结性不足，例如草酸钙反应对食材筛选的决策影响未能充分说明；

② 数学与科学能力发展不均衡，成本计算的严谨性优于营养配比的科学论证深度。

③ 小讲师机制有效激活课堂，但存在能力发展不均衡现象：部分小组侧重成本核算（数学应用），对营养分析（科学论证）深度不足。教学改进将聚焦以下三点：构建角色体验体系（营养分析师→成本控制师→膳食设计师）；建立多维评价标准——数学维度聚焦预算控制准确度，科学维度关注核心营养达标率；组织数据辩论活动引导学生开展实证决策（如"牛肉成本增 3 元但营养均衡性提升 20% 的效益分析"）。

多学科思维在学生学习中深度融合，这正是跨学科实践的独特价值。当学生学会用条形图分析营养需求，借膳食标准优化成本方案，数学与科学便在真实问题解决中相互交融。那些统计表格里的数字、营养手册里的标准，最终都化作孩子手中设计午餐的智慧——用数据读懂健康，用计算创造美好，核心素养的种子便在此刻破土萌发。

My Favourite Festival 教学设计

任伟娜

一、教材解读

本语篇是日常生活对话。Daming 问 Simon 最喜欢哪个节日,Simon 回答说是感恩节,它对美国人来说是一个重要节日。在这一天,家人团聚,吃顿丰盛的晚餐,对一些美好的事物和对亲人朋友表示感谢。Simon 还写了一首关于感恩节的小诗,他念给 Daming 听,Daming 表示写得非常棒。学生在对话情境中,了解美国感恩节的文化习俗和意义,接触、感知、体验文化多样性,培养跨文化意识。

二、教学目标

通过本课时学习,学生能够学到以下内容:

① 在看、听、说的活动中,获取对话中出现的美国感恩节的文化习俗,人们都有哪些活动等节日特点。(学习理解)

② 在学习对话的过程中,培养学生保持对英语学习的积极态度和自信心,主动参与各种学习和运用语言的实践活动。(学习理解)

③ 在教师的帮助下,分角色表演对话、有感情的模仿并朗读 Simon 的感恩节诗;完成练习题。(应用实践)

④ 运用所学语言与同伴口头交流、介绍自己喜欢的节日。(迁移创新)

三、教学重难点

【核心词语】

Thanksgiving, nearly

【核心句型】

What do you do on ...?

We always have a big, special dinner.

We say "thank you" for our food, family and friends.

We have a lot of fun.

四、教学过程

(一)情境导入：小讲师领航,激活节日主题

① 绘本小讲师登场：邀请绘本小讲师分享春节相关绘本片段,引导学生用英语描述中国节日的美食(dumplings)、活动(set off fireworks)、祝福语(Happy New Year)等。

② Free Talk 互动：小讲师介绍完绘本后,对学生提问"What's your favourite festival? Why?"谈论自己喜欢的节日,并自然过渡到文本语境。

设计意图：每节课通过绘本小讲师开课,既引入了文本话题,又为全班营造"敢说乐说"的英语氛围。同时,通过阅读中国传统节日春节的绘本,激活学生已有语言储备,为后续跨文化对比任务做铺垫。

(二)文本探究：分层任务驱动,内化语言

① 初读感知：学生观看对话 Flash,回答问题"What's Simon's favourite festival?""What does he do on Thanksgiving?",圈画核心词汇"Thanksgiving""nearly""important"。

② 文化小讲师登场：播放文化小讲师自制的感恩节文化短片并用英文介绍感恩节的 Time, History, Activity 和 Food 几方面,让学生初步了解感恩节。

③ 精读理解：小组合作完成"节日信息卡"：从对话中提取感恩节的活动(如 have a big dinner、say "thank you"、read a poem)、情感(fun, important)等关键词。

④ 英语词汇小讲师：词句小讲师领读核心词句,并向同学们提问和考察。

设计意图：通过观看动画初步感知内容、精读文本完成信息表、听读模仿巩固文本所学等内容,学生在教师的引导下由词到句、由浅入深地完成了对文本内容的学习和理解。小讲师的参与既激活了本节课的学习氛围和学生主人翁意识,也让学生积极主动地完成了本节课的学习任务。精读文本学习中,通过分工完成信息卡,小组协作建构,培养学生的团队协作能力与信息筛选能

力,同时在讨论中深化对对话细节的理解。

(三)应用实践:任务链设计,巩固所学

① 文本听读模仿,小组合作表演:学生跟读录音,模仿语音语调,注意 Simon 读诗时的节奏和情感,如重读"favourite day"表达喜爱之情。随后分角色表演对话,全班根据评价量规点评同伴表现,如语音准确性、表情生动性等。

② 思维导图小讲师,总结文本大意:思维导图小讲师带领全班梳理对话结构(时间→历史→活动→食物),并呈现关键词辅助记忆。

③ 习题小讲师:讲练合一,巩固所学完成关于文本的选择题目,通过做题巩固所学内容。随后小讲师进行题目讲解,进一步加深对文本的理解。

④ 情感渗透:学生表达 I want to say 'thank you' to...,引导学生学会感恩。

设计意图:思维导图小讲师的讲解帮助学生建立"整体-局部"的认知框架,学生对于感恩节这一节日的理解更加深刻,同时,这一整理过程为全班提供可复用的学习工具,如用思维导图整理其他节日信息。习题巩固环节既锻炼学生自主解题能力,又为小讲师提供表达与逻辑训练机会,实现学习与能力培养双赢。

(四)迁移创新环节:拓展应用,促进迁移

① 以旧引新:谈论 National Day。

上一环节中,小讲师将本节课所学的节日以思维导图的形式进行了整理。在这一环节,教师印出我国的重要节日——National Day 的思维导图,引导学生根据思维导图进行问答。

② 迁移创新:谈论自己喜欢的一个中国节日。

学生根据语言支架,在小组中谈论自己最喜欢的中国节日。

设计意图:小组合作交流活动为学生提供了真实的语言运用情境,从西方的重要节日到中国的重要节日,学生由谈论课本的内容,顺利过渡到谈论自己喜欢的节日,将本节课的关键语言运用到实际生活中,学以致用,迁移创新,完成了本节课的语用目标。同时,通过讨论不同的中国节日,拓宽学生对中国节日文化的了解,增强文化认同感。

(五)作业设计

① 基础类作业:听音指读本课的单词和课文,加强听说。

② 拓展类作业:根据本节课所学的思维导图,制作一个 My Favourite

Festival 的思维导图,并分享给你的同学。

③ 分层作业:根据你制作的思维导图,拍摄一个 vlog,把你最喜欢的中国节日介绍给外国友人。

(六)板书设计

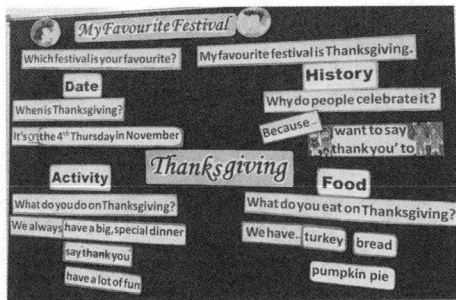

五、教学反思

在六年级 *My Favourite Festival* 教学中,我以"小讲师"为抓手重构课堂生态,践行"学生为主体"的教育理念,实现了从"教师单向输出"到"学生多元建构"的转变。这一过程中,小讲师模式的实践既带来了惊喜,也引发了对深度教学的思考。

(一)教材灵活、有效的运用会让课堂更加精彩

课堂伊始,我一直在纠结活动一 look, listen and say 的内容是否需要进行呈现讲授,反复推敲后我鼓足勇气,把导入环节换成了呈现更多的节日图片,用问题 What's your favorite festival? 唤起学生的已有经验,引导学生结合个体经历复习旧知。让孩子们更加充分地感知 festival 一词的意义。这一环节的变化让已经六年级的孩子,有了更多发散思维的机会,并且给予孩子更多语言输出的机会,孩子们乐在其中。

(二)思维导图的运用,让课堂锦上添花

在新授环节,节日的话题对于孩子们来说并不陌生,并且对于节日每个孩子都兴趣满满。如何既满足孩子们的求知欲又让孩子的思维跟着动起来呢?我想到了思维导图。我把课堂的主阵地让给了我的孩子们,他们想要了解哪些关于感恩节的知识呢?那就放手让他们大胆地问出来,我随即用思维导图的形式板书在黑板上,脉络清晰的思维导图让孩子们很快就跟着自己的问题

自主阅读寻找答案,孩子们的思维意识和提问意识有了非常明显的提升。总结阶段,借助脉络清晰的思维导图,学生进一步构建课文脉络,并形成有效的学习策略。

(三)多元角色驱动自主学习闭环

小讲师的多维参与打破传统课堂单向灌输模式。课初,绘本小讲师以春节绘本为载体,通过提问互动激活学生旧知,显著提升课堂口语表达活跃度;文化小讲师借助自制感恩节短视频,将抽象文化转化为生动的视听体验,让学生快速融入节日情境。在文本学习环节,词句小讲师采用"手势节奏法"示范连读技巧,帮助同伴攻克发音难点,学生的词汇朗读准确性大幅提升。更值得关注的是,为争取小讲师资格,学生主动延长预习时间,形成"课前预习—课中展示—课后巩固"的自主学习链条。但本节课只邀请了一名小讲师讲解,其余准备的小讲师没有机会参与。可以利用早读时间,给予其他准备好的小讲师进行展示。

"处处是创造之地,时时是创造之时,人人是创造之人。"在传统教学模式中,教学活动都是围绕"教师的教"而开展的,学生始终处于被动的"接受者"的角色。如此培养的学生已不能适应当今社会对人才素质的更高、更新的需要。基础教育课程改革提出了"将课堂还给学生"的要求,学生是课堂学习的主人,在课堂中不仅要接受知识,更重要的是积极主动地、有目的性地去探索知识,以及实践和发展各种能力。课堂上的小讲师们多有经典之作和出乎意料的惊喜,这能充分发展学生的各种才能,让学生体验成功感、激发学生参与的热情和学习兴趣,培养和提高学生的创新精神和能力,让学生成长为有自主能力、有自信意志的未来社会高素质人才。

《古诗词三首》教学设计
——小讲师领航，让学生成为课堂的"发光体"

李晶晶

教材解读

《古诗词三首》是统编小学语文五年级上册第七单元的第一篇课文，本单元围绕"自然之趣"这一主题展开，从不同角度描写了不同时间、不同地点的景物。《山居秋暝》《枫桥夜泊》《长相思》三首诗词，或写山间傍晚的景色，或写夜泊枫桥时的所见所闻，或写长途羁旅风光，它们都是对景物进行了细致的描述，这些风景都与诗人的情感融为一体。

学情分析

五年级学生在之前的语文学习中，已接触过大量古诗，初步掌握了借助注释、插图理解诗意的方法，能够背诵并默写简单的古诗，对古诗的韵律、节奏也有了一定感知，这为学习《古诗词三首》奠定了基础。从能力素养来看，五年级学生正处于形象思维向抽象思维过渡的阶段，虽能通过文字想象画面，但在体会诗人情感、领悟诗歌深层意境方面仍需引导。本单元的三首古诗分别描绘了不同季节、不同情境下的独特景致，语言凝练且意境深远，其中蕴含的复杂情感和文化内涵，对学生而言仍有一定理解难度。

教学目标

① 认识"榆、畔"等 3 个生字，读准多音字"更"，借助小讲师助力教学，引领学生会写"愁、畔"等 6 个字。

② 有感情地朗读背诵课文，默写《枫桥夜泊》。

③ 借助注释，体会诗句中的静态描写和动态描写，想象诗词描绘的景象。

④ 能够借助"古诗课堂学习任务单"，在自主学习、合作探究中理解《长相思》的意思，试着体会作者的思想感情。

教学重难点

能够借助"古诗课堂学习任务单"，在自主学习、合作探究中理解《长相思》的意思，试着体会作者的思想感情。

教学过程

（一）主题导读，链接知识

① 单元导读：同学们，近期学校微信公众号将推出《四时景物皆成趣》研学系列栏目。"朝而往，暮而归，四时之景不同，而乐亦无穷也。"古代文人墨客留下了不少描绘自然风景的名篇佳作。今天正式推出第一期：《寻趣诗词里的四时之景》。你想穿越古今，争当诗词导游带领大家领略四时之景吗？

② 今天，就让我们走进第七单元，学习第 21 课——《古诗词三首》，感受人与自然的相映成趣。（齐读课题）。请一位同学为大家读读本单元的人文主题、语文要素。

人文主题——四时景物皆成趣。

你怎么理解这句话？能不能结合平日积累的诗词说一说？

语文要素——初步体会景物的静态美和动态美。

我们常说"诗中有画，画中有诗"，诗人抓住了哪些景物描绘出它们的静态美和动态美的呢？这堂课我们来重点探讨。

③ 我们先来读读《山居秋暝》和《枫桥夜泊》这两首古诗。（板贴：两首诗题）通过课前查阅资料，你对这两首诗有哪些了解？

④ 在之前的学习中，我们已经接触过绝句，律诗却是第一次见呢。我们请导学小讲师为我们做简介。

⑤ 知识导学小讲师：律诗也是中国传统诗歌的一种体裁，每首诗限定八句，每句五个字就是五言律诗，七个字就是七言律诗，四行诗句依次称为首联、颔联、颈联、尾联，除此之外，律诗在字句、押韵、平仄、对仗等方面都很有讲究呢。除李杜外，属王维的五律最好，《山居秋暝》就是他的代表作之一。

课前导学任务单

诗题	《山居秋暝》	《枫桥夜泊》
体裁	五言律诗	绝句
词义释文	新:刚刚 浣女:洗衣物的女子 春芳:春天的花草。 歇:尽(凋谢) 王孙:原指贵族子弟,这里指诗人自己	渔火:渔船上的灯火。 江枫:江边的枫树。 对:对着,面对 (诗人对着江枫、渔火满心愁绪,难以入眠。) 夜半钟声:当时佛寺有半夜敲钟的习惯,叫无常钟或分夜钟。
诗人	王维	张继
	王维,字摩诘,官至尚书右丞,世称"王右丞"。唐代诗人、画家,有"诗佛"之称,是唐代山水田园诗派的代表诗人之一。	张继,字懿孙,襄州(今湖北襄阳)人,唐代诗人。他的诗多纪行游览、酬赠送别之作,风格清远,以《枫桥夜泊》最为知名。
知识链接	我们已经接触了不少写景的古诗,你能想到哪些呢? 《春晓》——"春眠不觉晓,处处闻啼鸟。" 《小池》——"泉眼无声惜细流,树阴照水爱晴柔。"	

小结:看来,通过小讲师的介绍,大家已经从体裁和诗人这几个角度对古诗也有了初步的了解。

【设计意图】以学校微信公众号《四时景物皆成趣》研学系列栏目创设情境,激发学生的学习兴趣与探索欲望,让学生先朗读古诗,培养语感,初步感知古诗韵律。安排导学小讲师介绍律诗体裁知识和诗人资料,以及展示课前导学任务单,一方面锻炼学生自主学习和表达能力,增强学生学习的主动性;另一方面,帮助学生从体裁、诗人等多维度深入了解古诗背景,为理解古诗内容、体会诗人情感奠定基础,使学生能更好地与古诗文本产生共鸣,提升古诗鉴赏能力。

(二)统整比较,锻炼思维

任务导读,初读感知:

① 自己对照注释读读这两首诗,读懂诗句的意思。

② 全班交流。

③ 这两首诗虽然简短,涵盖的景物却不少。诗中有景,诗中有情,诗中亦

成趣。请借助"古诗学习任务单"，小组合作学习，看你们能有什么新发现。

古诗学习任务单

古诗	学习任务
《山居秋暝》	季节：秋季 地点：钟南山中 景物：空山、明月、松、清泉、石、浣女、莲、渔舟 情感：悠然自在
《枫桥夜泊》	季节：秋季 地点：江苏苏州江边 景物：月落、乌啼、霜、江枫、渔火、钟声、客船 情感：孤独愁苦

小结：借助季节、地点、景物、情感等四个要素，能够帮助我们初步了解古诗的多重内涵，体会到古诗的简约之美。

【设计意图】通过开展小组合作学习，将两首古诗的分析聚焦于季节、地点、景物、情感四个维度，学生以学习任务单为支架，对比《山居秋暝》与《枫桥夜泊》的过程中，需要运用观察、归纳、推理等思维方法，主动挖掘两首诗在景与情表达上的异同，例如发现同样是秋季，不同景物组合营造出的截然不同意境，从而理解诗人如何借景抒情，这一过程有效锻炼了学生的比较分析与抽象概括能力，推动思维从浅层理解向深层鉴赏进阶。

（三）联结互通，开阔眼界

那我们就先来品一品《山居秋暝》。

预设：

【品读《山居秋暝》】

（1）想象画面

① 空山新雨后，天气晚来秋。王维把这座山叫作什么山？

读到这里，你有什么疑问？

出示：明月松间照，清泉石上流。

你仿佛看到了什么，听到了什么？引导学生想象描述出具体生动的画面，并读一读对应的诗句。

再来读读这两句诗，你又能读出怎样的画面？

出示：竹喧归浣女，莲动下渔舟。

（2）动静对比

诗人又是如何抓住这些景物写出它们的动静之美的呢？再来读一读，谈谈你的感受。

点拨：空气清新方可见月光之皎洁，新雨之后，才能显清泉之声响，这叫静中有动（板贴：静中有动）；少女归来的喧笑、荡舟扰动的荷花反衬出山中的幽静，这叫以动衬静（板贴：以动衬静）。多么幽静的画面又不失一份灵动，这样动静结合，就让我们觉得这幅画更美，景色更迷人了。（板贴：动静结合）

（3）指导朗读

让我们再来读一读整首诗，读出画面感。

① 指2名学生读。

② 师生合作读。

（4）链接背景

① 在不知不觉中，作者描绘了这么多美景，原来"空山"不空呀，那为什么王维把它叫作"空山"呢？

② 在他的很多诗中，多次用了"空"字：

人闲桂花落，夜静春山空。——《鸟鸣涧》

空山不见人，但闻人语响。——《鹿柴》

③ 王维喜欢这座"空山"吗？你怎么知道的？

补充背景：写这首诗时，王维已归隐山林。诗中描绘的，便是他归隐在辋川时所见到的秋日傍晚雨后山林的景色。

（5）体悟心境

"王孙自可留"原出自《楚辞·招隐士》"王孙兮归来，山中兮不可以久留。"原意是招王孙（贵族子弟）出山入仕，而王维却偏偏……

点拨：是呀，远离复杂黑暗的官场，选择与明月、青松、碧水、清莲等美好的事物为伴，选择洁身自好的山中隐居生活，多么的悠闲自在呀！【板书：悠闲自在】

【设计意图】通过"动静对比"的分析，引导学生从景物描写的技法层面深入探究，通过品评诗句，点拨"静中有动""以动衬静""动静结合"的表现手法，让学生领悟诗人如何运用矛盾统一的艺术技巧营造独特美感，学生分享交流，师生互动中提升逻辑思维与审美鉴赏能力，实现从感性认知到理性分析的思维跨越。

（四）举一反三，启发智慧

在欣赏了王维描绘的山居美景后让我们一起再来欣赏张继的《枫桥夜泊》吧！

刚才我们在学习了《山居秋暝》，先边读边想象画面，感受动静之美，体会到诗人畅快，悠闲自在的心境。请同学们按照这样的方法，自学《枫桥夜泊》完成"古诗学习任务单"。（板贴：《枫桥夜泊》）

古诗学习任务单

古诗	学习任务
《枫桥夜泊》	季节：秋季 地点：江苏苏州江边 景物：月落、乌啼、霜、江枫、渔火、钟声、客船 情感：孤独愁苦
	借助注释，理解《枫桥夜泊》的意思。
	链接背景：唐玄宗末年，将领安禄山和史思明背叛唐朝，发动战争，使得唐朝国力锐减，史称"安史之乱"。不少文士纷纷逃到今江苏、浙江一带躲避祸乱，张继便是其中一个。一个秋天的夜晚，诗人飘零到江南泊舟在苏州城外的枫桥边，但仍心系北方战事。江南水乡秋夜幽美的景色，吸引着满怀旅愁的张继，于是他写下了这首意境深远的小诗。
	结合背景资料，想一想，诗人抓住哪些景色，在动静结合的交替中，表达了自己怎样的情感？

① 同学们交流、补充的内容都很全面细致，结合同学们的汇报学习，诗中哪一个字最表达诗人此时此刻的心境？（"愁"）【板书：愁苦孤独】

点拨：同学们，联系上一首诗，诗人选取的景物是……这些景物让我们感受到王维愿意留在山中过着悠闲自在的生活，而在《枫桥夜泊》这首诗中，张继又选取了哪些景物呢？给人一种什么感觉呢？

② 那又是因为什么会让诗人感到如此忧愁孤独呢？结合这首诗的连接背景,你有什么感悟?

预设:张继是逃到今江苏、浙江一带躲避祸乱,远离自己的故乡,心中思念故乡,看到的景物也就是飘零的,凄凉的了。

点拨:是啊,境由心生,"一切景语皆情语"(板贴:情景交融),诗人目之所及皆悲凉,诗中以动衬静,不仅烘托出月夜的静谧,同时也渲染了诗人此时此刻内心的孤独。

【设计意图】引导学生将学习《山居秋暝》的方法迁移至《枫桥夜泊》,借助"古诗学习任务单"明确学习目标与方向,培养学生自主学习能力,让学生在完成任务的过程中主动探索诗歌内容,提高学习效率。把课堂还给学生,以小组汇报形式分享学习成果,促进学生间的交流与思维碰撞。通过不同学生负责不同板块的汇报,使学生从多角度解读诗歌,加深对诗歌季节、地点、景物、情感、诗意及创作背景的理解,培养团队协作能力与表达能力。

(五)含英咀华,诵读品味

① 请同学们想象着诗句描绘的景象,体会其中的静态描写和动态描写,读出王维享受隐居生活的惬意,也读出诗人张继远离故土的孤独之感。(配乐有感情诵读。)

② 同学们,前两首诗同样都是秋天的晚景,因为诗人心境不同,看到的画面完全不同,诗中的情感便自然不一样了。今天李老师给大家带来了别具一格的朗读体验,有请我们今天的诵读小讲师来给大家吟诵这首古诗。

③ 古诗吟诵小讲师,吟诵《枫桥夜泊》。

【设计意图】引导学生结合诗句想象景象,区分静动态描写,带着情感配乐诵读,能让学生通过声音的抑扬顿挫,更直观地感受王维的惬意与张继的孤独,将文字转化为情感表达,深化对诗歌意境和情感的理解,同时培养语感和审美能力。邀请诵读小讲师进行吟诵展示,以新颖的方式激发学生学习兴趣,营造积极的学习氛围。鼓励学生课下向小讲师请教学习吟诵,能拓展学习空间,传承诗词吟诵文化,让学生在传统诵读方式中感受古诗独特韵味。

(六)综合实践,提升素养

对比两首诗的异同:

古诗词三首		
题目	景语	情语
《山居秋暝》	动态：清泉、竹喧、莲动 静态：空山、明月、松	悠闲自在
《枫桥夜泊》	动态：月落、乌啼、钟声 静态：霜满天、江枫、渔火	孤独愁苦

小结：今天，我们领略了隐藏在诗中的四时之景，下节课我们再一起寻找隐藏在词中的美景。希望大家课下积极参与到学校微信公众号《四时景物皆成趣》栏目，争做宣讲员，为大家述说动人美景。

【设计意图】通过表格直观呈现《山居秋暝》与《枫桥夜泊》中景语与情语的异同，引导学生从景物动态静态的描写、情感基调的差异等角度进行深度剖析，不仅强化对单篇古诗的理解，更培养学生的归纳比较能力与辩证思维，帮助其把握古诗借景抒情、情景交融的共性规律，实现知识的系统化建构。

（七）规范写字，夯实基础

趣味生字小讲师：重点讲解"畔"和"愁"这两个字。"畔"是形声字，可以通过声旁记住它的读音，在书写时要注意"畔"字的右半部分"半"中间不要多加一横，要想把"畔"字写美观，要注意左半边的"田"要偏上一些，书写的窄一点，小一点。"愁"是上下结构，要写的上大下小，下半部分"心"要写的扁一些。

【设计意图】小讲师从形声字特点、结构分析等角度讲解"畔""愁"，引导学生掌握汉字音形义关联，强调书写易错点与美观要点，帮助学生理解汉字书写规律，培养细致观察能力，提高书写规范性与美观度。安排生字小讲师讲解，将课堂主动权交给学生，增强学生参与感与自信心，激发其对汉字学习的积极性，让学生从被动接受转变为主动探索，活跃课堂氛围。

（八）作业超市，星级评价

一星级：诵读小达人。有感情地朗读课文。背诵课文。

二星级：默写小达人。默写《枫桥夜泊》。

三星级：宣讲小达人。积极参与公众号投稿，争做宣讲员讲述隐藏在诗词里的美景。

板书设计：

21. 古诗词三首

《山居秋暝》	悠闲自在	情景交融	⎰ 静中有动
《枫桥夜泊》	孤独愁苦	动静结合	⎱ 以动衬静

教学反思——以生为本，小讲师助力语文课堂

本课《古诗词三首》承载着引导学生体会景物动静之美、感受诗词情感内核的重要任务。本次教学以"小讲师"模式为抓手，试图打破传统古诗教学的灌输式框架，构建以学生为中心的探究型课堂。回顾整个教学过程，既有师生共探的欣喜，也有亟待改进的思考。

教学中，"小讲师"角色的引入如同一束光，照亮了学生的主体能动性。学生从知识接收者成为文化传播者。导学小讲师对律诗体裁的讲解，不再是教师单向的知识灌输，而是学生通过课前查阅资料、整理信息后的成果分享。当学生站在讲台前，用自己的语言解读"首联、颔联"的结构规则，甚至延伸到王维"诗佛"称号的由来时，课堂真正成了他们展示的舞台。这种转变不仅提升了学生的信息整合能力和表达自信，更让古诗背景学习变得生动立体。例如，在介绍张继时，小讲师结合"安史之乱"背景，寥寥数语便勾勒出诗人漂泊江南的愁绪，为后续《枫桥夜泊》的情感体悟埋下伏笔。生字小讲师的设计则聚焦汉字文化的细微处。讲解"畔"字时，小讲师从形声字的构字规律切入，提醒同学们注意"半"字中间不加横的书写细节，并通过"左窄右宽、田字偏上"的结构分析，引导大家观察如何将字写得美观规范。这种"学生教学生"的模式，既激发了学习者对汉字的探究兴趣，又让书写指导从机械临摹转向主动观察，有效提升了识字写字的教学效率。古诗教学的终极目标，不应止步于知识的传授与技能的训练，而应是让学生在诗词中遇见中华文化的根脉，在古今对话中培育审美情趣与人文情怀。本次教学实践让我深刻认识到：教师的角色不仅是"知识的摆渡人"，更应是"学生主体性的唤醒者"。当我们愿意退后一步，把课堂的"聚光灯"交给学生，当我们用心搭建桥梁，让千年诗词与儿童心灵温暖相拥，古诗教学才能真正成为一场有温度、有深度的文化浸润之旅。

未来的教学中，我将继续以反思为镜，在"以生为本"的理念下深耕细

作，让每一首古诗都成为学生眼中的"活的文化"，让每一次课堂都成为点燃智慧与情感的"火种"。毕竟，教育的本质，从来不是装满水桶，而是点燃火焰——而这束火焰，正藏在学生主动探究的目光里，藏在他们与诗词共鸣的心跳中。

《面积和面积单位》教学设计

李　翔

一、教材解读

《面积和面积单位》是青岛出版社三年级下册"图形与几何"领域的一节概念课，它是在学生已经掌握了长度和长度单位、长方形和正方形特征以及周长计算的基础上学习的。为本单元后面继续学习长方形、正方形的面积计算、面积单位间的进率打下基础。学生从学习长度到学习面积，是从一维空间向二维空间转化的开始，是空间形式"由线到面"的一次飞跃。学好本课，不仅为学习面积计算打下基础，更为小学阶段几何教学打下基础。

二、教学目标

① 结合实例认识面积的含义，体会并认识面积单位。初步建立1平方米、1平方分米、1平方厘米的表象，进一步促进空间观念的发展。培养学生的观察、操作和语言表达能力。

② 在实践操作和小组合作学习中，获得合作学习的经历，探索并体会引进统一的面积单位的必要性，了解比较面积大小的方法。

③ 培养主动探索意识和合作交流能力，发展初步的发现问题、提出问题、解决问题的能力，促进学生数感的形成，体会数学与生活的密切联系。

④ 学生在积极主动地参与过程中获得成功体验，在学会与人分享的过程中体验学习数学的乐趣。

三、教学重难点

认识、理解面积的意义，感受统一面积单位的必要性，初步认识并建立常用面积单位的表象，进一步促进空间观念的发展是本节课的教学重点；通过学生的自主活动体验、感受统一面积单位的必要性是本节课的教学难点。

四、教学过程

(一)创设情境,引入面积

谈话:同学们今天我们来上节公开课,大家紧张吗?

预设:不紧张。

谈话:同桌之间互相击掌,给对方加油打气吧!

学生同桌之间击掌。

谈话:谁想和老师击掌?

学生和老师击掌。

谈话:从响亮的声音中,老师就知道你很有信心了。在击掌的时候老师发现:我的手掌大,你的手掌小。手大手小指的是什么呀?

预设:手掌的大小。

谈话:没错,手大手小指的是手掌面的大小(摸着手掌面说)。手掌面的大小就叫作手掌面的面积。今天这堂课,我们一起来研究有关面积的知识吧!(板贴:面积)。

谈话:同学们,做好上课准备了吗?上课,起立。

说到面积,我们首先想到的是房间的面积。最近小明家搬到了新房子里,让我们一起来看看吧!

【设计意图】新课程标准指出,学生要会用数学的眼光观察世界。本节课,从日常生活中入手,通过比手掌大小抽象成面积大小,从已学习的长度单位为启发,展开面积的教学。在获得多种感性认识的基础上,揭示面积概念,顺理成章,水到渠成。

(二)提供素材,理解面积

PPT 出示情境图。

谈话：这是小明家房子的平面图，观察平面图，谁能介绍一下小明的新家里有哪些房间？都是什么形状的？

预设：小明家有七个房间。

预设：小明家的客厅，餐厅和大卧室都是正方形的，小卧室，书房，卫生间和厨房都是长方形的。

谈话：你们观察得可真仔细。小明爸爸看着平面图，提出了一个问题餐厅和厨房哪个面积大？要比较餐厅和厨房的面积，就要先知道它们的面积在哪里。

PPT 出示实物图。

谈话：这就是小明家的厨房，谁能来摸一摸，说一说厨房的面积？

学生边指边说：厨房地面的大小是厨房的面积。（预设：厨房的大小是厨房的面积。）

谈话：你现在摸的是厨房的地面，是厨房地面的大小，你再来说说？

预设：厨房地面的大小是厨房的面积。

PPT 动画展示，平铺地面的面积。

PPT 出示厨房的实物图。

谈话：谁来说一说餐厅的面积？

预设：餐厅地面的大小是餐厅的面积。

PPT 动画展示铺满。

谈话：对，就像两位同学说得这样房间的面积就是指房间地面的大小。（板贴）

追问：那你知道教室的面积指的是什么吗？

预设：教室的面积指的是教室地面的大小。

谈话：现在你理解房间的面积了吗？

预设：理解了。

谈话：除了房间有面积，物体的表面也有面积。看，我们的课桌，课桌面的面积在哪里？谁能给大家摸一摸，说一说？

找学生说一说，摸一摸

预设：课桌面的大小就是课桌面的面积。（好同学）

谈话：对，课桌面（重读）的大小就是课桌面的面积。

谈话：（拿起数学书）那数学书封面的面积指什么？拿起数学书，同桌之间互相摸一摸，说一说。

同桌之间互相指一指，说一说。

谈话：你能来给大家说说吧。

预设：数学书封面的大小就是它的面积。（边摸边说）

谈话：同学们说得真完整。就像同学们所说的：物体表面的大小就是它们的面积。（板贴）

谈话：同学们，我们都学过哪些平面图形呢？

（PPT擦除）

预设：正方形、长方形、圆形、三角形。（一位同学说完整，如果说不完老师补充还有平行四边形）

追问：这些图形有面积吗？谁想上来指一指，说一说图形的面积？

学生上台。

谈话：你想介绍哪个图形的面积？

预设：我想介绍圆的面积。

谈话：边摸边说吧！

预设：圆的大小就是圆的面积。

（学生可能回答不出来，老师接过来。谈话：你的意思是说圆的大小就是圆的面积。）

谈话：你说得很对。

谈话：谁能来说说正方形的面积？（不用上来了，在位置上说）

预设：正方形的大小就是正方形的面积。

谈话：三角形的面积呢？

预设：三角形的大小就是三角形的面积。

小结：就像这几位同学们说得这样，不管是圆形、正方形还是三角形，图形的大小（重读）就是它们的面积。（PPT图形全部涂色）（板书：图形的大小）

另起一页PPT，PPT出示角。

谈话：同学们，这个图形叫作角，角有面积吗？

预设：有。

追问：你能上来指一指角的面积吗？

学生上台指一指，PPT在角下面出示三角形虚线边。

谈话：像这个图形指出的部分，还是角的面积吗？

预设：不是角了，变成了一个三角形。所以角没有面积。

谈话：角和前面的图形不一样，它不是封闭图形，没有围成的面，没有面积。数学很严谨，所以现在我们可以说封闭的图形的大小就是它们的面积。（板贴：封闭的）

小结：刚刚我们通过地面、物体表面、封闭的平面图形认识了什么是面积，知道了地面的大小、物体表面的大小、封闭平面图形的大小就是它们的面积。

谈话：知道了面积，我们可以来比较餐厅、厨房的面积大小了。

【设计意图】新课程标准指出，要让学生亲身经历将实际问题抽象成数学模型并进行解释与应用的过程。通过让学生观察小明家新房平面图认识面积，贴近学生生活日常，有利于激发学生兴趣，激活学生比较物体表面大小的经验。

（三）动手操作，探究面积

1. 引发冲突，统一标准

谈话：观察一下，你能看出谁的面积大谁的面积小吗？

预设：不能。

谈话：老师给大家准备了餐厅、厨房的学具卡片，小组合作比比它们的大小吧。

学生动手操作。

谈话：你来说一说。

学生上台展示，预设：我将两张学具卡片重叠在一起，厨房比餐厅大一部分，餐厅比厨房大一部分。多出的部分没有办法比较大小，不知道谁的面积大。（卡片对齐重叠）

谈话：看也看不出来，重叠也比不出来，那有什么好办法能测量出它们的大小呢？

说到测量，我们就想到了测量长度。回想一下，你是怎样测量长度的？

预设：用尺子0刻度线对齐进行测量。

谈话：我们一起来测量下PPT上线段的长度。

（动画播放，学生一起数1厘米、2厘米……）

谈话：它里面有几个1厘米？

预设：有5个1厘米。

谈话：测量长度时，我们是用小线段。现在要测量面积多大（PPT出示一个平面图形，边说边摸面积），猜一猜应该用什么样的图形呢？

预设：长方形、正方形、圆形。

谈话：大家的想法都很不错，老师准备了不同形状的学具卡片。请同学们选择你认为合适的图形去摆一摆、量一量，并把你的结果和发现记录到探究单上吧！（写上名字）

（强调：操作完后，收好学具，坐好）。

教师巡视，并把不同的方法拍照上传到屏幕上。

谈话：同学们都操作完了，我们一起看看同学们的研究成果吧！

预设：餐厅摆了 16 个圆，厨房摆了 15 个圆。我的结论是餐厅的面积更大。

预设：餐厅摆了 16 个正方形，厨房摆了 15 个正方形。我的结论是餐厅的面积更大。

预设：我们组用学具中最小正方形摆的，它太小了，不太好摆。所以我们组摆出了一行和一列。餐厅一行摆了 8 个小正方形，摆了这样的 8 行，想象到如果摆满需要 64 个小正方形。厨房一行摆了 10 个小正方形，摆了这样的 6 行，摆满需要 60 个小正方形。64 个小正方形的面积大于 60 个小正方形的面积，得出餐厅的面积比厨房的面积大。

谈话：这个小组摆了一行摆了一列，就想象到了图形摆满的样子，发挥了空间想象力。

谈话：有的小组用正方形摆的，有的小组用圆形摆的。得出结论：餐厅的面积比厨房的面积大。（PPT 出示：餐厅比厨房的面积大）

谈话：测量的图形不一样，你觉得用哪种图形测量面积最合适呢？

预设：我觉得正方形最合适拼摆，因为正方形可以铺满这个面的大小，而圆形拼摆后周围还留有空隙。

谈话：看来我们要选择正方形来测量更合适。

希沃照片出示正方形拼摆的两种方法。

谈话：都是用正方形去摆，为什么结果不一样？餐厅 16 个大正方形能铺满，却用小正方形拼摆时，却需要 64 个。

预设：因为两个小正方形的大小不一样，所以结果不一样。

追问：那怎么办呀？

预设：用统一正方形拼摆。

谈话：统一正方形也就是统一标准。

（PPT 出字：统一标准）

【设计意图】这一环节中，通过求厨房和餐厅的面积，而得到的两不同结果,激发学生的认知冲突,引发学生思考为什么同一个图形包含的小正方形个数不一样多?正如新课程标准中所说:让学生经历选择面积单位进行测量的过程,理解面积的意义。通过交流使学生体会统一面积单位的必要性。

2. 认识面积单位

谈话:测量长度有长度单位,测量面积也有面积单位。

这就是 1 个最小的面积单位,表示平方厘米(用手拿学具给学生展示),请大家从学具中拿出最小的面积是 1 平方厘米的小正方形,量量它的边长是多少?(板贴:量)

预设:1 厘米。

追问:谁能完整地说说边长是多少的正方形,面积是 1 平方厘米?〔板贴:边长是(　　)厘米的正方形的面积是 1 平方厘米〕

预设:边长是 1 厘米的正方形的面积是 1 平方厘米。

谈话:你的数学语言表达得真好,谁能再来说一说 1 平方厘米有多大?

(找两位学生说)

谈话:同桌之间再互相说一说。(板贴:说)

谈话:现在同学们看看 1 平方厘米,再闭上眼睛想一想 1 平方厘米有多大,记住它。

学生闭眼想象。

谈话:睁开眼睛,找一找,你的周围有没有哪个物体的表面的面积大约是 1 平方厘米?

预设:大拇指指甲盖的面积大约是 1 平方厘米。

谈话:动手用 1 平方厘米的正方形量一量,比一比,看看你找得对不对。

学生动手操作:大拇指指甲盖的面积大约是 1 平方厘米。

预设:牙、小扣子、饰品、头花面(PPT 不用再出)

谈话:学习了新知识,让我们一起动手运用吧! (拿起橡皮)请同学们拿出手中的橡皮,测量橡皮这个面的面积。先估一估橡皮这个面的面积。

预设:××平方厘米。

谈话:四人小组合作,测量一下橡皮面的面积吧。

教师巡视拍照(有结果就拍)

谈话:同学们都有自己的答案了,我们来看看。这位同学用正方形将橡皮面全摆满了,另一个同学只摆了橡皮的一条长和一条宽。看,两种不一样的摆法,结果都是一样的,橡皮这个面的面积是多少呀?

预设:6平方厘米。

谈话:为什么它的面积是6平方厘米呀?

预设:因为橡皮面包含6个1平方厘米。

小结:数学语言运用得真好,看来物体表面包含几个1平方厘米的小正方形,它的面积就是几平方厘米。

谈话:请同学们用1平方厘米的小正方形测量下书桌表面的面积。

预设:啊?

追问:怎么了?

预设:太小了,不方便量。

追问:那怎么办呢?

预设:我想要用大一些的面积单位。

追问:你猜猜大一些的面积单位是什么呢?

预设:1平方分米。

谈话:同学们真是善于思考。看,这就是1平方分米。(学具板贴到黑板)你们想不想自己来认识1平方分米呀?

谈话:来看下我们的学习提示。回顾1平方厘米的学习,我们用尺子量一量正方形的边长,说一说1平方厘米有多大,最后找一找生活中表面面积是1平方厘米的物体。(PPT出示汉字以及图片)

谈话:请大家举一反三,拿出1平方分米的学具,小组合作一起探究吧!

▶ 思维冲浪小讲师

小讲师1拿尺子和学具:我通过测量发现1平方分米的正方形的边长是1分米。

小讲师2:边长是1平方分米的正方形的面积是1平方分米。

小讲师3:我用1平方分米的正方形比一比,发现手掌面的面积、感冒药盒的这个面的面积大约是1平方分米。讲桌上粉笔盒这个面的面积大约是1平方分米。

谈话:你拿起来给大家看一看。

小讲师3:粉笔盒这个面的面积大约是1平方分米。

小结:小讲师们用量、说、找的方法认识了1平方分米,为你们点赞。

谈话:我们一起来说一说什么是1平方分米吧!

预设:边长是1分米的正方形的面积是1平方分米。(板贴:1平方分米)

谈话：记作 1 平方分米。（板书字母）

谈话：现在用 1 平方分米测量课桌面的面积可以吗？

预设：可以。

预设：请同学们四人合作测量课桌面的面积吧！

预设：我们小组手中的学具不够。

谈话：不够怎么办呀？

预设：可以只摆长和宽。

谈话：动动你的小脑袋开始测量吧。

拍照上传到屏幕。

谈话：同学们都有自己的答案了，我们来看看。请这个小组来给大家说一说，你们是怎么摆的。

▶ 小讲师讲解

小讲师 3：我们组先摆了课桌面的长，一行摆了个 1 平方分米的正方形，又用正方形摆了课桌面的宽，摆了这样的 8 行，想象到如果摆满需要 64 个 1 平方分米。得出课桌面的面积是平方分米。

谈话：说得真清晰，为你点赞。

谈话：同学们，老师继续用 1 平方分米测量教室地面的面积，可是太不方便了，我应该怎么办呀？

预设：用更大的正方形。

预设：用平方米。（板贴：1 平方米）

谈话：请同学们闭上眼睛想一想，1 平方米有多大？比画一下。

教师展开 1 平方米的正方形。

谈话：同学们请看，这就是 1 平方米的正方形。

预设：哇！好大！

谈话：谁想来介绍下 1 平方分米？

预设：像这样边长是 1 米的正方形的面积是 1 平方米。

谈话：谁能再来说一说？

预设：边长是 1 米的正方形的面积是 1 平方米。

谈话：两位同学说得真好，1 平方米记作 1。（板书）1 平方米有这么大，想想用 1 平方米可以测量生活中哪些物体的表面。

预设：窗户的面积，床的面积，地面的面积，教室墙的面积都可以用 1 平方米来测量。

小结:看来平方米适合用来测量比较大的面积。

(如果提到测量黑板的面积:谈话:学习了1平方米,请大家估一估黑板面的面积是几平方米。

预设:2~3平方米。

教师动手测量,黑板面含有两个1平方米的正方形,所以黑板面的面积大约是2平方米。)

小结:同学们看。1平方厘米这么大(手指一点,点在1平方厘米的面上),它的边长只有1厘米(拇指和食指比画一个小短线)。1平方分米这么大(用手掌去摸摸1平方分米的面),边长是1分米(拇指和食指比在边上)。1平方米这么大(重读),(擦玻璃的姿势,把1平方米擦满),边长是1米(两个手伸出食指)。

仔细看看,把这三个面积单位记在你的心里。在测量不同面积时,我们要选择合适的面积单位。

小结:通过学习,我们知道了什么是面积,还认识了常用面积单位平方厘米、平方分米、平方米。这就是这堂课我们要学习的主要内容:面积和面积单位。(板书:面积和面积单位)

【设计意图】利用谈话形式进行1平方厘米的教学,认识1平方米、1平方分米,让学生用1平方分米这些面积单位进行实际测量、估测,有利于学生对各面积单位概念的建立和估测能力的培养,形成量感。

(四)自主练习巩固新知

谈话:学了这么多的新知识,接下来让我们利用这节课学习的知识解决问题吧!

组扣的面积约是2(　　)。	成人手掌的面积约是1(　　)。
餐桌桌面的面积约是1(　　)。	教室地面的面积约是53(　　)。

在括号里填上合适的面积单位。

谈话:请同学们完成探究单中练习题第一题,填上合适的面积单位。

谈话：谁想来分享下你的答案？

预设：纽扣的面积约是 2 平方厘米，成人手掌的面积约是 1 平方分米。餐桌桌面的面积约是 1 平方米，教室地面的面积约是 53 平方米。

谈话：看来根据面积的大小选择合适的面积单位非常重要。

PPT 出示一个 1 平方厘米正方形，出示用 5 个正方形拼出的不同的图形。

学生起立回答问题，面积都是 5 平方厘米。

追问：这些图形的形状不一样，为什么面积都是 5 平方厘米？

预设：这些图形都是用 5 个 1 平方厘米的正方形摆出来的。

小结：看来不管怎么摆，只要是图形中含有 5 个 1 平方厘米的小正方形，它们的面积就都是 5 平方厘米。

【设计意图】练习环节，针对性强。学生在解决问题的过程中加深了对面积知识的理解。

（五）总结回顾，整体梳理

谈话：关于面积的研究，早在古代的埃及就出现了。为了划分土地间的界限，人们展开了对面积和面积单位的探究，在生产生活的需要中产生了面积。后面我们会继续学习更多有关面积的知识。接下来有请小讲师来说说他的收获吧！

▶ 趣味数学小讲师

小讲师 4：同学们，通过今天的学习，我发现面积这个概念其实特别有趣！（举起手掌）大家看，手掌的面积就是手掌面的大小，摸一摸自己的书本表面，这个平平的面也有属于它的面积。更有意思的是，像黑板这样封闭的平面图形，它围成的大小其实就是面积啦！（用手势比画方形）老师还教了我们三个神奇的面积单位——1 平方厘米就像指甲盖大小，1 平方分米大约是手掌的面积，1 平方米足够站下四个小朋友呢！（眼睛发亮）原来生活中到处都藏着面积的秘密啊！

谈话：看到小讲师们分享得这么精彩，其他同学也来说说你们的发现吧！

预设：我知道了 1 平方厘米，1 平方分米，1 平方米。

学生积极回答本节收获，教师进行肯定和总结。

谈话：太棒了！小讲师们不仅讲清了概念，同学们还掌握了实际应用，这就是数学与生活的联结！

小结：这节课，我们结合生活经验，认识了什么是面积。我们一起来说一说：地面的大小，物体表面的大小，封闭的平面图形的大小，就是它们的面积。

接着，我们迁移了测量长度和长度单位的学习经验，知道了测量面积也要统一标准，面积也有面积单位，并用量、说、找的方法认识了面积单位平方厘米、平方分米、平方米。这些学习经验，能够帮助我们在接下来的数学学习中学习更多的知识。

同学们，这节课你们始终能跟随课程思考探索，学习新知，老师为越来越优秀的你们点赞！

▶ 下课

【设计意图】在帮助学生回顾本课内容的基础上，引导学生对本课全面反思，通过总结反思，进一步积累了运用数学知识解决问题的经验，培养了反思意识，提升了学生数学素养。通过梳理总结本节课流程，有助于学生养成有条理的思维习惯，是形成推理能力的经验基础。

（六）作业设计

基础性作业：课本第 51 页自主练习第 1 题、第 5 题、第 6 题。

拓展性作业：右边每个图形都是由两个完全不一样的长方形拼成的，它们的周长和面积都相等吗？

（七）板书设计

面积和面积单位

地面的大小
面积 物体表面的大小
封闭的平面图形的大小

边长是1厘米的正方形，
面积是1平方厘米。记作1cm² 量

边长是1分米的正方形，
面积是1平方分米。记作1dm² 说

边长是1米的正方形，
面积是1平方米。记作1m² 找

五、教学反思

《面积与面积单位》一课，在总结出面积定义的基础上，紧接着借助学生学习长度和长度单位的经验，通过拼摆密铺，唤起学生的度量意识，进而体会统一面积单位的必要性，并用量、说、找的方法认识了面积单位平方厘米、平方分米、平方米。帮助建立各面积单位的概念，培养了学生的估测能力和量感。并且在课堂中，孩子们化身小讲师，大大激发了学生的主体能动性，逻辑思维能力和语言表达能力得到充分锻炼和提升。这种学习方式不仅培养了学生的合作意识和团队精神，还提高了学生的自主学习能力和探究能力，使学生在合作中学会倾听、学会思考、学会表达，真正成为学习的主人。在课堂提问、小组分配、练习辅导等环节中，充分考虑不同层次学生的学习需求，为每个学生提供适合他们的学习机会和发展空间，使全体学生都能够在数学学习中获得进步和成长。

《有趣的碰碰球》教学设计

刘　昊

一、教材解读

教科书单元页中呈现了"轮船行驶，飞机翱翔汽车奔驰，电灯发光，锅炉供热……物体工作时都需要能量。让我们一起走进能量世界，探究其中的奥秘吧。"文中描述的场景包含了动能、重力势能、光能、热能和声能等各种能量，并且暗含了各种能量之间的转移和转换，使学生透过具体的生活现象意识到各种能量的存在形式，激发学生对能量转换方式的探究欲望。单元图设置的目的是引导学生观察身边的现象，感受能量的转移和转换，在研究的过程中了解能源短缺以及能源利用造成的环境污染问题，培养学生节能环保意识和创新能力。

二、学情分析

大部分学生通过日常生活和前期科学课，对"能量"这个词有接触，知道它是让物体"动起来""工作"或"发热"的原因。能列举一些常见的能量形式（如光能、电能、热能、动能）。但是学生对能量的本质理解模糊，常将其具体化、物质化（如认为能量是某种"东西"或"燃料"），可能混淆"能量"与"力"的概念，对能量的抽象性感知不强，难以理解其"无形"但"做功"的特性。六年级学生学习"能量的转换"，具备一定生活经验和初步的能量形式认知基础，对相关现象有兴趣。但核心挑战在于概念的抽象性和需要突破的迷思概念。教学成功的关键在于：强化学科与生活的联系，提供丰富的直观体验和动手实验，引导学生追踪能量流动的链条，明确输入、转换、输出的过程，并通过精心设计的活动和讨论，循序渐进地帮助他们感知"能量守恒"这一核心概念。

三、教学目标

科学观念：知道被举高的物体具有势能，运动的物体具有动能，动能和势能可以相互转换；列举生活中动能和势能相互转换的例子。

科学思维：通过观察钢球击穿纸杯实验提出有关能量转换的问题；能基于所学知识设计实验证明动能、势能的存在以及影响动能、势能的因素，分析动能、势能的相互转换现象。

探究实践：表现出对动能和势能相互转换进行科学探究的兴趣；在进行多人合作时，愿意沟通交流，综合考虑小组各成员的意见，形成集体的观点。

态度责任：了解动能和势能相互转换在生活中的应用。

四、教学重难点

知道动能、势能的基本概念，知道二者可以相互转化。能用动能势能转化的观念解释生活现象。

五、教学过程

（一）导入新课

谈话：同学们，我们要开始学习《能量的转换》这一单元了，我今天带来一个小实验：请看，我先将一张宣纸蒙在纸杯口，然后用橡皮筋扎紧。现在把钢球举到一定的高度，然后让小球自由落下，纸会破吗？

预设 1：会。

预设 2：不会。

谈话：同学们在意见上出现了分歧。那我们既然想验证自己的想法，我们就要做实验来验证。请同学们取出袋中的小球做实验，看看你会发现什么？计时 2 分钟，铃响坐好。

【设计意图】利用一个简单、直观且结果与学生日常经验（高处落物易砸坏东西）可能相悖的小实验（钢球下落冲击宣纸），迅速抓住学生注意力，制造悬念（"纸到底破不破？"），激发他们强烈的好奇心和想要一探究竟的欲望。这种"认知冲突"是驱动科学探究的有效起点。在学生意见产生分歧时，教师及时引导学生认识到"争论"无法解决问题，进而明确提出"做实验验证"的要求。这直接、有力地强调了实证是科学探究的核心方法，培养学生"用事实说话"的科学态度和"实践是检验真理唯一标准"的意识。

（二）探究新知

1. 认识动能和势能的意义

（生做实验）

谈话：谁能谈谈你发现了什么？

预设1：我发现纸会被撞破。

预设2：举得矮不会撞破、举得高就会撞破。

谈话：好。为什么举到矮撞不破，举得高就能呢？我们留到后面研究。

预设3：砸个坑。

谈话：球举到高处落下，会将纸撞破。这说明了什么？

预设：这证明了将物体举高会获得能量。

谈话：对，在科学中，我们把物体由于举高而具有的能量叫作势能。（板书）势能要有一定的参考位置，我们一般以地面或特指物体为参考，比如在刚才实验里，我们就要以纸杯的杯面作为参考。由于小球举高在杯面上，所以小球相对于杯面会产生势能。那势能会不会随着小球落下来而消失呢？

预设：不会。

谈话：请你仔细观察，小球落下的过程中，小球的运动状态是怎样变化的？

预设：由静止变运动。

谈话：同学们观察得很仔细，宣纸被运动的小球撞破，意味着什么？

预设：运动的物体有能量。

谈话：说得对。我们在科学上把运动物体具有的能量叫作动能（板书）。势能和动能统称为机械能（板书）。

【设计意图】紧密承接导入环节的实验结果（小球举高下落能撞破纸），引导学生从直观现象（"纸破了"）反推原因（小球具有能量），自然引出"势能"的概念定义。这是典型的"现象－归纳"科学概念建构方式，符合小学生的认知规律。通过关键问题"势能会不会随着小球落下来而消失？"和引导学生观察小球下落时运动状态的变化（静止→运动，速度加快），巧妙地将学生的注意力从静态的"举高具有势能"引导到动态的"下落过程能量如何变化"上。这为后续理解"势能转换为动能"这一核心能量转换过程做了最直接、最自然的铺垫。

2.验证动能和势能的相互转化

（1）做出猜想

谈话：小球由于被举高而具有势能,但是宣纸最后却是被动能撞破的。这说明了什么？

预设：势能可以转化为动能。

谈话：同学们真善于推理。既然势能可以转化为动能,那动能是否可以转化为势能呢？动能和势能可以相互转换吗？

预设：可以。

谈话：同学们都做出了自己的猜想。老师这里有这样一个装置可以帮我们来验证。同学们认识这个装置吗？

预设：牛顿摆。

谈话：同学们知道得真多,你在哪里见过？

预设：校园里。

谈话：同学们真是善于观察、善于发现。学习科学就是要留心身边的事物。下面我请今天的小讲师来给大家讲讲牛顿摆的由来。大家掌声欢迎。

历史介绍小讲师：同学们,牛顿摆也称为牛顿摆球、动量守恒摆球、永动球、物理撞球、碰碰球等,是一个展示物理学原理的经典实验装置。它虽然以牛顿的名字命名,但是它却是由法国物理学家伊丹·马略特在1676年提出的,它由五个质量相同的球体由吊绳固定,彼此紧密排列而成。牛顿摆的原理基于能量守恒和动量守恒定律,通过球体的碰撞来展示这些物理定律。我们一会儿就用它来做实验。

（2）验证猜想

谈话：同学们接下来想想,我们既然想验证动能和势能可以相互转换。那我们怎么设置实验玩碰碰球呢？请同学们讨论一下。时间两分钟,铃响坐好。

谈话：你想怎么玩？

预设：拉1个撞其他。

谈话：你能上来演示一下吗？（演示）

谈话：还有其他意见？还可以拉几个？

预设：2个、3个。

谈话：同学们集思广益,已经设计出了实验方案,我们接下来就按刚才同学们的想法来做实验。在做实验之前我有这么3个问题想请同学仔细阅读。

同学们请带着这三个问题做实验，然后填写实验报告单。我们稍后交流。时间 10 分钟，铃响坐好。

（生实验、师指导，找两组上来汇报）

谈话：同学们，刚才通过我们自己的探究，我们发现：小球由于被举高具有势能、由于运动具有动能、动能和势能可以相互转换。

【设计意图】明确区分"猜想"（基于先前现象的合理推测）和"验证"（需要设计实验寻找证据）。让学生经历"提出猜想→选择/设计验证方法→实施实验→收集证据→得出结论"的完整科学探究循环。牛顿摆将抽象的"能量转换"过程，转化为直观可见的"小球高度变化（势能）和运动撞击（动能）"的循环，有效突破了小学生理解能量转换这一抽象概念的难点。历史介绍小讲师的设置为课堂带来了独特的教学价值，对科学史实的准确介绍并将物理学原理（能量守恒）与历史人文（科学史）自然结合，传递严谨求实的科学态度。

（3）探究动势能影响因素

谈话：同学们，你们刚才在玩碰碰球时，拉起的角度一样吗？小球被撞起的高度一样吗？这里面蕴含了什么规律？请同学们按照黑板上的实验要求做实验，看看你发现了什么？

（生做实验、师巡视）

思维冲浪小讲师：我们组通过探究发现：将一个小球举起，举得越高，被撞起的小球高度就越高。也就是说，举得越高，小球拥有的势能就越大。其实这个规律在本节课一开始的小球击破纸的实验中就有体现。其实我们将小球举得越高，势能就越大，砸出的坑就越大。反过来，如果我们举得矮，势能就越小，所以无法击破宣纸。

谈话：同学们，刚才我们研究了势能的影响因素。老师这有一颗鸡蛋，鸡蛋非常脆弱。可是如果我将鸡蛋举到高处让它落下，会怎么样？（出示高空抛物视频）

谈话：为什么一颗小小的鸡蛋会带来这么大的危害？

知识科普小讲师：鸡蛋虽然本身重量不大，但是如果把它从高处扔下，会使它获得巨大的重力势能，而重力势能在下落的过程中会转换成动能，重力势能越大、转换成的动能越大，这个巨大能量在瞬间释放就会造成惊人的破坏。

谈话：小小的鸡蛋从高空抛下会带来这么大的危害，国家也出台了相应的法律，对随意高空抛物者要进行严厉的惩罚。所以我们一定不能高空抛物。

谈话：同学们对势能的影响因素了解得很透彻了。那动能和什么有关？我们会在今后展开研究。

【设计意图】"思维冲浪小讲师"用自己的语言描述实验规律，比教师直接总结更易被同伴理解。"知识科普小讲师"结合视频（高空抛物）和法律，使科学知识更具说服力。让学生主动归纳规律，而非被动接受结论，提升科学推理能力。通过联系新旧知识（牛顿摆实验 → 导入实验），帮助学生建立知识间的逻辑关联。

（4）联系生活

谈话：想一想，生活中有哪些动能和势能相互转换的现象？（生举例子）

（三）谈谈收获

谈话：我们这节课学到了很多知识，谁能谈谈你的收获？

谈话：我们这节课学到了动能势能的相互转换，而在这个单元中，就让我们走进能量世界，学习更多关于能量转换的知识。

（四）板书设计

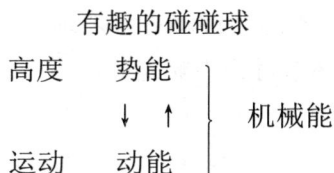

有趣的碰碰球

高度　势能

运动　动能

机械能

（五）作业设计

① 骑自行车上坡时，动能和势能之间的转换关系是（　　　）。

　　A. 动能转换成势能　　B. 势能转换成动能

② 下列过程中属于势能转换成动能的是（　　　）。

　　A. 骑自行车爬坡　　　B. 瀑布的水往下流　　　C. 足球在地面上滚动

③ 摆动的秋千会慢慢停下来，是因为（　　　）

　　A. 势能不断地转换为动能

　　B. 动能不断地转换为势能

　　C. 绳子与支架、木板之间存在摩擦，部分机械能会转换为热能

五、教学反思

课堂上利用"玻璃小球把纸片击穿"来证明玻璃小球具有能量。能量的

来源是小球被举高了，处于一定高度的物体具有势能。让学生借助生活经验说说生活中动能和势能转换的现象，加深了知识的理解和应用。导入实验的"纸杯破否"悬念贯穿始终，在探究势能影响因素时回扣初始现象，形成教学闭环，牛顿摆验证环节自然承接猜想，实验数据直接支撑结论，体现"猜想—验证"的科学逻辑。

"历史介绍小讲师"介绍了牛顿摆，对科学史实的准确介绍并将物理学原理（能量守恒）与历史人文（科学史）自然结合，传递严谨求实的科学态度；"知识科普小讲师"结合视频（高空抛物）和法律，使科学知识更具说服力；"思维冲浪小讲师"用自己的语言描述小球在下落过程中势能逐渐转换为动能，使得小球下落产生的能量能击穿纸片。

担任小讲师的学生课前查阅资料，实现深度学习，听众学生更专注，提问质量显著提高。通过问题串导入，推动了学生的思维，对学生的思维发展很重要。通过"碰碰球实验"让学生收获了提出有关能量转换问题的科学思维，整堂课学生参与度高，学习效果良好。

但是同样存在需改进的方面：实验报告单可增加图示记录栏，方便视觉型学习者表达；对"参考系"概念的讲解可增加地面参照物的对比实验；时间分配上前松后紧，生活应用环节讨论不够充分。

《顽皮的杜鹃》教学设计

陈甜甜

一、教材分析

《顽皮的杜鹃》是人音版小学音乐三年级下册第二单元"可爱的动物"中的一首奥地利童谣。歌曲以轻快的节奏、流畅的旋律，生动描绘了孩童与杜鹃嬉戏的场景，充满童趣。歌曲巧妙运用"sol（5）"和"mi（3）"模拟杜鹃"咕咕"的叫声，既贴近自然又契合音乐技能训练目标，体现了音乐与自然的主题。

二、学情分析

三年级学生已具备基本节奏感和歌唱能力，好奇心强，表现欲旺盛。教学中积极引导"自主学习"：鼓励课前预习歌曲、探索简单的打击乐伴奏。特别引入"小讲师"环节：让掌握较快的学生（如节奏模范、歌曲小老师）在小组或全班前示范、带领练习或讲解小知识点。这不仅激发学习主动性，锻炼表达能力，更营造了互帮互学的积极氛围，有效提升课堂参与度与学习自信心。

三、教学目标

（一）审美感知

① 感知音乐的速度、情绪、音色，理解音乐要素对塑造音乐形象的作用。

② 激发音乐兴趣，体验合作学习的乐趣，在担任"小讲师"的过程中增强自信心与责任感。

（二）艺术表现

① 能用柔美和轻巧的声音演唱歌曲，掌握低音"5、6、7"的音高，有感情

地演唱弱起、重音记号等难点，并尝试视唱简单乐谱。

② 通过课前预习、小组合作探究，培养自主学习歌曲的能力。鼓励学生轮流担任"小讲师"，在小组或全班前自信地示范演唱、讲解节奏要点或带领简单练习，提升表达与教学能力。

（三）创意实践

将 4/4 拍的《顽皮的杜鹃》改成 6/8 拍，将顽皮的杜鹃变成优雅的杜鹃，引导学生聆听歌曲情绪的变化。

（四）文化理解

激发学生对杜鹃的喜爱之情，感受音乐中的童趣与自然之美。

四、教学重难点

重点：学唱歌曲，感受音乐形象，体会"咕咕"叫声的节奏与音高特点。

难点：准确演唱连音与跳音，理解音乐要素（如速度、情绪）在歌曲中的表现作用。

五、教法学法

① 小讲师教学法：通过"小小示范员""小音乐侦探""旋律小讲师""难点小讲师""记忆小讲师""小乐评家""舞蹈小讲师"等小讲师教学环节的展开，充分发挥学生的主体性，激发他们的学习动力和创造力，提高学习效果和学习质量。

② 游戏教学法：设计"旋律接唱""找杜鹃"等互动游戏，化解枯燥的乐理学习。

③ 情境创设法：通过律动、角色扮演等导入，营造自然与音乐融合的课堂氛围。

④ 模仿体验：用肢体动作表现杜鹃叫声的节奏，感受音乐情绪。

六、教学准备

电子琴、多媒体设备、奥尔夫音乐铃、音砖、杜鹃头饰等。

七、教学过程

（一）导入

1. 聆听"杜鹃"的叫声

森林里来了一位新朋友，请学生听一听，猜一猜它是谁。教师播放"杜鹃"的叫声，让学生猜，引导学生知道布谷鸟也叫作"杜鹃"。

2. 视频介绍我们的新朋友——小杜鹃

视频介绍：同学们好，我是小杜鹃，是一种富有诗意与象征意义的鸟类，自古以来便深受人们的喜爱。我不仅以美妙的歌声赢得了"歌手"的美誉，更因独特的生态习性和文化内涵而成为文学、艺术作品中的常见元素。我会在春天发出"布谷、布谷"的啼叫声，提醒着人们要及时播种，因此我又被称为"布谷鸟"。今天很高兴和你们成为好朋友，我能邀请你们一起来做游戏吗？

【设计意图】以生动、引发思考、贴近生活的方式激发学生的学习兴趣和内在动机，有效激活其相关的前期知识和经验，并在此过程中自然、清晰地揭示本节课的学习目标和核心问题，为学生创设一个有意义的、有情感连接的学习起点，从而顺利过渡到聆听与学唱环节，为整堂课的高效、深度学习奠定坚实基础。

（二）聆听与学唱歌曲

1. 初听歌曲，与小杜鹃捉迷藏

学生起立，音乐响起，做原地踏步，在乐句结束的"咕咕"处下蹲、低头，模拟躲猫猫。游戏结束，教师引导学生先尝试"咕咕"的叫声，出示5和3的图示，再用音砖加入"5　3"的音高进行模唱，用科尔文手势进行辅助。找两位同学用"奥尔夫音乐铃"配合演奏"5　3"。

2. 再听歌曲，巩固"咕咕"的演唱

用"咕咕"声来向小杜鹃打招呼。学生起立，音乐响起，做原地踏步，在乐句结束的"咕咕"处，把手放在嘴巴上，边演唱"咕咕"边做动作。（换两位同学尝试用"奥尔夫音乐铃"伴奏）

3. 三听歌曲，互动感受

请学生模仿小杜鹃的打招呼方式。

①"小小示范员":教师找一位同学示范,演唱"咕咕"时带领全班做击掌动作面对面双手击掌。

② 学生原地起立,跟随音乐律动感受歌曲,在乐句的末尾处,同位两人边击掌边演唱"咕咕(5 3)"。

4. 合作朗读歌词

出示绘本歌词,教师读前半句歌词,学生接读"咕咕"。师生交换,学生朗读前半句歌词,老师读咕咕。尝试让学生自主设计一种不同的"咕咕"回应动作,并在小组内分享。

5. 四听歌曲,划旋律线,感受歌曲旋律特点

出示旋律图谱,伸出食指画一画,小杜鹃的飞行路线。回答:小杜鹃一共飞行了几次？观察它的飞行路线有什么特点？（比如:有重复的吗？是高还是低？是平稳还是跳跃？）小组成员讨论一下发现成果。（小组合作探究）,再由"小音乐侦探"（小讲师）分享小组的观察结果。教师总结:小杜鹃的飞行很平稳,要唱连贯,飞行后停在树枝上,要很轻巧。根据学生回答引导总结。

6. 师生接唱歌曲旋律

出示旋律图谱,师生接唱歌曲三种不同飞行路线（紫色、粉色、蓝色）的旋律。

① 教师带领学生分别演唱三种不同的飞行路线。

②"旋律小讲师"。选择一名音准好的同学带唱其中一条路线。

③ 老师、男生、女生分别担任不同路线,完整演唱歌曲旋律。

7. 加入歌词演唱歌曲

出示正谱,加入歌词演唱,注意及时调整歌曲的快慢,节奏、强弱,弱起等,重音记号处的演唱要"短促、跳跃",567 三个低音演唱的音准要准确,强调换气记号。教唱过程中注意音乐性,前半句连贯,后半句轻巧,有弹性。

① 教师用钢琴伴奏,完整演唱歌曲,3 遍以上,唱好为止。过程中,教师可暂停,针对难点如弱起、重音、低音区,请理解掌握好的学生做"难点小讲师"示范讲解或带领练习。

② 我爱记歌词。出示隐藏后的歌词,教师弹奏电子琴,分低中高三种难度,挑战背唱歌曲。小组内互相帮助,尝试挑战背唱。每组可以推选一位"记忆小讲师"来代表小组挑战更高难度！（小组合作探究＋小讲师代表）教师弹

奏，"记忆小讲师"带领同学们挑战背唱。

8. 跟伴奏音频演唱歌曲

教师播放伴奏音频，指导学生有感情地演唱歌曲。

9. 加入动作表演唱

教师将动作融入歌曲，带领学生边表演边演唱歌曲。

10. 加入头饰表演歌曲

教师介绍森林里其他的朋友们（小燕子、小黄莺、小鹦鹉、猫头鹰……）请戴头饰的五位同学跟随音乐表演唱，在"咕咕"处找一位同学互动，面对面做双手击掌的动作。

【设计意图】通过小组讨论后的"小侦探"汇报，不仅深化了他们对音乐形态（旋律走向、重复性）的直观感知，更锻炼了观察力、分析力和口头表达能力。让学生扮演"侦探"角色，增强了趣味性和任务感，促使他们更专注地聆听和分析音乐线条。利用学生间的"同伴教学"效应，提升学唱效率和兴趣。音准较好的学生担任"小讲师"带唱特定旋律片段，是巩固和内化知识技能的最佳方式，同时营造互帮互助的学习氛围。鼓励掌握较好的学生进行点对点示范或简要讲解，不仅能及时解决同伴在练习中的具体困惑，提供最贴近学生认知水平的解决方案，还能让"难点小讲师"在示范讲解中深化对技巧要点的理解，锻炼其发现问题和解决问题的能力。这种方式比教师统一讲解更具针对性，效率更高。在"我爱记歌词"的小组合作背诵后，推选代表挑战，激发小组内部成员互助的责任感和集体荣誉感，促进合作记忆；为学生提供展示平台（挑战不同难度），增强个体成就感；"小达人"的公开演唱是对小组学习成果的检验和示范，为其他学生树立榜样，营造积极竞争、共同进步的学习环境。

（三）歌曲创编

将 4/4 拍的《顽皮的杜鹃》改成 6/8 拍。

教师范唱歌曲学生说一说有什么不同的感受？找一位同学愿意做"小乐评家"，说说 4/4 拍和 6/8 拍带给你的不同感受？（请学生当"小乐评家"分析讲解）引导学生说出歌曲变得更优美了，顽皮的杜鹃变成了优雅的杜鹃。

① 播放音频伴奏，教师范唱 6/8 拍歌曲。

② 教师带领学生边唱边舞蹈。

在舞蹈环节，学生分组讨论，并设计一个代表 6/8 拍乐曲情绪或乐段的舞

蹈动作,并选派"舞蹈小讲师"展示讲解(小组合作探究＋小讲师)

设计意图:引导学生超越感性体验,尝试用语言分析音乐要素(节拍)变化对情绪(如从"顽皮"到"优雅")产生的具体影响。担任"小乐评家"的学生需要整合聆听感受,进行对比、归纳并清晰表达。这过程旨在发展学生的音乐审美能力、批判性思维和语言组织能力,深化理解"形式服务于内容"的音乐表现规律。"舞蹈小讲师"的展示和讲解则要求学生将内在的音乐感受外化,并清晰地阐述动作与音乐的联系(节奏、情绪、形象),这极大促进了音乐感知与身体动觉智能的结合,提升了创造力和沟通表达能力。

(四)拓展延伸

大屏幕播放《杜鹃圆舞曲》《虫儿飞》《里约大冒险》的音乐片段,教师带领学生声势律动感受歌曲的情绪,用不同动作感受歌曲的不同乐段。

【设计意图】风格鲜明、情绪对比强烈的多元音乐片段,结合声势律动这一高度参与性的艺术实践活动,旨在引导学生沉浸式地体验音乐的情绪与美感,感知音乐的结构变化,探索身体表达音乐的无限可能。最终,深化学生的审美感知能力,提升其艺术表现的自信心与创造力,并初步接触和感受世界多元音乐文化的魅力,实现音乐核心素养的融合发展,让音乐课堂充满活力与深度。

(五)总结下课

视频播放小杜鹃的总结词,教师引导学生边唱歌边走出教室。

【设计意图】本环节摒弃了传统的说教式总结和指令式下课,创造性地将核心知识回顾与艺术实践相结合,并融入下课流程。通过歌声,让学生在愉悦的艺术氛围中重温本课精华,巩固演唱技能,带着满满的成就感和对音乐的喜爱离开教室。这不仅强化了学习效果,更旨在点燃学生对音乐持续的热情,将音乐的快乐融入其日常行为,实现"课虽尽而乐未止"的美育目标,为下一次音乐课堂埋下期待的种子。

八、教学反思

本节课通过系统化的"小讲师"机制,有效实现了教学主体的翻转,取得了显著成效。学生不再是知识的被动接受者,而是课堂的主动探索者、表达者和互助者。在"小音乐侦探""小乐评家"等角色驱动下,学生的观察分析、审美判断和语言表达能力得到深度锤炼;"旋律小老师""难点小讲师"则充分发挥了同伴学习的独特优势，使技能指导更精准、氛围更融洽；"记忆小讲师""舞蹈小讲师""小示范员"则极大激发了合作意识、创造力和表现欲。反思过程也发现，部分环节时间分配需更精准，确保每位"小讲师"充分展示且全员有效参与；同时需持续关注不同能力层次学生在角色承担中的机会公平与支持力度。总体而言，"小讲师"模式成功营造了民主、高效、充满活力的课堂生态，使学生综合素养在深度参与和互助互学中得以真实生长，课堂真正成为学生能力绽放的沃土。

《剪纸中的古老记忆》教学设计

于晓敏

一、教材解读

本课属于综合探索学习领域，与《绣在服装上的故事》《复制与传播》同属非物质文化遗产系列课程。剪纸是我国典型的民间传统艺术，是历史悠久，具有普及性和群众性的大众艺术。剪纸同其他艺术形式一样，来源于一定的社会生活，反映的大都是劳动人民的情感愿望和审美态度，丰富美化着人们的生活。剪纸在全国各地颇为常见，农村逢年过节、喜庆婚嫁，都会用剪纸装饰家居，祈福纳祥，并形成了不同地方的风格流派。本课选取了不同地域、不同民族、不同类型的优秀剪纸作品，旨在引导学生感受剪纸作品万剪不断的结构，吟咏着生命、民族繁衍和美好愿望的主题以及装饰性的艺术特点。使学生进一步了解剪纸在我国的历史文化中，所演化出的不同风貌和蕴含的文化内涵。

二、教学目标

审美感知：欣赏不同地域、不同风格的民间剪纸作品。

艺术表现：掌握抓髻娃娃的基本造型特点，感受剪纸艺术蕴含的艺术美感。

创意实践：通过创设民俗文化情境、小组探究等学习活动，引导学生模仿或创作一幅抓髻娃娃的剪纸作品。

文化理解：了解剪纸艺术的历史民俗文化及造型特点。

三、教学重难点

教学重点：通过对不同地域、不同风格剪纸作品的欣赏，感悟风格多样的剪纸文化及其艺术特点。

教学难点：对抓髻娃娃特点的把握及对文化背景的了解。

四、教学过程

(一)导入新课

视频导入：历史迷雾中，曾被称作"东方剪影圣殿"的千年古镇重现，传说镇里藏着改写剪纸艺术史，揭示非遗奥秘的宝物，引得探秘者蜂拥而至。却见城门闭合化作巨剪，寒光闪烁，原来是守护古镇的村民对外人戒备，设下谜题，封锁通道，这让满怀期待的众人陷入烦恼。

历经千年，剪纸艺术依然能够吸引这么多人关注，它究竟藏着什么独特魅力？插入课题《剪纸中的古老记忆》。

【设计意图】通过构建"东方剪影圣殿"千年古镇这一神秘情境，以及设置藏有改写剪纸艺术史宝物、村民设谜封锁通道等情节，迅速抓住学生眼球，引发学生好奇心与探秘欲，为引入剪纸主题做铺垫，让学生带着浓厚兴趣进入后续对剪纸艺术的探讨，为插入课题做过渡，建立起历史与当下对剪纸关注的联系。

(二)讲授新课

课堂进入分组搜证与线索解谜环节，学生们围绕"时间轴上的那些事""图符集里的吉祥密码""祖辈智慧的云存档""拥有超能力的神奇娃娃"四大主题展开探索与分享。

(1)历史探秘小讲师：时间轴上的那些事

第1组历史探秘小讲师率先登场，他们向同学们介绍我国最早的剪纸作品是北朝时期祭祀用的团花剪纸。老师顺势引导大家观察《太阳神鸟》，引出剪纸的前身——薄片艺术。随后，小讲师们结合精心准备的时间轴图表，系统梳理了从北朝到近现代的剪纸发展脉络，详细讲解各朝代的代表作品。最后，小讲师们邀请同学们分享自己最感兴趣的剪纸作品及缘由，现场气氛热烈。老师总结道，小小的剪纸承载着深厚的历史底蕴，源远流长，并板书"历史悠久"四字。

【设计意图】通过小讲师的系统讲解，帮助学生构建剪纸艺术的历史框架，培养其信息整合与表达能力；以互动提问激发学生对历史作品的兴趣，增强文化认同感，使学生直观感受剪纸艺术的历史厚度。

（2）吉祥解码小讲师：图符集里的吉祥密码

第2组吉祥解码小讲师带领大家探寻剪纸中的吉祥密码。他们先展示多幅剪纸图案，引导同学们思考图案的寓意及灵感来源。在同学们积极发言后，小讲师们揭晓许多寓意源自谐音和象征，如"鱼"代表"余"，"蝙蝠"象征"福"，并通过图片实例一一解读。接着，小讲师们引入苗族传说《姜央射日》，讲解传说与剪纸图案的关联。最后，小讲师们启发同学们想象这些图案背后，祖先寄托的生活憧憬。老师总结时赞叹，剪纸中的花鸟鱼虫、人物瑞兽皆是美好寓意的化身，尽显老祖宗"图必有意，意必吉祥"的浪漫智慧，同时板书"寓意吉祥"。

【设计意图】通过小讲师的讲解，以"解密"形式调动学生探究热情，通过观察、分析图案，理解传统艺术中谐音、象征等表达手法；结合传说故事，挖掘剪纸文化的深层内涵，培养学生对传统文化符号的解读能力，感受古人借物传情的浪漫情怀。

（3）艺术创新小讲师：祖辈智慧的云存档

第3组艺术创新小讲师聚焦剪纸艺术的传承与创新。他们以提问开场，引导同学们对比南北方剪纸风格差异，得出"北方粗犷豪放，南方精巧秀丽"的结论。老师补充说明艺术风格的多元性后，小讲师们展示"剪花娘子"库淑兰的作品，先请同学们猜想创作者是怎样的人，再揭晓库淑兰被联合国评为"民间艺术大师"的身份。随后，小讲师们引导同学们观察库淑兰作品与传统剪纸在色彩等方面的不同，探讨其创作灵感及对中国剪纸艺术的贡献。老师总结强调，库淑兰敢于打破传统，开创剪纸新门类，证明传承需与创新结合，才能让传统技艺焕发新生，并板书"传承创新"。

【设计意图】通过小讲师的讲解了解到南北方剪纸的风格差异，培养学生的艺术鉴赏与归纳能力；以库淑兰的案例为切入点，引导学生认识到传统艺术在传承中创新的重要性，激发学生对艺术创新的思考，树立文化传承的责任感。

（4）文化守护小讲师：拥有超能力的神奇娃娃

第4组文化守护小讲师带来神秘的抓髻娃娃。他们展示抓髻娃娃的图片，引导同学们观察其"造型夸张、装饰丰富"的特点，老师同步板书。接着，小讲师们介绍抓髻娃娃辟邪、祈福、象征生命繁衍等神奇本领，并与同学们探讨这些寓意的文化根源。最后，小讲师们鼓励同学们大胆想象，为抓髻娃娃赋予新的超能力,同学们纷纷踊跃发言。老师总结指出,从剪纸的历史、寓意、传承到抓髻娃娃,充分展现了剪纸艺术历久弥新的魅力。

【设计意图】小讲师以"神奇娃娃"为趣味切入点,既吸引学生关注传统剪纸中的典型形象,又通过分析造型与寓意,深化了学生对传统文化意象的理解;开放性想象环节激发学生创造力,使学生在趣味互动中感受剪纸艺术的文化生命力与时代适应性。

（三）艺术实践

创作环节:给抓髻娃娃赋予超能力。

① 用拼贴的方式制作抓髻娃娃,可单剪或连续折剪。

② 运用纹样进行装饰,使其更加美观。

（四）教师示范

创作视频。

（五）作品展评

神奇本领大比拼:介绍给抓髻娃娃赋予了什么超能力?

（六）拓展小结

"圣殿"大门打开,门后的世界藏着什么惊喜呢?（出示非遗视频）

五、教学反思

在本次《剪纸中的古老记忆》课程教学中,以"分组搜证—线索解谜"为主线,创新采用小讲师模式,引导学生自主探究与分享,整体达成了教学目标,但也存在可优化之处。

成功之处:小讲师模式有效激发了学生的主动性,各小组围绕"时间轴""吉祥密码"等主题深入探究,在梳理剪纸历史、解读图案寓意、分析艺术风格过程中,锻炼了资料整合与表达能力。如在"时间轴上的那些事"环节,小讲师带领同学梳理剪纸发展史,逻辑清晰;在"图符集里的吉祥密码"分享中,通过互动引导同学理解寓意来源,课堂参与度高。这种模式将传统讲授转化为学生主导,加深了学生对剪纸文化的理解与情感认同。

不足之处:小讲师的培训与指导不够充分,部分学生在讲解时语言不够精练,对课堂节奏把控不足,导致个别环节超时。此外,各小组展示时间不均衡,未能充分给予每位小讲师个性化指导，部分学生的潜力未完全发挥。

改进方向：今后需在课前加强对小讲师的针对性培训，包括讲解技巧、时间管理和互动设计等；同时，优化课堂组织，提前制定明确的展示规则与时间分配，鼓励小讲师多样化呈现探究成果，如结合故事、多媒体等方式，让小讲师模式在传承传统文化的同时，更好地提升学生综合素养。

《花球啦啦操 快快跳起来》教学设计

刘鲁晶

一、教材解读

啦啦操起源于美国，是集体操、音乐、舞蹈、健身、娱乐于一体的运动项目。其体现青春活力、健康向上的团队精神，并追求团队荣誉的最高境界。该项目主要分为花球啦啦操、爵士啦啦操、街舞啦啦操、看台啦啦操等。本课以8个啦啦操基本手位为主要内容，配合踏步、后踢腿、直腿跳三个基本步伐为组合，进行队形创编，既能发展学生的审美能力，又有良好的综合健身作用，培养学生团结协作和积极进取的精神。

二、教学目标

1. 运动能力

学生能说出本课所学8个啦啦操基本手位与3个基本步伐的动作名称，并能做出相应动作，掌握啦啦操手位与基本步伐配合能力，发展学生上下肢协调能力、身体控制能力以及跑的能力、快速反应能力，发展学生力量、灵敏等身体素质，培养学生正确地理解音乐。

2. 健康行为

在练习过程中培养学生健身兴趣、体育锻炼意识和习惯，通过师生、同学之间的互助与合作学习，培养学生丰富的想象力和创新精神，激发学生主动参与意识，提高学生审美能力和表现力。

3. 体育品德

增强花球啦啦操学习的兴趣与自信心，培养积极进取的心态和团结互助的精神，培养团结协作的优良品质和集体主义精神。

151

三、教学重难点

重点："下 A、上 A、上 V、下 V、加油、长 T、短 T、W" 8 个基本手位动作与踏步、后踢腿、直腿跳 3 个基本步伐。

难点：上下肢协调配合与队形编排。

四、主要教学内容

① 结构化知识与技能：说出并能做出"下 A、上 A、上 V、下 V、加油、长 T、短 T、W" 8 个基本手位动作、踏步、后踢腿、直腿跳三个基本步伐。

② 比赛或展示：运用所学 8 个手位，结合下肢步伐，每组分别能做出基本手位＋基本步伐小组合。

③ 体能：趣味接力。

五、教学过程

（一）准备部分，激趣导学

① 组织学生，体育委员进行整队集合、清点人数、检查服装，师生问好。

② 教师语言引导，提问："你们有喜欢的运动员吗？他们都是谁？"创设情景，通过"奥运会之旅"，到奥运赛场上为喜欢的运动健儿加油助威，导入课堂，明确课堂内容任务并提出本课要求。

③ 趣味跑：热身活动小讲师带领学生慢跑，并在跑动过程中增添趣味动作，调动学生积极性，当音乐停，学生快速找自己的点位。

④ 热身操《奥林匹克操》：奥林匹克操的动作创编来源于各项奥运项目的模仿动作，如跑步、篮球、跆拳道、游泳、推铅球等，由热身活动小讲师在队伍前带领，伴随音乐，学生跟做。

【设计意图】通过课堂常规集中学生注意力，调整学生学习状态；语言引导，创设"奥运会之旅"情境，为喜欢的运动健儿加油助威，激发学生学习兴趣，以饱满的热情进入课堂；由热身活动小讲师带领进行趣味跑与热身操，起到了很好地示范引领作用，调动学生运动积极性，充分达到热身效果，有效预防运动损伤。

（二）基本部分，增趣促学与素养提升

1. 我做你猜

教师提问，"你们可以用身体模仿出那些英文字母？"激发学生兴趣，学生自由发挥与想象，用身体造型模仿各种各样的英文字母，教师及时点评鼓励；随后教师通过"老师模仿你们猜"引出本课内容。

2. 自主学习与探究

领先学练小讲师充分发挥组织力与协调力，带领本组同学，根据 iPad 视频自主探究学习，并在组内学练过程中起到良好的示范与引领作用，带领本组学生自主合作完成学习任务。教师巡回观察，及时给予纠正与指导。通过视频观看、小讲师示范引领、教师巡回指导，让学生发挥自主学习能力与团结协作能力，掌握所学内容。

3. 成果展示

"有哪个小组想给大家展示展示你们的学习成果呢？"教师通过语言引导提问，学生踊跃举手，选取优秀小组进行自主学习成果展示，学生互评、教师点评。

4. 教师详细讲解动作要领

教师带领学生进行完整的手位动作练习，并根据各小组自学情况和展示情况，详细讲解动作要领与易错点，随后跟音乐练习。

5. 步伐+手位组合学练

主要内容：组合一：踏步+基本手位。

组合二：后踢腿+基本手位。

组合三：直腿跳+基本手位。

学生已熟练掌握手位动作，教师引导学生在手位动作的基础上配合基本步伐，进行组合一、组合二、组合三的步伐+基本手位练习，训练学生在上下肢协调配合，同时提醒学生保持良好的身体姿态。随后，由领先学练小讲师带领学生进行三个组合完整练习。

6. 加油助威大比拼

"同学们，我们已经来到了奥运赛场上，用你们热情洋溢的啦啦操，快为你喜欢的运动员加油吧！"由领先学练小讲师带领，各组选取其中一个组合进

行展示,并说出要哪个运动员或运动队加油,要求精神状态好,加油士气足!

7.赛出健康(体能练习)

将花球夹在两腿之间进行直腿跳动作,将花球放在指定位置后跑步折返,分组进行折返接力比赛,锻炼学生跑跳能力,培养团结意识与竞争意识。

【设计意图】此环节是本课的学练主体,创设围绕啦啦操核心技术,通过"领先学练小讲师"的示范引领作用,先练后教,自主协作,以赛促学的方式让学生在比赛与展示中掌握啦啦操的基本手位与基本步伐,展示自己的个性与热情。注重游戏化趣味化的教学手段,充分调动学生学习积极性,激励每位学生主动参与,潜移默化地促进学生身心健康发展,为核心素养的提升奠定良好基础。

(三)结束部分,放松恢复

1.放松操

放松拉伸小讲师带领学生,伴随着音乐进行放松拉伸。

2.本课评价

教师提问:"通过本节课,大家都有什么样的收获呢?"引导学生积极发言谈收获,同时进行学生互评,教师总评。

【设计意图】通过放松操让学生放松身心,消除运动疲劳,在评价过程中引导学生反思学习过程,了解啦啦操基本手位和步伐的评价标准,帮助学生树立正确的学习态度。

(四)场地器材

标志桶、音响、花球、呼啦圈。

(五)作业设计

学生听音乐,自行预习36个啦啦操基本手位。

六、教学反思

本课教学目标明确,运动量适宜,在教学过程中学生能较好地掌握学习内容与任务,通过课堂小讲师的带领,学生能有组织有目的地进行课堂学练,有效提高学生的学习主动性和积极性,促进课堂互动和思维发展,充分体现教师对学生的引导以及学生在学习中的主体作用,锻炼了学生自主学习与探究能力，培养其自主、自信、自我管理、自我评价四项特质素养。通过小小接力赛，体验到团结合作带来的学习成果，懂得集体荣誉感。激发了他们参与体育活动的兴趣，为终身体育打下扎实的基础。

赋能·共生：小学班级全域自治
——"四维一体"班级自主管理案例

袁 静

小学生处于身心发展的重要阶段，是良好的品德、习惯和能力培养的关键期。从一年级入学起，我们着手构建"四维一体"班级管理模式，鼓励学生积极参与管理过程，通过自我管理和自我调控，实现自我发展和社会适应。

一、向阳而生，源头自治——班级规范动态完善

（1）树立自我管理意识

"兴趣是最好的老师。"学期初召开班会，与学生一起讨论班级的发展愿景，形成"班级是我家，我为班级做贡献"的观念，激发孩子们参与班级自主管理的兴趣和欲望。

（2）搭建自主管理支架

设置班级的"一日管理时间表"和"学生自主管理岗位设置表"。从晨读、课前准备、课间活动到午餐、眼操，再到下午放学、值日，各项常规事务都列入两个管理表格，每个时间段、每件事都有明确的要求和分工，班委负责提醒，班主任监督和指导。定期根据学生的自主管理表现评比出优秀队员，达到事事有人做、人人有事管的效果。

（3）民主确立管理目标

小主人管理岗位发现问题后，全员参与班级立法委员会一起分析、探究解决问题的办法。如：有的同学到教室后离开座位讲话，甚至追逐打闹，晨读管理员提醒了也不见效。为此，我们展开了问题谈论，通过讨论，晨读班规产生了：进教室后马上开始晨读，坐姿端正，大声指读课文，记录下每天晨读的练习成果。如果做不好，浪费时间的同学要另找时间补上，扰乱秩序的同学要向全班道歉。讨论出的成果添加到《我们的约定》动态手册（图文版）中，成为一条新的班规。

二、逐光而行，执行自治——班规执行多维主体

（1）纠纷调解庭完成问题采集

低年级学生活泼好动，即便反复强调"轻声慢步靠右行"，走廊拐角处、教室门口总还是冲撞事件的高发地。学生模拟法庭通过"情景再现"，配合画图讲解，全班同学直观地看到了"轻声慢步"和"靠右行"的重要性。从此，走廊里的奔跑行为不但有安全管理员提醒，还会成为班规里人人皆知的危险因素。

（2）小组合作促成互督互促

将班级分成若干相对固定的小组，小组内部推选组长。将班规的遵守情况以小组为单位进行积分，每周评选优秀小组，以此激发小组成员集体荣誉感和互相监督、提醒和帮助的动力。

（3）无声预警实现全方位自治

涵盖课间活动、楼梯行走、中午就餐等多场景手势密码，选择孩子们感兴趣的形象设计动作，搭配简单易记的提示语，就如同道路上的指示牌、信号灯，形成系统的"安全密码"体系，渗透到校园生活的方方面面，使安全知识在一次次趣味互动中深入人心。

三、心有暖阳，评价自治——多元评价及时跟进，不断总结反思，实现螺旋式进步，让班规渐渐深入人心

（1）学生互评学合作

如午餐管理员负责监督同学能否保持安静、细嚼慢咽、光盘；反之，其他同学也可以检查、评价管理员是否光盘，午餐管理能否做到认真负责。实践证明，小主人评价的威力一点不逊色于老师的评价，往往具有其利断金的舆论效应。

（2）教师评价重激励

运用"班级优化大师"等软件，随时随地对学生进行评价，自动统计积分并同步家长端，实现家校联动。阶段性开放班级"小主人超市"，学生可以利用积攒的"成长币"兑换自己喜欢的物质奖品或精神奖励。

（3）学生自评促反思

在周记中开辟出一个板块，引导学生开展自主管理自省。为班级服务的目标完成了吗？对本周的自主管理满意吗？哪些地方还可以做得更好？通过及时进行反思式思考、观察，帮助学生在自主管理中不断成长。

（4）环境支持赋能量

在班级宣传栏开辟"自治角"，公示班规和各小组积分，将自治过程可视化，激励班级的每一个孩子都行动起来。

四、行则致远，实践自治——将班级自治成果延伸到社会实践，形成班级、校园、社会"三级自治"

（1）自主规划，准备活动

各级各类的校园比赛、研学旅行前，教师不做活动的策划者、布置者，而是引导孩子们独立做活动准备，通过查阅资料、交流讨论去设定活动目标，提高活动的主动性。

（2）自主探究，文明实践

丰富多彩的校内外活动是学生自主管理的实战演练。校园足球赛丢分了，体育委员带领同学讨论分析失分原因，研究下一场比赛的战术。参观博物馆过程中有同学大声喧哗，路队管理员和文明礼仪监督员履行管理岗位职责，及时发现、制止不文明行为。活动中的自主探究将班级内自主管理成果延伸到学校和社会实践中。

（3）自主沟通，团队合作

我们的大部分研学活动，如档案馆研学和鲁班木作堂传统木艺体验研学，都可以分小组活动。小组内设置组长和观察员，孩子们分工合作、自主沟通，团队合作意识不断增强。

学生是班级的小主人，更应该是班级的管理者和决策者。班主任从源头、执行、评价、文化四个维度，不断指引学生完善"四维一体"班级自治网络，让自己成为支架搭建者、自治过程观察记录者、隐形督导者，引导孩子们在具体的自主管理中发掘潜能、健全人格。相信，小主人也可以有大作为！

不插手的艺术

——从"被安排"到"主动管"

秦　莹

一、困境剖析

初接一年级的班级，最令人头疼的就是班级卫生和孩子们的习惯养成了。一进班级，劳动角总是闹腾得像被掀翻的蚂蚁窝。扫帚横七竖八躺在地上，抹布拧成乱糟糟的"麻花"，地面上的纸花散落在四周，值日表上的哭脸贴纸快要溢出边框，令人头疼。

二、破局之道

"劳动角每天都在闹妖怪！"孩子们对着东倒西歪的扫帚吐舌头。思来想去，我决定出手，在学校"小主人"课题的推动下，我意识到培养孩子的责任感不能只靠说教，更要让他们在身临其境的场景中体验"当家做主"。看着乱糟糟的清扫工具，我开始思考：对于低学段的孩子，抽象的责任感概念对他们而言太遥远了，如何才能把"做班级小主人"这个宏大的课题，转化为他们看得见、摸得着、感兴趣且乐于参与的具体行动呢？

三、实践探索

于是第二天早自习的时候，我在班级的清扫工具柜处贴上大眼睛的卡通贴纸，并对孩子们说："这些是被施了魔法的清洁精灵，现在急需我们的帮助，完成任务才能解除咒语哦！而我们的每一块脚下都是我们的神奇魔法田，它需要我们的浇水施肥……看看哪一位小小魔法师能种出'最亮'的花。"孩子们听了后，兴奋极了，都争先恐后地拿起扫帚"施肥"，拿起拖把"浇水"。

第二天，劳动角出现了神奇的变化，原本横七竖八的扫帚整整齐齐地摆放在工具柜里，一个扎羊角辫的女孩给扫帚系上蝴蝶结："它是我的彩虹扫帚，扫一下就会变出星星！"原本地面满是垃圾的男孩，自从领养了"大嘴怪垃圾桶"，课间总举着它四处巡逻："快喂我的怪物吃饭！"最让人惊喜的是，某天午休时，一个日常较为活泼的小男孩神秘兮兮地捧来"灰尘收集盒"——用废纸折成的盒子里分门别类装着橡皮屑、碎纸片，盒盖上歪歪扭扭写着"垃圾博物馆"。

月末大扫除，教室成了魔法秀场：黑板擦戴着毛线帽收集粉笔灰，洒水壶变身"泡泡发射器"，连最难清理的窗缝都被孩子们自制的"湿巾小刀"征服。就这样，班级里的孩子一个个变身小小魔法师，培养了爱班如家的意识。

四、成果绽放

自此以后，班级卫生面貌焕然一新，地面洁净无杂物，桌椅排列整齐，黑板光洁如新。当班里第一次获得卫生流动红旗时，孩子们没有急着欢呼，而是围在《值日表商讨方案》处叽叽喳喳，"我们可以轮换值日组长""擦黑板的最好高个子的来""找劲大的来拧抹布""最好沿着地砖缝来摆桌椅""我们来给每一项值日工作起一个炫酷的名字"……在值日方案的讨论以及执行中的调整，孩子们学会了如何清晰阐述自己的观点，如何倾听并接纳不同意见和如何建设性地解决分歧。沟通也变得更有目的性和实效性。

后来，班里分出了值日表，每一位孩子都会按照职责去共同的维护班级卫生，孩子们不再将值日视为负担，而是视为自己的一份职责。例如，负责桌椅管理的同学，会自发地在摆完桌椅后再次检查是否前后左右对齐。在需要配合的环节，如"拧抹布搭档"，力气较大的同学负责拧干，动作灵巧的同学负责传递和铺展。

卫生自主管理的成功经验，如同投入水中的石子，激起的涟漪正向班级其他领域扩散。孩子们自发制定借阅公约、设计整理排班表，并推选"图书管理员"，使图书角整洁有序，焕发新生机。合作解决值日难题中培养的团队精神，自然延伸到了学习领域。小组讨论、结对帮扶的学习氛围更加浓厚，孩子们更懂得如何有效寻求帮助和乐于助人。越来越多的孩子们积极参与班级的各项事务，为班级的各项管理出谋划策。也使每一位孩子成为了班级的小主人。

五、聆听回响

这段实践让我深刻反思："管"的最高境界是"不管"，"教"的最终目的是

"不教"。真正的班级管理，不是把学生牢牢攥在手心里，而是为他们搭建舞台，赋予权利，并在他们需要的时候提供必要的支撑。我的管理智慧，在转变中得到了实质性的增长。我学会了更信任学生，更善于观察和引导，更懂得在何时"无为而治"。这份"不插手"的勇气与智慧，是我在班级管理实践中收获的最宝贵财富。

"不插手"管理策略的实施效果，也真切地反映在家庭生活中，并得到了家长们的积极反馈。多位家长提到，孩子在家中的责任感明显增强。以前需要家长整理的书包，现在不仅自己收拾得整整齐齐，有时还会提醒弟弟妹妹整理玩具，对自己答应的事情更上心了。家长们还观察到孩子更愿意参加家务劳动，动手能力也有所提高。孩子周末会主动要求帮忙洗碗、择菜，虽然动作慢，但做得有模有样。

六、启思展望

我突然明白：教育不是修剪盆栽，而是守护种子破土的力量。每个孩子心里都住着一位小主人。当我们把"要求"变成"游戏"，把"规则"化作"探险"，那些稚嫩却蓬勃的自主意识，终会生长出超越期待的风景，那些曾被认为需要教师全程把控的"麻烦事"，在被交还给学生的瞬间，就会生长出新的蓬勃生机。这不正是"不插手"的魔力——在信任的土壤里，每个孩子都能长成自己的太阳。

小岗位藏着大成长

——班级小主人自主管理案例

杨 俊

在教育的漫漫长路上，多年的从教经历如同一幅幅画卷缓缓展开，而其中最为难忘且充实的，莫过于担任班主任的时光，它宛如一本厚重的日记，记录着无数生动的教育故事。初为班主任的那两年，由于缺乏经验，我几乎事事都要亲自操办，每天都在忙碌中摸索着前进。从清晨到深夜，神经始终处于紧绷状态，回到家中，已累得连话都不愿多说一句。那段日子里，焦虑如影随形，它源于对未知的不确定，却又如同一股无形的力量，驱使我拼命想要证明自己。然而，正是这份焦虑，让我在班级管理的道路上走了不少弯路。

直到接触到学校提出的"小主人管理课题"研究中的"人人都是小主人"的管理理念让我茅塞顿开，在我前期学习课题背景和理念时正好又读到魏书生老师的著作《班主任工作漫谈》，其中魏老师提出的"人人有事做，事事有人做"的班级管理理念也与学校的课题研究不谋而合。于是我开始尝试将"人人都是班级小主人"的理念融入班级管理，没想到竟意外地开启了一条轻松带班的全新路径——不仅为自己赢得了喘息的空间，班级的整体风貌也焕然一新，孩子们所展现出的潜力更是远远超出了我的预期。

一、案例背景

刚接手这个班级时，部分学生的父母因工作忙碌或疏于管理，再加上爷爷奶奶的溺爱，导致这些孩子自控能力和自我管理能力较差。一旦老师不在身边，他们便为所欲为，自习课上管不住自己，大声说话，无所事事；面对老师的教导，他们眼神飘忽，不屑一顾，甚至紧握拳头，显得极为不服。还有的学生无法与同学友好相处，动辄用拳头解决问题；缺乏集体荣誉感，对有损集体荣誉的事情视而不见，不会主动去纠正。面对这些情况，我深刻认识到，这部分学生亟须增强自我管理和自我约束的意识。

二、"岗位激活每个角色"——岗位设立阶段

针对上述问题，我首先着手组建班委，鼓励学生自我推荐，积极参与竞争。全班同学根据各自对同学们的了解，进行投票选举，确定班委成员。班委成立后，我们根据班级管理的实际需求和学生的特点，将班级岗位细分为六大类：职能类（如班长、各类委员等）、学科类（各科课代表、学习小组长等）、知识类（知识播报员、导读小老师等）、活动类（图书管理员、足球教练、文艺指导等）、服务类（黑板美容师、门窗小卫士等）、行为规范类（礼仪监督员、安全监督员等）。这些新颖有趣的岗位，打破了传统班干部"权力至上"的观念，转而强化了他们的服务意识。作为班主任，我需要练就一双善于发现"美"的眼睛，挖掘学生的闪光点，为他们量身定制合适的岗位。从班长到"桶长""灯长"，每一个角色在班级中都发挥着至关重要的作用。

三、"班级自主活起来"——管理实施阶段

1. 仪式感班会：点燃小主人热情

召开"岗位认领大会"，用充满仪式感的活动传递集体荣誉感——让学生深刻明白，班级的卓越成就离不开每一个人的微薄贡献。起初，我按照传统模式岗位选人，发现一些冷门岗位无人问津。后来，我调整了策略，提前公示所有岗位清单，给学生足够的时间去思考和匹配自己的兴趣和能力。对于内向或犹豫不决的孩子，我会结合日常观察，用鼓励的话语引导他们找到适合自己的角色。例如，我发现某位学生常常默默整理讲台，便推荐他担任"教具管理员"，他果然在这个岗位上干得津津有味。

2. 创意岗位：细节之处见真章

借鉴网络的灵感，结合班级的实际情况，我设置了许多"小而美"的岗位：课前提醒员、屏幕管理员、空调监督员……这些曾经让班主任头疼的细节问题，如今都成了学生们的"责任田"。记得有一次放学后，门卫人员打电话告诉我，我们班有个孩子又回来进教室，我询问原因后得知，原来是他忘记关电脑了——孩子们的认真与负责，常常带给我惊喜。

3.反馈与坚持:在反复中沉淀成长

再好的方法,如果没有坚持和反馈,也终将失效。我坚持每天进行"小总结":当众表扬那些尽职尽责的学生,私下耐心指导需要改进的同学。初期,我将岗位细则打印出来张贴,既作为提醒,也便于监督。执行过程中难免会出现疏漏,但我深知,成长本就是一个充满反复的过程——与其焦虑不安,不如"反复抓,抓反复",用耐心和信任陪伴学生在试错中不断进步。

4.激励措施:让每颗星辰都闪耀

以往,奖励通常以成绩或小组积分为依据。在践行新的管理理念后,我深知每个孩子都在全力以赴,他们的光芒都应被捕捉和认可。他们不仅守护着个人的职责,还温暖着整个班级集体,毫无怨言。于是,我打破了常规,定期向这些孩子表达谢意并给予奖励,既有物质上的嘉奖,更不乏及时的口头表扬。表现优异者,还会获得个人积分和小组奖励。孩子们在夸奖与感恩中绽放笑颜,对班级事务更加用心投入。

四、"细节里的成长"——成效见证阶段

自实施"人人都是小主人"管理模式以来,班级的细微变化处处彰显着惊喜。孩子们的"主人翁意识"已深深融入日常:放学时,再也不用担心教室的灯和窗户是否关闭,卫生是否打扫干净。记得有一次我请假,带班老师给我发来他们的照片,教室里整洁干净,同学们安静有序地自习,各自忙碌着自己的事情。我心中不禁涌起对他们的夸奖。作为班主任,如果这些琐碎的事情都要我一一惦记着,那将是多么崩溃啊。因此,想到他们的付出,除了感动,我更感到幸福。通过这几年的培养,我们班"带刺"和"带壳"的学生越来越少,每一个孩子对于班级管理都能提出自己的见解,班级的氛围越来越融洽、和谐。

在小主人班级管理的过程中,我自己也收获颇丰。首先,我努力实现了角色的自我转变,舍得将班级事务交给学生管理,达到了"不教而教,不管而管"的境界,引导学生学会生存、学会学习、学会创造。同时,我也能从一些繁杂的事务中抽身出来,认真研究和提升自己的教育教学水平。

学生的小主人自主管理不仅是一种教育管理模式,更是一种未来发展的基础。在未来的社会中,个人的自我管理和自我发展能力将成为重要的素质之一。通过学生自主管理,我们不仅培养了孩子们的责任感和团队合作精神,更为他们未来的成长和发展奠定了坚实的基础。

赋权·协同·成长："小主人"视域下家校共育新路径的实践探索

王善芹

孩子的成长需要家校携手，但传统的沟通常是老师说、家长听，孩子这个主角反而"隐身"了。这就像搭桥缺了关键桥墩！我的破局点很明确，把孩子推到沟通的"C位"，培养他们当真正的班级小主人，学会担当、合作和表达。

我设计了几招让"小主人"发光发热："代言人"用视频讲班级故事，"小调解员"用智慧化解家校分歧，"小讲师"在课堂展示风采，"小岗位"在班级践行责任。孩子们用自己的声音和行动，成了家校间最鲜活、最有说服力的沟通语言。

一、"小主人"代言：激活信息传递，破除沟通屏障

接手新班级，家校沟通常如隔纱望月，双方对孩子在校状态的认知存在明显差异。为打破信息壁垒，我启动了"班级代言人"机制，让学生成为信息的第一发布者。每周两名"小使者"用镜头捕捉课堂亮点、同学互助或自我挑战的瞬间，以童言童语向家长传递最真实的班级生态。

新生小铭性格腼腆，家长对其课堂参与度忧心忡忡。担任"代言人"时，他鼓起勇气分享了科学课上观察蚂蚁搬家的新发现。视频中，他手指着窗台，声音虽轻却充满兴奋："看，它们排着队，像在走秘密通道！"这份带着紧张却无比真实的分享，瞬间击穿了家长的担忧。妈妈动情反馈："第一次看到孩子在课堂上的眼睛会发光！谢谢老师打开这扇窗。""小主人"视角的引入，让单向通知变为双向共鸣，冰冷的群聊注入了理解与温度。

二、"小主人"润滑:赋权化解分歧,共建信任基石

家校理念差异易生分歧,而赋权学生自主解决问题,常能成为化解分歧的"金钥匙"。一次实践活动选址引发家长激烈争论,室内派强调安全便利,户外派主张自然探索价值。面对僵局,我引导学生代表组建路线智囊团,将矛盾转化为能力展示的契机。

孩子们化身"小调解员",实地勘测绘制安全地图,清晰标注休息点、医疗站及潜在风险;制作路线对比表,理性分析户外自然观察优势与室内防雨便利性;更提出"伙伴互助公约",承诺组长定时点名、组员牵手过险段。当孩子们指着地图自信讲解:"这段台阶多,我们设计了互助牵手区!"家长们脸上的疑虑逐渐被赞许取代,他们赞叹道:"方案比我们大人想的还周全!交给你们,我们放心。"学生用行动证明,他们不仅是问题的中心,更是解决方案的创造者,家校信任的基石由此夯实。

三、"小主人"见证:展示成长风采,强化家校共情

为深化"小主人"角色,班级大力推行"课堂学习小讲师"制度,推动学生从知识消费者转向主动建构者与分享者。我明确向家长阐释活动价值:"这不仅检验知识掌握,更锻炼思维与表达,是看得见的成长。"

班级群化身为"小讲师风采展播台"。数学课上,小轩用风筝模型讲解对称轴,逻辑清晰;科学角里,小雯演示种子破土实验,操作严谨。一位父亲看到女儿镇定板书的身影,感慨万千:"镜头里那个条理清晰的小老师,让我猛然意识到,她早已不是那个遇事就哭的小丫头了。"家长作为成长的第一见证者,在"看见"中产生深度共情,主动参与家校协同的意愿自然升温。

四、"小主人"筑基:实践责任担当,深化自主管理

责任担当是"小主人"素养的内核。班级实施"一人一岗"责任制,图书管理、节能监督、卫生维护等岗位全员覆盖。我尤为注重与岗位学生家长的深度联动,及时反馈履职亮点,更坦诚沟通遇到的挑战,将问题视为家校共育的契机。

图书管理员小洋发现书架常被翻乱,沮丧又无措。我第一时间联系其母亲:"小洋很想把书管好,遇到了困难,我们一起想想办法?"当晚,母子共同设计出"彩虹标签分类法"——按颜色标识书籍类别。三天后,小洋在班会

自豪展示："我和妈妈发明的彩虹贴纸，让书本都找到彩色的家啦！"家校协同的支持，不仅助他化解难题，更让其深刻体悟。岗位不仅是荣誉勋章，更是需要智慧与韧劲去守护的责任田。在真实的管理情境中，学生的自我规划、问题解决能力得到扎实锤炼。

教育是生命间的相互照亮。当我俯下身，将"小主人"稳稳置于家校沟通的圆心，他们用清澈的眼睛为家长还原课堂的星光，用稚嫩的肩膀担起化解分歧的重量，更用一次次小小的突破与担当，让教育的力量在家校之间温暖流淌、同频共振。这条以孩子为纽带的共育之路，我们步履坚定，前行不辍。

"小主人"自主管理赋能"大未来"

——解锁班级管理密码

范晓倩

初任班主任，面对几十个鲜活的生命与繁杂事务，我深感力不从心。教育家苏霍姆林斯基"真正的教育是自我教育"的理念，如同明灯，在我校"博悦童年，赋能未来"的育人框架下，为我指明了方向——推行"班级小主人自主管理"模式，以"一人一岗位，一岗一职责"为实践路径，将班级真正变为学生成长的"练兵场"。

我的初衷朴素而坚定：让孩子们在承担责任中实现自我"生长"，而我则从琐碎管理中抽身，将精力聚焦于引导与发现。于是，班级开启了"学生当家作主"的探索之旅。

一、虚位以待，"职"引归属：点燃每个生命的价值感

班级日常运转需要精细分工。我精心设置了涵盖学习、纪律、卫生、宣传、安全等维度的 44 个岗位。岗位非摊派，而是"虚位以待"，由学生依据兴趣与意愿自主选择。然而，预设岗位未必能完全契合每个孩子的心。文静的小薇迟迟未选，细问之下，她轻声说："老师，我喜欢画画，但没有画画的工作呀。"这声低语触动了我。当即，我们增设"海报设计员"岗，负责板报美化与活动海报。小薇眼中瞬间焕发光彩，欣然领命。

这让我思考，岗位设置非铁律，核心在于让每个孩子感知到"被需要"与"被看见"，在班级中找到独一无二的位置。归属感与选择权，正是点燃内驱力的火种。

二、团队聚力，共生共长：小岗位汇聚治理大能量

"一人一岗"非单打独斗，更需团队协作的智慧。为此，我着力构建核心职能团队：

（一）"学习帮帮团"：不让一个伙伴掉队

由学习委员、课代表、组长组成，核心使命是帮扶学困生。学习委员主动请缨，长期利用课余为数学薄弱生耐心辅导，期末迎来显著进步。同伴互助，传递的不仅是知识，更是温暖与力量。

（二）"纪律管理团"：让自律生根发芽

班长与纪律委员担纲，直面高年级纪律管理难点。如升旗仪式追求"快、静、齐"，以往需反复强调。管理团创新分工，在队列前、中、后分区巡视，轻声提醒。悄然间，我的角色从"唠叨者"转变为安静的"示意者"，一个眼神，孩子们便能心领神会。秩序，正内化为习惯。

（三）"班级护眼团"：守护"睛"彩视界

视力组长、双姿提醒员、远眺引导员，岗位虽微，责任千钧。他们每日温馨提醒护眼记录、监督读写姿势、引导课间远眺，以细致与坚持，守护全班明亮的"视"界。

家长们目睹了孩子的变化，纷纷向我反馈：这种"小主人"自主管理模式，有创新、有激励、有驱动，看着孩子眼里有光、肩上有责的变化，我们由衷欣慰，孩子们在承担责任中成长得更有担当。

三、智慧转身，由扶到放：做成长的"守望者"与"点燃者"

初上岗，孩子们难免手足无措。我定位为"总教练"与"稳压器"，建立每周"小主人岗位反馈班会"机制，搭建经验交流与问题解决的平台。

一次班会，卫生组长提出组员迟到困扰。我没有直接"开药方"，而是将问题抛回："大家觉得如何解决？"孩子们热烈讨论，最终形成"小组内部协商"的决议。两天后，组长欣喜反馈："老师，我们自己谈妥了！"此事深刻点醒我：孩子蕴藏着解决问题的智慧。我的角色需智慧转身——从主导者退为大部分时间的"观察者""欣赏者"，只在关键节点或遇实质阻碍时，作为"引领者"或"支持者"适时、适度介入。这种"由扶到放"的过程，是孩子们能力成长的阶

梯，也是教师教育智慧的体现。

四、"博"采众长，花开有声：在责任担当中预见未来

"一人一岗"实践，不仅实现了我"减负增效"的初衷，更收获了远超预期的育人硕果：

（一）班风向上活力足

孩子们"当家作主"后，主人翁意识空前高涨。每个小岗位上的同学都兢兢业业，努力发光发热。更可喜的是，班里一旦有了额外的活儿，大家不再是"与我无关"，而是人人主动干、抢着干。一种积极向上、互帮互助的班风悄然形成。

（二）集体拧成一股绳

在共同管理班级的过程中，孩子们的心贴得更近了，班集体愈发团结、和谐。足球场上他们奋力奔跑、默契配合；合唱比赛时他们歌声嘹亮、精神饱满。看着他们在集体活动中展现出的凝聚力与责任感，作为班主任，那份欣慰与骄傲难以言表。

（三）赋能未来启新程

博文六年的浸润，塑造了学生积极向上、正直善良的品格。我坚信，在"一人一岗位"实践中锻炼出的责任感、沟通力、解决问题的能力——这些宝贵的"软实力"将成为他们步入新程的底气。相信他们定能成长为有修养、有气度、心怀家国的博雅少年，自信拥抱广阔"大未来"。

结语：爱与责任，照亮彼此成长的路

回望探索路，"爱与责任"是永恒的基石。实践"班级小主人自主管理"，于我，是教育理念的深耕与落地；于学生，是潜能唤醒、责任生根的宝贵成长。我们互为探索者、实践者与最真切的受益者，在"教"与"学"的互动中彼此温暖，相互照亮。未来，我将继续怀揣这份信念，与孩子们携手，以成长的姿态，迎接每一个向阳而生的日子。

不当"旁观者"，争做"当家人"

——班级全员育人案例家常话

经久伟

　　"教育就是一棵树撼动一棵树，一朵云推动一朵云，一个灵魂唤醒另一个灵魂。"这段来自德国哲学家雅斯贝尔斯的话使我深有感触。五年多的班主任工作让我对学生们的成长感慨良多。处处育人、时时育人、事事育人，工作琐碎、繁杂却意义深远。

　　"你可以把马牵引到河边，但是不能强迫它饮水。"一直以来，班级的大部分孩子都能文明懂事，依照指引完成班级自主分配的一人一岗位任务，但那个令人诧异的午后还是发生了一件极其震惊的事：小正同学因个人卫生糟糕被批评后，以发泄私愤为由，刻意制造了很多垃圾，抛洒到校园的各处的花坛里！校卫生老师找到了我！我第一时间找到小正同学，他梗着脖子，一副终于得有所成的无所谓态度。这个状态令我大吃一惊，我迅速冷静下来，询问他缘由，才知道这一切。他不愿意被批评，也不愿做出行动来改变自己的邋遢习惯。我竟然一时很是无语。考虑到问题始终要解决的，需要的仅仅是突破口。我首先调整了态度，冷静真诚地先做了道歉，为自己过于严厉的批评伤到他的自尊而深感歉意。他一时竟然不好意思起来，梗着的脖子变软了，左右手交替着挠头，嘴里哼哼着嘟囔开来"这样做是有点过分，不太好……也有不对的地方……"我紧紧抓住时机，表扬他其实很明事理，懂得是非曲直，是个很有想法的孩子。他的挠头动作开始增加，脸不自觉地红了。我将事件的整个过程讲述一遍，与他复盘了事情的经过，他边听边点头，嗯嗯地回应。接着，我将事件的后果影响和他一一说明，他大吃一惊，知道自己的泄愤之举不仅会影响他个人的名誉，更是对班级抹黑极重。他突然哭了，甩得一把鼻涕一把眼泪，表示愿意自己来承担后果，积极改正。我希望借此机会帮他矫正不良的卫生习惯，同时也希望争取到家长的理解支持和家校共育方面的配合，非常耐心地和他分析遇到类似的事件，可以有多种解决的办法，泄愤随意发泄报复这样的念头是很危险的，伤害别人的同时也在伤害自己，是不可取的。他终于理解了，在后来和卫生老师的沟通中态度真诚地道歉，并承担了班级户外卫生的清扫任务，以实际行动来磨砺践行自己的诺言。

后来的一个月的时间里，他每每值日，我都会上前夸奖一番，从态度到行动到方法到责任感。渐渐地，他时不时到办公室找我聊聊天，还学会了谦虚礼貌地请教人。在时间的点点滴滴里，从我的每一次的具体而真诚的肯定中，他逐渐学会了控制火爆的脾气，掌握了与他人平和处事的方法。他的卫生在不断进步，也越来越在乎个人形象了。虽然与同龄人相比，他还是略显邋遢，不过，与他自己相比，这已经算是很好了。他很开心，我也很为他开心，甚至为他这样的改变而骄傲。新学期，他被任命为班级卫生总监，负责班级的卫生总管理。遇到新问题，他很喜欢一溜烟跑到我跟前，带着笑，礼貌地问一下我的意见，还总是适当地提供一些好的建议。在他的带领下，班级多次争得了卫生流动红旗，班级里的一些值日时偶尔偷懒的孩子也不好意思磨洋工了，班级里面总是弥漫着一股淡淡的肥皂清香。

我非常欣慰小正同学的成长转变，不定期在班级公开表扬一番。每每这时，班级其他孩子总是向他投去赞赏的目光，小正脸上红霞飞起，坐得板板正正，自豪地接受所有的目光。班级所有孩子做卫生都更主动更细致了！

这才是班级"当家人"的风范啊！以往的"旁观者"心态可不太好啊！

我的调侃引发了班级同学们的会心一笑，大家心照不宣，但心中自主自立自强的信念越发坚定了。"班级当家人"在各角落各件事上不断涌现：绿植小管家小钟精心修剪了枯叶使得班级绿植总是生机勃勃，节能监督员小泽做到人走灯灭使得班级用电量下降，眼操提醒员小航和小钧贴心为大家播放提示操作并亲身示范，体育委员小萱带领大家"师徒一带二"针对性体能训练，卫生示范组长小杰带着大家定期卫生自查，活动策划师小茜主持多次班级重大节日活动有声有色为大家留下了深刻的印象，班长小程在每一个课间午练都组织好班级的学习和活动项目……

孩子们学会了主动承担责任，遇到问题不再依赖老师，而是共同商量解决办法。每一个孩子都找到了属于自己的价值。班级的班风和学风更加棒了！连家长们都跟着动起来了，卫生、学习、实践等等，他们时不时向我透露些孩子们在家中的好消息。我被这样的支持和信任包围着、滋养着，真正体会到了教育者的幸福和光荣。3月份，"区优秀班集体称号"被教体局授予了我们这个有爱的班集体。

我坚信，当我们给予信任、搭建平台，每一个孩子都能成为班级的主人，在实践中收获成长与自信。作为班主任，我愿继续做那个点亮微光的人，见证更多精彩的蜕变故事。

第二节 | 班级小主人自主管理实践探索

一人一岗位,各负其责显担当
——"小主人"自主管理班级策略研究

栾舜英

【摘要】结合当前教育改革趋势,本文深入探讨了青岛博文小学"一人一岗"自主管理班级策略的实施与成效。该策略强调班主任将班级事务交由学生负责,每位学生承担一个具体岗位,旨在培养学生的责任感、自我管理能力和团队协作精神。通过岗位设置、具体要求及评价机制等具体措施,实现了班级管理的自主化、精细化,有效促进了学生的全面发展。该策略不仅改变了传统班级管理模式,还积极响应了国家政策中关于加强学生综合素质培养的号召。

【关键词】一人一岗;自主管理;班级管理;学生责任感

引言:处在当前国家教育改革的浪潮间,提高小学生自主管理能力,已成为提升教育质量、带动学生全面发展的关键要点。我们于教育实践里,务须打破传统班级管理的羁绊,把管理的主控权交回给学生。基于此特定背景,应运而生的是一人一岗位自主管理班级策略,以岗位设置与责任分配为途径,让每位学生都能够在班级管理中找到自己的归属之地,成为班级如假包换的小主人。

一、一人一岗位——"小主人"自主管理班级的意义

(一)革新教育理念,践行素质教育要求

开展一人一岗位的班级自主管理模式实施工作,凸显了教育理念的重大

突破,它破除了传统教育模式里教师单一掌控主导的局面,转而把重点放在学生主体地位及自主管理能力上,此模式合乎素质教育的需求,且于实践操作里展现了"以人为本"的教育理念。经由向每位学生赋予特定的班级管理任务,令他们成为班级管理的积极践行者,借此于实践中汲取管理知识,强化管理才干,为未来参与社会生活打下稳定基础,该模式的推广实施,能为教育公平的推动添力,让每名学生都可在契合自己的岗位上展现光芒,完成自我价值达成。

(二)优化治理架构,提升效能凝聚力

一人一岗位的班级自主管理模式,对推动学生的全面发展意义重大,它引导学生依照自己的兴趣特长选择岗位,依靠参与班级管理运作,增强自身组织协调、沟通以及处理实际问题的能力,岗位实践也是学生培育良好行为习惯、强化自我管理能力的有效途径。在自主管理的进程里,学生们学到了怎样与他人合作之道,怎样承担分内责任,这些经验会在他们今后的学习与生活中留下深刻印记,此模式能推动学生综合素养的增进,包含道德准则、社会担当和创新精神特质等,给他们的全面进步筑牢可靠基础。

(三)促进全面发展,提升综合素养

置身于"一人一岗位"自主管理班级模式时,每个学生都被赋予独特职责与专属角色,这绝非只是对他们责任感的培植,更是推动其全方位成长的关键举措,各个学生皆有机会在实践里学会如何管理时间、调配任务、协调人际关系,这些技能对其未来生活及职业发展意义重大。经由参与班级管理实践,学生开始体悟到自身的价值与潜力,于是更有自信地去应对学习和生活里的挑战,该模式还推动学生把创造力与创新思维释放出来,他们要在职责规定范围内找出更高效又好玩的管理模式,这悄然提升了他们的综合素养水平,在自主管理开展的时段内,学生学了倾听旁人意见、尊重旁人观点的途径,还有怎样以开阔的心胸去接纳批评与建言,这些素养对他们迈向成长与成功同样关键。

(四)解放教师角色,专注高层引导

实行"一人一岗位"的班级自主管理举措,给教师角色的转变赋予了全新的认知视角,在传统管理模式这个范畴内,教师一般扮演着"保姆"这般角色,需周到地顾及班级里的每一个细节,在班级进入自主管理模式的阶段,教师可

从杂乱琐碎的日常事务中解脱,把更多精力聚焦在对学生个性化需求的关注和高层次教学的引导方面。教师可借这一机会之力,深度掌握每个学生的特性与需求,为他们奉上更精准、更有效的学习指导内容,教师也能进一步参与到学生自主学习和探究活动里面,督导他们发现症结、解开症结,培育他们的批判性思维及创新素养,该角色的转变不只是提高了教师的教学成效,也为学生搭建了更加开放多元的学习平台,推动他们实现全面的成长。

二、一人一岗位——"小主人"自主管理班级策略

(一)价值引领:激活自主管理意识觉醒

价值引领是实施一人一岗位策略的前提和基础。教师要引导学生先树立班级就是家的观念,每位学生都是这个大家庭中无可替代的一员,既算是"小主人",需依照家庭的规则,同时还需为家庭的和睦与美满添砖加瓦,教师须恰当扮演引导者与支持者的角色,凭借贴心的关怀与耐性的引导,帮扶学生弄懂并接纳这一角色界定,催生他们成为优秀"小主人"的内在源动力。

(二)规则共建:打造科学规范管理机制

规则共建是实现自主管理的关键。教师用心为班级设置了多样岗位,诸如班级领唱员、路队管理员、记分员、关窗的责任人、书包管理员的相关人员、桌椅摆放者、绿植管理员等,保证每位学生都可以在班级管理里找到属于自己的发挥平台,积极投身其中贡献自己的一份力,这些岗位的筹建,既契合了学生多样化的发展渴求,进而唤起了他们的责任感与主人翁意识。为保障岗位职责得到高效落实,教师清晰打印好每位学生的"工作职责",张贴到教室的告示墙上,要求学生每天阅读后对照实施。例如,书包管理员得让书包整齐摆放到位,放学时举牌员自觉举牌去引领队伍移动,纪律检查员在教师不在班上时维护班级秩序。该做法让学生渐渐习惯遇到问题后直接找对应的学生工作人员去解决,极大减轻了教师在管理上的重负,同时锻炼了学生团队协作及自我管理的相关能力,伴着时间逐步推移,班级逐渐营造起自我管理及自我服务的良好风气,为打造科学规范的班级管理体系筑牢了根基。

(三)能力培养:提升自主管理实践水平

核心的自主管理离不开能力培养,班主任应凭借多种途径增强学生管理能力,包括组织、协调和沟通等能力范畴,设立"班级活动策划师"岗位,担当

策划及组织班级活动的工作,增进学生组织及创新能力;设立"班级矛盾斡旋员"岗位,承担起调解同学矛盾纠纷的工作,提升学生沟通能力以及问题处理能力。

例如,在班级春游活动中,"班级活动策划师"带着团队周密筹备,从设计路线、备齐物资到把控现场安全,各个步骤无不彰显出他们的组织才干与责任心,于同学间一次因误解产生的冲突里面,"班级矛盾斡旋员"快速介入此事,经由耐心沟通和灵动调解,让双方冰释前嫌握手言归于好,让班级的和谐氛围失而复得,这些实操实践经历,为学生们给予了珍贵的成长机缘,让其在实践中自主管理能力得到了显著的实质性提升。

（四）多维培育:塑造自主管理核心素养

多维培育是提升自主管理效果的重要手段。班主任应聚焦于学生核心素养的培养,涵盖自我管控、协作互助、创新理念等范畴,借助举办多样化的班级活动,引导学生以班级小主人的角色实施自主管理,并非表明教师可彻底不管不顾,教师必须担当起指导及教育的重任,专心提升学生自我管理的能力跟素养,为学生在班级自主管理上奠定坚不可摧的基石,教师应履行监督学生妥善实施学习自我管理的义务,就如专心听课、按时呈交作业等;教师应推动学生在行为方面进行自我管控,像遵守学校纪律,不做出侮辱他人的行径、不介入打架争斗、不随意扔弃垃圾等;教师需强化学生的责任担当感,促使学生明白必须承担自身岗位职责,如值日生不管面临什么情况,均要保证教室清洁达标后才可离校。

（五）协同创新:建设"小帮厨"特色管理队伍

协同创新是自主管理策略的创新实践。班主任可以结合班级特征与学生爱好,成立特色凸显的管理队伍,可开办"小帮厨"岗位,让学生按序承担班级午餐的分发及餐后的整理工作,增进他们的劳动意识及团队合作素养,借助开展"班级美食节"这类活动,让学生展示属于自己的烹饪技艺,提升班级的聚合能力。

如,青岛博文小学以实施"小主人"自主管理班级的策略为途径,尤其建设起"小帮厨"特色管理集体,让学生自我管理与服务达到新层级,经少先队辅导员开展培训后,中高年级各班8名同学轮流变换身份成小帮厨,穿戴规范后正式上岗,他们既要摆放餐盘、分发食物,又要维护秩序,还积极推动"光盘行动"开展，推动同学们培养爱惜粮食的好习惯。在"5·20"中国学生营养日，小帮厨们干脆化身健康知识的宣讲先锋，依托大篷车活动普及营养知识，发出节约相关的倡议，他们也引领着去书写心愿卡，吐露爱物惜物的情愫，且把该理念传播至家人友人，学校"惜味心愿墙"已成为学生们热门的打卡去处，小帮厨们借这一现象倡议感恩食堂、不浪费食物，推行文明就餐风尚，这一套系列举措，既锻炼了学生自主管理的能力，也使珍惜粮食、感恩他人的美德在博文小学蔚然兴起。

三、一人一岗位——"小主人"自主管理评价机制

处在"小主人"自主管理班级的策略范畴中，作为核心环节的是一人一岗位评价机制，它不但带动学生责任感与自我管理能力的上扬，也促进了班级凝聚力的增强，该项评价机制实施策略可细分成以下三个维度：

一是明确岗位职责，细化评价标准。当各个"小主人"接手自己岗位的时候，皆会收到一份周全的职责清单，其中包含岗位的基本准则、日常工作事项以及期望达成目标，为每一项职责拟定特定的评价标准，让评价过程依据充分，这般清晰的界限划定，使学生确切知晓自己在班级管理中所扮角色及承担的责任。

二是实施定期反馈，鼓励自我反思。以周记、月度总结等样式，鼓励学生对自身岗位表现进行自我考量，班主任及班级管理团队会定期给出反馈内容，点明进步及不足，提出可操作性的改进建议，此双向沟通机制助力学生实现自我认知与成长。

三是设立表彰机制，激发积极性。对在岗位上表现杰出、有显著贡献的"小主人"，学校通过光荣榜、升旗仪式进行表彰。班级定时开办表彰大会，以授予证书、小奖品等方式实施正面激励，这绝非仅是对学生所付出努力的认同，也是对其他同学起到正向引领，构建起积极进取的班级环境，采用这样的评价机制，每个学生皆可在自主管理时找到自我价值。

四、一人一岗位——"小主人"自主管理实施成效

从实施"一人一岗位"自主管理策略开始，班级面貌呈现出了全新的一番气象，每位学生依据自身的特长跟爱好，挑选了契合自身的岗位，从班级班长到节电勤务兵，从学业引领的学习委员到黑板维护的清洁员，每个岗位皆肩负着一份专属的职责，同学们自觉去整理课桌椅，还清理了垃圾，值日生组长、信

息管理员、节电员等各守其职,教室短时间里就会焕然一新。既点燃了学生的责任之心,还令他们在参与班级管理的进程里,体悟到自我的价值意义,进而以更主动积极的样子投身班级活动,采用设立多种类型的岗位,诸如"课桌魔法收纳师""地面闪亮守护侠"等,让各个学生都能于贴合自己的舞台焕发光彩,体验为集体贡献力量的喜悦与成就感。

五、结束语

综上所述,依靠实施"一人一岗"的班级自我管理策略,我校达成了班级事务精细化管理成效,还极大地唤起了学生的参与热忱与责任意识。在实践中,我们明确了岗位职责,提出了具体要求,通过定期反馈与有效评价,确保了每位学生都能在适合自己的岗位上发光发热。学生们在自主管理中领悟了自律、合作与领导能力,班级凝聚力得到显著强化,造就积极向上、充满活力的班风。未来,我们将不断深化这一既定策略,挖掘更多革新性的通道,为国家造就更多拥有自主管理本领与时代担当精神的新时代好少年。

参考文献

[1] 杨木英,蒙家宏. 小学班级自主管理的内涵、角色定位与任务分配[J]. 基础教育研究,2024(19):75-79.

[2] 李梅. 从"他律"走向"自律":小学生自主管理的实践探索[J]. 教育视界,2022(25):39-42.

[3] 秦苗立,梁飞. 小学生在班级管理中角色的形成与扮演[J]. 教学与管理(理论版),2019(6):82-84.

搭建自主管理桥，共育成长新风景

马秀青

在学校班级管理中，小主人自主管理看似是一场轻松的"成长游戏"，实则是一项极具挑战的工作。这些班级里最小的"管理者"，也拥有着与老师、同学之间千丝万缕的联系。苏霍姆林斯基曾说："唤起人实行自我教育的教育，乃是一种真正的教育。"可见，自主管理正是激发学生自我教育的内驱力。那就以"自主"为基石，搭建家校协同育人的新桥梁吧。

一、自主之基，在于信任

老师在引导小主人进行自主管理时，要充分信任学生的能力，平等地与孩子进行对话交流。在与小主人讨论"班级管理改进方案"时，可以先真诚地肯定他们的创新想法和积极表现，用鼓励的话语激发他们的自信心，再以商量的语气提出合理建议。这样既保护了孩子的积极性，又能让他们更容易接受改进意见。让小主人感受到老师是他们自主管理道路上的支持者和伙伴，而不是发号施令者。当孩子体会到被信任、被尊重，就会更主动地承担责任，积极配合班级自主管理工作，在实践中不断提升自我管理能力。

二、自主赋能，成长有声

上学期，作为班级自主管理——学习委员会的小李同学主动向我反馈，班里小王同学在各科学习上出现了懈怠现象。于是我们共同和小王沟通，探寻背后原因。原来，小王爸爸出差在外，妈妈既要照顾生病住院的奶奶，还要照顾三岁的弟弟，多重压力让妈妈难以兼顾他的学习。在大家了解情况后，我们充分发挥班级自主管理的力量：一方面，由班委们组建"互助小组"，为小王制订个性化学习计划，安排学习能力较强的小袁同学作为他"自主学习伙伴"，在课间帮助他攻克学习难点；另一方面，鼓励小王发挥自主管理能力，引导他制定每日时间规划表，在保证自己学习的同时，还可以抽时间帮助妈妈分担一些家务。

在自主管理团队的共同努力下，一周后，小王兴奋地和我们分享："现在我每天放学回家，先完成作业，再帮妈妈照顾弟弟，感觉自己既能管好学习，也能成为妈妈的小帮手，我太高兴了！"看到孩子们在自主管理中实现自我成长与相互帮助，真切感受到自主管理的教育魅力。

三、自主为帆，破浪前行

在推行班级小主人自主管理初期，小刘同学成了大家关注的焦点。课堂上，他坐不住，不到十分钟就从座位溜到地上，在教室角落玩得不亦乐乎，这到底是什么原因呢？

班级自主管理——纪律委员会通过与小刘谈心，了解到：由于父母工作繁忙，经常早出晚归，小刘大多数时间由奶奶照料他的生活，甚至好几天他见不到父母的面。得知这些情况后，自主管理团队迅速行动起来：自发组成"成长互助小组"，每天轮流和小刘一起学习，分享有趣的学习方法；在班级设立的"自主管理小岗位"中，邀请小刘担任"绿植管理员"，让他在照顾植物的过程中培养责任感。我们还和小刘共同制定了"自主管理小目标"：从能安静专注10分钟开始，逐步延长学习时间，每达成一个小目标，就能获得一张"自主成长卡"。

当小刘的父母眼含热泪地跟老师说，"孩子现在不仅学会了自我管理，还会主动帮家里做家务，家庭氛围都变得温馨了"时，我们更加坚信，不让任何一个同学掉队，正是小主人自主管理的意义所在。

四、自主如光，笃行致远

小 A 同学是班级自主管理中最棘手的难题。每当小组合作意见不合，或是活动规则与他预期不符时，他就像点燃的爆竹，情绪瞬间爆发，甚至会用不恰当的方式与同学起冲突。如何引导他学会自我管理呢？在老师的引导下，自主管理委员会根据小 A 的行为特点，为他设立"班级情绪观察员"的特殊岗位，让他在记录同学们情绪变化的过程中，学会识别和理解不同情绪，并设计"情绪管理积分卡"，每当他成功控制住情绪，就能获得积分卡一张。

看着孩子不断地变化，家长激动地说："没想到孩子能有这么大的转变，是同学们的包容和自主管理的力量，让他学会了成长！"这份改变，不仅点亮了小 A 的成长之路，更让整个班级在自主管理的实践中变得更加团结、友爱，也让我们的班集体更有凝聚力。

正是因为小主人自主管理地参与，让这个班集体充满了活力，也在不断上演着温暖的故事：在学校举办的"云端亲子仰卧起坐挑战赛"中，小杨同学作为班级自主管理中——体育委员会中一员，主动邀请妈妈参与比赛。录制视频时，妈妈总觉得自己做的个数不够多，担心影响班级成绩，坚持等晚归的爸爸回家后重新拍摄。尽管爸爸深夜 11 点多才到家，一家三口仍在凌晨完成了更精彩的视频录制，视频发送时间显示为凌晨 1:19。看着这份饱含热情的作业，我深深感受到：当小主人真正成为班级管理的主人，当家长成为自主管理的有力支持者，每个人都会为集体荣誉全力以赴。

自主管理不仅是一份责任，更是一份成长——老师给予信任与引导，家长提供支持与陪伴，小主人发挥创意与担当，三方携手同行，让班级成为充满活力的成长乐园。未来，我们将继续以自主为纽带，凝聚家校力量，共同书写更多温暖而精彩的成长故事。

破茧与织网

——班级管理中的制度茧房突破与成长支持

谷莉敏

一、班级管理现状及存在的问题

作为一名小学班主任，我深知班级管理的挑战。在青岛博文小学 2020 级 5 班，每个孩子都是独特的个体——有的活泼外向，喜欢组织活动；有的安静内敛，但做事极其认真；还有的虽然不善言辞，却特别擅长观察细节。然而，传统的班级管理模式往往把这些差异"一刀切"，比如只设立班长、副班长、学习委员等固定岗位，导致很多孩子的发展需求被忽视。

最让我头疼的是"人人都想当班长"的现象。每次班干部竞选，孩子们都争着举手："老师，我想当班长！"可当我问"谁愿意做图书管理员"或"谁想负责班级风扇开关"时，举手的人寥寥无几。

后来，我私下问了几个孩子原因，他们的回答让我陷入深思："班长可以管纪律，最威风！""当班长，老师会表扬最多。"显然，孩子们对"权力"和"认可"的理解还很片面，而我们的班级管理方式也在无形中强化了这种观念。

更关键的是，这种固有的班干部制度让一些孩子长期得不到锻炼机会。比如，我们班的小梁，性格比较内向，很少主动竞选班干部，但他的观察力很强，能敏锐地发现同学之间的矛盾。可惜，在传统模式下，他几乎没有发挥的空间。

二、什么是制度茧房？

"制度茧房"这个词听起来有点抽象，但其实很好理解——它就像蚕宝宝结的茧，看似保护，实则限制了成长。在班级管理中，制度茧房指的是那些看似合理、实则僵化的规则，比如固定的班干部岗位、单一的评价标准，以及"只有班长才算优秀"的思维定式。

举个例子，我们班的小孙连续两个学期当选班长，能力确实很强，但后来我发现，他习惯了指挥别人，却很少参与具体的班级事务，比如整理图书角、收纳卫生工具等。而其他孩子呢？要么觉得"反正有班干部管"，要么认为"这些小事做了也没人注意"。这种模式不仅让少数孩子负担过重，也让大多数孩子失去了锻炼的机会。

三、突破制度茧房，给予学生成长支持

既然发现了问题，就得想办法改变。我开始尝试打破这种"制度茧房"，让每个孩子都能找到适合自己的角色。

1. 岗位轮换　人人都有机会

我取消了"终身制"班干部，改为"流动岗位制"。每个月，班级会重新竞选不同的岗位，比如"节能小卫士""图书管理员""午餐协管员"等。这样一来，每个孩子都有机会体验不同的角色。

让我惊喜的是，平时不爱说话的小王在担任"情绪观察员"后，变得特别负责。他悄悄记录同学们的情绪变化，发现有同学不开心时，会主动告诉我去关心。而以前只想当班长的小李，在体验了"图书管理员"后，发现自己对图书馆归纳整理特别感兴趣，主动查资料教大家怎么整理桌洞和书包。

2. 多元评价　认可每一种贡献

以前，我们班的表扬主要集中在班长或成绩好的孩子身上。现在，我会特意关注那些默默付出的孩子。比如，小付每天坚持整理图书角，我会在班会上公开表扬："小付让我们的图书角变得井井有条，这就是为班级做贡献！"慢慢地，孩子们开始意识到，不是只有当班长才有价值，做好每一件小事同样值得骄傲。

3. 弹性管理　尊重个体差异

有的孩子擅长组织，有的孩子更擅长执行。我不再要求每个人都去竞选班长，而是鼓励他们根据自己的兴趣选择岗位。比如，我们班的小谭不喜欢当"官"，但特别喜欢画画，我就让她负责班级宣传板的绘制。结果，她不仅画得认真，还带动了几个同样喜欢美术的同学一起参与。

四、班级管理的理想模式——让每个孩子成为"小主人"

经过一段时间的调整，我们班的氛围明显变了。现在的 2020 级 5 班，更像一个"小主人自治"集体：

人人有岗位，事事有人管：从"灯光管理员"（负责开关灯）到"课间安全员"（提醒大家文明游戏），每个孩子都有自己的责任。

评价更公平，成长更全面：我不再只盯着"谁管得好"，而是关注"谁在进步"。比如，以前总爱捣乱的小宇，自从当了"纪律协管员"后，竟然变得特别守规矩，因为他不想"自己打自己的脸"。

老师退后，学生向前：我不再事事亲力亲为，而是把更多决策权交给孩子。比如，班规怎么定、班会怎么开、升旗仪式准备怎样的节目都由他们讨论决定。

当然，这种模式也有挑战。比如，有些孩子一开始不适应，觉得"为什么我不能一直当班长？"但通过引导，他们慢慢理解了"尝试不同角色，才能发现更好的自己"。

五、结语：破茧成蝶，织网共成长

班级管理不是要把孩子装进固定的"模子"，而是帮他们破开束缚，找到属于自己的成长方式。在青岛博文小学 2020 级 5 班，我们正在努力打破"制度茧房"，让每个孩子都能在适合自己的岗位上发光发热。

这个过程并不容易，但看到孩子们从"只想当班长"到"我能为班级做什么"，从"被动接受管理"到"主动承担责任"，我觉得一切值得。毕竟，教育的真谛不是塑造整齐划一的"好学生"，而是让每个孩子都能成为更好的自己。

追风逐月不停歇，直至春山在望。未来的路还很长，但我相信，只要我们愿意打破旧有的框架，给予孩子足够的信任和支持，他们一定能织就属于自己的成长之网，破茧成蝶，自由飞翔。

"班级 CEO"养成记

——小学生班级自主管理的赋能路径

王龙雨

从教以来，我坚守班主任岗位，完整陪伴一届学生从懵懂一年级走向青春六年级的门槛。在探索"立德树人"与"学生主体性"深度融合的实践中，我依托学校"小主人"实践育人平台，逐步构建了以"班级 CEO"为核心的自主管理赋能体系，将班级管理转化为学生自我教育、自主成长的"微型公司"，通过充分发挥学生的主体性，更好地满足其学习和发展的需要。本文结合典型案例、创新模式、赋能模型及育人故事，呈现这一实践路径的生成脉络。

一、典型案例：宇杰的 CEO 成长之路

四年级的宇杰曾是令老师们"头疼"的存在——聪明却散漫，热衷表达却常扰乱秩序。一次关于"班级烦恼"的班会中，他犀利指出："值日生总忘记关灯，浪费电！"我顺势引导："你观察敏锐，能不能带头解决这个问题？"他犹豫后接受了"节能 CEO"的挑战。

上任伊始，宇杰热情高涨却方法简单，仅贴出"随手关灯"标语，收效甚微。我引导他思考："CEO 如何让'员工'自觉行动？"他受到启发，组织团队（小组）调研，设计出"能源守护星"积分制度：小组每日节能达标可获星，月末兑换"特权"（如减免作业）。他学习制作数据图表，在"CEO 述职会"上汇报能耗下降成果，赢得全班掌声。曾经的"问题生"在责任驱动下，展现出令人惊叹的策划力、执行力与领导力。六年级时，他已能游刃有余地协调班级大型活动，其责任感与全局观成为班级脊梁。

二、创新模式："我们的班级公司"项目式学习

为系统化培养 CEO 素养，我在五年级开发了"我们的班级公司"跨学期项目。

① 公司架构：学生民主商议，设立"学习研发部"（学风建设）、"文明监督部"（行为规范）、"活动策划部"（文体组织）、"后勤保障部"（物品环境）四大部门。CEO 及部门经理通过竞选演说、民主投票产生。

② 职责契约：各部门 CEO 带领成员，在教师指导下，以 SMART 原则（具体、可衡量、可达成、相关性、时限性）共同拟定部门职责"绩效合约"，明确目标、分工与评估标准。

③ 货币流通：设计"班级贡献币"（CC 币）。CEO 及成员通过履行职责、创新贡献、助人行为等赚取 CC 币，可兑换学习用品、担任升旗手等"特权"，或用于"拍下"心仪座位（定期轮换基础）。

④ 季度复盘：每季度举行"公司股东大会"（班会），CEO 述职，成员匿名反馈，依据"绩效合约"和 CC 币积累进行"绩效评估"，动态调整岗位与策略。

三、赋能模型：三维双轨赋能模型

基于班级管理实践，我提炼出"三维双轨"班级自主管理赋能模型。

三维赋能——

赋权：明确 CEO 及团队的决策范围（如环境美化方案、活动策划细则），给予真实管理权限。

赋技：通过"管理微课堂"（沟通技巧、时间管理、冲突解决等）和"即时性指导"，提供必要的策略支持。

赋心：建立"容错—反思—优化"机制，重视过程性评价与成长性反馈，强化内在动机与价值认同。

双轨运行——

制度轨道：建立清晰透明的 CEO 产生、职责、评价、轮换机制（如"班级公司法典"），保障公平有序。

文化轨道：营造"人人可为 CEO"的文化氛围，通过 CEO 故事分享、榜样表彰、经验传承（如"老带新"CEO 顾问团），形成积极向上的群体动力。

此模型的核心在于，将教师权威转化为支持性脚手架，在制度保障与文化浸润的双重作用下，通过系统性赋权、精准赋技和持续赋心，唤醒并培育学生

作为班级主人的主体意识与治理能力，实现"管"是为了"不管"，"教"是为了"不教"的育人境界。

四、育人故事：一纸"投诉信"后的 CEO 智慧

六年级上学期，"后勤保障部" CEO 雅涵收到匿名投诉信，指责其"物资分配不公"。初次面对质疑，她委屈落泪。我并未直接介入，而是引导她："CEO 如何看待不同声音？如何调查与回应？"她冷静下来，设计匿名问卷收集意见，发现矛盾集中在公用彩笔损耗过快。她召开"部门听证会"，最终推动通过《文具使用与赔偿公约》，并设立"共享文具银行"，由同学自愿捐赠备用。一场潜在风波，在 CEO 的主动作为下，转化为制度完善的契机，全班见证了理性沟通与解决问题的能力，雅涵的威信不降反升。

"班级 CEO"养成记，是一曲立德树人与学生主体性培育的交响乐。它通过真实岗位历练（立德于行），激发内生责任与领导潜能（主体觉醒）；通过创新制度设计（赋能于制），提供实践智慧与协作平台（能力提升）；通过文化浸润与反思（育德于心），涵养规则意识与公民素养（价值内化）。当学生从被管理者蜕变为班级治理的"CEO"，他们收获的不仅是能力，更是"我是主人，我有责任，我能创造"的成长信念，这正是新时代立德树人根本任务在班级土壤中落地生根的生动写照。

第一节 ｜ 特色活动策划案

星光导航员
——二(5)班的"AI逐梦"诞生记

郑璐璐

这是一个关于翅膀如何长出的故事……

第一章：梦想的翅膀在悄然舒展

四月的"小主人管理会"上，我宣布了今年校运会二年级表演的主题为"元宇宙奇旅——AI虚拟次元"，教室顿时炸开了锅。

"老师，是像《流浪地球》那样吗？"

"需要用到机器人吗？"

"AI世界应该是什么样的呢？"

"……"

孩子们对活动充满了好奇与期待，我把问题抛了回去："你们会怎样用AI科技讲述自己的故事？"

九个活动小组就此展开探讨。当第五组亮出"AI逐梦，我心由我"的标语时，全班孩子突然安静了。有学生轻声说："我也想找到会发光的自己，追寻自己的梦想。"其他同学也纷纷点头。

我趁势引导："好，那我们的主题就是'AI逐梦'。"

第二章：头脑风暴中的羽翼试炼

策划会变成了创意战场。第一组设计了"机器人方阵"，但被质疑"不够温暖"，第二组提议的"全息恐龙舞"因"偏离主题"遭到反对……争论最激烈时，我在黑板上画了一颗心："科技是工具，人才是主角——想想我们设定的主角小文在逐梦中会遇到什么问题？"

平时沉默的轩轩突然举手："小文最大的问题是不自信，所以要到 AI 世界中寻找自信。""说得好，那他寻找的舞台可以有哪些风格？"我继续追问。善于跳舞的清清说："我会跳国风舞蹈。""那我会跳街舞！"小涵激动地站了起来。小嘉说："我家有平衡车，是不是可以组个平衡车方队站在前面领航？""这个好！"学生们在你一言我一语的讨论中抓住了表演主题的灵魂——逐梦路上有传统与现代的碰撞，正是寻找自我的隐喻。

第三章：乘风而起寻觅展翅佳位

"我不要当观众！"当我挂出表演角色招募令时，小悦的喊声点燃了整个班级。孩子们发现：主角不是被指定的，而是用实力争取的。

表演角色招募令		
舞台角色	能力试炼	人员安排
国风舞蹈演员	《玉盘》舞蹈训练	小清等 11 名学生
时尚街舞演员	"机械舞"训练	小涵、小彰
运动舞蹈演员	"精舞门"舞蹈训练	小佳等 28 名学生
小梦演员	平衡车训练、挥动 AI 翅膀	小悦
小 A 演员	平衡车训练、举班牌	小然
小 I 演员	平衡车训练、举道具牌	小祐
小文演员	舞蹈练习、主角站位练习	小涵

最动人的是机械舞方队的训练。当学过街舞的小涵主动教零基础的小彰同学时，我拍下这样的画面：两个男孩不停地挥臂摆动，卡点移动，汗水在阳光下闪闪发光。

"台上一分钟，台下十年功"，当遇到较难的动作时，我会和孩子们一起拆解动作，抠细节，喊拍练习。不怕苦，不怕累，因为我们懂得努力的意义。

第四章：穿梭于现实与虚拟之间

在训练过程中，同学们充分发挥活动主人翁意识，发现问题，积极探讨，克服困难，合作共赢。

例如，"如何表现虚拟世界与现实世界？"我们经历了三次"革命"：初代方案——"举牌子翻面"，因太像交通指挥被否；二代创意——AI平板，因不符合舞蹈内容被否；终极设定——彩色玻璃纸题词板，既经济实惠又符合世界风格，通过！

第五章：星河为每个追梦人加冕

激动人心的运动会到来了！"A""I""小梦"组成的平衡车方队如银色箭矢划破绿茵场；当国风方队的舞袖扬起，传统文化的画卷徐徐铺展；"换潮流！"机械舞方队踏着音浪跃动，如星河倾泻；人数最多的运动舞蹈方队，挥着整齐划一的臂膀，喊出振奋人心的宣言："我的舞台，我做主，耶！"

在沸腾的欢呼中，我的眼眶湿润了——不是为完美的表演，而是因为孩子们身上那闪闪发光的能量，让我感受到校园小主人们的成长之快。

"我们不是星星，我们是种星星的人！"当教师退居幕后，化身"舞台灯光师"，孩子便学会为自己掌灯。这场AI之舞，最动人的科技，是让每个灵魂找到独特闪烁的频率——古风衣袖拂过的谦和，机械舞步踏出的果敢，平衡车上飞扬的胆识，班牌之后挺直的脊梁，都在诉说："教育真正的元宇宙，永远建立在儿童自主生长的土壤之上。"

告别老师的小尾巴

王亚琪

接手班主任工作后，耳边时不时总会响起杨校长的一句话："引导孩子们实现自主管理"。可现实却是——我身后总是跟着叽叽喳喳的"小尾巴"："老师，他碰我橡皮！""她排队插队！""他说我坏话！"……我像个陀螺般在裁判、法官、调解员的角色间切换，调解完一场"官司"，转身又成了下一场的"包青天"。

我开始尝试个人积分和小组积分双结合的模式，找准契机激发孩子们自主管理的潜能。班级管理从我总是问"今天谁擦黑板啊？今天的垃圾桶怎么没有清理呢？"变成了每次课间检查完卫生后，孩子们主动站在台前说："请同学们安静一下，今天我们班扣分主要是因为有同学把衣服搭在了椅背上，请同学们以后把衣服放在抽屉或者自己的橱柜里！"果然，即使我不再提醒班级卫生状况时，同学们也会把卫生打扫得井井有条，卫生流动红旗每周都花落我们班，同学们既激动又自豪，这是对他们自主管理能力莫大的肯定呀！

他们一鼓作气和我提出"老师，我们的卫生很好了，我们能自己布置下教室吗？"面对孩子们亮晶晶的眼睛，我决定把主导权交给他们，只和他们设定了三个原则：一是每项设计必须解决一个真实问题（如收纳、优秀作业展），二是允许试错但要有改进方案，三是在使用工具（剪刀、图钉）时注意安全。

一、集思广益制订可行计划

在刘同学和彭同学的引导下，根据教室区域分了三个板块：后黑板、教室侧面墙壁、前黑板左右两侧。同学们纷纷提出建议，有的说墙壁有破损的地方，可以粘贴优秀的思维导图来覆盖；图书管理员建议把图书角重新分类整理并进行美化，加入"图书漂流"的元素，以此来激励同学们读书；"小雨神"也提出重新修正绿植的想法。在这个过程中不免出现了想法不同产生的冲突，孩子们沿着"发现问题—现有办法—可优化建议"这条路线尝试解决。

二、有限资源激发无限创意

在实行方案时,我要求孩子们只能使用环保材料。孩子们展现出惊人的应变力:有的同学用废旧试卷折成了"问题收纳盒",盒身写学科,可以在盒子里投入此学科的问题;有的同学做了"加油站"的盒子,里面准备了丰富多样的题目,孩子们可以结合自身学习情况,自主选择适合的题目完成挑战,更让人惊喜的是,他们还自发组建了"智囊团",专门为同学们讲解难度较高的题目;还有的小组将破损的墙面改造成温馨的"夸夸墙",孩子们在五彩的便利贴上写下对小伙伴的真诚赞美,将一张张充满温度的小纸条贴满正面墙;黑板报的边角也增设了"知识漏洞补丁",将当天的错题用图钉扎在黑板旁……孩子们的创意和能力真是让我刮目相看!

三、文化墙面彰显教育智慧

改造后的教室不仅更加美观了,更是自主生成了独特的教育功能:"冲突调解角"挂上了"辩论锦囊"的布袋,里面装着"请先说""这件事我做的对吗?""我以后应该怎么做?""先冷静,冲动是魔鬼"的卡片;"一人一岗位表"竟然变成了"职业体验日":如灯光师负责教室的照明调控,做到人走灯灭;信息官更新黑板角落的知识补丁(错题);安全管理员提醒同学们不要追逐打闹……

当教室的每一面墙都流淌着孩子们思维碰撞的火花时,那些色彩斑斓的"夸夸墙"、创意十足的"加油站"、充满智慧的"调解角",早已让"班级文化"褪去了展示品的生硬,化作一个自然生长的生态圈。在这里,我不再是那个举着法槌的"裁判官",而是悄悄退到幕后的观察者与引导者——看着孩子们在"失控"的讨论中学会协商,在冲突角的争辩里掌握沟通,在智囊团的互助下获得成长。那些曾经拽着衣角告状的"小尾巴",如今已能从容地主持班会、制定规则、解决纠纷。他们望向我的眼神里,少了几分依赖,多了几分自信的闪光。

原来,最好的班级管理,就是让每个孩子都成为能照亮他人的"小太阳",而老师要做的,只是温柔地守护这片自主生长的光芒。

"布"一样的精彩

——记五(3)班学生自主设计布置班级文化的欢乐旅程

王一鑫

新学期开始啦，《春季班级文化布置》的通知又如约而至。当我把文件投屏打开，有趣的板块名称瞬间点燃了孩子们的兴趣，他们立即讨论了起来。涵涵托着腮，一脸认真地说道："'博雅争章''博制雅规'……老师，这些板块交给我美化吧！"轩轩则兴奋得直拍桌子："布置教室？这活太酷了！老师，交给我们吧！"看着他们跃跃欲试的样子，我笑着把文件纸质稿递给了班长："我们想到一块儿了，这次，教室是你们的画布，画笔握在你们每个人手里。"

一、"纸上谈兵"变"沙场点兵"

任务接下了，但如何把文件里的抽象名词变成教室里的美丽风景呢？孩子们热情高涨，自己动手在文件上圈圈画画，成立了"策划小分队""手工制作营""书写绘画团"……每个组都领到了自己心仪的小任务。策划组围在一起，小脑袋挤着小脑袋，对着文件上"博雅争章评比栏""博艺雅园展区"进行着激烈的讨论。最热闹的要数"室内主题"组，怎样才能把"有志气 有骨气 有底气 -- 争做博雅好队员"这句口号变得既有力量又有童趣呢？孩子们蹦出各种点子：有人提议画一群昂首挺胸的少先队员剪影；有人想用大大的彩色立体字；轩轩灵光一现："我们可以用不同颜色的彩纸剪出'志气''骨气''底气'，像彩虹一样拼起来，两边衬上全班的手印树！"毫无疑问，这个融合了色彩、文字与集体印记的方案被一致通过，我看到孩子们脸上的光彩比窗外的春日还要明亮上几分。在孩子们的讨论和勾画中，我们的班级文化被赋予了属于五(3)班的温度和心跳。

二、巧手匠心，"布"满精彩

当孩子们的构思化为行动，教室瞬间变成了热火朝天的手工作坊。而走廊上，"A城寻宝记 启赋新学期"这个重点板块，更是成了创意碰撞的中心。策划组的孩子们围着一大摞寒假"寻宝"作品犯了难：展示空间有限，但每件作品都像他们的宝贝，舍不得落下。最终，他们决定民主投票，选出了最能体现"A城"特色和寻宝趣味的画作、手工作品和摄影照片。"A城寻宝记 启赋新学期"的标题制作也遇到了麻烦，打印的字体总觉得呆板。涵涵带着几个手巧的姑娘另辟蹊径，她们翻出扭扭棒，将字母"A"和"寻宝"二字用七彩扭扭棒立体地呈现出来，灵动又充满童趣。旁边的"劳动小达人"板块则成了"变废为宝"的秀场，矿泉水瓶变身小花盆，旧纸板裁剪成展示架，麻绳编织出质朴的边框……孩子们像魔术师，让平凡的材料焕发出惊艳的光芒。

三、"博雅"天地，童心闪耀

汗水与智慧凝结在一起，让我们的教室焕然一新。走进门，"有志气　有骨气　有底气"的彩虹字与手印树迎面而来，蓬勃的生命力呼之欲出。后门的"博雅争章评比栏"不再是一张冷冰冰的表格，而是孩子们亲手绘制的、缀满星星和勋章的成长航线图。"博悦梦想"区的心愿卡在微风中轻轻颤动，一张稚嫩的卡片上画着火箭，旁边歪歪扭扭写着："我的心愿是当设计师，把教室变得更美！"这是梦想被看见、被珍视的模样。而走廊，则彻底成了一个引人入胜的"寻宝乐园"。七彩扭扭棒组成的标题灵动跳跃，精心挑选的作品错落有致地钉在展板上。当评委们来到由孩子们亲手打造的班级文化"展厅"，脸上挂着赞赏的笑容，指点交流时，我看到涵涵骄傲地挺直了背，嘴角挂着掩饰不住的笑，轩轩则悄悄对我比了两个大大的胜利手势。那一刻的荣光，像阳光一样洒在孩子们的身上，无比真实，只属于他们自己。

四、旅程终点，亦是起点

回望这场由孩子们全程主导的教室"焕新"之旅，那些文件上的词语"博雅""自能""小主人"，早已不再是抽象的口号。它们融化在涵涵手中扭扭棒弯折的弧度里，显影于孩子们自己用心布置的专注眼神中。孩子们用双手布置的不仅是墙面，更是对"我是这里小主人"的无声宣言。当教室的每一面墙、每一个角落都开始低语着孩子们的故事与创造，教育便有了最动人的底色。

　　这场关于"布"的精彩旅程，终点处立起了无数个自信挺拔的小小身影，他们以空间为证，真正成了这片学习天地里，有志气、有骨气、有底气的博雅小主人。而我知道，这方由童心亲手织就的天地，将永远成为支撑他们向上生长的、最温暖最坚实的力量。

第二节 | 学生活动策划书精选

跳进元宇宙！奇趣运动会大冒险

——学生活动策划书

秦 莹

一、活动背景

2025 年学校"艺体双修，共育未来"春季运动会，二年级主题为"元宇宙奇旅——AI 虚拟次元"探索科技与运动融合。依托班级自主管理，我引导学生化身"元宇宙小使者"，通过自选动作、共创队形、设计效果，充分发挥小主人作用，用集体舞蹈展现对元宇宙的创意理解，实现科技与体育的跨界碰撞，并荣获博雅巅峰卓越奖（特等奖）。

二、活动目的及意义

维度	具体目标	学生主体性体现
能力发展	1. 培养节奏感与肢体表达能力 2. 锻炼团队协作意识（队形组合）	自选标志动作，投票决定队形变换方案
创意实践	理解舞蹈与科技融合的趣味性	手拿可写平板，选择平板上所写内容，体现科技性
情感体验	1. 建立"我们共创精彩"的集体荣誉感 2. 享受自由表达的快乐	每人拥有专属动作命名权

三、活动时间

2025 年 4 月 20 日—2025 年 4 月 30 日。

四、活动地点

青岛博文小学。

五、活动内容

1. 动作编排：我的动作我命名

班会课上，我刚抛出"动作命名"的橄榄枝，教室立马沸腾起来。前排的女生率先举手跃起："我觉得男生们旋转后举手的动作就像一个机器人，不如就叫'AI 智能体'吧！"平时创意十足的男孩立即出声呼应："男生女生胳膊挽着胳膊的动作就仿佛天上下起了雪花，不如就叫'像素雪花'吧！元宇宙的雪花没准是菱形的。"男孩的话引起了同学们的共鸣，大家纷纷讨论开来。各种命名方案层出不穷，当各种命名方案僵持不下时，全班学生自发分成阵营辩论，最终通过举手投票表决，黑板上贴满星星贴纸的方案高票胜出。

2. 队形共创：地板上的民主实验

在操场上排练时，队形设计引发了激烈讨论：一群学生簇拥着同心圆草图喊道："这像星球轨道，太符合我们的主题啦！"另一群学生则指着网格图形道："这个方阵才符合我们的主题，走位再带一些机械感，肯定全场最靓！"两群学生争执不下，于是我拿出了彩色贴纸，让孩子们自主选择心仪的队形，最后网格队形以三票胜出。然而在排练时，却遇到了大麻烦，队形变换屡次出错，突然有学生趴在地上惊呼："我们可以沿着地砖缝去变换队形，记住自己的点位就不会乱了。"瞬间十几人涌向地缝认领点位，混乱的方阵顷刻间严整如电路板。

3. 科技效果设计：创意的交响

分组设计环节，学生们爆发出创意交锋，男生们攥着拳头主张："我们可以在手写平板上画一些 AI 相关的图片和文字，这样更富有科技感。"女生组则晃着发光贴纸反驳："发光贴纸贴在脸上，更像机器人，这才是科技感的体现。"僵持中，角落传来弱弱的声音，只见平时一个十分内向的男孩举手说道："不如我们既在平板上写 AI 相关的文字，又在脸上用银色发光贴纸贴成相应的科技图案，这不是两全其美吗？"两组人愣住后突然击掌欢呼，当场把折中方案画成巨幅"创意表"。

六、活动流程

① 科技叙事主线：每位学生化身"元宇宙小使者"，串联舞蹈动作来进行元宇宙大冒险，让观众体会到科技与现实的结合。

② 表演流程图（1分钟30秒）。

时间轴	舞蹈动作	科技感设计
0—7秒	男生背对舞台单膝跪地,手举手写平板	音响播放"警报声"鼓点
8—45秒	女生跳跃上场,男女合作进行机械舞蹈表演	每完成4拍,音乐变舒缓,家长参与转动星球
46—75秒	学生组票选队形	学生手拉手随队形成半圆
76—90秒	成密集队形,手举横幅喊口号"智能无处不在,运动无限精彩"	家长助力,根据学生口号来绽放烟花特效

③ 观众参与互动：家长观看直播时发送加油弹幕。

④ 学生主导性设计：自由选择"抓取式"或"吸附式"动作，临场根据时间安排选择A路线或B路线。

七、活动效果保障

（一）学生主导性落地策略

面临困难	解决方案	主导性体现
动作记忆困难	精简至3个核心动作＋自由改编空间	学生自创动作并命名
队形混乱找不到点位	前排学生根据地砖缝找准站位	投票决定队形方案

（二）安全与风险控制

风险项	预防方案	应急处理
道具脱落	手写平板背面用魔术环固定,上场前逐一检查	备用舞装包
体力不支	编舞含30%静态造型	备饮用矿泉水补水站

（三）效果评估量表

指标	评估方式	学生主体性关联
动作原创度	统计个性化改编动作	每个学生至少贡献1个原创动作变体

续表

指标	评估方式	学生主体性关联
队形准确率	视频回放分析队形变换同步率	采用学生票选队形方案执行
参与愉悦度	表情捕捉分析（笑容频率）+退场兴奋度观察	手拉环彩喷控制权交由学生手势触发

八、成果延伸

① 光影行为艺术展：精选舞蹈照片叠加视频效果，发送家长群作为展览，沟通家校连接。

② 学生舞谱博物馆：将学生自创动作录制视频，保存收藏。

九、互动内核

从命名辩论的举手如林，到地砖缝里的协作智慧，每个环节都跳动着孩子们主动思考、积极干预的身影。正如孩子们在总结日记里那句稚嫩而铿锵的宣言："这个元宇宙是我们用争论和掌声建造的。"

艺体双修　跃动未来

——我来策划运动会

宋璐萍

一、活动背景

人间最美四月天,跃动青春正当时。2025 年青岛博文小学春季田径运动会拉开序幕,为响应本次运动会"艺体双修　共育未来"的主题,三年级级部以"多彩体育风 活力新秀场"为展演主题进行班级展示。我班由校园活动小主人们参与主导策划,以"艺体双修　跃动未来"为展演主题,巧妙融入羽毛球、乒乓球、游泳、射箭、滑板、篮球及体操等多个体育项目的展示,旨在展现出班级成员团结向上、积极进取的精神面貌,同时激励广大学生们参与运动、享受运动和热爱运动。

二、活动目的

维度	具体目标	学生主体性体现
能力发展	提升学生体育运动技能,锻炼团队合作能力	自主确立运动展示项目及队形变化
创意物化	理解舞蹈与科技融合的趣味性	手持长绸,转化为不同项目的场景
情感体验	感受团队策划的快乐,感受体育运动的魅力	学生按小组进行动作创意策划

三、活动时间

2025 年 4 月 30 日。

四、活动地点

青岛博文小学操场。

五、活动参加人员

三年级 2 班全体学生。

六、活动准备

运动器械类：6 米蓝色舞蹈长绸 4 条、羽毛球拍 4 个、乒乓球拍 6 个、篮球 4 个、滑板 2 个、弓箭 2 把。

背景音乐：《奔跑吧青春》。

表演服装：彩虹发带、多巴胺运动服。

七、活动内容

1. 头脑风暴：展示主题我来定

活动策划班会课伊始，我便向班级成员发出了第一个"挑战"，以"多彩体育风 活力新秀场"为主题，为今年的运动会定下一个班级展示风采秀的主题。话音刚落，教室里就迸发出热烈的回应：跳皮筋、打羽毛球、啦啦操、游泳、乒乓球操……同学们你一言我一语，贡献出了不少运动项目展示的点子，可大家各自为营，迟迟无法统一意见。这时，一个女生高声说道："要不咱们把这些运动项目搞个集锦秀怎么样？""对呀，这个主意好，这样我们就可以展示拿手的运动啦！""我也觉得这样我们的节目会更精彩。""我在网上看到过一个表演，我们还可以用长绸作为展示道具，这样可以让我们的表演更具神秘感！"同学们一下子达成共识，一致同意今年我们要来个体育风采集锦秀。就这样，作为班主任的我苦恼了一周的问题，竟就这样被这群活动小主人们轻而易举地解决了。

2. 活动分工：展示随心我来画

活动主题一经确定，我又抛出了第二个"难题"：设计一套表演方案，表演时间为 1 分 30 秒，方案包括展示项目及展示内容。有了完成第一个挑战的自信，同学们跃跃欲试。根据大家的运动喜好，同学们分成了 6 个项目小组，小组成员们展开讨论并在纸上画出表演方案草图（大致的队形排列，运动项目等）。教室里一下子又热闹起来，就连平时不喜发言的同学也兴奋起来，纷纷出谋划策。10分钟后,同学们高举着手,迫不及待地想展示自己手中的方案图。最终,同学们经过民主投票,融合了6个小组的金点子,最终确定此次展示项目包括:羽毛球、乒乓球、游泳、射箭、滑板、篮球及体操。根据同学们日常体育活动的参与情况,大家还根据自身优势完成了活动分工(见下表)。看来,将学生活动真正地交给学生主导,才会碰撞出最精彩的火花。

长绸表演	宋佳依、李雨桐、邵怡荣、徐义媛、李成麟、卢彦冰、李明哲、杨驳艺
羽毛球	梁婉茹、韩瑞绮、张铎瀚、赵慷
乒乓球	王佳萱、韩瑞绮、王梓硕、李欣宇、马晨杰、张翔超
游泳	谭芯园、孙翊晴、李欣宇、马晨杰
射箭	徐若妍、刘子诚
滑板	李诗瑜、赵慷
篮球	席锦粟、徐乃松、王梓硕、姚泽钜
体操	徐若妍
舞蹈	张安信、杨皓轩、李宸、张子祥、郑杰睿、薛淏阳、林芷涵、张文馨、郗筱涵、孙贵俪、刘梦琪、李玥、陆鑫瑶、刘姝彤、鲁嘉怡、李浠澈

3. 排练精进:不断推翻中的精彩

活动主题和方案一出,同学们的热情一触即发,大家从家中带来各自的运动器械。可是,第一次排练就碰到了难题:1分30秒的时间比预想地短,有的项目甚至来不及展示,同学们好像有些低落,都低头不语。这时,班里的"开心果"提议道:"要不我们各项目进行分组练习,每个项目严控时间,这样就都能展示自己心仪的项目啦!"说干就干,同学们立即按项目组集合讨论动作,心里有了时间的限定,大家一下子又有了努力的方向。令我惊喜的是,第二次排练中,各个小组还自发选出了小组长,小组长带着组员来找我计时展示动作。"老师,我们这套动作可被组内推翻了4次,最后才能既保证不超时,又展示我们的风采啊!"一个小组长扑倒我身边说道。"看来,在不断推翻中,你们都收获了自己的精彩呀!"

八、活动流程

1. 班级方队入场

班级学生为4列纵队,手持运动器械及蓝色长绸,展现班级昂扬向上的精神面貌,齐声高喊口号,发出跃动身心最强音。

口号:二班二班　奋勇争先　奋起冲击　勇夺第一

2. 班级风采展示

《奔跑吧青春》体育风采秀:

时间轴	表演动作	运动风采亮点
0—7秒	舞蹈亮相,4列学生以蹲着的姿势准备,依次高举双手站起,伴随音乐舞动	4条长绸作为跑道分割线,营造亮相神秘感
8—20秒	其他学生继续下蹲,3组学生依次站起,展示羽毛球及乒乓球动作	配合音乐,展示羽毛球对打姿态及乒乓球的基本训练步伐
21—25秒	4名学生表现自由泳泳姿,向前划水	长绸学生抖动长绸,蓝色长绸随风飘动,变成泳池的蓝色池水,展现游泳时的快乐
26—75秒	学生依次展示射箭、篮球、滑板及体操等项目	长绸学生高举手中的长绸,学生滑滑板从下方滑过,展示轻盈身姿
76—90秒	一位女生向左右两侧发出召唤,所有学生集合到长绸中间,挥舞双手	长绸2前、2后呈交叉形状,配合学生结束动作

3. 班级方队退场

表演结束后,班级成员保持4列纵队,高喊口号退场。

口号:我运动　我快乐。

九、活动成果延伸

① 班级体育风采展:将学生体育活动风采照片制作成电子相册,供学生和家长观看,激励学生进行体育锻炼。

② 班级运动风采大赛:学生学习体能操、韵律操及八段锦,班级内部开展运动风采大赛,评选出班级运动风采之星,鼓励学生广泛参与体育活动。

十、活动总结:

从活动主题订立时的热烈讨论,到不断推翻又精进的排练,一场由校园活动小主人们主导与策划的体育风采秀就这样完美地展示在观众面前。正如学生们表演结束后所言:"原来我们也可以做一位出色的活动策划师嘛!"

第一节｜教联体协同育人案例

"博爱育人"视域下"小主人"成长实践探索

王 真

在教育的星河中，青岛博文小学作为青岛市红十字微尘博爱学校，始终以"博爱育人"为核心，锚定"博悦童年，赋能未来"的办学理念，精心构建"小主人"育人体系。通过"课堂小主人——博雅小讲师""班级小主人——小主人自主管理""校园小主人——校园活动策划参与""社会小主人——社会参与实践"四大育人路径，让学生在知识传递、班级管理、校园活动、社会实践等多元场景中，从被教育者转变为教育实践的主动参与者，实现了立德树人根本任务与学生主体性培育的深度融合。在博爱情怀的浸润中，书写着充满爱与成长的教育诗篇，探索出新时代小学生主体性发展与道德培育协同共进的实践范式。

一、课堂里的博爱絮语——以博爱情怀启迪求知心灵

在课堂上，"博爱育人"并非停留在纸面上的抽象概念。老师们打破教材的固有边界，深入挖掘博爱精神的内涵，引领学生在学习中感悟其精髓，在实践中传承其内核。语文课堂上，老师们带领学生剖析文字背后的亲情与善意，鼓励孩子们仿写身边的温暖故事；数学老师则将公益捐赠、资源分配等问题融入应用题，引导学生在计算中理解公平与责任；科学课上，通过探究生态保护案例，让学生明白人类与自然的共生之爱……不同学科的教师如同寻宝者，在各自的知识领域中挖掘出博爱的育人密码。

在这样的课堂浸润下，学生们的展示同样精彩纷呈。他们化身故事演说

家,用深情的语言分享社区志愿服务见闻;他们通过爱心物资分配方案,以严谨的数据论证传递助人智慧;他们团队合作制作环境保护主题手抄报,用图文并茂的方式呼吁关爱自然。当小讲师们站上讲台,他们不再只是知识的接收者,而是将博爱精神融入知识分享的字里行间,用稚嫩却坚定的声音讲述故事,让大家深刻体会到关爱就在身边,引导每一位博园学子用善意对待他人,用行动传递温暖与力量。

二、班级里的博爱嫩芽——以自主管理践行博爱担当

在班级管理的沃土上,"小主人自主管理"模式生根发芽。学校摒弃传统的"教师主导"管理模式,将班级管理权充分下放,设置了涵盖纪律监督、卫生维护、活动组织等在内的多元岗位。学生们依据自身特长与兴趣"申领"岗位,在参与班级事务管理的过程中,培养责任意识与服务精神,让"博爱育人"理念在实践中落地生根。

自主管理模式下的孩子们在用自己的方式践行着博爱精神。在这里,学生们在关爱他人、服务集体的过程中,将博爱情怀转化为具体行动,共同营造出团结友爱、温暖和谐的班级氛围。孩子们在此过程中,学会了换位思考,懂得了理解与包容,他们用稚嫩的双手守护着班级的和谐,用真诚的心灵温暖着身边的每一个人,使班级不只是一个集体,而是充满温情的家园,让博爱之花在班级的每个角落绚丽绽放。

三、校园里的博爱光谱——以创意活动织就温暖共振

在校园里,每一场校园活动都是"校园小主人"践行博爱精神的生动课堂。学校充分赋予学生活动自主权,从策划构思到落地执行,都可以由学生主导完成。在"微尘征文大赛"中,有的同学记录下微尘志愿者无私奉献的感人故事,有的抒发自己参与公益活动的深刻体会,还有的描绘心目中充满关爱的理想世界。学生们用文字书写对博爱精神的理解与感悟,传递出对人道精神的崇尚与追求。"毕业生书画展"则别具意义,即将离校的孩子们精心创作一幅幅画作,用斑斓的色彩表达对母校的感恩、对老师和同学的不舍。画笔间流淌的不仅是艺术才华,更是学生们感恩老师和母校的爱心与责任。在"520说出我爱你"特别活动中,学生们勇敢地向老师、家长表达心中的爱与感谢,一句句真挚的话语,一个个温暖的拥抱,让校园处处洋溢着爱的气息。

这些丰富多彩的校园活动，不仅为学生提供了展示自我的舞台，更让博爱精神如春风化雨，浸润每一颗心灵。学生们在策划、参与活动的过程中，深刻体会到奉献的快乐与助人的价值，在校园织就出"博爱育人"的温暖共振。

四、社会原野里的博爱根系——以躬身实践拓展博爱边界

我们始终坚信，博爱的种子需扎根社会土壤方能蓬勃生长。作为"社会小主人"育人体系的重要一环，学校以红十字博爱理念为指引，打破校园围墙，联动社区、公益组织，积极搭建社会实践平台，引导学生走出校园，将博爱情怀延伸至社会的各个角落，让学生在真实的社会情境中感悟责任、传递大爱。

在社区志愿服务的实践场域里，学生们用行动诠释"老吾老以及人之老"的博爱精神；面对生态环境与社会民生议题，学生们则化身"城市代言人"和"小小楼栋长"；在社区环保行动中，他们又是"环保志愿者"；在"关爱留守儿童"公益活动中，他们用行动传递温暖。通过走出校园、服务社会，学生们深刻理解了"博爱育人"精神的真谛，也真正体会到"小我"与"大我"的紧密联结，让博爱的种子在更广阔的天地间破土生长，培育出兼具人文情怀与社会担当的新时代小主人。

学校在"博爱育人"视域下对"小主人"成长实践的探索，使校园到社会的每一次跨越成了学生践行博爱精神的成长阶梯；每一份源自心底的奉献，都在书写着"小主人"责任担当的实践篇章。学校以博爱为底色，以实践为画笔，在育人的画卷上勾勒出新时代少年的成长轨迹，让"小主人"的培育真正成为博爱情怀落地生根、开花结果的过程。这场永不停歇的育人探索，不仅让人道、博爱的精神在学子心中深深扎根，更以教育之力培育出心怀大爱、肩有担当的未来主人翁，让"博爱育人"理念成为学校素质教育最鲜活的注脚。

小主人成长计划

——走出校门的成长课

崔　昊

在新时代"双减"政策背景下，如何有效打破学校教育与社会实践之间的壁垒，充分整合家长和社会资源，构建"家校社"三位一体的协同育人机制，已成为当前基础教育领域亟待探索的重要课题。我校近年来重点开展的"小主人"课题研究，正是基于立德树人为根本任务，致力于培养学生的自主意识和社会责任感。这一教育理念强调学生不应只是知识的被动接受者，而应成为社会行动的积极参与者。在日常班级管理中，我始终注重将德育与实践相结合，引导孩子们突破课本的局限，以"小主人"的姿态投身社会实践，在社会这个大课堂中学会做人、学会做事。

为实现这一育人目标，我着力构建家校社协同育人网络，通过整合各方资源，精心设计并组织了一系列富有教育意义的社会实践活动。这些活动不仅拓宽了学生的视野，更让他们在实践中收获了宝贵的成长体验。

护绿小主人：植树造林里的生态担当

阳春三月，万物复苏，在班委会的倡议下，我们班开展了"植树造林，逐梦未来"主题实践活动。令人惊喜的是，同学们为这次实践活动提出了很多创意，在班会上，有同学提出了"每人认领一棵树苗"的点子，还有同学设计了"制作专属养护牌"的互动环节。接着，在家长和社会力量的支持下，孩子们真正成为活动的"小主人翁"。植树现场，大家有序地分配任务：有人指导挖坑标准，有人示范正确的扶苗手法。当看到自己策划种植的树苗在春风中摇曳时，孩子们的脸上写满了成就感。这次由学生主导的环保实践，让爱绿护绿不再是一句口号，而是化作了看得见的行动力。那一棵棵稚嫩的树苗，既是孩子们爱绿护绿的见证，也是他们作为"护绿小主人"的责任担当。

爱国小主人：清明祭扫中的红色传承

清明时节，为传承红色基因，厚植家国情怀，在家委会的组织协调下，我们班前往青岛市革命烈士纪念馆开展"家国又清明，鲜花祭英烈"主题祭扫活动。活动开始前同学们围绕如何致敬英烈展开了讨论。班长提议："我们应该用 00 后的方式致敬英烈！"这个想法立即得到了响应。在班长的带领下大家设计了"时空对话"环节，以当代少年的视角给英烈写信；宣传委员还制作了"二维码烈士档案"，扫码就能了解每位英烈的故事。在烈士纪念堂，当听到讲解员讲述革命先烈们可歌可泣的英雄事迹时，许多同学都情不自禁地流下了热泪。在上坪广场西侧的烈士英名碑前，孩子们将自己亲手制作的鲜花和手写信轻轻献上，并用标准的少先队礼表达对英烈的崇高敬意。这一刻，教科书上的历史变得如此鲜活，爱国主义教育不再是抽象的概念，而是化作孩子们心中最真挚的情感。这样的实践活动，让孩子们真正成为"爱国小主人"。

暖心小主人：雷锋行动里的爱心接力

"老师，我们想发起一场真正的爱心接力！"开学初的班会上，班长的提议点燃了全班热情。在班委会主导下，同学们将雷锋月活动升级为"三维计划"："知雷锋"环节、"学雷锋"实践、"做雷锋"行动。首先是知雷锋环节，同学们通过自主搜集雷锋故事、开展主题演讲等方式，深入了解雷锋同志的感人事迹；其次是"学雷锋"实践，学生们在家长的组织带领下参观了西海岸新区黄海学校的雷锋纪念馆近距离感受雷锋同志勤奋学习、爱岗敬业的"螺丝钉精神"。参观结束后，同学们主动提出要给雷锋叔叔写一封信，大家怀着崇敬的心情，通过文字记录下对雷锋精神的深刻理解；最令人感动的是"做雷锋"行动——同学们自发成立"爱心智囊团"，通过线上投票选出了最想帮扶的"同行之家"特殊儿童中心。在家委会的协调下，联系了"同行之家"开展志愿服务。孩子们自发拿出积攒的压岁钱，购买了大量生活用品和学习用品。在活动现场，他们不仅送上了这些爱心物资，还编排了手语舞《感恩的心》作为互动节目与特殊儿童们一起表演，用真诚的陪伴传递温暖。看着两个群体的孩子们其乐融融的场景，在场的人们无不为之动容。这次活动让我校"微尘博爱"的教育理念得到了生动诠释，孩子们也在实践中真正成为"暖心小主人"。

通过这几年的实践探索，我们深刻认识到：只有当孩子们真正以"社会小主人"的身份走进社会、参与实践，立德树人的种子才能在他们心中深深扎根。教联体协同育人的创新模式，不仅让孩子们在担当社会责任中增强了主人翁意识，更让他们在服务社会的实践中收获了成长的喜悦。这种"小主人"教育模式，既是新时代教育改革的重要方向，更是培养未来社会建设者的必由之路。作为新时代的教育工作者，我们将持续推进家校社协同育人机制，丰富"社会小主人"实践教育内涵，着力培养孩子们的社会责任感和实践能力，为造就德智体美劳全面发展的社会主义建设者和接班人贡献我们的力量。

"教联体"协同育人赋能
"社会小主人"培养的实践

翟　敏

在新时代教育背景下,学生的成长不再局限于传统的课堂教学,而是需要家庭、学校和社会多方协同。"教联体"协同育人以促进中小学生健康快乐成长为基石,以培养担当民族复兴大任的"社会小主人"为核心目标,依托家庭、学校和社会三大主体,旨在高效整合并优化配置三方在教育责任、教育资源及教育空间上的独特优势,实现彼此间的优势互补与深度融合,为"社会小主人"的茁壮成长提供丰沃土壤和广阔舞台。

作为一名一线小学数学教师,我深刻体会到,单一的知识传授已无法满足现代小学生成长为合格"社会小主人"的全面发展需求。近年来,我们班级通过开展认识人民币、环保公益活动、爱心义卖等社会实践,将数学知识融入生活,在真实情境中锤炼"社会小主人"的责任感、实践力与公民素养,同时有效促进了"教联体"协同育人机制的落地生根。本文结合班级实践,探讨教联体模式在助力小学生成长为"社会小主人"方面的重要性及实施路径。

一、教联体：新时代协同育人的必然趋势与"社会小主人"培养的基石

传统教育模式存在明显的局限性。长期以来,学校教育往往以课堂为中心,家庭和社会教育的参与度较低。然而,小学生未来作为"社会小主人"所需的认知发展不仅依赖书本知识,更需要真实的社会体验和家庭引导。数学知识如果仅停留在计算题上,学生难以理解其实际应用价值,更难以运用数学思维解决社会生活中的实际问题。夏雪梅老师认为,要"在情境中对问题展开探究;用项目化小组的方式进行学习;运用各种工具和资源促进问题解决"。相比之下,教联体模式强调家庭、学校、社会三方联动,形成教育合力,充

211

分发挥各自的优势。学校教育提供系统化知识,培养学生学习能力,奠定"社会小主人"的知识基础;家庭教育注重塑造品格,巩固学习习惯,涵养"社会小主人"的道德情操;社会教育则拓宽学生视野,增强实践能力,提供"社会小主人"历练的广阔天地。三者结合,能让学生在学习中体验,在体验中成长,逐步具备"社会小主人"应有的综合素养。

二、教联体在班级活动中的实践:数学赋能,"小主人"在行动

我在日常教学中进行了一次次"教联体"的班级实践性探索,核心在于引导学生在真实社会场景中运用数学,成长为积极的"社会小主人"。我们引导学生以数学的眼光观察世界,从而提出有意义的数学问题;接下来会用数学的思维思考现实世界,揭示客观事物的本质属性;进一步会用数学的语言表达现实世界,构建普适的数学模型,用于解决问题和预测不确定的现象。"教联体"协同育人正是培养学生在实际社会应用中更灵活、更有创造性地运用数学知识的能力,这正是"社会小主人"必备的核心能力之一。

案例一:认识人民币——从课堂到市场的"小主人"初体验。认识人民币是"社会小主人"使用人民币、参与基本经济生活的前提。活动设计体现教联体的协同育人:家庭先进行预热,孩子们在家中仔细观察、细心辨认人民币,寻找"蛛丝马迹",培养"小主人"的观察力和生活常识。学校进一步深化,课堂上小讲师们向同学们介绍不同面值、图案、防伪技术,甚至拓展至外国币和古钱币知识。有的小讲师巧妙分类人民币,展现出"社会小主人"对细节的敏感和整理能力。随后家校互动,在家中玩人民币"你说我猜"游戏,深化理解。社会实践活动中,跳蚤市场活动是高潮。孩子们应用数学进行价值判断、摆摊定价,选购心仪物品时,进一步应用数学:认币、取币、换币、找币,理解人民币的单位与进率。学生们以"小摊主"和"小顾客"的身份,真实体验了货币流通和简单交易,这不仅激发了学习兴趣,更培养了"社会小主人"所需的观察力、合作精神、沟通能力及实际运用知识解决生活问题的能力。

案例二:"垃圾分类,数学助力"——社区环保中的"小主人"担当。"垃圾分类,数学助力"社区环保活动让数学成为"社会小主人"参与社区治理的工具。实践活动采用递进式教联体模式:学校先进行奠基,数学课堂学习统计知识,如数据的收集、整理、分析。随后延伸到在家中和父母一起记录垃圾种类和数量(数据收集实践)。最后在社区进行垃圾分类宣传和数据统计分析实

践，如统计社区垃圾投放正确率。学生运用所学数学知识分析社区环境问题，提出改进建议，这不仅掌握了统计方法，更深刻培养了环保意识和社会责任感。许多家长反馈孩子参加活动后，主动参与家庭垃圾分类，这正是协同育人塑造负责任"社会小主人"的生动体现。

案例三："爱心义卖"——公益实践中的"小主人"情怀。"爱心义卖"活动融合数学应用与公益精神，培育有爱心的"社会小主人"。在学校课堂上模拟商品定价、计算成本和利润，加强数学运算、理财意识的应用。家庭层面组织家长和学生一起制作手工艺品，亲子合作提升动手实践能力。最后进行实际义卖，并将所得捐赠给社区困难家庭。通过定价、制作、销售、捐赠的全过程，学生将数学知识转化为策划、营销和财务管理的实际技能，同时深刻体会到关爱他人、回馈社会的意义，这正是"社会小主人"应有的奉献精神。

三、教联体协同育人的实施策略：共筑"社会小主人"成长之路

实施教联体育人模式培养"社会小主人"需要系统化的策略支持。学校主阵地创新，我们搭建实践平台，创新教学方式，将数学知识与生活实践紧密结合，如测量校园绿化面积、统计班级活动数据等。定期组织以培养"社会小主人"素养为导向的"教联体"协同育人活动，如"数学＋公益"项目式学习。在家庭延伸与赋能，通过家长会、微信群等渠道提升家长参与度，明确家长在培养"社会小主人"中的角色。鼓励家长延伸教育场景，陪伴孩子参与社会实践，如环保调查、社区服务，在生活点滴中培育孩子的社会角色意识与实践能力。社会资源整合拓展，积极争取社区资源支持，拓展学习空间，与社区、公益组织合作，开展实地学习活动。邀请社会工作者、行业专家进课堂，为"社会小主人"提供接触社会、了解职业、开阔眼界的窗口，丰富教学内容。这些措施共同构成了支撑"社会小主人"茁壮成长的协同育人保障体系。从实施效果看，不仅学生的综合能力，特别是作为未来"社会小主人"所需的实践能力、社会责任感和解决问题能力，得到显著提升，家长的教育观念也在向培养全面发展、适应社会的"小主人"转变，学校的教育资源也更加丰富多元。

教育部等十七个部门联合印发的《家校社协同育人"教联体"工作方案》为这一模式提供了政策依据，明确了其内涵、目标与机制。家校社协同育人"教联体"建设，既是促进学生健康快乐成长的必由之路，也是培养德智体美劳全面发展的社会主义建设者和接班人——新时代合格"社会小主人"的关

键一环，更是推动高质量教育体系建设的核心支撑。

新时代赋予教育全新形态，这就要求我们必须与时俱进，主动更新育人理念，明确职责边界。在博文小学的实践中，我们通过环保公益、爱心义卖等活动，让学生在真实的数学应用和社会参与中学习知识、锤炼品格、担当责任，同时有效促进了"家校社"的深度合作。未来，我们更需以培养新时代"社会小主人"为使命，以协作精神为引领，以主动担当为己任，充分调动各主体建设"教联体"的积极性和主动性。我们当以坚定信念为基石，致力于构建"全员参与、全过程贯穿、全方位覆盖"的协同育人新格局，共同绘就培养优秀"社会小主人"的"同心圆"，为培养担当民族复兴大任的时代新人贡献力量！

第二节｜小主人研学实践

打破围墙的德育新范式
——"小主人"研学课程的研究实践

袁德英

【摘要】本文以"小主人"角色重构为切入点,通过构建"三维联动"课程模型(主体角色联动、情境场域联动、知行发展联动),站在学生的角度创设趣味十足又具有挑战性的另类课堂,研发更有效的教学方式,形成"在场体验－反思内化－行动外显"的教育闭环。实践表明,该模式有效突破传统德育的时空局限,将课堂和社会融合起来,充分发挥学生的"小主人"作用,建立知识的桥梁,升格学生的思维能力,在真实社会情境中实现价值引领与行为养成的有机统一,让学生在潜移默化中具备优秀的道德品质,为人生的长远发展夯实根基。

【关键词】"小主人";角色重构;研学课程;德育共生;知行转化;思政

一、课程融合的内在机理:三维联动的共生逻辑

(一)角色重构:从受教者到共建者,激活主体内生动力

教育部高度重视未成年人思想道德建设,充分发挥课堂教学主渠道作用,不断丰富德育活动形式内容,加强思想教育引导,教育引导广大中小学生树立正确的世界观、人生观、价值观,努力成长为德智体美劳全面发展的社会主义建设者和接班人。

做好未成年人思想道德建设,要把立德树人作为根本任务,要以培育学生良好的核心素养为根本目标,通过学校教育与社会教育,引导广大青少年坚定

理想信念、鲜明价值取向、养成良好品德，发挥综合实践活动、研学旅行项目的作用，培养学生努力成长为担当民族复兴大任的时代新人。

小学思政教育的一个显著的特点是实践性，即注重学生生活经验和实践活动的联系。在教学中，学校结合学生生活实际，将思政教育与研学实践紧密结合起来，赋予学生"小主人"身份，通过"小讲师""文化宣讲员"等具体角色，使学生从被动的知识接受者转变为课程参与者。这种角色转换改变了学生的学习状态，激发了责任担当意识和任务探究热情。

（二）空间拓展：从封闭课堂到开放学堂，创建二维育人场所

"小主人"研学课程与思政教育有机融合的思考和实践，旨在实现研学课程与国家课程目标的衔接与融合，推动学校与基地、校内课程与校外实践、校内教师与校外导师之间的连接互动，从而充分发挥课程资源整合的综合育人功能，落实立德树人根本任务，促进研学课程健康发展。

研学课程是课堂教学的一部分，是课堂知识的校外延伸和拓展。为学生构建"教室-场馆-教联体"三级育人空间，其课程设置就应以课堂学科知识为出发点，其课程内容也必须与课本知识有效衔接、有机融合，这样才能避免研学活动在学科课程中的边缘化和虚无化，同时更好地培养学生核心素养，更全面地贯彻落实党的教育方针。

1. 教室预研：奠基知识，明确方向

发挥引领作用，落实"以生带生"。教师发挥学生的作用，以点带面，以少带多，以先懂带后懂。"小主人"要参与到研学课程和思政教学的备课中去，和教师一同了解研学意义、过程，钻研教材，制定目标，设计教案，主持教学，推动课堂流程的进展。

构建学习小组，实现互助互学。小组合作学习展示是"小主人课程"的课堂主要表现形式。教师要构建有利于教学活动的学习小组，实行组长、副组长、发言人、记录员、计时员皆有专人负责的制度。小组内结成对子，按照同质结对、异质同组的方式分组结对。研学中分工合作、各司其职，课堂上实行自学、对学、群学多种形式，勇于超越，实现人与人、组与组之间的良性竞争，共同发展。

2. 场馆探究：具身体验，深化认知

注重目标达成，体现生本课堂。课堂教学要一切以学生为中心、以目标达成为核心。教师与"小主人"要组织切实有效的课堂教学,吃透教材,明确目标,注重自学,先学后教。目标的生成可以在课前、课中或课后,教学过程要始终围绕目标,确保每个学生都能达成目标。

结合五年级《弘扬优秀家风》一课,教师组织学生参观青岛市清廉家风馆。了解并学习了青岛的传统家风、红色家风和新时代家风,开展了一场廉洁家风的精神洗礼。同学们从学习开国领袖们廉洁治家的家风故事开始,先后参观并了解了青岛自古至今涌现的时代先驱和革命先锋们的传统家风、家训以及以国为家的廉洁故事。通过互动游戏和朗诵革命家夏明翰在狱中写给母亲的信,去亲身体会优良家风传承的意义所在。清廉家风馆的学习之旅,让同学们通过聆听、互动和体验等多方位的学习,对家风故事背后"修身、齐家、治国"的立身之道有了更深刻的理解和启发,深刻体会到"良好的家风"是一本多彩鲜活的教科书,能伴随学生健康成长。它虽然没有具体的名目细则,但潜移默化地影响着学生,发挥着育人的功能。

(三)知行转化:从概念认知到具身实践,促进知行深度融合

家风馆参观结束后,各学习小组依据"小主人研学课程"的分工,对活动内容进行整理、分析和归纳,将参观过程中的文字资料、故事、照片以及体验活动,以课件的形式呈现出来,并搜集相关视频。回到课堂上,各小组纷纷上台展示自己的研学成果,通过侃侃而谈的叙述、激情澎湃的朗诵、催人泪下的视频解说、惟妙惟肖的情景表演,让整个课堂充满了对先辈的崇敬和对新时代的赞美之情,增强了同学们的爱国情感、传承意识和民族自豪感。

更为重要的是行动的延伸:学校和家风馆、家委会联合开展教联体协同育人活动暨家庭档案实践课程。家风馆工作人员从家庭档案起源、价值、定义及档案整理步骤等几个方面向同学们进行了耐心讲解,鼓励同学们养成记录和整理成长档案的好习惯。同学们在工作人员的指导,老师和家长的协助下,亲手制作了家庭档案盒,撰写了一封写给未来自己的信,珍藏到档案盒内,约定十年后开启。活动实现了从认知到行动、从学校到家庭的价值观传递与行为养成的闭环。

二、课程特色项目的深度构建:在沉浸式体验中持续生成

(一)解锁密码:架构思维发展的实践阶梯

围绕六年级《科技发展,造福人类》单元,教师组织学生开启"激发科学兴趣，增强创新能力"研学课程，"小主人"们参观青岛市科技博物馆，尽情体验充满乐趣和知识的科技之旅。进入科技馆后，同学们初步了解布局，就被精彩纷呈的科学展示设备所吸引，迫不及待地体验各种科学项目，这样的探索之旅既有趣又能让孩子们学到课堂外的知识，拓宽知识视野。参观结束后，大家热烈讨论神奇有趣的展品，并将所学课外知识和参观感受带回课堂。孩子们通过视频、照片、文字等形式分组展示自己感兴趣的内容，再次重温探索之旅，体会到科技的精妙与深奥，在科学思维上获得启发，学习热情高涨。老师鼓励同学们发挥想象力，大胆构思，绘制心目中的创意飞机并勇敢展示。同学们以小组为单位进行创作构想，并上台展示创意，他们的奇思妙想充满童趣和创新。

为了巩固研学成果，秉承"科技筑梦，强国有我"的理念，助力学生成为新时代的科创人才，学校举办了校园科创节，包含"疯狂科学秀"、"未来星际火星城"创意大赛、"快乐纸境"创享大赛、科普小讲堂、科技嘉年华等，"小主人"们纷纷化身为小小发明家，留心观察生活中的点滴，发挥无限创意，制作出一件件令人惊叹的小发明，通过科技节、学校公众号进行宣讲，不仅展示了创新精神和实践能力，也激发了他们作为对科技创新的热爱和追求。

（二）城市探脉：培育乡土认同与社会责任的沉浸课堂

1. 历史寻踪：观交通发展历程，悟家乡辉煌成就

结合四年级《家乡新变化》一课，教师组织学生以"城市小主人"的身份参观交警支队、青岛地铁展示馆、地铁站、交通博物馆、公交集团等场所，通过工作人员的讲解、学生现场体验等环节，"零距离"了解青岛各类交通的发展史，感受交通新变化和家乡日新月异的发展，孩子们犹如穿越时光隧道般，切身体会到交通安全与社会发展、人民生活息息相关，从一个新的视角了解交通发展的历史，充分认识到交通安全的重要性，同时更欣赏到记忆中的老青岛，感受时代的变迁。孩子们写下了自己作为"城市小主人"的活动感悟，在课堂上将自己的所思所感所悟和对城市未来交通的发展进行了展示交流，传承了红色基因，培养了深刻的爱国情怀。

2. 职业体验：角色扮演，理解社会变迁与职业精神

在辽阳东路地铁站，同学们见到了"全国劳动模范"尹星伯伯。在尹伯伯的介绍下，同学们了解到地铁维修的知识，以"城市交通小主人"的身份进行了地铁的模拟驾驶，体验了地铁驾驶员的工作，随着驾驶装置发出"叮叮哐

哐"的声音,为祖国科技化发展贡献力量的种子,也已种在了同学们的心田。

3．未来畅想：增强家乡自豪感与建设责任感

"小主人"们采访了自己的爷爷奶奶、爸爸妈妈,通过家长们讲述自己的亲身经历,了解了青岛交通的发展历程,并在课堂上将采访素材通过情景表演和照片的形式展示出来,设计了未来青岛交通的畅想图,增强了"小主人"对家乡发展成就的自豪感与未来建设的责任感。

三、教育生态的重构策略：关系翻转与评价革新

（一）学习评价的立体关照：过程与成长并重

课堂教学中,要形成科学评价,应将过程性评价与终结性评价相结合,用评价引导学生在思政学习中学会认知、学会思考、学会践行,这是课堂模式实践的重点,也是难点。从课程学习角度出发,根据课堂要求和学情,尝试设计出思政"研学课堂"学习评价量表。

"小主人研学课程"评价量表

"小主人"研学课程评价表（每项1～10分）	研学前准备	研学过程	研学后成果展示	小组互动	研学有效性	总分
备注	研学前准备：认真参与研学活动,活动过程资料准备充分。 研学过程：积极参与活动,认真学习,努力践行。 成果展示：研学后能够通过活动心得、绘画、照片、宣讲等形式展示研学所得。 小组互动：能和同学们积极互动配合。					

在每场研学课程教学活动结束后,都要对学生进行一个综合性的评价,尤其是对研学课程教育效果的评价。可以在研学课程结束后通过心得体会、主题演讲等方式来完成。需要注意的是,研学课程要注重过程性评价,而不是结果性评价,对每个学生都要关注到位,给他们充分施展才华的空间,才能让他们更加卓越地成长。当学生以宣讲员的身份进行解说时,教育已突破围墙的桎梏,在真实生活中生根发芽。这种"做中学、学中悟、悟中行"的共生模式,正悄然重塑德育的生态图景。

四、"小主人"研学课程实施成效

"小主人"研学课程的实施，使学生的学习积极性和主动性大幅提高，他们不再是被动的知识接受者，而是积极的课程共建者和探索者。在研学活动的情境模拟、任务驱动等真实体验中自主建构道德认知，在团队协作与问题解决中深化责任意识。学生的综合素养也得到了全面提升，不仅在知识储备上有所增加，还在思维能力、实践能力、沟通能力和团队协作能力等方面有了明显进步，研学课程成了学生思政素养生长的"活课堂"。另外，学生对家乡的认同感、对国家的责任感以及对优秀传统文化的传承意识显著增强，培养了深厚的爱国情怀和良好的道德品质。学校也因此收获了家长的高度认可和社会的广泛赞誉，提升了学校的知名度和美誉度，为打造特色教育品牌奠定了坚实基础。

赋能·实践·成长

——基于"小主人"理念的班级研学活动设计与实施案例

高玉洁

当孩子们真正成为研学活动的小主人，他们脚下的路便不再是简单的行走，而是一场释放潜能、拥抱成长的奇妙旅程。赋予学生策划、组织、执行研学活动的权力，让他们在真实的场景中担当主角，这不仅点燃了他们内心的责任感，更在实践与合作的熔炉中，锻造出受益终身的综合素养。我想和大家分享一段充满惊喜与感动的旅程——我和我的班级如何践行"小主人"理念，共同设计并实施了一系列研学活动。这是我和我的学生们共同走过的难忘的故事。

一、缘起：把舞台还给孩子们

记得前几年当班主任时，我发现孩子们参与班级活动时，眼神里常常带着一丝"等待指令"的茫然。传统的研学活动，总是我在前面张罗，他们在后面跟着，热情尚存，但那份主动担当的火花，未曾被点燃。直到杨校长来到博文，她倡导"好的教育，一定是把学生带进完整的生活世界中，为孩子们提供自主体验完整的教育生活的可能。"杨校长提出将研学活动的主动权交给孩子，为孩子们的成长奠基赋能，这也正是陶行知先生倡导的"生活即教育"。一个念头在我心中越来越清晰：何不真正放手，让孩子们做自己研学活动的"小主人"？把"小主人"的理念，从口号变成脚踏实地的实践。

于是，一个大胆的想法落地了——成立"研学小主人委员会"。我在班里发布了"招贤令"：策划总监、文化大使、活动记者、安全督察、宣传主编……岗位名头响亮，职责明确。孩子们的眼睛瞬间亮了！他们根据自己的兴趣和特长，踊跃报名、发表竞选演说，全班同学投票选出我们的"研学核心委员会"。

班会课，我郑重宣布："我退居二线，当顾问、协调资源、守好安全底线，活动的策划、组织、评价大权，交给你们啦！"看着孩子们挺起的小胸脯，我便得知"小主人"的种子已经在土壤中生根发芽。

二、实践：小主人们"当家作主"的精彩瞬间

我们的研学之旅，就在这份信任中扬帆起航。每一次活动，都是由"研学核心委员会"驱动，全员深度体验的项目化探索之旅。

第一站：拥抱秋日暖，游赏欢乐行

我们的"策划总监"小吴同学可忙坏了！在我划定的安全区域内（青岛世界园艺博览会），他和委员会的小伙伴们脑力激荡，设计出三大任务："中华园探秘"（了解中国文化）、"野餐总动员"（共享游园欢乐）、"童心献祖国"（献礼祝福祖国）。秋游那天，小吴化身"小领队"，带着小组打卡三大任务；"安全督察"小张像个小卫士，维持秩序，随时准备应急联络；"宣传主编"小李则拿着相机和本子，捕捉每一个欢乐瞬间。我呢？更多是在外围巡视，确保安全，随时提供支持。看着孩子们有条不紊、欢声笑语地完成任务，那份由内而外的自信和满足，比秋日的阳光还暖。

第二站：问道传统太极文化，悦享博园健康生活

这次，研学核心委员会的小主人们把目光投向传统文化——太极。他们主动联系吴式太极传人王瑶章老人，精心策划"问道太极""养生老人""展演推手"三大任务。走进王爷爷古朴的小院，孩子们安静地听他讲述太极的精髓，认真地学习盘坐，感受那份"持之以恒"的静气。当孩子们和家长在王爷爷指导下体验太极推手，那种力与美的和谐，那份专注与放松交织的奇妙感觉，让所有人沉醉。那一刻，我看到"崇尚健身、追求健康"的种子，悄然在孩子们心中萌发。

第三站：弘扬中医文化，国粹魅力润童心

这一次，挑战升级！小主人们在家委会协助下，联系本地一家中医馆。他们反复沟通，最终敲定"深度了解中医""艾灸初体验""推拿小能手""巧手制香囊"四大研学任务。走进弥漫着草药清香的中医馆，孩子们在小主人们的引导下分组行动：辨识药材、感受艾灸的温热、学习简单的推拿手法、亲手制作防疫香囊。看着他们专注的眼神、小心翼翼地操作，听着他们发出"原来是这

样！"的惊叹，我知道，中医药文化的博大精深，已不再是书本上遥远的文字，而是他们指尖触碰到的温度与智慧。

第四站：家风馆里寻根，美德永传承

"文化大使"小刘同学这次挑了大梁！她提前收集了许多关于家风家训的故事和资料。我们在研学委员会小主人们的带领下，走进青岛市清廉家风馆。在那里，小刘带着大家了解青岛的古今家风故事。她设计的"寻找优良家训"小游戏，让枯燥的历史变得生动有趣。最动情的是，当"宣传主编"小赵组织大家朗诵革命家夏明翰在狱中写给母亲的信时，现场一片寂静，许多孩子眼眶泛红。那一刻，"家国情怀""责任担当"这些词，有了沉甸甸的分量。我负责营造温暖的分享氛围，听着孩子们发自肺腑地谈论自己家的"小规矩"，那份传承的力量让我动容。

第五站：海军博物馆，铸就强国梦

这次活动，是"策划部"和"宣传部"小主人们的强强联手！他们提前研究海军发展史，筛选重点展品，精心设计"馆藏探秘""铁翼雄风""致敬海军"三大任务。参观当天，经过选拔培训的"解说小主人"们闪亮登场，他们站在威武的战舰模型或珍贵的历史文物前，自信流畅地为同学们讲解，那份认真劲儿俨然是专业的小小讲解员！"宣传主编"则用镜头和文字记录下感人的瞬间。在英烈墙前，委员会的小主人们组织全体同学举行庄严肃穆的致敬仪式。看着孩子们挺直的脊梁和崇敬的眼神，深刻感受到国防教育的意义在他们心中扎根。我站在一旁，被他们那种高热度的学习效果所为之震撼。

三、收获：看得见的成长与沉甸的思考

这一路走来，孩子们的蜕变让我惊喜不已：

赋能的力量超乎想象！小主人们迸发出的自主能量令人惊叹。为了优化秋游路线，"策划部"的小伙伴们放学后主动去踩点；为了联系中医馆，他们一遍遍打电话沟通；"宣传主编"小王精心编辑每一篇活动报道；"解说小主人"为了讲好海军故事，查阅的资料比我还多！

实践是能力最好的磨刀石。在中医馆，他们锻炼了观察力和动手能力；在家风馆的互动游戏和朗诵中，提升了沟通表达和共情力；海军博物馆的解说角色，历练了信息搜集、整理和公开演讲能力；整个委员会的运作过程，更是全方位培养了他们的规划、组织、协调和解决问题等"管理"能力。这些能力，在课

堂里很难如此立体地获得。

成长，悄然内化于心。我清晰地感受到孩子们对传统文化认同感的增强，那份爱国情怀也更加深厚、具体。通过承担具体的职责，他们真切理解了什么是"责任"与"担当"。班级的凝聚力在一次次共同完成任务中空前提升，"协作"不再是一个词，而是一种习惯。

当然，这段旅程也伴随着思考，指引着我们下一步的方向：

放手，但不意味着撒手。像联系中医馆这样需要社会经验的任务，孩子们一开始确实遇到了困难。家委会和老师的"脚手架"支持必不可少。未来，我们研学活动前会增加"实战技能培训"，比如电话礼仪、基础沟通技巧，并提供更清晰的资源对接指南，让孩子们在"赋权"中更有底气。

让每个孩子都成为"主角"。委员会的核心成员得到了充分锻炼，但我也注意到，部分孩子在任务执行中参与深度还不够。下一个目标，是推行"项目角色轮流制"，确保每个孩子在不同的活动中，都有机会担任核心角色，点燃更多的小火苗。

让童年的成长有迹可循。目前的评价更多是感性的观察。下一步，我们想引入数字化工具，比如用班级微信公众号记录学生成长足迹，和家长一起，为每个"博雅学子"建立专属的"研学小主人电子成长档案"，让那些珍贵的实践过程、能力的提升变得可记录、可呈现、可回味。

四、前行：让每个生命绽放光彩

回顾这五次主题鲜明的研学活动——从秋游的欢畅，到太极的静悟，从中医的博大，到家风的传承，再到海军的荣光——我们生动地实践"赋能·实践·成长"的"小主人"理念。它让我坚信：把活动的主权真正交还给学生，让他们在真实、多元的实践中担当主角，是激发内在动力、锻造综合素养、实现生命成长的"活"教育。

"研学小主人委员会"的机制、项目化任务驱动的策略，就像是搭建的"脚手架"，为班级研学活动带来核心的力量。未来，我将继续深耕"小主人"理念，拓展实践的疆域，细化支持的方法，让教室里的每一个孩子，都能在成为"研学小主人"的旅程中，真正成长为心中有梦、眼中有光、肩上有责的时代新人！这条路，我和我的"小主人们"，会坚定不移地一起走下去。

小脚丫走天下

——我们班的研学故事

袁　静

在新的教育形式下，丰富多彩的研学活动受到小学生的喜欢。研学以天地为卷，万物为书，让教育从"书本世界"的研读，延伸到"山川湖海"的实践。丰富多彩的研学活动，让知识在一个个现实情境中"活"起来，让成长在一次次躬身实践中"深"下去。

一、打破认知边界，开辟"第三课堂"

我们的研学活动将自然、社会、文化转化为立体的"无字之书"，带孩子们走入看得见、摸得着的"真"探究之旅。

自然课堂为孩子们打开了探究自然的大门。"六一"儿童节，孩子们来到了八大关和中山公园，"探寻八大关，聆听老故事"。学生边走边看，探寻建筑背后的历史，感受它的自然风貌、品味它的人文情怀。极地海洋公园里，孩子们竖起小耳朵倾听极地动物的叫声，瞪大好奇的小眼睛观察海洋动物的生态环境、生活习性，不知不觉中树立起保护海洋资源的意识。

社会课堂带孩子们走入城市文明发展的旅程。同学们来到青岛市规划展览馆，聆听青岛城市百年规划，畅想青岛美好未来；走进青岛市中级人民法院，"走进法院，零距离感受法治文化"，聆听法官用通俗易懂的语言耐心细致讲解法院工作职能；踏足崂山烈士陵园，参加庄严肃穆的祭扫纪念活动，先烈们的英勇事迹深深触动着每一颗幼小的心灵，每一份深切的感悟都汇聚成一股股澎湃的力量。

劳动课堂是孩子们体验劳动、认识劳动的新天地。在太平山半山腰，同学们参加了植树节实践活动。他们个个热情高涨，挖树坑、扶树苗、填土、浇水……在劳动实践中收获了知识，为岛城增添了绿色，净化、美化了环境，更在孩子们心里洒下爱护花草树木、保护环境的种子。孩子们兴致盎然地走进青岛科技宫鲁班木作堂里，开启了一场由传统木艺与现代教育理念交织的研学活动，他们在实践中感受了传统木艺的独特魅力。

二、搭建自主管理彩虹桥，开启"分层自主实践"

研学旅行不仅是一次增广见闻的旅行，更是孩子们在自主管理实践中提高能力的重要契机。

准备策划阶段学习自主规划。研学旅行前，引导孩子们独立准备行囊，并通过查阅资料，设定个人目标。带着问题去旅行，提高学习的主动性。

旅行途中开展自主学习。在城市规划馆、市中级人民法院、八大关景区等地，引导孩子们通过自主记笔记、整理思考，而不是一味地被动听讲。乘车过程和走路队时，路队管理员和班级安全员履行管理岗位职责，文明礼仪管理员及时发现、纠正不文明行为。

研学探究中学习团队合作。祭扫革命烈士陵园和太平山公园植树研学中，都是分小组集体活动，小组内设置组长和观察员，面对突发情况，孩子们可以主动沟通，分工合作，增强团队意识。

研学总结养成独立思考的习惯。用制作手账、标注成长树等形式，引导孩子们分享个人收获，反思研学中的不足，制订改进计划，从而提高自主管理的能力。

三、投入"自主成长熔炉"，淬炼生命的韧性

研学活动的"不确定性""挑战性"，恰恰可以成为塑造人格的隐性课程。

研学——集体教育的延伸。太平山植树节活动中，同学们三五一组配合默契，小小的身影忙碌着，不一会儿，种下了一个小山坡的树苗。看着变了样的小山坡，孩子们体验到了成功的喜悦，也感受到了团队合作的巨大力量。

研学——挫折教育的试验田。走进法院来到法官身边，学习掌握遇校园欺凌、突发危险等情况时的自救方法，通过"我的身体很珍贵、伤害同学要担责、挫折委屈会过去"三大板块实际案例，进一步树立了法治意识，增强了法治观念。

研学——责任教育的主阵地。崂山烈士陵园祭扫活动中，孩子们在缅怀先烈的同时，也懂得了自己的使命与担当，表达了为中华民族伟大复兴而努力

奋斗的决心！

　　三年，孩子们的小学时光已过半。在这三年里，孩子们迈开自己的小脚丫，走在研学青岛的旅途中，这是一次次生命与世界的本真相遇。当他们用稚嫩的小手，为小树培土，为城市添绿，通过和现代科技的互动，从不同视角、多个维度、立体综合地感受青岛多元的美丽，与法官、特警女警官互动，"零距离"感受到法律的庄严与神圣，走到烈士墓前，诚挚地献上自己亲手制作的小花时，他们得到的，不仅是知识，更是对自然的敬畏、对文明的向往、对未来的行动力。小主人研学，展现了教育最动人的模样！

第三节 | 学生实践报告

城市小卫士

2020 级 4 班　王锦玉

上周，我们全班同学在老师的带领下，来到中山公园开展研学活动。站在公园的高处，海风像妈妈温柔的手拂过面颊。眼前，是青岛最动人的画卷：红彤彤的屋顶在绿树丛中跳跃，碧蓝的大海拥抱着金色的沙滩，洁白的海鸥唱着歌掠过浪尖。这红瓦绿树、碧海蓝天，就是我们青岛最闪亮的名片！

研学过程中，老师告诉我们青岛这些年的变化。我惊讶地发现，这座我从小生活的城市，就像一位神奇的魔术师，每天都在变出新花样！作为这座城市的孩子，我深深爱着这片土地，也萌生了一个想法：我要做一名守护她的小卫士！

我知道，为了让这张名片永远闪亮，大人们付出了很多努力。听爸爸说，为了赶走讨厌的"雾霾怪"，我们关停了污染大的炉子，改造了农村取暖方式，让老旧的大货车"退休"，现在呼吸的空气，连续几年都是"优等生"！还有那些我们平时扔掉的"垃圾"，它们可不再是废物了。整个城市都成了"变废为宝"的模范生，绝大部分的工业废品找到了新工作。这些成绩单，让我这个小卫士倍感骄傲！

可是，就像阳光里偶尔也会飘过一丝灰尘，我们美丽的青岛，也还有一些地方需要更用心地擦亮。小卫士的眼睛发现了一点"小烦恼"：

马路上，虽然大部分汽车都乖乖的，但有些老旧的、冒着黑烟的车（还有那些在工地里"突突突"响的大家伙），像不守规矩的"小烟囱"，偷偷污染着空气。

看着这样的"小烦恼"，我的"小卫士锦囊"里装满了建议：

　　管好路上的"小烟囱"和"小调皮"：交警叔叔、环保阿姨，还有无数热心的市民们，请你们携起手来！一起把那些冒黑烟的车找出来"治病"，把工地上那些"突突"响的机器登记清楚。节假日的时候，更要一起守护好这片宁静的天空。

　　当然啦，守护家园不能光靠建议！我这个"城市小卫士"，更要从身边的小事做起，用行动擦亮青岛：

　　我的小脚丫，选择"绿色出行"；

　　我的小手，做好"垃圾分类"；

　　我的小嘴巴，传播"绿色能量"。

　　我会把学到的环保知识告诉身边的每一个人，邀请他们一起做环保志愿者。捡起一片垃圾，种下一棵小树，都是我们对青岛的爱！

　　我相信，每一份真诚的守护，就像夜空中的一颗星，汇聚起来就能照亮更美的世界！红瓦绿树、碧海蓝天，让我们每一个"城市小卫士"，都行动起来，共同守卫我们美丽的家园！

青岛路牌 "要说话"
——我的研学手账

五年级八班　赵泽瑜

　　嘿！小伙伴们，你们知道吗？最近我们学校组织了一次超级棒的研学活动，我们去了青岛城市规划馆，看到了好多关于我们青岛未来的酷炫规划！这次的经历，简直就像打开了一扇神奇的大门，让我对青岛有了全新的认识，心里还冒出了好多奇思妙想呢！

　　一走进规划馆，我就感觉自己像穿越到了过去，亲眼看到了青岛从一个小渔村变成了现在这颗闪闪发光的海上明珠！你们能想象吗？那个曾经藏在海浪里的小村庄，现在已经成了举世闻名的 "帆船之都"！青岛已成为无数人向往的避暑胜地！每到盛夏时节，都有那么多的大朋友小朋友来到我们青岛，观日出海上，鱼鸥戏浪，访寻常巷陌，情暖义长！

　　如今，AI 智能的确十分方便，帮大家订车票、找美食，省时省力！不过，作为从小在青岛长大的孩子，我忽然有个小想法：要是咱们的路牌也能 "聪明" 起来，变成 "会说话的青岛小导游"，那该有多好啊！

　　想象一下，在栈桥边、八大关的小路上，或者人挤人的台东步行街，立着些带屏幕和二维码的智能路牌。游客们或者是像我这样偶尔迷糊的本地小路痴只要拿手机一扫，或者直接对着它问："喂，青青同学（假如这个 AI 叫青青），去最近的地铁站怎么走最快？" "附近有什么好吃的好玩的地方吗？" "这栋老建筑有啥故事？" 等等，它就能用咱青岛话或者普通话甚至世界各国的语言（毕竟还会有很多外国游客嘛），清清楚楚地告诉你！不仅如此，它还能显示实时公交地铁、青岛名胜介绍、近期天气预报，甚至还能提醒你："前面网红烧烤店排队老长啦，拐角那家本地人常去的也不错哦！" 或者 "浪大，注意安全！" 这样，大家玩得更明白、更安心，迷路、找不着厕所、排冤枉队的烦心事儿就会少多啦！

我最喜欢的是它们会讲故事！当你站在老建筑前，它会像童话书一样讲述："很久很久以前，这里住着一位民国时期了不起的大文豪……"听得我都入迷啦！

有了这些会说话的路牌，青岛就变得更可爱啦！它们像一个个小精灵，把青岛人的热情好客传递给每一位游客。我的家乡不仅有美丽的大海，还有最贴心的"数字小伙伴"！

我相信，未来的青岛一定会像童话里的魔法城堡一样，用科技和温暖让每个人都爱上这里。这颗"海上明珠"，正在无数青岛建设者的奇思妙想中，变得越来越闪耀呢！

第三部分
成果辐射篇

从"规范创新"到"品质深耕"
办一所有内涵、有品质、有温度的优质学校

杨　伟

青岛博文小学创建于 2012 年,现有 46 个教学班,学生 2 000 余人,教师 112 人。近年来,学校始终坚持以"办老百姓家门口的优质好学校"为目标,立足"博悦童年·赋能未来"的办学理念,规范办学更科学,教学质量更优化,全员育人更深入,家校协作更密切,学校呈现出特色办学、优质发展的良好态势,已经发展成为区域内的一所高质量发展优质学校。

一、精进臻善,博雅体系孕育优质化发展新样态

博雅办学有思想、有内涵。一所学校的崛起,首先得益于崭新的教育思想和办学理念。学校秉承"博悦童年·赋能未来"的办学理念,把育人的核心定位在"学生发展为本""教师发展第一",以儿童为原点,以教师为动力,以核心素养为根本,以美好品格为生命底色,建构并完善"博雅教师—博雅教学—博雅学生—博雅德育—博雅校园"的博雅文化体系,赋能"项目驱动—多维互动—主体自动"的成长共同体教育生态的形成,助推学生自我成长、自我实现和自我超越的个性化发展,形成由学校、家长和社会共同参与的素质教育新格局,为每一个学生未来成长奠基赋能。

二、奋跃向上,博雅团队激发优质化发展新活力

博雅教师有爱心、有干劲。教师是学校发展的第一硬件。我们以"积淀深耕"为核心,切准干部教师成长的"关键点"。全面启动"校长讲坛""干部、

教师效能培训"，高度统一全体博文人的行动纲领。全面实施"青蓝工程"，开展"三力"行动计划，落实四环联动的工作策略，建立专家驻校指导工作机制。创建名师工作室、青年成长营、教师成长联盟三个学习型教师团队组织，给不同的老师一个协同发展的平台，拓宽青年教师"入格"、全体教师"升格"、校园名师、骨干教师"风格"的成长途径，助力教师专业成长。

学校依据"修身与立德并重，素养与格局双修"的培养原则，通过师德师风建设铸师魂、排头兵引领提效能、青年成长营研修厚积淀、校长助理跟岗实践强素质等形式不断提升教师队伍的专业化发展水平，努力打造一支具有优雅儒雅气质，具有书卷风范，透着知识、智慧和谦逊亲和魅力的教师团队。

三、深耕前行，博雅教学激活优质化发展新动能

博雅课堂重研究、有品质。学校搭建"真学习、真研究、真反思、真提升"的专业化学习平台，举办高水准的校园学术节暨博雅教艺节，通过教与学方式的双向变革与提升，撬动课堂教学提质增效，涌现出一批可借鉴推广的区优秀教学法，学科专业发展实力均衡，语、数、英、音、体、美教研组全部获评区优秀集备组，学校荣获"市北区第二届教师读书节"先进学校称号。同时，着力在教育"双减"中做好科学教育加法，荣获"市北区首批科学教育实验校"，并作为市北区唯一代表推荐参加青岛市 STEM 协同创新联盟校评选。

学校立项的山东省教学研究重点课题"立德树人视域中的'小主人'课程构建与实施研究"圆满结题。将立德树人融合于学校生活、班级管理、学科活动和社会实践中，激发学生自我意识觉醒和主体参与。通过近几年坚持推行"博雅小讲师"智慧自主课堂的持续改革和锻造，以"入门级小讲师—进阶级小讲师—博士级小讲师"三阶五级的发展路径，引导助力学生们在课堂上成为博学乐学、合作互助、勇于探究、勤于思考的"小主人"。经过五年的探索实践，教师和学生的变化是巨大的，有效地实现学科教学向学科育人的转化与迈进。

四、向上向阳，博雅育人助力优质化发展新突破

博雅学子有素养、有成长。学校遵循培育与强能、健身与怡情、人文与科学、共性与个性完美结合的教育原则，五育并举，培养"有修养、有气韵、有家国情怀与国际视野的博雅好少年"。深入推行"十个一"，突破时空界限，给学生提供广阔的延展发挥空间，促动学生主动、自主、多元化发展。学校蹦床社

团作为山东省唯一代表队,勇夺"2023年全国蹦床体教融合比赛"一等奖;棒垒球、女子足球队夺冠,均实现市北区历史性突破。舞蹈社团荣获区一等奖并应邀参加区"六一"文艺汇演……学校喜获"山东省体操类项目体教融合示范特色学校""青岛市教体融合示范学校""青岛市五运会市北区突出贡献单位"。成功承办了《市北区校园足球发展三年行动计划发布会》。孩子们徜徉其中,挥洒快乐,尽情释放少年儿童独有的天性和色彩。

五、开放兼容,博雅文化催生优质化发展新作为

博雅关爱全方位、有温度。通过创造有温度、有品位、有文化的贴心服务,将学园打造成孩子们喜欢的温馨乐园。

饮食健康负责有力度。学校坚持"五心"级服务标准,高水准全面打造"师生满意、家长放心、社会好评"优质食堂。'惜味园'音乐餐厅,融入"小帮厨"小主人自主管理,将食堂变学堂。学校食堂先后被评为山东省中小学校星级食堂、山东省营养与健康学校、山东省清洁厨房。

爱眼护眼推动有亮度。成功承办《青岛市儿童青少年近视防控工作会议》并作典型发言。市教育局推广学校"爱眼护眼趣动长廊""爱眼小屋""近视防控综合实践创享微课程"独家创编的《博雅手眼操》等创意做法。师生应邀参加山东省"爱眼日"主题推进活动,省专家团一行到我校参观学习,学校成功入选"山东省儿童青少年近视防控试点学校"。

学生所需落实有温度。每学期博雅学子拥有专属开学大礼:每名学生获赠安全小黄帽;雨季放学,老师自发撑起雨伞护送学生;六一节,为学生分发"博园爱心雨衣""爱眼桌垫""爱眼抱枕""校园吉祥物";寒暑假"A城寻宝"主题童趣作业,让孩子们探宝强能,乐此不疲。学生在这里享受到的——不单单是学业素养的提升,更得到全方位的童年关爱与温暖,从而获得综合素养全面发展。

校园文化建设有厚度。校园文化建设是一所学校建设的灵魂,它会使学校拥有一种独特的气韵,潜移默化地影响着每一个学生的成长。近几年,校园文化建设不断升级。每一处精心的设计,每一层教学楼中都展列着孩子们的创意作品,让孩子们在自己擅长的领域发光发热,为校园文化"代言",成为学校文化精神的体现。

家校合作共育有实度。学校创办"幸福妈妈俱乐部",协办"市北区家校社协同育人实践基地挂牌式"。学校微信号和视频号全年度始终秉承高品质、

高频率、高水准的教育合育新样态，日复一日向家长们、向社会、向社区传递学校每天发展的讯息，传播博文好声音。每年一册的年鉴，定期出刊的校报，极大地拉近了家校距离。家长社区居民们走进开放的博园，零距离感受到学校发展的日新月异，家长满意度快速提升。

近几年来，在区局领导下，在全校师生共同努力下，学校实现飞跃式发展，先后荣获各级各类荣誉四十多项，2022、2023 年度蝉联市北区高质量发展考核优秀单位。

回顾过去收获满满，展望未来，我们信心满怀。教育是最廉价的国防！秉承为党育人、为国育才的育人方向，今后我们将继续深耕前行，努力打造高品质的优质好学校，为学生终身发展奠基赋能，为大市北的教育发展做出我们应有的贡献！

——2024 年 8 月，在市北区教体系统暑期工作会议中，
杨伟校长作为小学唯一代表发言材料

同心谋发展　满意在博文

——青岛博文小学提升满意度工作交流材料

杨　伟

　　近几年，学校的办学规模不断扩大，学校现有 41 个教学班，在校学生 1800 人。在区局大力支持下，学校坚持以"办老百姓家门口的优质好学校"为目标，扎实创新，锐意改革，学校呈现特色办学、优质发展的良好态势。但随着近几年生源激增，学校连年扩班，新教师补充集中，加之一些历史遗留问题，学校发展遇到了前所未有的新问题、新挑战。学校坚持以问题为导向，不断调整管理思路，优化育人模式，守正出新、破局深耕，让博雅育人更有温度，让博园发展更有内涵。学校今年的满意度工作迎来历史性突破和提升。

一、直面问题，双向赋能——让家校社合育渠道真正"通"起来

　　提升满意度工作最重要一环是班主任有效的家校沟通。学校全面剖析以往满意度提升工作存在的问题，结合重点区域学生情况摸排、班主任专业能力摸排和重点难点问题摸排，梳理问题清单，有的放矢破解家校沟通的实施"痛点、堵点"。学校数次召开满意度工作专题培训会，特别邀请了区教体局有效家访课题研究组成员入校培训，面对面向老师们传授非常接地气的家校沟通经验，帮助班主任理清了"教师怎样访、采用什么方式访和为什么访"的认知困惑和方法策略。同时精准施策，针对班主任情况开展多层次结对帮扶，如新入职班主任与年级主任结对；新任班主任与上任班主任结对；问题班级班主任与学校干部结对，做到提前跟进指导，防患于未然。

　　实践证明，改革每前进一步，都是对旧有格局的打破。扎实而富有实效的培训与帮扶指导，给老师们的家校沟通带来强大助力。由于做足了功课，老师们信心满满，家访形式、地点和时间视家长的需求而定。许多教师甚至主动自

发牺牲国庆假期、休息日、下班后休息时间进行入户家访,疫情形势下,入户家访率全校达到 53.2%,线上家访率是 46.8%,实现百分百全员家访。

学校非常重视家访和沟通过程中,家长意见的收集、处理和反馈,不放过每一个合理化需求和建议。比如,接到一年级家长提出学校是否像有的学校那样,设立午休室的诉求后,学校立即将中午 12:40—13:20 的时间定为"午间小憩时光",在因连年扩班已无空余教室情况下,优化育人环境,主动为每个一年级学生赠送了可爱的卡通形象午睡抱枕。在向家长说明了情况和替代方案后,家长感动地说:"原本只是说说,没想到学校这么快就给了我们答复,我们不仅看重问题的解决,更在意学校对家长建议的态度。孩子说她很喜欢学校送给她的抱枕,把孩子放到这样的学校我们放心满意。"

学校还通过党员双报到、招生政策宣讲、参与社区纳凉晚会、组织幼小衔接、定期发布视频号等形式,及时向社会宣传办学成果和动态,加强与社区和周边百姓的密切联系,及时了解社情民意,形成了家校社协同育人的良好局面。

二、回应关切,主动作为——让学校高品质发展真正"优"起来

学生学得怎么样、老师教得怎么样、孩子的个性特长是否得到充分发展,家长、社会关注的热点,也推动着学校将品质做优。由于疫情影响,传统的校园开放受到限制,学校充分利用互联网+主动作为,积极回应家长关切。

(一)用好媒体资源,传播博文好声音

学校创造性地利用微信公众号,每月一期的校报、每年一册的年鉴,及时宣传学校发展动态。让家长更精准、更人文地看到学校经年累月的发展与变化,极大地拉近了家校距离。学校文化影响带动家庭文化,学校官方微信后台每天都会有家长自发留言,盛赞学校的用心做法,让我们备受感动!

(二)开展好线上线下教学,展示博文好形象

今年疫情形势复杂多变,学校变困境为机遇,创造性地开展"好课在云端,开放在线上"家校开放周、师生素养展示月,将每一次线上教学,都当作学校教育教学开放的绝佳时机。想学生之所想,急家长之所急,提前谋划,统筹安排。线上教学中,学科教研时时展开,课程研发不断推进,全校 41 个班精心研磨、倾心服务,不让一个学生掉队。每一堂线上课,老师们都用心上成了家长开放课,让全程在线陪读的家长放心满意。实行教学资源三轮审查、干部巡

检、"十佳"评选,通报反馈形成闭环管理,用稳健扎实的教学风格夯实教学质量,赢得家长赞许。

此外,对于独自居家的学生,学校还进行了专门的调研反馈与温馨帮扶,沟通关爱之间,架起了家校共育的坚固桥梁……在学校线上教学质量家长问卷调查中,全校家长参与率达 100%,整体满意度、学科教学评价、居家劳动、心理健康方面满意度均达 99% 以上。

"非常满意"的背后,是学校克服人数多、体量大的困难,破局深耕所做的大量工作的成果,是学生、家长对学校办学品质的高度认可与支持,也是对学校和老师勤勉付出和深沉爱意的真情流露。

三、守正出新,积淀深耕——让博文办学品牌真正"亮"起来

家长高信任度和满意度的建立,绝非一日之功,更不是一阵风,更多的是依靠平日点滴的积淀与深耕。近年来,学校始终立足"博悦童年·赋能未来"的办学理念,着力打造有爱、有温度、有智慧的"博雅"教育品牌,切准干部教师成长的"关键点",为教师赋能。开展"校长讲坛""干部教师效能培训会",建立 PDCA 闭环管理模式,成立"青年教师成长营""青蓝工程""名师团队",让每一位教师都成为家长心目中的优秀教师。

立足常规的基础夯实性工作,为学校发展积淀了充足的底能。与此同时,学校通过创造有温度、有品位、有文化、高人文性的贴心服务,将学园打造成乐园。如:学校精心改造的食堂,一改沉闷单调,变成孩子们喜欢的梦幻色彩,加之小帮厨的融入,小主人自主管理,将食堂变学堂,同时荤素搭配营养均衡的饭菜,让学生吃得饱、吃得好、吃得健康、吃得满嘴留香,让家长们特别放心安心,呈现出一道亮丽的风景。食堂惜味园也荣登校园十大美景榜首。另外还有开学伊始,每名学生获赠安全小黄帽;雨季放学,老师自发撑起雨伞,护送学生离校;六一节,为学生分发"博园爱心雨衣""校园吉祥物";寒暑假"A 城寻宝"主题童趣作业,让孩子们探宝强能,乐此不疲……如此温馨的画面,时常在博园里发生,学生在这里享受到的——不单单是学业素养的提升,更得到全方位的童年关爱与温暖,从而获得综合素养全面发展。学校品牌在细节处彰显,赢得了家长广泛赞誉。

在全校师生家长共同努力下,学校近三年取得了长足发展,学校惠及学生的各项优质发展教育成果,赢得了家长沉甸甸的信任。

教育是最大的民生！今年适逢党的二十大胜利召开，又是博文创建十年校庆。站在时代发展的关键时期，回顾过去收获满满，展望未来，全体博文人激情满怀。我们将以奋斗之笔，创建一流学校，继续努力办家门口的优质好学校，为学生终身发展奠基赋能！

——2022 年 12 月，在市北区中小学提升满意度工作会发言材料

假期多元作业宝箱，赋能学生博雅未来

——青岛博文小学假期博雅作业设计改革案例

杨 伟

一、假期博雅作业设计背景与思考

2021 年 7 月国家"双减"政策再次强势落地，政策解读中我们能品读出壮士断腕的信心，看得到一改到底的决心。也让教育人在仔细研读政策文件的同时，循着国家给出的教育引导与方向去思考与探究：什么是教育？教育究竟应该培养什么人的核心命题。回到原点的追问，才能让我们看到功利化、短视化下的教育的非正常状态，才能让教育工作者、社会与家长从混沌焦虑到逐渐理解的配合。路很漫长，但在脚下。

作为"双减"首要任务是减掉学生过重的课业负担，从而保证学生更加主动活泼学习，健康快乐成长。作业改革如何做到减量不减质？如何将学校课内所学，向课外延伸和补充？如何改变"一多、二空、三无效"，以多元化作业引领学生度过一个主动参与，愉悦丰实的假期？……我们做了深度思考。

根据《关于进一步减轻义务教育阶段学生作业负担和校外培训负担的意见》《青岛市义务教育学校减轻学生负担工作实施方案》精神及要求，我校从促进学生全面发展的角度出发，立足实际特色，开启了"多元作业宝箱，赋能博雅未来"为主题的青岛博文小学假期博雅作业设计改革，改变传统枯燥的习题式作业，以丰富有趣和个性化的创意设计，创造一个弹性、开放、多元的自我发展空间，引导学生玩转假期，得到自己的成长新动能。

二、假期博雅作业释义与体系架构

（一）释义

假期博雅作业——包括周末作业、小长假作业和寒暑假作业。通过开放性、探究性、趣味性、实践性、创新性的多元作业设计原则，强化对学生身心健康发展、品质发展、学业发展，以及审美素养、劳动和社会实践等综合素质的培养和熏陶。博雅作业贯穿学生的假期和周末，弥补了日常作业中因时间局限而难以全面覆盖的问题，并有效连接课上课下、校内校外，实现了课堂学科育人的延伸和补充，更为学生在假期拓建了自我完善和个性化发展的广阔舞台。

（二）体系构建

假期博雅作业遵循"五育并举"，在设计上涵盖：两维度、五领域、十项目、三阶段。

两维度："学科拓展，提升素养"

"修身健体，赋能未来"

五领域：人文素养、家国情怀、艺体熏陶、实践发展、情志修炼。

十项目：涵盖文学阅读、数学益智、英语交际、科学探究、体育健身、艺术培养、劳动实践、志愿服务、研学旅行、修身养德等多元内容，把知识与技能、过程与方法、情感态度价值观三维目标的培养贯穿于其中。

三阶段：贯穿作业前、作业中、作业后。

作业前，赋能学生以时间、以空间、以能力；

作业中，赋能学生以信心、以创意、以热情；

作业后，赋能学生以评价、以激励、以反思。

通过假期博雅作业体系的构建，全面关注学生主体发展的内在要求和成长差异，将本该属于学生自由探索、身心健康发展的时间还给学生，促进其全面而有个性的发展。

三、博雅作业设计案例

在假期博雅作业体系的指导下，我们连续五个假期开展了作业探索实践，全校以"A 城寻宝"主题，开展跨年级跨学科假期作业教研大讨论，征集建议、设计活动、搭建平台、完善评价。下面主要介绍一下假期成长作业"A 城寻宝"主题案例。

在进行设计时重点做到"五个注重"：

注重渗透多元文化（节日文化、传统文化、地域文化）："A"城寓意一座美丽之城、一座神秘之城、一座荣耀之城，这里的博雅小主人都是全能"A"等级优秀的城市建设者。通过博雅作业的设置，赋予了作业新的意义。让学生以小主人的身份自主参与其中,变"要我做"为"我要做",引导学生乐学善学、发扬特长,在开启"作业宝箱"的过程中,收获成长,寓教于乐。

"A城寻宝"主题涵盖了假期博雅作业体系的十个不同板块,各有其指向性和核心素养点,旨在从单一课程走向融合课程,从整体一维发展走向个体多维发展。主要分为四个层面:

注重融入社会生活(居家劳动、社会实践、社会观察);

注重调动综合感官(视听演唱画等多感官参与);

注重探究创新体验(思维、习惯、方法);

注重分层趣味设计(必选、自选、闯关)。

(一)注重渗透多元文化(节日文化、传统文化、地域文化)

雅读静气,"语"你相伴:

夯实文学基础,提升阅读素养。一、二年级学生争当小小故事家,选择喜欢的中英文绘本,录制趣配音、亲子故事短剧表演;三、四年级学生争当小小创意家,尝试原创一本属于自己的绘本,借助童趣的文字、丰富的画面,展示创意无限;五、六年级学生争当小小书评家,读经典,与圣贤同行、与智慧同行。老师结合假期节日特色、家乡年俗特色、各地风土人情等主题推荐书目,引导学生从生活中寻找兴趣点广泛阅读,在不同的年龄阶段、学习水平、知识领域潜心阅读研究,把阅读与生活结合起来,引导学生理解内化。

(二)注重融入社会生活(居家劳动、社会实践、志愿服务)

手脑并用,知行"合"一:

无劳动,不成长,设计劳动作业是假期必不可少的。学校逐渐形成完善了博雅家务劳动作业清单,引导学生利用周末、假期,亲历劳动过程,主动承担家务,提升育人实效性,实现知行合一。如:高年级和爸爸妈妈"学会做九道菜",中年级帮助父母过年除尘打扫,低年级整理好自己的小房间和书桌,学会洗内衣袜子等等。在体味劳动艰辛与快乐的同时,增进了亲子感情,学会感恩父母。

动手实践,乐趣无限:

亲历实践过程,让每个学生有所"为"、喜欢"为",在探究中提升综合能力。学校设置以科学实践为主题的特色生活作业,如生豆芽、种韭菜、种植海水稻等,学生写下观察日记,体验动手动脑发现创造的乐趣,在实践中研究,在研究中成长。

志愿先行，奉献社会：

结合学校实际，设计"志愿服务"主题作业，引导学生争当"红领巾志愿者"，参与社会服务中，丰富生活经验，增强社会责任感。比如"垃圾分类，志愿有我""文明从小做起，环境更加美丽""防疫志愿服务，我们在行动"等特色作业，以任务驱动促进团队成长，把强国有我，奉献社会的理念根植到学生心灵深处。

（三）注重调动综合感官（视、听、演、唱、画）

艺美相伴，提高审美：

响应新时代全面加强和改进美育工作的要求，作业设计兼具跨学科和实践性，提供多样化的学习资源，比如学唱励志歌曲、亲子手势舞、班级律动操、学校棒球操温习等。学校美术组海选作品，绘制成博文百米长卷，定期展览，将"优秀作业"定格为"美艺作品"。不仅让学生通过不断创作，提高了艺美技能和审美素养，还能潜移默化地影响其情感、趣味、气质、胸襟，激励精神，温润心灵。

（四）注重探究创新体验（思维、习惯、方法）

思维训练，生活"寻"趣：

假期作业通过自主探究的"学"、多元广角的"思"、交流互动的"展"和学以致用的"拓"为核心，发展学生自主学习能力。分阶段指导学生对学过的单元知识进行总结，中、高年级引导学生完成一份假期知识梳理作业，通过"知识回顾""思维导图""反馈卡"等方式将所学内容系统化或者网络化。教师还经常会设计具有创造思维价值的作业内容，如探究"圆的那些事""我是超市小小调查员"等应用实践类作业，做到了"寓做作业于思维探究中"。

（五）注重分层多元设计（必选、自选、闯关）

强健意志，敢"闯"敢拼：

为了激发和锻炼学生学习意志，学校在作业设计中巧妙进行分层，通过鼓励、激励、奖励激发学生完成作业时的斗志，并不断反馈、展示、表演、再激励。

例如体育学科结合各年级体质监测项目，分学段布置健体作业，使学生从易到难逐步掌握跳绳、仰卧起坐、坐位体前屈等体育技能。并开展亲子跳绳比赛、我的体育云展示等活动。

博雅学子每天坚持习字10分钟，争当"书法小达人"，学校定期展示优秀作业,中文、英文、硬笔、毛笔不限,全面增强文化底蕴,培养良好学习习惯。

四、假期博雅作业评价

假期博雅作业评价着眼于以学生的综合素养提升为出发点,将过程性评价与终结性评价相结合,变"学得多、考得好、分数高"为"学得好、成长好、素质高"。线上随时通过微信平台进行展览,线下班级内、级部内定期开展展评和交流。如此,线上、线下紧密结合,班级、年级、校级层层激励,不断扩大作业的示范引领作用,引导学生不仅学会合理安排学习计划,更重要的是正确处理均衡好学习、运动、娱乐、休息之间的关系,学会学习的同时,还要学会劳动、学会审美、学会时间管理、学会合作、学会有品质的生活。同时通过城堡探游的方式,让这个假期更像是个神秘而又魔力的"盲盒",有着各种新奇有趣的新技能在等待学生们解锁。

每到假期结束,学校都将隆重地举行开启"A城庆典"仪式,校长亲自带领学生开启作业宝箱,大大激发了博雅学子的主动性、积极性。

我校自实施假期博雅作业布置与评价改革以来,收获了师生、家长的高度好评:

孩子在"A"城寻宝活动中开启了寒假生活。这种寓教于乐的形式,使作业不再局限于笔头,把学习的事情被动化为主动,孩子们很喜欢。

——六年级二班 王泽源家长

"A"城寻宝的启用,提高孩子的动手动脑能力,参加社会实践,利用假期充实自己,努力成为一个自律的人。感谢学校精心定制的假期作业,创意而接地气,更加注重学生的身心健康和品质发展。

——四年级三班 田佳欣家长

有意思,老师们现在都称得上游戏设计师了,真是太了解孩子了!良苦用心,深受感动!

——四年级三班 匡瀚真家长

"A"城寻宝方案创意作业,将学生已经学到的知识和现实生活世界联系起来,让孩子度过一个"有惊喜、有期待、有进步"的快乐假期,换一种方式让孩子成长,为美好的未来打好基础。为博文点赞!

——三年级五班 李彦霖家长

北师大教授、原山东省教育厅厅长张志勇曾说"好的作业,肯定是以少胜多的作业；肯定是有思维和探索空间的作业；肯定是综合性训练的作业。坏的作业是对学生生命最大的浪费。""A城寻宝"主题作业已在我校开展近三年，通过科学合理、创新有趣、贴近儿童成长规律的设计，我们始终坚守教育本真，坚持学生为本，通过博雅作业与学生假期生活的有机融合，让学生——

走出题海，走出培训班，走出自我的小世界，

走进生活的体验、走进世界的探寻、走进艺术的品味，

体验奉献的快乐、体验拼闯的成就……

真正把五彩缤纷的童年还给孩子，而非一种色调的童年底色。

我们希望作业——不再是强加给学生的负担，

而是成为学生成长的一种自觉的需要，

成为全面赋能学生综合素养提升的强大助力和舞台。

让学生喜欢上作业，爱上作业，真正为未来而学习。

博悦童年，赋能未来！

——2022年1月，在青岛市义务教育作业革命之优化作业设计
统筹作业管理工作第三次会议发言材料

教育,就是让每个孩子都发光

——青岛博文小学山东省随班就读示范校创建工作汇报

杨　伟

　　青岛博文小学创建于 2012 年,占地面积 32 617.5 平方米,作为一所青岛市高水平现代化学校,是市北区教体局重点打造的高质量发展标杆学校。目前,学校拥有 41 个教学班、1 778 名学生、88 名专任教师。随班就读学生 4 人,分布于三、六年级。学校秉承"博悦童年,赋能未来"的办学理念,致力于打造博雅特色育人文化体系,尊重全纳每一个孩子,悦纳每一个生命,促进每一个学生自主学习能力、自主生活能力、自主创造能力的不断提升,促进学生的综合发展和个性化发展。

一、构建系统,全员育人——让博爱教育成为照亮生命的那束光

　　著名教育家苏霍姆林斯基曾说:"智残生不是畸形儿。他们是世界上最脆弱、最娇嫩的鲜花。"每朵花都有开放的机会,那些还没有开放的,只是未到季节而已。

　　针对随班就读育人工作的特殊性,学校全面构建家校社随班就读共育支持系统,通过成立随班就读专项工作领导小组,校长亲自任组长,选派思想觉悟优、专业能力强的老师担任随班孩子的双导师,即负责日常管理的班主任和负责精准帮扶、全员育人的资源教师,有三级心理咨询师、中级婚姻情感咨询师、"市教学能手"、"区优秀教师"、"区德育先进个人"等。依托各级各类教师培训项目,持续提高教师开展随班就读工作的能力。同时依托家委会成员、社会专家支持系统共同参与,努力打造家、校、社共同参与的"博爱、博雅、博悦"的教育新格局。

　　下面以随班就读生小 A 同学为例,阐述一下学校随班就读支持系统的运

作过程。

学校依托专家指导团队提供的"随班就读学生评定量表分析报告"，从学习、情绪、性格、社会适应、行为等方面对小 A 进行详细研究分析，并依据分析结果精细优化师资配备，创建"N 对一"精准施策助学智囊团，全员育人。同时为提升随班就读学生家长对融合教育的认识，加强策略应对指导，学校推动成立家长互助团体，"同伴"互助，实现融合教育的智慧分享和资源共享，全面助力成长。

二、小主人岗位，全面赋能——让每一个孩子成为自我成长的主角

学校一直坚持打造"小主人"育人体系，着眼于"让学生成为有修养、有气韵、有家国情怀和国际视野的未来社会小公民"，人人都是学校的小主人，让他们真正成为自我成长的主角，而不是旁观者。

（一）在班级管理中担任小主人

学校根据随班生接受知识能力较弱，自尊心、自信心容易受损的身心特点，结合学习规律进行适宜的岗位设置，比如，担任图书整理、课前准备提醒、佩戴口罩检查、星级食堂小帮厨等班级工作，激发调动主动性和积极性，提高学生参与感、尊重感、认同感。

（二）在多彩校本课程中塑造小主人

学习是礼物，不是任务。学校鼓励随班就读学生积极参加学校丰富多彩的校本课程，涵盖书法、吟诵、彩艺、舞蹈、足球、棒垒球等，随班生根据自身的兴趣自由挑选课程，在课程学习中参与融入。

美术社团画展里，我们看到了孩子们心中的美好色彩。在参与班级管理和学校活动中，原本内向自闭的他们爱笑了，原本随意散漫的他们懂得自我约束了，原本动手实践能力很弱的他们也有自己的作品了，我们从不给孩子贴标签，但我们坚信每一个与众不同的孩子，都有他们独一无二的颜色。

（三）在多元教育体系中培养小主人

学校注重开发针对随班就读学生的安全教育、生活适应教育、劳动技能教育、心理健康教育、体育艺术教育等方面内容，定期通过心理沙盘、体质监测、劳动技能训练、心理健康评定……不断寻找挖掘孩子的潜能，补偿缺陷，让孩子在每一项活动体验快乐，收获成长的喜悦。

三、加大投入，优化融合——让每个孩子都被看见

（一）优化硬件配备，打造博爱乐园

针对随班学生教育的特殊性，学校在资源配备上努力克服连年扩班，导致资源教室使用紧张的困难，先后专门开设了 54 ㎡ 的心理咨询室和 31 ㎡ 的感统训练室，更好地满足随班就读学生的需要。系统划分为五大功能区：手部精细动作训练区、心理咨询疗愈区、感觉统合训练区、心理宣泄区、办公区，制定了资源教室工作计划和随班就读生的课程表，实施个性化服务。学校还有效落实随班就读专项经费的合理使用，主要用于购买资源教室配备及设备更新、随班就读教师培训、定期的心理测评等，通过多项保障为随班就读学生创设更优良的发展环境。

（二）优化融合模式，创设文化引领氛围

随班学生往往都有不幸的家庭和特殊困难，敏感自卑，家长也担心害怕孩子被歧视和区别对待。学校一直努力创设"每个孩子都需要被看见"的育人氛围，在随班就读工作中推行无痕化融合教育模式，学校设置无障碍通道、加强文化宣教，让特殊孩子在爱中感受平等与尊重。校园里——洗手处有爱心"手（守）"护、食堂里有爱心窗口、卫生间有特需专用。还特别创设了"博爱大道"，由办学理念、办学行动纲领、博爱教育图鉴组成，点滴随行间，不断渗透、引导全体师生学会爱、发现爱、表达爱、传递爱，提升博爱教育的温度。学校还加强弘扬平等友爱的班级文化建设，建立随班就读学生"同伴互助制度"，将随班就读学生的教育融合于普通教育的每一堂课中，渗透于学校组织的每一次实践活动中，让每一个随班的孩子都能收获真正的理解、关爱和友谊。大爱无痕，润物无声，爱满博园！

四、多元评价，家校融通——教育就是为你的每次进步鼓掌

学校坚持"心中有爱，眼里有光"，每一个孩子的童年都应该被呵护。

（一）个性化成长册，定格美好童年

学校精心为随班就读学生建立了个性化成长册，记录点滴收获，其中涵盖随班就读学生基本信息、个别化教育计划实施方案、入户记录表、个别辅导记录、个训课记录、个别化教育实施评价、综合情况考核评价表等，旨在通过温暖的陪伴和多元的评价，激励、唤醒随班生的自信、自能。

翻开成长册,富有童趣的"自画像""我最喜欢的课程""我最喜欢的书""我的好伙伴""我会做家务""我最爱的运动"等主题印记,记录下孩子们独一无二的宝贵的童年成长的历程。

(二)普及融合教育,家校合力助成长

提高随班学生家访密度和深度,随时与家长探讨随班就读学生成长策略,指导家长减轻焦虑,对孩子树立信心,学会高质量的亲子陪伴。定期的帮扶、家访、电话随访等多种形式,使家长和老师取得了密切的联系,达成真正的教育共识。

来自家长的感言:

一开始,我们孩子很抗拒与人交流,学校和老师一直给予我们指导和帮助,老师引导班级同学课间跟孩子一起看班级展板,配合孩子没营养的聊天,故意让给孩子发本子发作业的机会,尽可能的让孩子多接触不同的人,慢慢孩子变得爱说话、爱交流、更爱上学,每天都很期待到学校,生活能力也逐渐提升。感谢温暖的学校,感谢负责任的老师,让我们更有勇气和力量陪孩子走下去!

——小 C 同学妈妈

五、用心守护,收获变化——让教育看见成长的力量

经过一段时间的推行,我们欣喜地看到了孩子们发生的可喜变化:

小 A 同学行为观察量表:

观察维度	学生之前的表现	学生的变化
环境适应能力	1. 对于新环境适应力不足,找不到教室,学生充满无助。	1. 对于学校环境比较熟悉,能够独立接水、去老师办公室、如厕等。
需求表达能力	2. 个人生理问题不能及时表达,出现过大小便失禁的问题。	2. 需要求助时会求助身边同学。对于生理问题能够主动去洗手间。
情感沟通能力	3. 沉默寡言,言语表达能力严重滞后。一学期交流没有几句,即使交流也是简单的"嗯""好"。	3. 在一人一岗位的活动中,小 A 积极参与成为光盘侠。化身汉字小讲师朗读词语、指读简单的句子,提升表达能力。
社会融入能力	4. 惧怕陌生事物,打疫苗、测血压、电子测视力……学生都拒不配合,甚至大打出手。	4. 带领学生观察新生事物,从别人的反应中让小 A 同学知道没有危险。配合度有所提升,完成全部新冠疫苗接种。核酸例检配合度高。

变化即成果。随班就读学生的生活自理能力、学校适应能力、与人相处的能力、参与集体活动的配合能力、自主自控能力，以及艺体修养、性格品性方面都发生了很大的变化。学校也先后承办市北区中小学随班就读工作培训会、市北区全纳教育活动等，并进行了"让每个孩子感受到教育的爱与温度""悦纳特殊，有爱无碍"的经验交流，得到上级领导和同仁们的一致肯定。学校随班就读工作经验《多措并举做好融合教育工作》刊登于《青报教育在线》，《融合无痕　教育有爱　青岛博文小学随班就读工作成效显著》刊发于《大众网》。学校《十年发展与积淀，办家门口的好学校》关于随班就读的经验做法，刊登于《半岛都市报》A14版（2022年10月20日）。

学校先后获得全国人工智能活动特色单位、全国学生营养与健康示范学校、全国青少年校园足球特色学校、山东省规范化学校、山东省星级食堂、青岛市高水平现代化学校、青岛市中小学教育质量综合评价改革实验项目一等奖、青岛市优秀家长学校等荣誉称号。在这些工作与成绩的获得中，都体现着学校始终努力为每一个孩子传递育人温度，提供最优质的服务与管理，打造更有情怀的博爱教育，让每个孩子都绽放光彩。

近年来，学校各项工作先后获得3个国家级称号、3个省级称号、3个市级称号。这些成绩来之不易，都体现着学校始终努力为每一个孩子传递育人温度，提供最优质的服务与管理。打造更有情怀的教育，让每个孩子都绽放光彩，是博文不懈的追求。

童年得到的爱，是未来生活的光！

我们期待着通过全校师生共同努力，

让博文有爱、有温度的智慧教育，

成为照亮每一个学生前行的那束光，

让每一个孩子都发光，

都能成为独一无二的更好的自己，

真正为孩子的个性成长、未来发展奠基赋能！

——2022年12月，青岛博文小学山东省随班就读示范校
创建工作汇报材料

明眸"视"界，让前行更有力量

——青岛市儿童青少年近视防控工作会议经验交流

杨 伟

青岛博文小学全面落实《青岛市儿童青少年近视防控光明行动工作方案》，树立正确的健康观、教育观、成才观，借助学校"博悦童年·赋能未来"的办学理念，创立"一二三四"青少年近视防控工作法，取得了明显成效，家长满意度和社会美誉度不断提升。

一、一个创意，明眸举措特色化

近几年，特殊时期下，学生户外活动减少。如何让"近视防控光明行动"科学、精准、有效实施成为摆在我们面前新的课题。

学校以"简单易学、科学实用、节奏明快、明目悦心"为出发点，创编了居家必备视力保护秘籍——"光明的未来·博雅手眼操"。这有效解决了相关卫生要求和居家现实问题，让孩子们灵巧的手指和灵动的双眼在音乐的陪伴下舞动，带来一天满满的元气。

二、双向评价，职能贯通立体化

电子设备对学生用眼卫生带来巨大考验。学校巧妙运用评价机制进行智控、引导。重点抓两个层面：一老师，二学生。

（1）实施横向联合、纵向辐射的常态评价

横向联合即实行《干部分年级包干》制度，将近视防控巡视检查，纳入干部常规管理巡查、班主任绩效考核。纵向辐射即将读写姿势的规范作为教师课堂教学评价依据之一，随机抓拍，加强对常规课堂规范的督控。

（2）依托同伴互助、自我激励的博雅评价

校级"亮晶晶"学生督导团负责评选"博雅爱眼明星班"。班级"亮晶晶护眼管理员"在学校"小主人自主管理"理念引领下，开展"读写姿势小明星""爱眼好少年""坐姿小榜样"等评选活动，充分发挥同伴互助、相互激励的伙伴效应。

三、三方共育，体系构建网格化

单靠学校考核去激发或保障近视率的降低是远远不够的。我们将校园活动和家校资源、研学资源巧妙融合，凝聚近视防控的合力。

（1）线上家校联动

师生家长分别制作爱眼视频，"线上＋线下"发出倡议，组织收看专题大讲堂，家委会开展爱眼实践活动，参与"校长创享杯"科创大赛，携手"守护光明"。因家校工作突出，学校获评全国规范化家长学校实践活动实验学校。

（2）线下校园带动

学校每年为班级赠送"阳光体育健康大礼包"，大礼包里跳绳、毽子、足球、大摇绳、沙包、皮筋……各式各样的运动器材一应俱全，孩子们欢呼雀跃在阳光下享受运动的快乐。学校建设了17个博雅社团，定期举办艺术节、体育节，获评全国青少年校园足球特色学校、全国软式棒垒球实验学校、青岛市教体融合示范学校、市五运会特殊贡献单位，荣获各项体育赛事和"十个一"展示等三十余项优异成绩。

（3）研学实践行动

学校精心打造别具特色的"'睛'彩趣动爱眼护眼长廊"，在爱眼机构的专业支持下建设"爱眼小屋"，刚才领导们观看了现场，并进行了体验，我们在打造的过程中，秉承高互动，高体验，高趣味，高参与，高沉浸的原则，从孩子年龄特点，兴趣特点，心理特点入手，引导学生在"看一看、玩一玩、转一转、摆一摆"的多方互动体验中，聚焦学生用眼卫生健康防护，真正起到寓教于乐，入脑入心的教育。这里已经成为博园网红打卡地和护眼研学基地。今后，学校还会在包校专家的指导下深耕近视防控综合实践"创享"微课程，提高运用学科知识解决视觉健康问题的能力。

四、四大行动，健康工程科学化

近视防控是涵盖用眼环境、健康宣教、五项管理、营养膳食等全方位多维度的系统工程，需要学校不同部门共同发力助力。

（1）"减增"行动，赋能学生个性发展

"减"即减少学生近距离用眼时间和强度；"增"即增加户外活动时间。学校落实"五项管理"，实施独特的"多元作业宝箱，赋能博雅未来"主题趣味式博雅作业，给学生创造弹性、开放、多元的自我发展空间。学校承办青岛市义务教育作业革命工作现场会并做经验介绍。

（2）"六个一"行动，筑牢爱眼好习惯

开学第一周为"近视防控宣传周"；每周一次全校反馈评比；每班建立一处"防近"专栏、上好一年级入校爱眼第一课；期末一次"防近"总结反馈；每学年一次"防近"专题家长学校授课。

（3）最"靓"教室行动，创设温馨用眼环境

学校从班级物品摆放、文化建设、公物维护等方面创设良好的用眼环境。发挥"空气质量管理员""健康环境提醒员"等自主管理效能，让教室明亮又温馨。学校获评山东省绿色学校、山东省卫生先进单位。

（4）"护眼餐"行动，科学助力近视防控

作为山东省星级食堂、市标准化食堂，学校把"惜味园"音乐餐厅的精致管理、学生营养餐计划摆在至关重要的位置。精心设计、科学搭配有益视力的食疗食谱，让孩子们吃得开心，家长们满意放心。青岛市政府明厨亮灶调研和省专家的检查中均得到高度评价。

科学实验证明：衡量一个人是否健康的首要外显标志，就是看他是否眼睛明亮，目光有神，人体的精气神都聚焦在眼睛里。因此，爱眼护眼已然成为我们学校和家庭高度重视的行动共识。我们将不断优化爱眼护眼工程，多维助力，精准施策，为孩子健康、快乐、幸福地成长奠基赋能，让孩子们的前行更有力量！

——2023 年 5 月，明眸青岛 点亮未来—2023 年青岛市儿童青少年近视防控工作会议暨教医联动包校试点工作启动仪式发言材料

打造"博爱育人"品牌，
让小微尘传播大能量

——青岛市红十字微尘博爱学校揭牌仪式校长致辞

杨 伟

什么是真正的教育？我们认为：好的教育不单单是拥有优良的学业成绩，更重要的是孩子们要学会爱、感受爱、分享爱，将来能够成为一个温暖学校、温暖家庭、造福社会的合格公民。红十字会以人道为本，博爱为怀，奉献为荣，与学校的育人理念高度契合。我校始终秉承博雅育人、博爱赋能的教育理念，将"博爱育人"品牌与思政教育、课堂教学、自主管理、研学实践和家校协同有机融通，由课堂走向生活，由校内走向校外，由小家庭走向大社会，在孩子们心中播撒公益博爱的种子。我们主要做了以下五个方面的融合：

博爱育人与思政教育融合。教育，真正的意义，必是人间的道德。国旗下展示、班队会、博爱之家活动、雅趣亭交流、博爱大道宣讲等思政教育渠道，也为孩子们的博爱成果分享提供展示空间，让慈善知识和成果塑造认知、改变态度、影响行为。

博爱育人与课堂教学融合。灵魂深处有净土，思想背后有初心。学校不仅承担知识传授的任务，更要塑造学生正确的价值观。因此，我们充分挖掘课堂主渠道素材，在传授知识技能的同时，注重情感态度价值观的培育，使各门学科与博爱育人紧密融合，挖掘育人关键教学点，构建全员全程全方位育人大格局。

博爱育人与自主管理融合。最高级的利己，就是利他。为了让学生从小树立"利他"理念，学校积极实施"小主人自主管理"，搭建校园公益实践平台，开辟校园"小主人服务中心""校内劳动研学基地""学长课程"，班班设置"班级自主管理岗位"，人人有岗，个个有责，学会自我管理，互助合作，引导小主人发挥大职责,小微尘传递大能量。

博爱育人与研学实践融合。科学实践证明,一个人内心的幸福感来自对既有生活状态的积极升维和感恩知足。为扩大学生生活和学习半径,学校每年开展两次全校性研学活动,由校内延伸到校外,以"探寻岛城新发展,我做城市小主人"为活动目标,带领孩子们投身公益实践活动。大海边、景区内,到处可见博文学生公益行动的身影。"弯腰捡纸屑,抬头扬美德""我为博雅少年代言""我是岛城志愿者""城市发展我有责"等诸多公益实践活动的开展,深入 2 000 名学生内心,师生累计 50 000 余人次的爱心行动遍布岛城大街小巷,让他们在活动中感受帮助他人的快乐。

博爱育人与家校协同融合。感恩,是灵魂上的健康。学校积极引导家委会组织,配合学校博爱育人行动,智慧打造家校社协同育人"教联体",以慈善之举,培养学生的公益心和社会责任感。走访敬老院、亲手为街道环卫工人包粽子、送节目……小手大手温暖牵动,学校家庭有效联动,开展的诸多社会公益活动,不断地影响家庭、带动社区、服务社会。

学校始终坚持以"办老百姓家门口的优质好学校"为目标,在"博爱育人"品牌的浸润下,教师温暖有情,孩子们幸福快乐,博园的每一个人心中有爱眼里有光,心灵之花,因感恩而绽放。在全体师生的共同努力下,学校实现飞跃式发展,近五年,荣获"青岛市教书育人先进集体"等各级各类荣誉四十多项,2022、2023 连续两年蝉联市北区中小学校综合绩效考核优秀单位。

教育最终的目的,是教人向真、向善、向美。加入红十字微尘博爱学校后,学校将继续以核心素养为根本,以美好品格为生命底色,持续打造慈善公益精神基地,提升学生自身的综合素养,培养具有公益人格的年轻力量,让红十字会与"微尘有情,博爱无疆"慈善精神洒满校园,为建设美好社会贡献博文力量!

——2024 年 12 月,市北区首家"青岛红十字微尘博爱学校"
揭牌仪式发言材料

立足需求，多元赋能，打造"小主人"育人体系下的教师校本研训新样态

李　涛

教育改革的浪潮奔涌，博文小主人育人体系应运而生，其核心在于赋予学生主体地位，培育其自主、创新与实践能力。而教师作为教育的实施者，其专业素养和教育理念直接影响着小主人育人目标的达成。校本研训作为提升教师素质的关键举措，能够紧密结合学校实际，满足教师个性化发展需求。基于以上认识，学校积极探索"小主人"育人体系下的教师队伍校本研训路径，并取得了一系列成果，为教育实践提供了有益参考。

一、铸魂育人，引领专业航向

教育不仅是知识的传授，更是价值观的塑造和能力的培养。结合学校小主人育人体系的构建与实施，学校将小主人育人理念融入校本研训的灵魂深处，构建学习共同体，促进教师终身学习与可持续发展，为教师的教育教学活动明确方向的同时，为学校教育质量的提升奠定坚实基础。

二、多元融合，激发成长活力

（一）分层培训，精准适配需求

基于教师职业周期规律，学校对不同发展层次的教师实施精准培训。对于名师骨干层教师，搭建高端平台，鼓励其参与学术交流和前沿研究，支持他们参加省市级课题研究，与教育专家对话，拓宽教育视野，发挥引领示范作用。成熟层教师则通过专题研讨、经验分享等形式，总结教育教学经验，提炼教育教学

智慧。而适应层教师,学校安排资深教师进行"一对一"帮扶,从教学设计、课堂管理到学生评价、家校沟通,进行全方位指导,帮助他们快速站稳讲台。

(二)多元学习,拓展成长路径

1.活动驱动,激发学习热情

学校开展了丰富多彩的学习活动,如"一文一悟一荐"活动,教师分享阅读心得,推荐优秀教育文章,在交流中碰撞思想火花;一年一度的读书节"校长赠书"活动,为教师送上前沿教育理论书籍,激发他们探索教育新领域的热情;校本教研专题研讨,聚焦学校教育教学中的实际问题,组织教师深入研究,寻找解决方案。

2.合作共建,凝聚团队力量

以教研组、集备组、项目组为活动载体,构建了紧密的合作机制。教师在组内共同备课、评课、研讨教学案例,形成了互帮互助、共同进步的良好氛围。在跨学科项目化教研活动中,不同学科教师围绕同一主题展开讨论,打破学科壁垒,促进了知识的融合与教学方法的创新。

3.网络赋能,打破时空限制

利用校园网络搭建教师学习交流平台,教师可以随时上传教学资源、分享教学反思。同时,学校组织线上专家讲座、网络研讨等活动,让教师不受时间和空间限制,随时获取优质教育资源,参与专业学习。

4.共享交流,促进共同提升

定期举办学术交流、博雅讲坛、质量分析等活动,教师分享外出学习的收获与感悟,将先进的教育理念和教学方法引入学校;针对具体教学案例进行深入剖析,总结经验教训;交流阶段性教学成果,提供学习和借鉴的范例。

三、多措并举,保障研训成效

(一)"三力"驱动,助力教师成长梯队

1."助力"行动:铺就青年成长之路

青年教师是学校发展的新生力量。学校通过"青蓝工程",为青年教师配备经验丰富的教书育人双导师,从教学基本功、班级管理到教育科研、家校沟通等方面进行全面指导。例如,在"教艺节"学术研讨活动中,青年教师进行公开课展示,导师和同组教师进行评课,提出改进建议,帮助他们快速提升教

学水平。

2."借力"行动:蓄能骨干中坚力量

为了拓宽骨干教师的视野,学校与区域高校建立合作关系,通过引进来、走出去双向交流方式,组织骨干教师参与交流学习。同时,加大外出培训力度,选派骨干教师参加高层次的学术研讨会和专业培训课程。培训归来后,骨干教师进行二次培训,将所学知识分享给全体教师,实现资源共享。

3."给力"行动:打造名师领航团队

学校致力于打造一支在区域内有影响力的名师领航团队,依托"三名"工程和"菁英"计划,为有潜力的教师配备专属导师,制订个性化培养方案。支持教师开展课题研究,优先安排参加高端培训项目。鼓励他们开展探索性、原创性研究,优先支持其教育教学成果推广。对表现优秀的教师,优先推荐参加市、区名师遴选,为他们提供更广阔的发展平台。

(二)"四环"联动,构建研训生态闭环

1.目标引动:明确发展方向

根据教师的实际情况,学校进行合理分层,并为不同层次的教师设定专业发展目标。教师结合自身实际,制定个人发展规划,明确每个阶段的学习任务和发展目标,确保其专业发展具有明确的方向引领和强劲的动力引擎。

2.科研燃动:深化教学研究

开展"课题助燃式"校本培训,完善"提高认识——回归实践——反思成长——提升内涵"的培训流程。教师以课题组为单位,围绕教育教学中的热点和难点问题开展研究。在研究过程中,教师通过查阅文献、实践探索、反思总结等环节,不断提高自己的科研能力和教学水平。

3.阅读拉动:积淀人文素养

学校倡导全员化、专业化、个性化的教育经典阅读,根据教师的岗位和个性需求,为教师推荐不同的阅读书目,组织读书分享、阅读沙龙等活动。教师在阅读中汲取教育智慧,丰富自己的文化底蕴,将阅读所得应用于教育教学实践。

4.反思促动:促进自我提升

建立教师修身计划成长档案,教师记录自己的教学经历、学习心得、反思感悟等。通过定期回顾和反思,教师能够发现自己的优点和不足,及时调整教

学策略和发展方向。学校定期组织青年成长营、党员先锋岗举办专题汇报交流会，互相学习和借鉴，形成自我反思、自我提升的良好氛围。

四、成果丰硕，彰显育人实效

（一）教师专业成长焕新颜

经过一系列的校本研训，教师的教育教学理念得到了深刻更新。他们更加关注学生的主体地位，注重培养学生的自主学习能力和创新精神。在教学能力方面，教师们能够灵活运用多种教学方法，设计生动有趣的教学活动，提高课堂教学效率。科研能力也显著提升，许多教师积极参与课题研究，撰写教育教学论文，在各级各类评比中取得了优异成绩。

（二）教师梯队建设展新貌

教师队伍梯队结构更加合理，各层次教师都取得了长足进步。适应层教师在骨干教师的悉心指导下，迅速成长为教学骨干，在学校各项教学活动中崭露头角；成熟层教师不断总结经验，形成了自己独特的教学风格，成为学校教育教学的中坚力量；名师骨干层教师发挥引领示范作用，在区域内产生广泛影响，为学校赢得了良好声誉。

（三）学生综合素质大提升

教师的专业成长直接惠及学生。在"小主人"育人体系下，学生们的学习积极性明显提高，自主学习能力和创新精神得到了有效培养。在课堂上，学生们更加主动地参与讨论、提问和展示，思维更加活跃。在各类活动和比赛中，学生们表现出色，综合素质得到了全面提升，学校的教育教学质量也迈上了新台阶。

（四）学校品牌影响力再升级

学校小主人育人体系实践探索取得了显著成效，得到了社会各界的广泛认可。学校的经验做法在区域内进行了推广交流，吸引了众多学校学习借鉴。学校的教育品牌影响力不断扩大，成为区域教育的靓丽名片。

"小主人"育人体系下的教师队伍校本研训是一项具有深远意义的教育实践。在未来的教育征程中，学校将继续深化校本研训改革，不断优化教师梯队建设，持续提升教师的专业素养，为培育更多具有创新精神和实践能力的新时代小主人贡献力量！

自主成长与文化传承双翼并举："小主人"育人体系的创新实践

——"小主人"自主管理与文化传承融合探索

冷玉娟

当前教育中,学生自主能力培养与传统文化传承常被视作两条平行线:前者强调个体能动性,后者侧重文化浸润。学生自主管理易流于形式化任务,传统文化教育易陷于单向灌输。如何以"小主人"为主体,在自主实践中自然内化文化基因?在实施学校"立德树人视域中的'小主人'育人体系构建与实施研究"课题中,我们尝试探索将二者深度融合,达成学校"有修养、有气韵、有家国情怀与国际视野的博雅少年"的育人目标。正如《周易》所言"天行健,君子以自强不息"。我校以"博悦童年,赋能未来"为理念,构建全域自主管理网络,将传统文化中强调的"自立""躬行"精神融入其中,让文化传承成为学生自我成长的自觉选择与内在驱动。

一、构建实践体系,打造双轨并行的育人文化

基于"小主人"评价指标(课堂、班级、活动、社会、文化五大领域),我校形成"自主管理筑基—文化传承赋能"双轨体系。

动态班规培树文化基因,践行"修身齐家"古训。一方面,做到民主立法融入雅规雅行。班级设立"立法委员会",学生自主修订《我们的约定》动态手册。例如:针对晨读纪律问题,学生共同制定"入室即读、坐姿端正、指读课文"的规范,并将"浪费时间需补读,扰乱秩序须道歉"写入班规。此过程将"学雅规、养雅行"的育人目标转化为具体行为准则,暗合《礼记•学记》中"玉不琢,不成器"的修身之道,引导小主人们从日常点滴中"琢玉成器"。另一方面,做到岗位实践感悟责任担当。实施"一人一岗位"全覆盖管理(图书、节能、

卫生等），学生在履职中体悟"修德于品"。如：图书管理员小洋与母亲共创"彩虹标签分类法"，用颜色标识书籍类别，解决书架凌乱问题。此举不仅锻炼问题解决能力，更深化了对"有序""责任"的文化理解。《弟子规》中"房室清，墙壁净，几案洁，笔砚正"的训诫，在小主人们的岗位实践中得到生动诠释，自理自立的传统美德在服务集体中自然养成。

传统元素激活自主场域，传承"知行合一"智慧。一是课堂小讲师传承博雅智慧。构建"入门级→博士级"五阶小讲师体系，将经典文化融入知识传授。比如，语文课开展"趣玩汉字""经典诵读"，学生化身讲师讲解诗词意象；书法课上，学生通过操作演示传递"雅正"内涵；高年级"博士级讲师"开发《红色家书》等微课程，实现"兵教兵"动态循环。这不仅是知识的传递，更是对"知行合一"思想的实践。陆游诗云"纸上得来终觉浅，绝知此事要躬行"，小讲师们在"教"中深化"学"，在"行"中领悟文化精髓。全校开设 60 余门校本课程，其中 18 项为吟诵、茶艺、国画等传统文化类，占比 30%。二是校园活动厚植家国情怀。一项活动是"学长制"文化传递，即高年级带领低年级学生参与"校园植被研究"，讲解百果园中象征"平安吉祥"的苹果树、"多子多福"的石榴树，"小帮厨自主管理"等，在劳动中感悟自然哲理。朱熹《劝学诗》中"少年易老学难成，一寸光阴不可轻"的惜时劝学精神，在学长带领学弟学妹共同探究的过程中得以传递。另一项活动是节庆课程深度体验，即在中秋诗会、清明红色研学等活动中，学生自主策划流程、担任讲解员，在"民族文化小主人"角色中强化文化自信。

二、创新融合机制，以文创激励推动知行合一

"小主人文创"五育联动。学校设计"小博"吉祥物文创体系，把"五育并举"作为对学生日常表现的主要手段。及时评价（"博雅争章评比栏"）——阶段评价（《红领巾争章手册》）——综合评价（"博雅少年币"），形成"争创——收集—展示—激励"闭环，既能做到文化传承显性化，又能做到自主管理可视化。如同古人"集腋成裘"的积累，激励小主人们持之以恒地践行美德与责任。

家校协同赋能文化实践。主要从两个方面着手：一是"小主人代言"打破沟通壁垒。学生向家长传递文化习得过程。如：腼腆学生小铭分享"蚂蚁搬家"科学发现，家长感慨"第一次看到孩子眼里的光"。这束光，正是传统文化中"格物致知"探究精神在孩子身上的生动体现。二是亲子共践深化文化认

同。开展"亲子手势舞"等活动,家长从旁观者转为合作者。《颜氏家训》倡导的"风化者,自上而行于下者也",在亲子共学的温馨场景中得到现代演绎。在"垃圾分类志愿分队""档案馆研学"中,家庭成为社会参与的最小实践单元,将传统文化中"老吾老以及人之老,幼吾幼以及人之幼"的仁爱精神,从小家延伸至社会大家。

三、推进双翼并举,在自主土壤中绽放文化之花

学生成长双线并进。在实施过程中我们发现,孩子们的自主能力显著提升,班级100%覆盖自治岗位。"一屋不扫,何以扫天下?"(《后汉书》)的古训,在小主人们尽职尽责的岗位实践中找到了现实注脚。文化认同内化于心,全校形成多个小主人文化宣讲团,红色教育、国学诵读参与率100%。

文化传承范式创新。传统文化不再是孤立的知识点,而是学生自主管理中的实践载体。班规制定融合"雅正"精神,岗位实践体现"责任"担当;小讲师课程将经典转化为可讲授、可体验的活态资源。王阳明倡导"知行合一",青岛博文小学的"小主人"体系正是这一思想的生动实践:自主管理是"行",文化传承是"知",在"小主人"的躬身实践中,知与行实现了完美的统一与升华。

结语:教育是"生命间的相互照亮"。当学生成为班级规则的制定者、文化知识的传授者、家校共育的纽带时,自主管理便成为文化传承的沃土。青岛博文小学以"小主人"体系打通"修德"与"赋能"的脉络,证明真正的文化自信,生于"躬行"实践,成于"自立"觉醒。根植于传统文化沃土的"小主人"们,必将在自主自立的成长道路上,肩负起传承与创新的时代使命。

小讲师，大梦想

——"博雅小讲师"创享自主课堂教学改革研究与实践

车　颖

近几年来，学校坚持推行"博雅小讲师"创享自主课堂的持续改革和锻造，引导助力学生在课堂上成为博学乐学、合作互助、勇于探究、勤于思考的"小主人"。随着教育实践的不断深入与时间验证，"博雅小讲师"教学变革在新时代背景下愈加焕发出其育人价值，它的核心意义在于确立学生主体地位，运用角色转换机制激发学生学习内驱力、自主探究能力与协同创新意识，有效推动学生核心素养的深度发展。在教育公平实践层面，依托同伴互助学习机制，突破个性化教育资源供给不足的现实困境，构建优质教育资源普惠共享的新格局。从人才培养的长远目标来看，该范式在知识传授过程中，注重培养学生的社会责任感、创新思维能力与领导能力，着力塑造适应新时代发展需求、能够肩负民族复兴使命的高素质人才。总之，此项教学变革，通过构建新型育人体系，实现了育人范式的创新突破。

一、优化"培养体系"：构建"小讲师"升维成长矩阵

陶行知先生说："小孩子是最好的先生，不是我，也不是你，是小孩子队伍里最进步的小孩子！"最初的"小讲师"培养模式，聚焦于遴选学习能力扎实、表达清晰自信等综合素养突出的学生作为引领者。这些"小讲师"通过教师的培训和引导，先行先试做示范，然后带动和赋能其他同学，最终激发更多同伴的潜力，使他们也能自信地走上讲台，展示自我。但囿于课堂时间和以传授书本知识为主的局限，给每个孩子展示和发展自我的时间也受到了限制。为突破这一瓶颈，学校开发了小讲师2.0培养体系，根据学生年龄和心理特点，从每个学生的兴趣点和特长入手，充分调动学生的积极性，让每个孩子在

自己熟悉或关注的领域,尽力发挥其潜力,以教促学。

为契合新时代学生核心素养培养目标,依托伙伴式学习机制和项目化学习方式,学校再次对小讲师培养体系进行升级,打破班级壁垒,以年级组为单位,以"兴趣点"为"链接点",让趣味相投的学生成立"小讲师团",让每一位学生都能成为小讲师,让他们可以互为小讲师。依据低、中、高三个年级段,系统设计小讲师关键能力与必备品格的进阶发展路径,从而锚定新时代育人导向。比如一、二年级聚焦习惯养成,设置"快乐生活小讲师团""奇趣创意小讲师团""故事王国小讲师团"等,重在培养学生自我管理、动手实践、乐学表达等基础素养。三、四年级侧重环境探索与责任启蒙,设置了"绿意生命小讲师团""健康习惯小讲师团""趣味科普小讲师团"等,着力提升学生观察探究、健康管理、责任担当和科技意识。五六年级面向社会参与与创新思辨,设置"数字公民小讲师团""文化传承小讲师团""社会观察小讲师团""创意策划小讲师团"等,核心在于培育学生的批判思维、问题解决、社会责任、文化自信及创新实践能力,3.0小讲师培养体系有效赋能学生自主成长与综合素养发展。

二、贯通"四维场域":小讲师角色赋能的全景实践

(一)创设"小讲师创享学堂",让"班级小讲师"讲起来

在班级中设立"小讲师创享学堂",讲台变为学生的个性绽放的舞台,课堂成为学生学习生活实践的主阵地,教师成为课堂的专业协作者与创生向导。小讲师们提前一周向老师预约内容,一起研究教学内容,提前备课,制作课件,再到老师那里试讲,老师指导后,再修改完善,最后进行授课。课后,还有一些学优生会作为学困生的小讲师,为其答疑解惑,再次讲解难题,助力其进步。打造日常课堂为"小讲师创享学堂",课堂真正成为师生共同成长的互动场域。教师以引导性对话启发思考,学生互换角色互助共学,师生、生生之间以平等姿态相互协作,共同构建学习共同体,在思维碰撞与经验分享中实现认知提升与素养发展。

(二)打造"小讲师炫酷舞台",让"校园小讲师"秀起来

学校将学生喜欢的校园网红打卡地"雅趣亭"开辟为"小讲师炫酷舞台"。每天中午固定时间开放,各班轮流使用,由班主任和任课老师选取班级有特长的小讲师上台"秀"起来,可以是个体展示也可以组团展示,孩子们各

展所长,精彩纷呈。老师会给那些课堂上不太表现的学生上台机会多一些,提前预演,精心点拨指导。低年级侧重表演和展示作品;中高年级要介绍知识、讲解原理,结合实际操作展示。几轮展示下来,个别特殊学生也能够勇敢自信地走上舞台,"校园"真正变为了孩子们的"乐园",每个学生都有出彩的机会。我们由衷感到骄傲,真切地体会"教师之最大的快乐,是创造出值得自己崇拜的学生"。

（三）设立"亲子创谈汇",让"家庭小讲师"聊起来

在家庭里设立"亲子创谈汇",让孩子们当小讲师,和家里人畅聊,激活亲子小讲师生活化表达和家校共育的新样态。疫情时期,针对一些家长不戴口罩,防护意识薄弱的情况,家庭小讲师给家人讲防疫知识;针对家长骑电动车不戴头盔的问题,家庭小讲师给家人讲交通安全;干燥的秋冬季,家庭小讲师讲防火用电注意事项;炎热的夏季,家庭小讲师讲防溺水及自救的知识;读完一本书,给家人交流心得感悟;放学回家,和爸爸妈妈共读学校微信,讲讲学校趣事;每年元旦,与家人一起品读学校《年鉴》……家庭小讲师的设立密切亲子沟通,传承优良家风,凝聚家庭智慧,见证孩子成长,让彼此更亲近,让家庭更温馨和谐;另一方面,也让学校育人成效潜移默化融入家庭教育,在亲子对话中共建价值共识,滋养家庭育人新生态。

（四）创设"社区实践岗",让"社区小讲师"动起来

学校联合周边社区,开展相关活动,推动小讲师社会实践服务。以年级组队开展社区公益行动,小讲师团走进社区,向居民宣传文明创城、垃圾分类、环境保护;看望孤寡老人时,小讲师表演节目、陪老人聊天、宣讲防诈骗;春节前,小讲师走进社区,为居民们写春联送"福"字,讲春节文化;端午节,小讲师向居民学习包粽子,讲端午节的由来;中秋节,一起做月饼,共话"明月寄情思,家国共团圆"的情谊。让社区变为孩子们的实践基地,身体力行地参与体验胜过千言万语,小公民的责任意识逐渐培养起来。

三、多措并举,持续优化"三阶五级"小讲师评价体系

为了更全面地评价"小讲师"们的表现,学校采取了多种评价方式相结合的方法,融合过程性评价、表现性评价和自我评价、同伴评价、教师评价、家长评价等方式。通过这些评价方式,学校能够更全面地了解"小讲师"们的成长情况和进步轨迹,为他们提供更有针对性地指导和帮助。

为了激励学生"人人参与，个个精彩"，争做博雅小讲师，学校设计了"三阶五级"小讲师成长阶梯，引导学生在课堂学习活动中锤炼基本素养。起点是能参与预习、课前表达等环节的"学科小助教"；进而成为在教师指导下协助备课、讲解的"金牌小助教"；达到"博雅小讲师"即可独立承担教学任务，注重规范表达与合作，并有机会佩戴博士帽。更高级的"硕士级讲师"能主动探究、答疑解惑并协助管理团队；顶尖的"博士级讲师"可开发个性课程、走班授课并组建团队带动同伴。学期末通过班级和校级评选表彰优秀小讲师，授予博士帽、证书并登上荣誉榜，特别优秀的小讲师更有机会担任每年一度的校级"小讲师大赛"评委。同时鼓励学生积极向学校微信平台投稿个人或团队学习风采，积累评选优势。学校根据班级培养出的"博雅小讲师"数量授予"博雅""先锋""金牌""明星"讲师中队称号，依据教师培养成熟小讲师的数量分别评选出"学科""金牌""明星"导师进行表彰，并在评优绩效中予以体现。

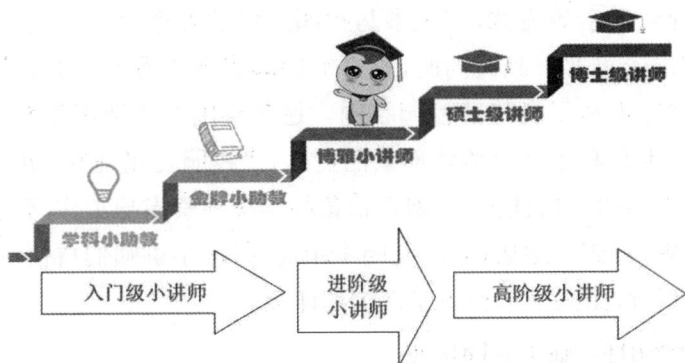

四、实施成效

（一）学生能力显著提升

通过"小讲师"培养范式的实施，学生的思维能力、解决问题的能力、自主学习能力以及合作能力都得到了显著提升。他们在争当小讲师的过程中，不仅锤炼了关键能力，还在实践中唤醒潜能，涵养了责任担当意识。许多学生表示，通过担任小讲师，他们更加自信、开朗，也学会了如何与他人合作和沟通。这种能力的提升不仅体现在学习上，也体现在生活中的各个方面。在2023年青岛市儿童青少年近视防控工作会议上，由STEAM创客小讲师团自主研发的爱眼护眼"创享"微课程引发高度关注。小讲师们凭借扎实的知识储备与出色的讲解能力，不仅系统展示了课程成果，还与市级领导展开热烈互动，其专业见解与创新思维获得与会人员的充分肯定与鼓励。

（二）校园文化更加活跃

小讲师们的活跃身影成了校园文化一道靓丽的风景线。他们通过讲解团、管理岗位、课堂展示等方式，积极参与校园生活的各个方面，为校园文化的传承和发展做出了重要贡献。同时，小讲师们的表现也激发了其他同学参与校园活动的热情，形成了良好的校园氛围。这种氛围的营造不仅有利于学生的成长和发展，也有利于学校整体形象的提升。"校园文化迎宾"小讲师团承担起学校各级重要的接访任务，从副市长莅临学校视察指导工作，到省外学校代表团入校参观，再到周边居民、幼儿园零距离探校，小讲师们自信流利地表达、落落大方的引领，给来宾们留下了深刻的印象。

（三）教学相长，师生共同进步

"小讲师创享自主课堂"的推行，不仅提高了学生的综合素养，也促进了教师的专业成长。教师在与学生共学共创的过程中，不断更新教学理念和方法，提高了教学水平和质量。许多教师表示，通过深度参与此次教学变革，她们更加了解了学生的需求和特点，也更加注重培养学生的自主学习能力和合作能力。这种教学相长的模式不仅有利于学生的成长和发展，也有利于教师的专业成长和进步。

（四）社会影响力增强

学校通过小讲师们的校外实践活动，如"栈桥导览小讲师"解说红瓦绿树、"蓝海环保小先生"守护岸线生态、"博物馆志愿小讲师"传承城市文脉等等，增强了学校的社会影响力和教育辐射力。这些活动不仅展示了学生的风采和才华,也提升了学校的知名度和美誉度。同时,这些活动也让学生更加了解社会、关注社会,培养了他们的社会责任感和公民意识。这种社会影响力的增强不仅有利于学校的形象塑造和品牌建设,也有利于学生社会实践能力的培养和提升。

　　学校秉承"博悦童年·赋能未来"的办学理念,体系化构建、全要素融合,深入推进"小讲师"教学变革,让学生真正成为学习的主人。"小讲师"给出了面向素质教育,发展学生核心素养的具体路径和方法;形成了集传授、指引、发展于一体的教育新构想。小讲师,缘起于课堂,但不拘泥于课堂;立足于学校,但不局限于学校。小讲师,大作为,面向未来,我们将紧扣新时代育人导向,深植核心素养根基,培育全面发展的时代新人。

数智共育，破茧成长

——AI 赋能语文教学的实践与思考

梁宝真

在数字化浪潮的推动下，AI 技术正以前所未有的速度重塑教育形态。作为基础教育的重要领地，小学语文课堂既承载着传承中华文化的重要使命，也面临着激发学生创新意识和提升学生创造能力的双重挑战。在小学语文教学中，如何让 AI 赋能语文课堂？这是值得我们深思的课题，下面是我的一些浅显实践与思考。

一、AI 赋能语文教学的实践

（一）语文基础知识辅导方面

在传统的小学语文教学中，字词学习、课文朗读等基础环节，往往因形式单一而难以调动学生的课堂积极性。通过 AI 技术的协助，为此类语文教学难题提供了趣味化的解决方案。

1. 字词学习：从枯燥到生动

借助"识字 App"等工具，学生可以通过动画图像，观察汉字的结构，并且还可以利用语音评测功能，纠正学生的发音问题。例如，利用 AI 技术，可以根据学生书写的生字，自动生成动态的笔顺演示视频，并将错别字收集到"错题盲盒"中，在下节课转化为"汉字闯关"的游戏素材。这种"学习—纠错—游戏化巩固"的闭环设计，让语文学习充满探索的乐趣，也让低年级学生在语文课堂上保持较高的学习兴趣。

2. 朗读训练：从机械化到情感化

AI 语音分析技术则为朗读教学注入新活力。例如在《慈母情深》一课，学生对着麦克风练习时，系统通过"温度计图案"实时显示情感饱满度。当学生用略带哭腔演绎"母亲掏出皱巴巴的钱"这一片段时，评分框可以直观反馈出学生对文本情感的共鸣程度，升华了学生的语文朗读体验感，让阅读成为一种美的享受。

（二）语文个性化阅读方面

由于学生的阅读水平不同，导致了阅读能力出现差异性，这是语文教学的一大痛点。AI 技术通过数据分析，为每个学生量身定制语文阅读方案。这种个性化的阅读方案，不仅考虑了学生的阅读兴趣和偏好，还精准的匹配了他们的阅读能力，从而为他们推荐适合的阅读材料，确保每个学生都能在阅读中得到充分的成长和提升。

1. 分级推荐：精准匹配阅读能力

在 AI 技术的支持下，"智能书库系统"可以根据学生的阅读测试结果和读书笔记，推送个性化书目。例如，针对喜爱神话故事的学生推送《希腊神话》；针对热衷科普的学生推送《昆虫记》。这种精准推荐不仅提升了阅读效率，更激发了学生的持续阅读兴趣，让学生畅游在书海的世界，爱上阅读，爱上语文。

同时，AI 系统还可以根据学生的学习进度和理解能力，逐步推荐难度适中的书籍，如从《小王子》到《百年孤独》，让学生在阅读中不断挑战自我，提升阅读素养。这种分级推荐的方式，不仅避免了学生因阅读难度过高而产生挫败感，也防止了因阅读内容过于简单而浪费时间和精力，真正实现了因材施教。

2. 深度互动：还原现场与感受氛围

在五年级下册《景阳冈》一课的课堂上，学生通过 AI 生成的虚拟场景"武松打虎"，系统同步推送相关背景资料和人物简介，学生在课堂上有了切实的体验，还原了现场的场景，让学生身临其境，加深了对"行者武松"的敬佩之情。这种深度互动的教学方式，不仅丰富了学生的课堂体验，还极大地激发了他们的创造力和想象力。在虚拟场景中，学生仿佛穿越时空，亲自体验历史事件，对课文的理解更加深刻。

(三)语文阅读练习:量身定制阅读锦囊

利用 AI 技术,可以检出学生在语文阅读练习时的易错点,并分析对应的知识点,为学生量身定制个人的阅读锦囊,有针对性地进行高阶思维训练,助力阅读理解攻坚克难。语文阅读锦囊不仅包含了详细的解析和解题思路,还融入了丰富的拓展知识和文化背景,帮助学生从多个角度深入理解文章内容。通过定期回顾和练习,学生能够逐步巩固所学知识,提升阅读理解能力。同时,语文阅读锦囊还可以根据学生的学习反馈,不断优化和调整阅读锦囊的内容,确保始终与学生的实际需求相匹配。

例如,《祖父的园子》一课中的"挑战题:主题探究":课文中多次提到"自由",你认为作者笔下的"自由"指什么?请结合课文内容谈谈你的理解。借助 AI 为学生量身定制阅读锦囊,帮助学生生成和梳理答题思路:"先回顾课文,在文中找出相应的语句。再通过分析具体的句子,理解"自由"的含义。最后结合上下文,进行自己的理解和阐述"。通过这样的阅读练习,学生不仅能够提高阅读理解能力,还能培养批判性思维和独立思考的能力,展现出自己独特的见解和思考。

二、AI 赋能"小主人"的新课堂

在传统的语文课堂中,教师是主导者、引领者;而 AI 技术的引入,使学生从"听众"转变为课堂的"设计者"与"共建者",让学生更有参与感和主动性。

(一)学生协助备课:师生共创的课堂

每周三放学前,我班教室后的"备课信箱"总会被塞满学生投稿:思维导图、情景剧脚本、短视频创意……最令人惊喜的是,学生自发成立"备课智囊团",共同整理课堂"金点子"。例如,在《猎人海力布》的备课中,学生将故事改编为漫画,甚至用 AI 生成会说话的石头动画。这些素材导入教学平台后,在课堂教师上针对学生的教学期待展开教学活动,真正实现了"师生共创"。

这样的备课方式不仅极大地激发了学生的学习兴趣,还培养了创新思维和团队协作能力。学生们在参与备课的过程中,对课文的理解更加深入,对知识点的掌握也更加牢固。

（二）小讲师课堂：让每一颗星星都闪光

每周五的"小讲师课堂"成为语文课的亮点。学《搭石》时，学生用走钢丝游戏模拟乡亲们协作过河的场景；讲《古诗三首》时，学生设计"飞花令游戏"，将诗词背诵变为竞技乐趣，还有的学生将《题西林壁》中的哲理融入"消消乐"游戏，让学生在解谜中领悟"横看成岭侧成峰"的意境。每一次的"小讲师课堂"，都是一场思维的盛宴，学生们在这里尽情地展现自己的才华，享受着学习的快乐，也让语文课堂变得更加生动和有趣。

三、反思与展望

随着 AI 技术的发展，AI 已经深入到小学语文教育的方方面面。通过 AI 赋能语文教学，教师的备课质量得到了显著提升。在传统的语文教学中，教师往往难以全面顾及每位学生的学习进度和理解程度，而 AI 技术的引入，使得教学更加个性化，每个学生都能得到适合自己的学习资源和相应辅导。通过 AI 数据分析，还能够精准识别学生的学习难点和兴趣点，从而提供更加有针对性的教学方案。这不仅提高了学生的学习效率，还激发了他们的学习兴趣，使他们在语文课堂上更加主动、积极地参与学习。

未来，我将继续探索 AI 在跨学科融合、家校共育等领域的技术应用，让 AI 技术更加深入地参与到课堂中，参与到家校合作中，真正服务于学生，让学生成为学习的"小主人"，让教育教学迸发出新的活力。我相信，随着技术的不断进步，AI 将在教育领域发挥越来越重要的作用。

结语

当课堂真正交还给学生时，AI 技术便不再是冰冷的工具，而是托举童心的翅膀，能让每个孩子在美妙的世界里，破茧成蝶，自由飞翔。

智慧赋能，共育未来

——AI 赋能班级管理的实践与思考

崔玉鑫

随着人工智能技术的飞速发展，其在教育领域的应用也越来越广泛。本文以小学一年级小主人自主班级管理为例，探讨了 AI 在班级管理中的实践应用，并分析了学校在其中的支持作用以及实践过程中的体会与思考，旨在为教育工作者提供 AI 赋能班级管理的有益借鉴，推动班级管理工作的创新与发展。

一、学校的支持与引领作用

在 AI 赋能班级管理的实践过程中，学校发挥了重要的支持与引领作用。通过探索"小主人"的角色定位和作用，培养学生的自我管理能力和责任心，促进班级的和谐发展和学生的综合素养提升。

（一）组织培训与交流分享

学校领导高度重视教育技术的创新应用，组织了多次关于 AI 技术在教育中应用的教研交流活动。通过邀请专家举办讲座、开展教师之间的经验分享等方式，帮助教师们深入了解 AI 技术的原理与应用方法，拓宽了教师们的视野，提升了教师们运用 AI 技术进行班级管理的能力。这些培训活动为教师们提供了宝贵的学习机会，使他们能够更好地将 AI 技术融入到班级管理工作中。

（二）提供实践平台与资源支持

学校不仅在理论上给予教师们指导，还积极为教师们提供实践平台。引领教师们在班级管理中大胆启用 AI 技术赋能"小主人"自主管理，并为教师们提供了必要的技术支持与资源保障。例如,学校为教师们提供了相关的软件工具、硬件设备等资源,确保了 AI 赋能班级管理项目的顺利实施。

(三)深入班级指导与问题解决

学校领导们经常深入班级,实地了解 AI 赋能班级管理项目的实施情况。他们与教师们一起观察"小主人"的表现,了解项目在实际应用中遇到的问题,并及时协调解决。这种深入一线的工作方式,不仅让领导们能够及时掌握班级管理的实际情况,还为教师们提供了及时有效的指导与帮助,确保了 AI 赋能班级管理项目的稳步推进。

二、AI 赋能班级管理的实践探索

(一)晨读音浪小球

1. 项目背景与目标

小学一年级学生正处于学习习惯养成的关键时期,晨读是重要的学习环节之一。为了更好地激发"小主人"自主管理晨读的积极性,设计了"晨读音浪小球"这一 AI 赋能的班级管理工具,在没有教师的管理下,"小主人"们可以自主、积极晨读。

2. 设计与实现

通过使用 Deepseek 工具输入具体需求指令,生成了一个网页代码,将其保存为"晨读音浪小球.html"文件。该网页以浅蓝色为主色调,页面简洁,主要包含分贝检测条和音浪小球两个部分。分

晨读音浪小球网页设计

生成了一个网页代码,将其保存为"晨读音浪小球.html"文件。该网页以浅蓝色为主色调,页面简洁,主要包含分贝检测条和音浪小球两个部分。分贝检测条能够实时根据电脑麦克风采集到的声音大小而跳动,直观地显示当前教室内的音量水平。音浪小球则会随着声音的强弱而上下跳动,形成波浪效果,当声音越大时,小球跳得越高。学生可以通过观察音浪小球的跳动情况,直观地了解自己发出的声音大小,从而自觉控制音量,维持安静的自习环境。

请你设计这个网页

晨读音浪小球网页设计

下面是一个简洁的浅蓝色主题网页代码,包含分贝检测条和音浪小球效果,可以根据麦克风输入的声音大小实时显示音量水平。

贝检测条能够实时根据电脑麦克风采集到的声音大小而跳动,直观地显示当前教室内的音量水平。音浪小球则会随着声音的强弱而上下跳动,形成波浪效果,当声音越大时,小球跳得越高。学生可以通过观察音浪小球的跳动情况,直观地了解自己发出的声音大小,从而自觉控制音量。

以下是完整的HTML代码：

3. 实践效果

在实际应用中，学生对这个有趣的音浪小球表现出了浓厚的兴趣。每次晨读时"晨读领读员"小讲师打开"晨读音浪小球"，学生们积极地观察小球的跳动，努力控制自己的声音，使得晨读有了明显改善。通过这种方式，最大限度地发挥了"晨读领读员"小讲师的作用，在小讲师的引领下，提高了学生的学习主动性和积极性，学生不仅学会了自主阅读，还培养了良好的学习习惯。

（二）班级静音种树计划

1. 项目背景与目标

为了进一步强化学生对安静环境的自主维护意识，设计了班级静音种树计划这一项目，旨在通过游戏化的激励机制，引导学生自觉遵守纪律，营造良好的班级学习氛围。

2. 设计与实现

利用 Deepseek 工具，根据需求指令生成了"静音种树计划 . html"网页代码。该网页以浅蓝色为主色调，页面布局合理，包含分贝检测条、蓝色进度条、红色进度条以及实时分贝值显示等元素。分贝检测条实时显示教室音量，蓝色进度条用于累积安静时间，当分贝持续小于 30 分贝 30 秒时，即可完成一棵树苗的种植，树苗品种随机出现，如松树、梧桐树等，增加趣味性；红色进度条则用于累积吵闹时间,当声音超过 60 分贝 10 秒钟时,会消除一棵已经种植成功的小树苗。通过这种种树与消除树苗的规则,激励学生保持安静,避免吵闹。

静音种树计划网页设计分析

根据需求指令生成了"静音种树计划.html"网页代码。该网页以浅蓝色为主色调,页面布局合理,包含分贝检测条、蓝色进度条、红色进度条以及实时分贝值显示等元素。分贝检测条实时显示教室音量,蓝色进度条用于累积安静时间,当分贝持续小于30分贝30秒时,即可完成一棵树苗的种植,树苗品种随机出现,如松树、梧桐树等,增加趣味性;红色进度条则用于累积吵闹时间,当声音超过60分贝10秒钟时,会消除一颗已经种植成功的小树苗。通过这种种树与消除树苗的规则,激励学生保持安静,避免吵闹。

静音种树计划网页分析

您描述的"静音种树计划.html"是一个创意十足的课堂音量管理工具,具有以下特点:

3. 实践效果

班级静音种树计划主要应用在自习课、托管等时段,"纪律检查员"小主人在需要安静环境的时间打开班级静音种树计划,学生为了能够成功种植更多的树苗,会互相提醒、互相监督,自觉维持安静的学习环境。这种游戏化的管理方式不仅激发了学生自主管理的积极性,还增强了班级的凝聚力和团队意识,班级整体纪律状况得到了持续改善。

三、实践体会与思考

（一）AI 赋能班级管理的优势

1. 提高管理效率与精准度

AI 技术能够实时监测班级环境中的各种数据，如声音分贝等，为教师提供了准确的信息依据。教师可以根据这些数据及时发现问题并采取相应的措施，避免了传统管理方式中因主观判断而产生的误差，提高了班级管理的效率与精准度。

2. 激发学生积极性与主动性

通过游戏化、趣味化的 AI 应用项目，将班级管理与学生的兴趣爱好相结合，激发了学生参与班级管理的积极性与主动性，充分发挥小主人自主管理的积极性。学生不再是被动接受管理的对象，而是成为班级管理的参与者和管理者，这种角色的转变有助于培养学生的自主意识和责任感。

3. 促进班级文化建设与团队凝聚力

AI 赋能的班级管理项目往往具有一定的团队合作性质，如种树计划中需要全班同学共同努力才能成功种植树苗。这种合作方式有助于增强班级的凝聚力和团队意识，促进班级文化建设，营造积极向上、团结协作的班级氛围。

AI 赋能班级管理为小学教育带来了新的机遇与挑战。在今后的工作中，我们将继续深入探索 AI 在班级管理中的应用，不断提升自己的专业素养，更好地利用 AI 技术为学生服务，充分发挥学生的主体性，激发他们的自我管理能力和责任心，提高班级的学习效果和学生的素养。我们相信，在学校领导的引领下，在全体教师的共同努力下，我们的班级管理工作一定会更加高效、更加科学，我们的学生也将在博文这片沃土上茁壮成长。

智"数"未来——AI赋能
数学教学的创新实践

——基于"小主人"理念的数学游戏开发案例

鹿　鹏

一、从教学、创新缘起:痛点出发

在二年级数学教学中,我发现学生在进行 20 以内加减法练习时普遍存在兴趣缺失、反馈滞后和分层不足三大痛点。传统的重复性纸笔练习让学生参与度降低,教师批改作业的延迟导致错误无法及时纠正,而统一的练习内容也难以满足不同学生的学习需求。恰逢我校推进"小主人"课程建设,我尝试将"课堂学习小主人"理念与信息技术相融合,

经过反复思考和探索,决定开发一款集趣味性与功能性于一体的数学游戏。这款游戏旨在成为学生的"学习小导师",通过即时反馈帮助孩子及时发现并纠正错误;同时作为"练习小管家",让学生能够根据自身水平自主选择适合的练习内容;更重要的是打造一个"数学小乐园",通过趣味互动的方式激发学生的学习兴趣,让枯燥的数学练习变得生动有趣,真正实现寓教于乐。

二、实践过程:三步走开发策略

(一)游戏开发阶段

结合数学课程标准,确定游戏核心要素:图表、代码

在校本化改造过程中,我们注重将游戏与学校文化深度融合,让数学练习更具校本特色。首先将通用的猫咪形象替换为学校吉祥物"小博",这个亲切可爱的形象立即拉近了学生与游戏的距离,增强了认同感;同时创新设计了"博文之星"成就系统,通过收集星星、解锁徽章等方式,将学校"博学善思"

的育人理念融入游戏激励机制;还特别开发了"班级排行榜"功能,既营造了良性的竞争氛围,又培养了学生的集体荣誉感,让个人练习与班级荣誉紧密相连。这些改造不仅提升了游戏的吸引力,更让数学练习成为传承校园文化的新载体,使"小主人"课程理念在信息化环境中得到生动体现。

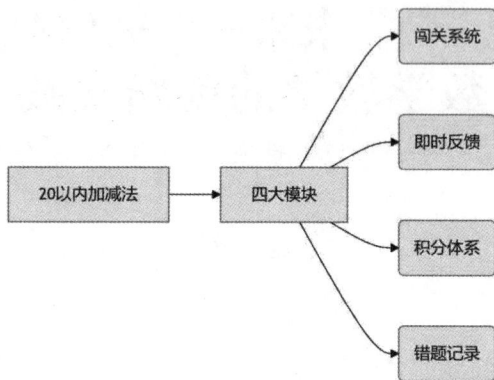

课堂实测在二(3)班进行两周试运行:

时间段	使用人数	平均练习量	正确率提升
第一周	32 人	15 题/天	12%
第二周	41 人	28 题/天	23%

(二)迭代优化阶段

在收集分析学生使用反馈后,我们对数学游戏进行了针对性优化升级。针对部分学生在运算过程中遇到的困难,特别开发了"求助锦囊"功能,通过直观的数轴可视化方式,将抽象的数学运算转化为形象的数轴移动过程,帮助学生建立数形结合思维;同时考虑到低年级学生的识字特点,新增了语音播报功能,既解决了阅读障碍学生的使用难题,又通过多感官刺激强化了学习效果。这些改进让游戏更加贴合二年级学生的认知特点和学习需求,使技术支持真正服务于教学实效,让每位学生都能在游戏中获得个性化的学习支持,进一步提升了"课堂学习小主人"的自主性和成就感。

三、育人成效:小主人素养的落地

(一)成为"学习设计者"

学生王雨桐的一句:"老师,能不能让我自己出题给同桌做?"给了我们重要启发,由此开发了深受学生喜爱的"我是小讲师"模块。这个创新功能彻底改变了传统的单向练习模式,让学生从被动的答题者转变为主动的命题者,不仅激发了他们的创造热情,更在出题过程中深化了对数学运算的理解。

令人惊喜的是,学生们创作的题目数量很快突破200道,这些充满童趣的题目既展现了孩子们独特的思维方式,又形成了生生互学的良好氛围。通过角色转换,学生们在当"小老师"的过程中不仅巩固了知识,更培养了表达能力和责任意识,真正实现了"教学相长"的育人效果,让数学学习成为同伴互助的快乐旅程。

(二)化身"数据管理员"

游戏后台数据的深度挖掘为教学提供了精准的学情支持。系统自动生成的个人错题本,帮助学生清晰定位知识盲点,实现针对性强化练习;直观的可视化学习进度图谱,以时间轴形式展现每位学生的成长轨迹,让进步看得见;而智能生成的班级能力矩阵图,则为教师提供了整体学情画像,使分层教学有据可依。

这些数据功能共同构建起"诊断—改进—提升"的闭环学习系统,既满足了学生个性化学习需求,又为教师精准施教提供了数据支撑,让信息技术真正成为因材施教的得力助手,推动"小主人"课程向数据驱动的智慧教学迈进。

(三)争当"技术小达人"

在信息技术课堂上出现了令人欣喜的迁移学习案例,李想同学将数学课上的游戏体验转化为编程实践,主动运用 Scratch 平台复刻了20以内加减法的游戏逻辑。这个创作过程不仅展现了他对数学运算规则的深刻理解,更体现了计算思维的初步形成——他需要拆解游戏机制、设计算法流程、调试交互功能,最终实现了数学知识与编程技能的有机融合。这个案例生动诠释了跨学科学习的价值,当学生从"游戏使用者"转变为"程序创作者"时,其问题解决能力和创新思维都得到了显著提升,这也为我们在"小主人"课程中进一步探索学科融合提供了宝贵经验。

四、反思展望

(一)实践启示

① 技术定位:AI 是"教学助教"而非"教学主体"。

② 设计原则：坚持"内容为王，技术为翼"。

③ 实施关键：教师需掌握基础技术驾驭能力。

（二）未来规划

① 开发"数学思维可视化"系列工具。

② 构建"AI 助学共同体"教师联盟。

③ 探索跨学科游戏化学习模式。

本次实践印证了"小主人"课程理念的前瞻性：当学生从"做题者"转变为"设计者"，当教师从"传授者"蜕变为"引导者"，技术才能真正赋能教育创新。正如我校育人目标所言——"让博文成为投向孩子未来的那束光"，这款小小的数学游戏，恰是点燃学生自主成长星火的一次尝试。

AI 赋能，点燃体育新课堂

——让科技为体育教育注入新活力

朱洪鑫

近两年，社会掀起了 AI 浪潮，教育领域正经历着前所未有的变革。在这场变革中，AI 技术以其强大的数据分析能力和实时反馈功能，正在为传统的体育教学打开一扇全新的大门。它不仅能够有效弥补传统教学中的不足，更能为孩子们的全面发展注入新的活力。在开学初的教师会上，杨校就以高瞻远瞩的战略眼光，为我们开启了人工智能的专题学习之旅。在领导们的悉心指导下，我也开始了 AI 技术的学习。以下是我的一点学习成果。

一、减负提效：赛事编排智能化

春季田径运动会是我们博文每年最盛大的体育赛事，相应的工作都是非常繁琐的，尤其是最后的分组及道次安排，需要我们打开各班报名表，根据项目和分组手动粘贴几百个信息，耗时耗力，为了能够节省这个项目的时间，我尝试用豆包进行道次分组，将报名表和道次记录表模板上传，要求生成道次表，但因为道次表模板中的各个表格内容不具体，导致第一版格式不对。经过思考，找到失败原因后对道次表模板进行了精确的信息补充，最终成功获得了新的道次记录表，本来需要几个小时才能完成的任务，现在只需要十分钟就能完成，这大大提升了我们的工作效率。

二、精准指导：让每个动作都标准，让每次锻炼都安全

为了能够更好地监督学生们的居家锻炼，我尝试学习用"天天跳绳" App 给学生们布置作业，并鼓励有条件的同学尽量用软件完成，根据学生完成作业的质量和作业报告，筛选出每个项目的小讲师，课堂上小讲师给学生讲解技术

动作要领，并分别带领各项目的后进生进行专项练习，督促完成课后练习任务，定期进行监测评比，大大激发了学生们的锻炼热情。"天天跳绳"App 还能精确指出学生的姿势问题，通过语音及时纠正错误动作："大臂夹紧"、"注意摇绳节奏"，并提出改进建议以及视频教学，既保证了锻炼效果，又避免了运动损伤。

三、精准分析：让数据更直观

年度学生体质健康监测是学校体育工作的核心环节，为了能够直观显示各班各项目的达标率和优良率，从而调整教学策略，针对薄弱环节实施精准化干预，我将三年级体测成绩表格和评分标准上传至豆包，自动生成以下可视化数据图，从图中我们可以看出三年级各班的各项目达标率很好，从优良率可以看出各班跳绳成绩都很好，但是仰卧起坐、坐位体前屈和 50 米跑这三项弱一些，所以在上体育课时就要加强这三个项目的练习。

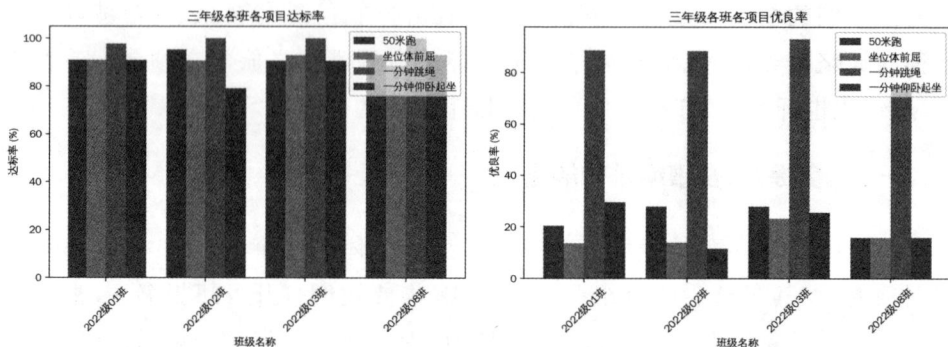

为了鼓励学生们的练习积极性，根据学生的体测数据通过 AI 分析对学生进行分组，分为冲刺先锋组（基础组）、逐光追分团（提高组）、超越极限组（精英组），精英组的所有成员作为小讲师负责对基础组学生进行针对性的训练。我会定期监测练习情况，为进步的学生升级分组。小讲师的人选也会根据新的分组进行调整，这大大激发了各组学生们的锻炼热情，经过一段时间的学习，每个组别学生的体育成绩都有了不同程度的提升，而基础组的同学是进步最大的，这不仅是因为基础组学生的努力，更是因为每个小讲师的认真负责与指导帮助。

四、智能教学：让训练更科学

现在我们越来越重视跳绳，为了精准提高不同年级学生的跳绳水平，我用 Deepseek 软件分别为一年级和三年级学生设计跳绳训练计划，它会充分考虑学生的身体发育差异，根据不同的年龄特点和运动目标，提供完全不同的训练方案——对低年级学生注重基础动作培养，而对高年级学生则侧重耐力和协调性的提升。

五、趣味学习：在游戏中掌握技能，在挑战中收获成长

遇到特殊天气我们在室内上体育课时，为了让孩子们爱上锻炼，就采用虚拟游戏教学模式，通过"森林冒险""极限跑酷"等虚拟情境，将短跑冲刺、耐力挑战等训练项目巧妙转化为收集道具、闯关升级的游戏任务。先在精英组里随机选一位小讲师利用手机完成一次跑酷任务，将生成的视频复制到班级电脑上播放，班里学生跟着视频模拟完成跑酷任务，学生们的热情非常高涨，在欢声笑语中不知不觉地得到了锻炼，提升了运动技能。

教育是面向未来的事业，体育是塑造健全人格的重要途径。让我们携手 AI 技术，共同打造更科学、更趣味、更个性化的体育新课堂，为孩子们的全面发展插上科技的翅膀，为教育赋能！

讲台上的生长密码

——我与"博雅小讲师"的双向奔赴

殷　媛

博园的晨光掠过四季，文创形象"小博"脚下的蒲公英又一次乘风盛放。当我看见博文学子戴着博士帽，个个都能自信大方地站在讲台前绽放光彩时，总会感叹于学校根植的立德树人视域中的"小主人"育人体系，孕育了这片优质化、高能量的教育沃土。

认知破茧，理念初构

第一次接触"小讲师"理念，是在中层效能管理培训会上。那时我初入教育行业，心中有对未知的忐忑，幸运的是杨校长将深厚的专业素养与前沿的教育理念倾囊相授，"课堂研究小讲师"作为"小主人"体系中四个维度之首，为我打开了全新的教育视野——赋予学生"博雅小讲师"身份，还原课堂主体地位，提高学生投入学业的兴趣和积极性。我有幸筹备了学校首届博雅杯"小讲师"比赛，从全校海选、进阶培养，到现场决赛、总结优化，我见证了孩子们从海选时的紧张握拳，到决赛时从容调动全场的蜕变，这给我们带来了一次次惊喜，也获得了师生家长的一致好评。赛后采访中，一等奖的小玥抱着奖杯，眼里闪着雀跃，激动地对我说："学校组织的小讲师比赛，让我受益匪浅！从一开始选择课题，制作课件，到后来说辞打磨，熟练讲解，在老师的帮助和指导下，我仿佛真的变成了一位传授知识的小老师，为同学们答疑解惑，也让我自己得到锻炼和提升！"在杨校长的前瞻引领下，学校创新推出"三阶五级"小讲师评价方案，以"学科小助教-金牌小助教-博雅小讲师-硕士级讲师-博士级讲师"为脉络,建立分层次、多维度、全方位的多元激励机制,我也有幸参与其中。学校精心搭建的丰富平台好似"忽如一夜春风来,千树万树梨花开",让孩子们化身课堂的小主人,教育也有了全新的风景和生长的温度。

实践赋能,教学革新

回归教学一线,我将"小讲师"理念融入教学中。接手班级时,我留意到班里最后一排的小姑娘总是沉默寡言,怯生生地,游离于活动之外。一次课间,我发现她正专注地看着一本《脑筋急转弯》,我以此为突破口,与她讨论谜题,在耐心地交谈中渐渐打开她的心窗,也得知了她的自卑苦闷。我马上真诚地夸赞她思维敏捷,恰逢语文汉字单元中有字谜内容,我顺势决定:"其实字谜和解脑筋急转弯一样有趣,古人可喜欢用字谜来考验对方的智慧啦!就由你来担任字谜小讲师吧!"从那以后,我利用课余时间教她组织语言、讲解字谜,她则前所未有地认真研究着一个个字理。第一次试讲时,她声音很小,有些磕巴,连手都在发抖。我轻轻拍着她的肩膀鼓励:"别紧张,就像聊天一样,把你知道的分享出来。"正式讲课时,我邀请她来到讲台上,为她戴上博士帽,起初她脸颊通红,可当开始讲解时,她的声音逐渐平稳,渐入佳境,虽然并不完美,但最终收获了同学们惊喜、热烈的掌声。我竖起大拇指:"条理清晰,很有进步,连老师都受益匪浅!在未来的学习中,我们班人人都可以站上讲台,成为博雅小讲师!"孩子们的眼睛亮了起来,纷纷举手报名,课堂氛围一下子热闹起来,我也再次坚定了小讲师的教学理念。曾经那个怯懦的小姑娘越来越开朗,学习上变得积极主动,因为有了小讲师的经验,还交到了志同道合的"讲师"朋友们。是啊,每个孩子都有自己的求知欲和闪光点,我们要用心去激发培养,帮助他们站上属于自己的舞台。

智慧共生,素养进阶

随着小讲师教学的深入,孩子们的积极主动性逐渐高涨,比学赶帮起来,我在班级里建立了"学习能量加油站",组建了乐学勤思求知团、学习能量增值团,前者发现有价值的问题,后者则担任小讲师,自主探究,讨论解答。"有请古诗文小讲师分享疏通文意的好方法!""习作讲师团为大家带来了好词佳句,快来听听!""咱们班小馨和小鑫在学校的小讲师总决赛中获得了最佳组合的荣誉,太棒啦!"渐渐地,班里的小讲师越来越多,孩子们愿意交流合作，碰撞思维，学风优良起来，课堂更加高效，成绩也稳步提升。"问渠那得清如许？为有源头活水来。"我深刻感悟到"博雅小讲师"这种具体、有效、创新的教学载体正是撬动课堂改革的动力杠杆，它能创设师生互动、生生互动的良好情境，赋能自信、自主、自强的智慧课堂，更能让学生真正成为博学向上、思维活跃的课堂小主人。而作为教师，我也有了从观念到行为的转变，真正以学生为主体激发学情、因材施教，大大提升了专业能力。而这一切，都离不开学校的前瞻引领和精心指导。

而今，"小讲师"的种子渐渐长成"小主人"的森林，我也跟随着学校的发展、孩子们的进步，书写着自己的教育故事——最好的成长，是教学相长，是我们引领学生从讲台下走向讲台前的每一步，也是他们用蜕变告诉我教育最生动的模样。

那些看向大海的人，会成为大海

高　卉

我想冥冥中一定是深深的缘分，让我从博文刚建校就加入到这个大家庭，有幸亲历学校的发展。特别是杨校到来以后，学校从硬件设施到校园文化、从教师凝聚力到个人素养……都得到了巨大的提升。所谓"爱出者爱返，福往者福来"。很幸运，所有的付出都被看见，孩子和家长们感受到一所学校带给自己的爱和温度，学校的美誉度、老百姓的口碑得到了飞跃式的转变。

我常常感叹大博文如今的蜕变！感叹之余，反观自己收获的成长，更多的是想表达感谢。感谢杨校长一次次的智慧引领、一次次的躬身垂范。是真真切切地用实际行动践行着"用生命影响生命"的厚度与力量！

一、革新理念

要谈成长，我觉得最受益的是思想的革新。正所谓"知行合一"，我们所有的言行都由我们的思想所支配。首先一定是理念的革新，继而才是行动的发生。

杨校曾向我们分享积极向上的人生态度：

主动成长的人，向上靠拢，向平尊重，向下兼容；拒绝成长的人，对上远离，对平回避，对下嫌弃。

凡已定型的人，对什么都不高兴，一个正在成长的人，常怀着感激的心情。

基于学校发展（大我层面），我们应该时刻秉持：起步'高'、日日'新'、意念'正'、追寻'美'的教学姿态；基于个人成长（小我层面），时刻告诫自己：学然后知不足，教然后知困！

一个人的眼界和思维决定他的认知和行为。很感恩杨校长在理念上对我们的引领，让老师们得以精神富足，像一味加速剂，让每位博文人得以拔节、加速成长。

二、收获成长

在杨校长的高阶引领下，全校掀起了"博雅小讲师"助力课堂的热潮，我也很荣幸作为第一批实验点教师，真切地感受着孩子们的进步与成长，这便有了 21 年 5 月题为：《"英语小讲师"炼成记—点亮智慧课堂，赋能学生成长》的分享。我激动的为我区一年级的英语老师们宣传着学校的小讲师文化；6 月，市北区草根课题"小讲师"提高小学英语教学质量的策略研究立项。22 年 6 月，我把所思所悟整理成文，论文《核心素养视域下"小讲师"在英语教学中的研究》顺利发表。正是杨校长的高位引领和学校的托举，才让我有幸入选市北区领航工程"骨干教师培养人"和青岛市青年教师"菁英计划"。

三、愿做微光

杨校曾给我们分享过泰戈尔的诗《用生命影响生命》，其实在第一次读这首诗的时候我就有很深的感触。

它说："把自己活成一道光，因为你不知道，谁会借着你的光，走出了黑暗。"它又说："请相信自己的力量，因为你不知道，谁会因为相信你，开始相信了自己。"

人生漫漫，每个人都会遇到陪伴你的挚友、理解你的知友、警示你的诤友，却不一定有幸遇到畏友，也就是生命长河中的贵人。畏友如灯亦似光！何其有幸，我们与这束温暖的光撞了个满怀，借着她的庇护，走出了黑暗与泥潭。也愿自己能活成一缕光，照亮孩子们的童年，将美好绽放。

四、结语

回头看，轻舟已过万重山，
向前看，前路漫漫亦灿灿。

如今的博文，已跨越重重山峦，遇到明媚春光。

此后，道路坦荡、天光大亮！

左手墨香，右手星光

——在学科深耕与生命对话中的教师觉醒

郑璐璐

回想十年前，我初登讲台时的忐忑到如今能从容地左手执语文书卷，右手握班级星辰，这份成长离不开学校搭建的广阔舞台，更离不开杨校长如灯塔般的指引。我将以"墨香"与"星光"为喻，分享在学科教学与班主任工作中的觉醒之旅。

一、左手墨香：在语文深耕中遇见专业自觉

1. 小讲师课堂：让学习真实发生

在杨校长"博雅小讲师"——生本课堂理念的启发下，我在班级成立九个学习小组。为了鼓励每个学生积极参与，激发他们学习的潜能，每个学期我都会更换小讲师名单。从一年级至今，共产生三批小讲师团队。

为了让每个学生都有事可做，本学期为小讲师们进行工作细化。第一批小老师是金牌讲师团队，也是班里能力最强的孩子们。平日我会指导他们如何讲题，然后让小讲师们帮扶学困生，夯实基础，实现精准辅导。

第二批小老师是红牌小讲师，负责审查日常基础作业。仪式感是生活的调味剂，我为每个小老师配备了专属红笔。孩子们第一次拿到红笔时，既激动开心又神气无比。小讲师林林的妈妈在家访时告诉我："自从当了小讲师，尝试检查学生作业，林林真正学会了如何检查自己的作业和试卷，学习比以前仔细了很多，成绩也提高了。"家长满是欣慰与开心的表达，让我更加坚信"小讲师"培养的必要性。

第三批小老师是蓝牌小讲师，负责日常作业的收取，工作内容是检查学生书写质量，是否及时改错等。这一批小讲师的综合能力不是特别突出，但加以

指导,会很有潜力争上游。我的培养目标是希望他们能有责任意识,积极参与班级管理,做学习的主人。

2. 赏识教育在悄然中萌发

为了激发学生的学习积极性,同时让家长也了解孩子在校表现,我坚持每天在班级、在微信家长群表扬学生。有课堂的书写质量、学习坐姿、举手回答等;有课下的行为习惯、午饭用餐、热心助人等,涵盖在校的方方面面。赏识教育让学生们动力十足,互助互学,和谐共进。

杨校长分享的"PDCA 循环管理法"中的"Action",告诉我们凡事要不断地改进。本学期我又将孩子们受表扬的次数变成"愿望值",满 5 分可以换取 1 个愿望。有的孩子用它换取了和喜欢的同学一位的愿望,有的换取了免一次作业的愿望……愿望各有不同,但快乐正在延续。

二、右手星光:在生命对话中实现育人觉醒

班主任工作于我是一场与 44 颗星星的对话,每个孩子都需要被看见。学校开展的"小主人——一人一岗位"活动,让每个孩子都有事可做。在小小的岗位上展现学生的责任意识,增强他们的集体归属感和自信心,从而促进和谐积极的班级氛围,营造人人都是主人翁的意识。除了将班级事务分为十几个岗位,我还设置了"每日执勤班长",2 人一组,内向的孩子搭配外向的孩子,管理每日的上放学路队、课间操秩序等。对于班长们在工作中遇到的困难,我们会在每周五开展的"小主人管理会"中进行探讨与解决。

三、觉醒时刻:在双重角色中照见教育本真

站在语文教师与班主任的交汇点上,我逐渐明白杨校长所说的因上努力:墨香是根基——学科底蕴决定我们能走多稳;星光即远方——育人情怀决定我们能走多远。

教育是让一棵树摇动另一棵树,而成长是让今天的自己超越昨天的自己。当我们以种树的心态育人,年轮里刻下的不仅是学生的成长,更是教师生命的舒展。在语文教师与班主任的双重角色中,我既是教育者,也是引路人。当以无限的热情投入在这片热土上,以墨香滋养生命,让星光照亮成长。

我的课堂我开讲

——博雅课堂小讲师成长感悟

2021 级 4 班　袁可欣　指导教师:杜君

当我站在博雅课堂的讲台时,我的内心是无比自信和从容的。一次次的历练,让我蜕变成一个热爱阅读、热爱演讲、热爱知识的博雅小讲师。

还记得第一次登台时,我的思维是混乱的,内心是胆怯的。面对台下一双双眼睛,我的心跳加速,仿佛一张口它就会从喉咙里蹦出来。我的手不由自主地颤抖,声音也变得颤颤巍巍,大脑信号一度中断。台下同学的目光像聚光灯一样刺得我睁不开眼,我的脑海一片空白,耳朵也听不清了。还是老师和同学们给我送来鼓励的掌声,让我重拾勇气,走出怯场的困境,完成了人生中的首次博雅小讲师亮相。

有了之前的经历,我开始在平日的学习中有意识地多读书,并且抓住课堂的登台机会练习口才。杜老师教我们学习一篇文章时,常常引导我们试着把自己当成作者,融入课文的情境中,链接作品的时代背景,用心体会作者的处境和感受,这让我们有了意想不到的体验与收获。时间长了,大家争先恐后地品词析句圈画批注,利用思维导图梳理文脉,结合背景知识把课文讲得有滋有味,课堂气氛活跃起来了,大家乐此不疲地分享着、交流着,并不断汲取同伴带来的不同领域的知识干货,迎接不同维度的思维碰撞。有时我还会请家人当听众,倾听他们的疑惑,检测我的讲解效果。久而久之,我的小讲师讲解技艺日益娴熟,并且在自我输入、课堂输出的过程中,我发觉我对每一篇课文都印象深刻,里面人物的语言、动作、神态就像过电影一般印刻在我的脑海里,知识掌握得更扎实,脉络梳理得更清晰。

　　功夫不负有心人。时至今日，当我再一次登上博雅课堂的讲台时，我完全没有了昔日的胆怯和紧张感。我自信大方地走上讲台，声情并茂地讲述人物所经历的事件，感受字里行间的喜怒哀乐。台下听众们听得十分投入，这让我满心欢喜、充满力量，同时也领悟到了博雅课堂的真义：小讲师们通过知识经验与方法技巧的分享交流、迁移运用，将不同学科、不同学段的知识点融会贯通，使知识能平稳地着陆在每个接收者的心田。

　　博雅课堂，如同一面多棱镜，将知识折射得多姿多彩。我通过这样的讲堂，拓展了知识疆域，收获了口齿伶俐、自信大方，还有思维清晰和从容淡定。这样的讲堂，让讲台之上的演讲者与讲台之下听众实现了知识的共享、互通以及心灵的共鸣。博雅课堂，如一叶扁舟，将同学们带入知识的海洋尽情遨游；如宇宙之星，照亮了每个知识输出者和接收者的心灵。

萤　光

2020 级 8 班　张宸萱　指导教师：韩鸿泽

　　雷鸣般的掌声在教室里响起，赞扬的语句如雨点一样落下。我怀揣着激动的心情走下讲台，思绪不由自主地飘到了一年前，飘到了那个在台下仰望讲台的自己。

　　曾几何时，看着其他同学站在讲台上，落落大方地担任小讲师，声音清亮，思路清晰，赢得满堂喝彩时，我的心里总是充满了复杂的滋味。羡慕像藤蔓一样缠绕着我的心，可紧随其后的，却是沉重的胆怯。那讲台仿佛高不可攀，明亮的灯光下，同学们的目光像聚光灯般灼热。我无数次幻想自己站在上面的样子，却又无数次被"万一讲砸了怎么办"的念头吓得缩回角落，只能紧紧攥着手中的钢笔，把那份渴望深深埋在心里，做一个安静的、带着些许自卑的听众。

　　盼望着，盼望着，终于，我也盼来了一次机会——一次在语文课上当小讲师的机会！我和韩老师一起共赴《古诗三首》的诗词之约。巨大的喜悦瞬间冲散了胆怯，我像一只鼓足了劲的小鸟，迫不及待想要展翅。我提前两个周就开始准备，想把一切都安排得妥妥当当。我在书上反复地做着笔记，把资料看了一遍又一遍，仿佛多看一眼就能证明自己是个足够聪明的女孩。

　　韩老师看出了我的忐忑和期待，特意在课间找到我。他温和地笑着，拍拍我的肩膀："别紧张，准备得已经很用心了。记住，小讲师不是表演，是真诚地分享和交流。多想想怎么让同学们听明白，怎么和他们互动，就像平时聊天一样自然就好。放心，一切有我，你讲不来的，我给你兜底。"他的话像一阵清风，拂去了我心头一些焦躁的浮尘，让我对"小讲师"有了更深刻的理解。

　　然而，在上台的前一晚，那种熟悉的紧张感又卷土重来。我翻来覆去睡不着，脑子里像电影胶卷似的反复播放课件的内容。突然，我猛地睁开眼睛，一股寒意从心底升起——万一我提的问题，没有同学回答怎么办？万一他们问我一些古怪的问题我该怎么办？

我掀开被子，起身回到了台灯前。我沉下心来，我想象着自己在台上的样子，想象着同学们可能提出的各种问题，在纸上一字一句地写下讲稿，反复推敲。我就在房间里来回踱步，背诵、演练着，直到每个句子都流淌自如。

不知不觉间，夜已深沉。忽地，窗外一点萤火一闪而过——是萤火虫！它在这浓重漆黑的夜色中，执着地散发着一小团柔和的、金色的光晕。虽然微弱，却异常清晰，正努力地划破着黑暗。一刹那间，我的心像被什么东西轻轻击中，豁然开朗！每个人都有自己的光彩，无需耀眼夺目，只要倾尽全力发出自己的光，就能在黑暗中找到方向。空气仿佛凝固了，一种前所未有的宁静和力量充盈了我的胸腔！

那一天，当我摘下象征"小讲师"身份的博士帽时，迎接我的，是同学们投来赞许与艳羡的目光，是老师欣慰而认可的微笑！

就在这心潮澎湃的瞬间，那只曾在深夜里划破黑暗的萤火虫，带着它那柔和而执着的金色光晕，清晰地浮现在我的脑海。此刻的我，多么像那只小小的萤火虫啊！站在讲台上，我倾尽全力发出的光芒或许微弱，却真真切切地照亮了方寸讲台，也仿佛为同学们探索知识的旅途，添上了一盏小小的、温暖的灯。原来，重要的从来不是光芒有多么耀眼夺目，而是那份真心实意地燃烧！

我轻轻攥紧手中的博士帽，仿佛攥住了那个夜晚被点亮的信念——只要倾尽全力，真心实意地付出，就能发出属于自己的光，驱散怯懦的夜色，照亮前行的路。这份光亮，将成为我心底永恒的坐标，指引我无论走向何方，都努力成为更好的自己！

第一次，我的声音盖过了心跳声

2019 级 3 班　马靖雯　指导教师：王龙雨

　　书柜最底层的纸箱发出簌簌声响，我扭头看见妈妈正将一摞旧书码齐。忽然，一抹鲜艳的红色从书页间滑落——"博雅小讲师"荣誉证书，手指无意识地摩挲着那微微翘起的一角，尘埃在光柱中起舞，将我拽回那年蝉鸣聒噪的夏日。当时的我攥着话筒，看着台下同学好奇的目光，喉间像是塞了一团发酵的面团。而此刻证书上烫金的字迹，正静静诉说着那个青涩少年，如何用颤抖却坚定的声音，盖过了胸腔里震耳欲聋的心跳。

　　起初，我满心欢喜，觉得这是一次展示自我、挑战自我的绝佳机会。然而，随着演讲日子的临近，我开始感觉到前所未有的压力。每当夜深人静，我躺在床上，脑海中总会浮现出站在台上，面对众多同学和老师的场景，那种无形的恐惧让我辗转反侧，难以入眠。为了准备这次演讲，我付出了巨大的努力。清晨，当第一缕阳光还未照进房间，闹钟便刺破寂静。我迅速起身，简单洗漱后，便投入到紧张的准备中。密密麻麻的稿纸铺满桌面，字句在眼前跳动，在耳边回响。望着镜中反复练习、额头沁满汗珠的自己，不安与紧张如潮水般袭来。时钟的滴答声、翻动的稿纸声，还有日历上鲜红的数字，时刻提醒着我挑战的临近，它们就像一座座等待我翻越的山峰。我对着镜子，反复调整着每一个细节：张嘴的幅度、微笑的弧度、与同学互动的手势。一次又一次的练习，一遍又一遍的纠正，汗水浸透了衣衫，却浇不灭我心中的坚持。

　　终于，那一天到来了。我略显拘谨地戴上博士帽，怀着忐忑的心情走向讲台中央。台下，同学们灼灼的目光与嘴角的弧度，与我此刻紧绷的神经形成鲜明对比。我的心仿佛被一只无形的手紧紧攥住，周围的空气也变得凝重起来，耳边只剩下擂鼓般的心跳声，那声音急促、紊乱，重重敲打着我紧绷的神经。我拼命在脑海中搜寻讲稿的内容，可那些早已烂熟于心的词句，此刻却消失得无影无踪。我的喉咙像被砂纸反复摩擦，干涩得几乎发不出声音，就连吞咽口水都困难重重。我拼命深呼吸，胸腔剧烈起伏，试图压制住内心的慌乱，可紧张感却如涨潮的海水，一波又一波将我淹没。当颤抖着开口时，声音断断续续，连自己都忍不住摇头——这远未达到我的预期。"不行了""要搞砸了"的念头在脑海里疯狂闪现，我怎能让老师、父母，还有满怀期待的自己失望？大脑陷入混沌，脸颊烫得惊人，冷汗顺着脊背蜿蜒而下，掌心早已浸湿，几乎握不住发烫的话筒。

就在呼吸乱了节奏时，昔日刻苦练习的画面一一浮现，一个声音突然刺破混乱：我站在这里究竟为了什么？不是虚无的荣誉，不是遥不可及的完美，而是突破自我的勇气，是破茧成蝶的蜕变！我总执着于完美，却忘了自信本身就能绽放光芒。这一刻，我猛地抬头，指尖死死攥住话筒，像是抓住救命绳索。当第一个音节坚定地跃出喉咙，奇迹悄然发生——原本磕绊的话语渐渐流畅，急促的心跳化作激昂的鼓点，支撑着我继续前行。那些烂熟于心的知识从记忆深处倾泻而出，我恍然间找到了讲师的从容：时而激昂澎湃如战鼓，时而沉静深邃如幽潭，手臂有力挥动划出思想的轨迹，目光坚定扫视凝聚全场的注意力。台下的同学们被我的分享牵引，时而屏息凝神，时而恍然颔首。

当最后一个字余韵消散，全场雷鸣般的掌声排山倒海而来。在欢呼声中，我走下讲台，撞进老师欣慰的目光，听见同学们由衷地赞叹。那一刻，我终于读懂了"小讲师"的意义——它像一座明亮的灯塔，在成长的迷雾中为我照亮前路，让我明白：唯有怀揣勇气，方能无畏前行。

讲台上的蜕变：为成长添上翅膀

2020 级 3 班　袁艺馨　指导教师：殷媛

校园那红艳艳的芍药又盛开了，这是我在温暖的博园里的第五个季节。刚上小学时，我认真地听讲老师们的讲课，老师在讲台上闪闪发光的样子让我目不转睛，因此我学会了识字、算术、英语，那就是我学习兴趣的萌芽。

原本以为上学只是啃课本、学知识，直到学校的"小讲师"活动像一把钥匙，打开了成长的新大门——那些关于自信自强、自主自能的诠释与体验，正悄悄把我变成更勇敢的自己。

第一次当"领读小讲师"的场景至今清晰：站上讲台时指尖还在轻轻发抖，可当听到同学们跟着我的节奏，把课文读得抑扬顿挫、整齐响亮，紧张忽然就被揉进了教室的朗朗读书声里，心里像揣了颗小太阳，暖融融的。

后来啊，我成了班级讲师团的"常客"，甚至站上了学校升旗仪式的主席台，成了领诵小讲师。那天阳光很亮，所谓"台上一分钟，台下十年功"，虽然我已经演练了无数次，但第一次登上主席台，我的心情格外紧张，呼吸也急促起来，但当我看到台下领导老师的目光里全是鼓励，我像被温柔的暖流裹住——原来被信任的感觉，真的会让人生发自信，觉得浑身都有使不完的劲儿……

这些站在台上的瞬间，早就不是简单的"任务"啦。它们让我明白：原来成长从来不是课本上的单线条，而是像小讲师活动这样，在一次次主动分享、一次次勇敢挑战里，慢慢把"胆小的自己"酿成"发光的自己"呀。我感到十分荣幸，因为学校给予了我广阔的成长舞台，我们获得了独特的生命体验。

"机会总留给有准备的人"。这一次，我有幸参加了学校的"博雅杯"小讲师风采大赛，我激动极了，结合我的语文特长，我把主题定为将阅读复习妙招分享给全校的同学们。我从一知半解到深入思考，吃透阅读方法，再到自信从容地分享，经过努力，我荣获了一等奖！现在再翻开笔记本，除了密密麻麻的阅读方法，还多了句歪歪扭扭的批注："原来当'小讲师'不是'教别人'，而是把自己学的东西,用更亮的光擦一遍。"那天晚上,我在日记里写:"讲台很小,却能装下整个课堂的渴望;世界很大,幸好有学校托着我,让我敢踮起脚,去够更远的光。"

每每回想,总会想到那个曾让我紧张到攥出汗的讲台,现在想想,它更像一座桥:一边连着"学知识"的自己,一边通向"懂分享、敢发光"的新旅程。而桥的那头,还有无数个"小讲师"的故事,正在等着被翻开呢。

是啊,回顾这一路的成长,在博园的"小讲师"舞台上,那个曾藏在课本里的小小梦想悄悄落了地——当指尖触到讲台边缘的温度,当目光扫过台下闪闪发亮的眼睛,我忽然懂了:原来每次"小讲师"的经历,都是成长偷偷埋下的注脚。

但这哪里是终点呢?人生这场漫长的"大讲台"上,我才刚刚攥紧第一页开篇呀。幸好有学校托着我,把"自信""分享""勇敢"酿成翅膀,让我敢从"小讲师"的筑梦路起飞,朝着更辽阔的"成长天空"晃了晃翅膀尖。

向上生长的力量

——小主人自主成长的密钥

2020 级 9 班　王语诺　指导教师：梁宝真

在博文小学这个充满活力的校园里，我最喜欢的一门课程是"小主人"课程。这门独特的课程如同春风般温暖着我们的心田，它教会了我们如何独立思考，如何勇敢地面对挑战，更重要的是，它让我们学会了如何成为自己生活的小主人。每一次的小组讨论，每一次的项目策划，都像是一次次小小的冒险，我们在其中探索、学习、成长。这门课程不仅丰富了我们的知识，更拓宽了我们的视野，让我们学会了如何在团队中发挥自己的优势，如何与他人协作，共同完成任务。

在"课堂学习小主人"活动中，我担任了语文和音乐的小讲师。课前，我认真查阅资料，理顺讲解思路，并用生动的语言与老师和同学们分享了《"月肉"偏旁趣解》《惠崇春江晚景》、歌曲《心同此愿》等。通过这几次担任"小讲师"的经历，我锻炼了自己的表达能力，增强了自信心，并激励同学们积极参与课堂讨论，提高了学习积极性。

今年，在老师和同学们的支持下，我竞选成为班长，同时担任"班级文化设计师"，成为"班级自主管理小主人"。通过协助班主任老师处理班级事务、与其他班干部协作分工，以及与同学们充分沟通交流，我不仅提升了管理能力和责任心，也为班级的和谐发展贡献了自己的力量。

在"学校活动小主人"活动中，我积极参与学校组织的多项文艺活动和社团活动。我代表学校参加了山东省 2023 年教育系统全国"爱眼日"主题推进活动表演、市北区楹联书法比赛、青岛市小学生英语口语模仿展示活动等，展示了良好的才艺和作为学校活动小主人的风采。

学校也鼓励我们积极参与社会活动，通过开展研学旅行，让我们成为"社会参与小主人"。我们走进青岛老街，实地感受青岛的历史文化和建筑风格；走进青岛市博物馆，了解青岛早期渔业和港口繁荣的历史；游玩石老人景区，欣赏美丽的海景，聆听海浪拍打岩石的声音……这一系列活动使我们增强了文化自信，教导我们成为有责任感、有担当的人。

向上生长的力量，就蕴藏在我们每个人的心中。而学校的"小主人"课程，正是唤醒这种力量的钥匙。在这片教育的沃土上，我们终将成为自己人生的主人。

叮！今日自律能量已充满

2021 级 5 班 张 藩 指导教师:王亚琪

"太阳当空照,花儿对我笑,小鸟说早早早……"心里哼唱着美妙动听的旋律,我背着书包踏进了鲜花飘香的校园。校园里,班级"小主人"们朝气蓬勃,兴高采烈地走进了自己的教室。

早上 8 点的铃声准时响起,新一天的能量收集开始了!作为语文课代表和晨曦领读员,我走上讲台,翻开课本。在日复一日的领读中,我慢慢发现:这份看似简单的班级小任务,其实是我和自己拉钩约定的成长小魔法!

自律就像心里住着一位小管家,每天帮我整理好学习和玩耍的时间魔法袋。记得刚开始担任晨曦领读员时,我也曾因为贪睡而未及时到校。当看到班级四十四位同学期待的眼神时,我意识到自己必须以身作则。于是,我要求自己每天比同学们来得早一点,提前准备好当天的晨读内容,并制作了每月晨读记录表,记录好每天的阅读内容和进度。渐渐地,这份晨曦领读员的工作不仅让同学们养成了晨读的好习惯,更让我这个小管家学会了如何用自律的魔法,把每一天都变成闪闪发光的成长礼物。

自律就像心里的小卫士,帮我挡住"电子产品"的偷袭!现在的信息时代,各种各样的电子产品对我产生了强大的吸引力。直到上学期期末评比时,看到自己退步的成绩,实在愧对于所担任的语文课代表。于是,我要求自己远离电子产品,起初很难,但渐渐地发现自己能够沉浸在学习中,学习成绩逐渐提升,学习进步的快乐无与伦比!这份自律让成长不被诱惑阻碍。

这份自律不仅让我收获了沉甸甸的成长果实,更在班级播撒下了阅读的种子。作为晨曦领读员,我不仅学会了如何规划时间、认真准备每天的晨读内容,同学们都亲切地称呼我为"晨光小百灵",更惊喜的是我荣获了第二届"博雅小讲师"风采大赛一等奖。我们班的晨读成了校园里一道亮丽的风景线,越来越多的同学自发加入了晨读的行列,图书角的借阅量翻了三倍。曾经那个需要闹钟反复催促才能起床的我，如今已经能骄傲地说："自律让我和同学们一起，在书香中遇见了更好的自己！"

朗朗读书声在教室里回荡，这不仅是知识的传递，更是自律能量的传播。"叮"，自律的能量充满啦！未来每一天，我将继续严格自律，积极努力发挥班级"小主人"作用，与亲爱的同学们一起，畅游属于我们的博文旅程。

成长是棵会开花的树

2020 级 7 班 张皓程 指导老师：经久伟

"我已出舱，感觉良好！"

在全力以赴地完成朗诵比赛后，和同学们坐在回学校的车上，我的思绪不禁拉回到五年前：我懵懵懂懂地走在偌大的博文校园里，明亮的教室、整洁的操场、温馨的食堂，多么美妙的地方啊。在五年的博园生活中，我不仅收获了浓浓的师生情和同窗情，也收获了无穷的知识和成长。每一天整齐划一的朗诵，每一次步调一致的晨跑，每一顿温馨的营养午餐，都是我们博雅学子茁壮成长的动力，更是我们步伐坚定的底气，这里是梦开始的地方。

记得一年级的时候，我们亲爱的经老师，在课堂上让同学们分享名言名句，我分享的是："工欲善其事，必先利其器。"这句话是爸爸告诉我的，我似懂非懂却印象深刻。经老师听到我的回答后，不仅表扬了我，还重点给全班同学详细举例讲解了这句话的意思。我和同学们都恍然大悟，热闹的课堂氛围不仅让我们学得快乐也印象深刻。当我们逐渐长大，也戴上博士帽，像高年级的哥哥姐姐们一样争当小讲师时，我们才真正懂得了"工欲善其事，必先利其器"这句话的深刻含义。学校小主人的教育理念，加上老师们孜孜不倦地引导，这一切的准备工作，才有了我们当小讲师的精彩瞬间。想到这里，我内心充满了幸福感和自豪感，美好的博园是我第二个家。

时光如白驹过隙，我记得那是我们班第一次主持承办升旗仪式，同学们都跃跃欲试地竞争升旗手，最终我用熟练的演讲赢得经老师和同学们的认可，成为了光荣的升旗手。那段时间，夕阳下的操场总有我们排练的身影，课堂的朗诵也更加字正腔圆，每一位同学都时刻准备着，连往常课间最热闹的班级图书角，都比不过同学们排练的热情。也正是在那次升旗活动中，我以优异的表现，被学校选中加入了学校的主持人社团。我的成长就像一棵小树，父母是雨露，老师是阳光，学校是土壤，这些点点滴滴无微不至的滋养使我茁壮成长。

博园景美、人美、心更美，我们博文小学是市北区首家"红十字会微尘博爱"学校。我非常荣幸地当选优秀学生代表，为各级领导和爱心人士介绍我们的微尘小屋和博爱理念。那次活动使我受益匪浅，也为后来的"学雷锋"社区活动打下了坚实的基础，在为社区街道介绍我们博文小学时，我也更加热情大方，挥洒自如。五年级的我们，已经是为校争光的主力，在这次市北区朗诵比赛中，老师和同学们全力以赴精心排练，终于绽放出了博雅学子的自信风采。

我就像一棵小树，在博园里扎根茁壮成长。希望将来的我，可以成为一棵大树，为博园遮风挡雨。

班里有个"小能人"

2024级5班 刘馨仪 指导教师：崔玉鑫

我叫刘馨仪，是一年级五班的"小能人"。在学校小主人自主管理"一人一岗位"中担任"班级创意提案官"。我觉得班级就是我的家，只要发现哪里还能变得更好，我就特别兴奋，满心想着赶紧动手，让这个家更漂亮、更温暖！

刚开学没多久，我就琢磨着我们班的值日是不是还能更上一层楼！于是我主动跟老师说："老师，我来试试管值日生！"我先花了几天观察，然后找来彩纸和值日组长一起给每个值日岗位做了"职责小贴纸"，比如"黑板清洁官：擦完黑板后，用湿巾再擦一遍粉笔灰"。我带着同学们用卡纸做了个"值日任务转盘"，把任务写在转盘上，每天转到哪个任务就干哪个。为了激励大家，我还设计了"值日小徽章"，用彩纸剪成星星形状，上面写着"今日值日之星"。要是哪天值日表现好，就能得个徽章贴在名字旁，可神气啦。

班级图书角是我们学习交流的好地方，为了让它更整洁有序，我自告奋勇和图书管理员一起想办法，用废纸箱做了"借阅登记本"，上面画满卡通图案。每次同学借书，就在对应的书名后签上名字和日期。我们还用彩带给每本书编上号，贴上"1号书屋""2号书屋"的标签，同学们看完书按照编号摆放整齐。慢慢地图书角越来越有吸引力，成了我们最喜欢聚集的地方。

学校评选"节能教室"，我灵机一动，做了个"节能小勇士"袖章，让电器管理员戴在胳膊上。每天课间，她就像小警察一样检查教室灯光和电风扇，要是看到没人区域还亮着灯，就赶紧跑去关掉。为了提醒大家，我还带着同学用废纸板做"节能提示牌"，上面写着"最后一人，请关灯哦"。我还设计"节能积分卡"，每个小组节能表现好就能得积分，积分能换"观影券"或"游戏卡"。不出所料，"节能教室"被我们收入囊中。

我不仅自己管得好，还带着其他同学一块参与班级管理，让每个岗位的小主人都发挥自己的优势。我发明了"班级问题反馈箱"，用废旧牛奶盒做的，上面画着卡通邮箱图案。同学们有啥建议或发现的问题，就写纸条投进去。每周班会课，我们就打开反馈箱，大家一起讨论问题，然后想解决办法。

我们用自己的聪明和行动，让班级每个"小主人"都发挥自己的作用，班级在同学的共同管理下变得充满活力又井井有条。

家长要跟孩子一起长大

2023 级 7 班赵书岩家长　赵敦峰

在这个崇尚速度与效率的时代,我们习惯于将教育视为一种单向的输送——"成熟"的父母将知识、经验与价值观灌输给稚嫩的孩子。然而,真正的亲子关系远非如此简单机械。教育的本质,恰如德国教育家福禄贝尔所言:"教育无他,唯爱与榜样而已。"而这份爱与榜样的传递,从来不是居高临下的施舍,而是父母与孩子并肩同行,在家校共育下的共同成长的生命对话。家长若想真正履行教育职责,首先必须放下"我已完全"的傲慢,拾起"我也要成长"的谦卑,与孩子一起踏上这场没有终点的生命之旅,在这趟旅途中一起去寻找属于父子俩的成长的快乐。

父母角色的本质并非静态的权威,而是动态的陪伴。中国古语有云:"教学相长",这一智慧在亲子关系中体现得尤为深刻。明代思想家王阳明在《训蒙大意》中早已指出:"大抵童子之情,乐嬉游而惮拘检,如草木之始萌芽,舒畅之则条达,摧挠之则衰痿。"他主张教育应顺应儿童天性,而非强行塑造。现代心理学研究同样证实,孩子不是等待被填满的容器,而是需要被点燃的火把。当父母以平等姿态与孩子互动时,往往会惊讶地发现,孩子纯真的提问能撬动成人思维中的固化部分,孩子不受拘束的想象力能照亮成人世界中被遗忘的角落。他们天马行空的想象力,是否曾经把你带回童年快乐的时光。法国飞行员作家圣埃克苏佩里在《小王子》中写道:"所有大人都曾经是小孩,虽然只有少数人记得。"与孩子共同成长的过程,正是重新发现心中那个小孩的珍贵机会。

共同成长的首要障碍,是父母固守"教育者"角色而拒绝自我"更新"。

许多家长在教育孩子不要沉迷电子产品的同时,自己却手机不离手。我想这是很多家庭的真实写照,一开始我们家也是一样的。后来我们家专门开了一场"家庭专题会议—电子产品的使用",会上大家畅所欲言,每个人发表自己的想法,经过半个多小时的讨论,家长和孩子达成一致:周一到周五不可以玩电子产品;周末完成作业的前提下,每天可以玩半个小时;家长要和孩子一样的待遇,在家时不许看手机打游戏。开完家庭会议,在后面的执行过程中,一开始孩子还是有一点不情愿,但看到家长也严格执行会议要求,慢慢地他们也就没有怨言,严格执行了。

要求孩子诚实守信,我们家长自己却常常找借口违背承诺;希望孩子热爱学习,自己却多年未曾读完一本书。这种言行不一的"双标教育"只会制造困惑与叛逆,这个时候就需要发挥榜样的力量。要求孩子多读书,家长就更应该为孩子做榜样,带领着孩子多读书,在家庭中形成一种读书的氛围,慢慢地孩子就会喜欢上读书。家长榜样的力量,在孩子心里是无穷的。我们家每天会尽量拿出至少半个小时的读书时间,全家每个人拿着一本书,你读我也读,大家一起读。美国心理学家卡尔·罗杰斯曾说:"当我以接纳的态度倾听自己时,我才能真实地改变。"父母唯有首先直面自身局限,才能为孩子树立真诚成长的榜样。梁启超在给子女的家书中写道:"我自己常常感觉学问不够,见识有限,所以极盼你们能超越我。"这位大学问家的谦逊态度,恰恰展现了教育者最可贵的品质——承认自己不完美,并愿意与下一代一起追求进步。这种可贵的品质也是我们很多家长没有意识到,没有做到的。

共同成长的实践路径丰富多彩。餐桌可以成为交流每日见闻的论坛,亲子共读能够搭建思想碰撞的平台,甚至一起解决生活难题也是珍贵的教育契机。关键在于建立双向沟通的渠道——父母不仅要讲述,更要倾听;不仅要指导,更要学习。德国存在主义哲学家雅斯贝尔斯提出的"轴心时代"理论认为:人类文明的突破往往发生在对话与反思中。微观至家庭教育,何尝不是如此?当父母愿意蹲下身来,以平等姿态与孩子探讨问题,教育的奇迹便开始发生。北宋司马光在《训俭示康》中教育儿子:"由俭入奢易,由奢入俭难"。没有居高临下的训斥,只有人生经验的分享,这种尊重式的引导往往比强制命令更为有效。通过读书学习,考取了家庭教育指导师后,我跟孩子的交流也慢慢地经历了很大的变化:从一开始的居高临下的训斥,到蹲下身,心平气和地和他沟通,了解孩子的心里话,给他一些建议性的意见,有时让他自己去做出一些选择,这样的沟通方式在孩子的成长过程中我觉得非常有效。若想被温柔以待,请先播种温柔,这有效地减少了孩子的顶嘴,逆反心理,让孩子的身心都健康地发展。

与孩子共同成长,家校共育下,最终实现的是双向成全。孩子在父母的引导下认识世界,父母则在孩子的触动中重新发现世界;孩子因父母的陪伴而安全探索,父母因孩子的存在而保持年轻心态。犹太哲学家马丁•布伯在《我与你》中强调:"所有真实的生活都是相遇。"亲子之间最美好的状态莫过于此——在彼此的相遇中,双方都成为更完整的自己。陶行知先生倡导的"生活即教育"理念,正揭示了教育本质上是生命与生命的相互滋养。当父母不再将孩子视为需要被征服的"他者",而是共同前行的伙伴时,家庭便成了真正的成长共同体。学校在这场成长的过程中,又是一个非常重要的载体,承担着主导性、专业性和桥梁性的作用。德智体美劳全面发展,成为一个合格的社会主义接班人,学校的教育显得至关重要。家庭教育和学校教育是一场双向的奔赴,相辅相成,缺一不可。家庭就像一方沃土,需要家长提供各种成长的"营养成分",加上园丁老师们辛勤地浇灌与呵护,"小苗们"才能健康茁壮地成长为国家栋梁。学校教育和家庭教育是平等的协作、互补共生的伙伴关系,两者的目标其实是一致的,但角色和功能各有侧重,需要有效地沟通和协作来形成教育的合力。一个孩子的人格基础、情感感知能力、生活习惯和人生价值观的形成,更多的是在家庭教育中培养形成的。家庭教育是根,学校教育是干,社会教育是叶。作为家长的我们,要清楚了解家庭和学校在孩子教育中的责任边界,信任老师,认可学校的教育理念,以孩子为中心,配合学校的教育,家校协作,让孩子在家庭和学校中都健康地成长,实现"1+1>2"的育人效果。

成长从来不是一场独行。最好的亲子关系,是如北宋苏轼在《与侄书》中所言:"惟愿孩儿愚且鲁,无灾无难到公卿"的豁达,是如现代诗人纪伯伦《论孩子》中所描述的"你的孩子并非你的孩子"的清醒认知。父母与子女,本是生命长河中偶然相遇的旅人,有幸同行一程,理当相互学习,彼此丰富。放下"我是你老子"的架子,拾起学习者的心态,或许才是为人父母者最智慧的选择。在这条共同成长的道路上,没有绝对的师长,只有不断探索的学生;没有完美的典范,只有真诚的同行者。而这,正是家庭教育最动人的风景。

陪伴是最长情的告白

——一个新中式爸爸的育儿之路

2020 级 7 班张皓程家长　张　航

皓程呱呱坠地那天，我仍历历在目，这些点滴的片段，就像记忆长河中最亮的星。从虎头虎脑的大胖小子，到今天积极乐观的阳光少年，从说话咿呀学语奶声奶气，到今天的侃侃而谈字正腔圆，从走路跌跌撞撞蹒跚学步，到今天的大步流星勇往直前，这一路成长的陪伴，不仅带给我们幸福感，更教会我如何做一位新中式爸爸。

爱是全力以赴，却又常觉亏欠，是执念也是信念，是软肋亦是铠甲。皓程的小名，叫小太阳，这是他三岁时自己取的，从他出生那一刻开始，他真的像小太阳一样，不断地带给我们欢乐，带给我们阳光，一路陪伴他成长，使我感悟良多。我的父辈们大部分都像是朱自清先生在《背影》中描述的那样，不善言辞且严肃刻板，一句"你就在此地不要走动。"完全浓缩了曾经的中式父亲的形象，更有人说，中式父子关系，更像是君臣，只有在年迈的那一刻，他们才是父子，诚然这是时代的缩影，但不是中式父子关系的未来，我们这代 85 后家长，既懂得了父爱如山沉默无言，更明白爱要大声说出来，像朋友一样的父子关系，不仅能够培养孩子的自信和热情，更是他走向未来的底气。

皓程从看绘本开始，就特别喜欢恐龙，上了幼儿园以后，更是能够详细地了解恐龙的科普知识，说起任何一种恐龙，他都能够侃侃而谈，都能自信满满地给大家讲解，仿佛就像他的小宠物一样，我和皓程妈妈还特意为他挑选了恐龙化石的挖掘类玩具，一方面培养了孩子的动手能力，另一方面也增加了亲子时光的乐趣，在他力量不够时，他会向我们求助，这是我们教会他的第一课：父母永远爱你支持你，会全力以赴地帮助你。因为我相信，幸运的孩子，一生都被童年治愈。伴随着他迈入小学的大门，各种新奇的探索在不断地产生，当他告诉我，想买一款恐龙类电脑游戏时，我毫不犹豫地答应了，因为我看到他开始长大了，他开始懂道理知分寸，他的眼神里充满期待，孩子们合理的诉求应该被善待。只要时间规划合理，正确疏导孩子的兴趣，不要一味地压制，电子产品就不是洪水猛兽，我以更加包容的心态，接纳孩子的喜好，相反在这些开放的极具创造性的游戏世界中，承载了孩子们天马行空的想法，让他活泼的童年有了另一个发挥的空间。在学习和生活中，在互相理解又互相鼓励的过程中，父子关系更加稳固和坦诚，我鼓励他学习的进步，也给他指出学习中的错误，他都欣然接受，我想这就是新中式父子关系的样子，既能与孩子平等充分的交流，又能引导他走向正确的方向。

在这成长的道路上，家长们不是孤军奋战，因为我们还有博文这个强大的后盾，家校配合是最完美的搭档。如果孩子是一艘小船，学校和家长就是双桨，共同发力才能勇往直前，在杨校长以孩子为本的教育理念影响下，每一次家长会都是一次升级，我从家长课堂的学习中，有了深刻的共鸣，那些简洁明了的方法，就是真实的亲子场景。所以，作为家长，当你感同身受时，你就能明白学校和老师的用心良苦。这里面我感受最深的，就是四年级的家长会上，经老师教我们如何做不扫兴的家长，首先改善与孩子交流的方式，以共情式的语句，拉近家长和孩子们的距离，同一句话不同的顺序都有意想不到的效果。其次，学会如何正确地鼓励和表扬，既不会让孩子骄傲自大，又能让孩子自信满满更加努力向前。最后，更是心灵的抚慰，如何增加孩子的获得感，让他们从内心感受到父母的爱。那次的家长会，我们都做了笔记，现场参与了考核问答，这种深层次的洗礼，就是博雅学子成长的土壤，也最终会收获满满的硕果。

回想皓程这五年的博园生活，在所有特殊的日子里，学校都有满满的仪式感，这是把孩子们放心上具象化了，从精彩的开学典礼，到热闹的运动会，从护眼操到护眼桌垫，从小博到年鉴，每一份精心准备的礼物，都是孩子们成长的养料。这一份获得感，是他们一生的馈赠。爱出者爱返，我在此由衷地感谢学校和老师们的付出。在学校丰富多彩的社团活动中，每一位博雅少年都发现了自己的兴趣，找到了自己的定位，收获了成长的快乐。皓程以升旗手为起点，逐渐成长为一名合格的小主持人，陪着他努力，陪着他收获，陪着他洋溢在博园的舞台，这是他给我们最好的答卷。这也是我，作为新中式爸爸，一路陪伴孩子成长而收获的最自豪的嘉奖。

家校同心，共赴成长之旅

——我在育儿路上的成长故事

2023 级 7 班陈晞家长　路文芹

孩子的成长宛如一场奇妙的旅行，青岛博文小学恰似一位极具匠心与情怀的旅行规划师，它以专业与智慧为笔，以热爱与关怀为墨，精心勾勒着孩子们成长之旅的每一个站点，只为让孩子们在前行的道路上，邂逅一处又一处动人的风景。而我作为家长，则是这场旅程中最坚定的同行者，有幸与孩子并肩，共同领略博文带来的美好景致，携手收获成长路上的点点滴滴。

在育儿的道路上，每位家长其实也都是一名学生，我也曾如在迷雾中前行，纵有爱子之心，却找不到可以发力的方向，无法给予孩子恰当的引导与教育。然而，自从我踏入博文校园，就仿佛在迷雾中寻得了一盏明灯，确定了前进的方向。

走进博文，紫藤花瀑倾泻着无尽的浪漫，白色小鹿静静营造着温馨祥和，微风中悠悠转动的风车，似乎在讲述着属于这里的一切……校园里的一草一木，都经过精心雕琢，别具匠心，处处彰显着对美的追求与诠释。在博文，孩子们无需刻意寻找美，举手投足间，便能浸润在美的熏陶之中。孩子们吸收着美，输出着美，教学楼长廊内、体育馆天花板上，陈列着一幅幅孩子们的美术作品。这些作品，不仅是孩子们创造力的展现，更是学校美育工作的生动体现。学校深知，美育并非一朝一夕之事，应当如春风化雨般，于无声之处悄然浸润孩子们的心灵。

美育成就美德，当美融入孩子们的日常，便化作了尊重自然的善意、积极生活的热情，以及温暖他人的力量。博文这份对美育的执着追求，也启发着我在家庭教育中去注重培养孩子发现美、感受美的能力。假期中，我们一起踏上探寻祖国山河之美的旅程。夏日，我们驰骋过祁连大草原，感受碧绿无边的宽阔;冬日,我们遇见长白山天池,感受洁白无瑕的高远;当壶口瀑布的水汽夹杂着泥沙迎面扑来,我们感受到了祖国妈妈最强烈的脉搏;当莫高窟的精美壁画展现在眼前,我们发出了对华夏历史璀璨文明的赞叹……每一次旅行,都是一次与美的邂逅,一次心灵的洗礼。即使在家中,我和孩子对美的布置与追求也没有停歇,一张桌布,一盆绿植,一束鲜花;一幅画作,一把凉扇,一个水杯;都装点了我们温暖的家。如今,美育已成为我们生活中不可或缺的一部分,我和孩子共同品味着美的甘甜果实。

今年,杨校长又为全校孩子们送上了一朵鲜艳的减压大红花,用独特的方式诠释教育温度。正如杨校长所说:"学校为孩子们打造的一定是温暖、安全、放松身心的学习环境。"孩子们站在声控花前,以稚嫩的嗓音高喊着"我爱博文",声控花便在欢声笑语中徐徐绽放。这一充满巧思的互动,不仅是简单的趣味游戏,更是对孩子心理健康的温柔呵护。在这片以博爱育人的土地上,每一个孩子都被视作独一无二的花朵。学校用这份别出心裁的温暖,让孩子们在爱的阳光下尽情释放心情,舒展心灵。这让我深刻意识到,心理健康教育正是滋养孩子成长的沃土,唯有给予他们充足的关爱与支持,方能让他们带着自信与勇气,迎接人生挑战,绽放独特芬芳。

此后,当孩子因考试成绩不理想而闷闷不乐时,我不再是急忙拉他坐在书桌旁,摸起纸笔开始咄咄讲解;我会邀请他一起到广场上散步,根据月相推测着日子,听着孩童捉迷藏的口令回忆他的幼儿时光,在轻松的氛围中倾听他当下的烦恼。直到他的步伐逐渐变得雀跃,嘴里不自觉地哼起小曲儿,再告诉他回家后先自己分析一下错题,不明白的再来求助我讲解。当孩子与同学闹了小矛盾情绪低落时,我也会及时留意到他的情绪变化,和他一起分析矛盾产生的原因,引导他珍惜同学之间的情谊,鼓励他主动去和同学沟通。一张解释误会的小纸条,一个用心准备表达歉意的小礼物,都可以帮助他们和好如初。在关注孩子心理健康的过程中,我更加懂得了如何去守护他的心灵世界,我与孩子的心贴得更近了,亲子沟通变得更加顺畅了。

除了受学校育人的启示,博文定期开设的家长课堂,更是一座知识宝库,为我直接提供了很多宝贵的教育理念和行之有效的教育技巧。

在这里,老师告诉我们要把孩子看成一颗种子:未来,也许它是一棵小草,但可以"春风吹又生",生生不息;也许它是一棵大树,可以枝繁叶茂,为人们遮风避雨;也许它是一棵鲜花,可以酿成甜蜜……这让我学会了以更加包容的心态看待孩子的成长，接纳孩子的未来。在这里，老师告诉我们要懂得"扬长避短"的教育智慧：孩子擅长的方面，我们可以去帮助他谋划拓展加深，培养成孩子的闪光点，以此增强孩子的自信心；孩子薄弱的地方，我们要见证坚持的力量，于经年累月中，于一点一滴中去弥补与提高。在这里，老师告诉我们，孩子书包里的小纸团，笔袋里的脏橡皮，都是孩子学习状态的晴雨表，家长可以于细微之处及时了解掌握孩子的学习状态，适时关心与引导……每次家长课程，不管是丰富的教育理念，还是简单上手的教育小技巧，都让我收获颇丰。

博文，作为家校共育的卓越领航者，担当起孩子成长旅程的匠心规划师，以润物无声的方式浸润着我们家长的教育理念，以实实在在的指导助力着家庭教育。感谢博文，让我在育儿的道路上走得从容、自信。我和孩子跟随着学校精心规划的成长路线，一路风光旖旎，一路欢声笑语，一路共同成长！未来，我将继续坚定地与学校携手同行，不断学习，不断进步，努力成为孩子成长旅途中更优秀的同行者，与学校一起，家校同心，让孩子拥有"博悦童年"，为孩子"赋能未来"！

博雅教师感言

在杨校长的高位带领下，博文人坚实笃定，恒守初心。我们为身为博文人而感到自豪，校荣师贵，校荣我荣，感谢学校为师生搭建多元个性化成长平台，让我们遇见更好的彼此，实现博文跨越式、高质量发展。感谢杨校长心系师生，遵循教育的发展规律，将有爱、有智慧、有温度的博雅教育根植博文师生心田，为学生长远发展做足前瞻规划，"博悦童年·赋能未来"不仅仅是一个办学理念，更是博文扎实前行的行动纲领！相信"相信"的力量，我们相信博雅精神，相信博文力量！博文人必将凝心聚力，奋楫致远，为学校高质量优质化发展贡献自己的力量，迈出铿锵步伐，彰显博爱温度！

——杜君老师

时光荏苒，转眼已在博文小学度过五个春秋。回望这段成长旅程，点点滴滴都浸润着学校的温暖与智慧。杨校长精心打造的"青年成长营"，为我们搭建了专业发展的阶梯；一年一度的"学术节"活动，让我们在思想的碰撞中感受教育传承的厚重与温度；而每日的八段锦练习，更让我们体会到校领导对师生身心健康的深切关怀——这些独特的博文印记，早已成为我生命中最珍贵的养分。

一位好校长就是一所好学校，作为博文的一员，感恩与自豪在心底澎湃。杨校以高远格局引领方向，带我们见证学校从"规范创新"稳步迈向"品质深耕"，蜕变为有内涵、有品质、有温度的优质学校。从"博悦童年·赋能未来"办学理念落地，到博雅文化体系搭建，每一步推进，都流淌着爱、智慧与温暖，把教育的美好，融进了校园的一砖一瓦、一晨一昏。

杨校长作为学校发展的领航者，为老师们的成长铺路，搭建各级各类专业化学习平台，校园学术节、博雅教艺节等活动，推动教与学双向变革，让我们在多元探索中，找到热爱与方向，不断提升自我；以"小主人"育人体系为引擎，引领学生德智体美劳全方位发展，成为有修养、有气度、有家国情怀和有国际视野的未来社会小主人。学校三次蝉联市北区中小学校综合绩效考核优秀单位，就是这份教育深耕最有力量的见证。

杨校长常说，"教育的本质是一棵树摇动另一棵树，一朵云推动另一朵云，一个灵魂唤醒另一个灵魂。"如今，博雅教育从种子成长为繁茂大树，成为受百姓、同仁与社会认可的教育品牌，真正成了家门口的好学校，这份对教育的热忱与坚守，激励我们逐梦前行。未来，我会带着感恩，以奋进书写教育篇章，让博文故事持续闪耀。

——殷媛老师

大博文近几年稳步上升的教学质量和日益提升的社会口碑，成了大家热议的话题。从口口相传的家长们口中得知，学校的教育质量得到了显著提高，孩子们在这里不仅学到了知识，更学会了如何做人。

不是每一所学校都叫博文，因为不是每一所学校都有一位像杨校长这样大格局、高认知，时刻心系学校发展、老师成长、学生成才的好校长。

杨校长来博文这几年，学校发生了天翻地覆的变化，杨校长的战略眼光和精心规划受到了高度评价。她为学校制定了宏伟的发展蓝图，并积极推动各项改革措施的实施，使得学校在短时间内取得了长足的进步。同时，杨校长还非常注重教师队伍的建设和发展，亲自参与到教师培训和成长计划中，为教师们提供了丰富的学习资源和发展平台。

在学生成才方面，杨校长始终坚持去功利化的教育理念，关注每一个学生的全面发展。她倡导博雅教育，鼓励学生们追求卓越、勇于创新，并为他们的个性化发展创造了良好的条件。这种以人为本的教育理念，让博雅学子们在学业、德育、艺术、体育等多个领域都取得了优异的成绩，成为社会的栋梁之材。

——谷莉敏老师

在博文我不停地吸收着精神养分，感恩中年的年龄遇到有心境、有智慧的杨校长。杨校长总能有创意、有高度地引领我们工作。跳绳颁奖仪式上出现了两只可爱的北极熊玩偶，最初我只认为是为了活跃现场氛围。后来获奖的同学和班级跟北极熊合影，我们班的孩子听说了下课自发练习跳绳，那时的我意识到这两只熊原来是为了激励孩子们运动，内心已产生佩服。后来校长深情地跟我们说这是"抱抱熊",并开展"抱抱节"让师生们通过拥抱传递爱。后来我有幸遇到了"抱抱熊",当我看到里面是同事时,我忍不住抱住了她,我俩对视着笑着,真是从未有过的美好。原来杨校长是让老师和孩子们走近彼此的心,我内心升腾起的是无比的敬佩和幸福。后来我们班的孩子有了进步,我总是忍不住摸摸他的头,或者弯身给他个拥抱……孩子们可开心了。

　　感谢杨校长帮我扯掉眼中的世俗,寻找内心的纯真,离不惑又近了一大步。我相信一切人或事都有它出现的必然,感恩杨校长的出现让我更明白了世间万物皆美好,换种心境换种方式,自有它的精彩展现。

——徐倩老师

　　六年讲台时光,我的每一步成长,都扎根于学校这片蓬勃的教育沃土,离不开杨校长高瞻远瞩的引领和学校为老师们倾心搭建的发展平台。

　　"小讲师"课堂研究带给我理念的革新。看着孩子们从聆听者变身为自信的小老师,在数学课堂上迸发思维,那份主动思考的光芒和日益提升的表达力,让课堂焕发出前所未有的活力。同样,"小主人"班级管理让孩子们在"小岗位"上各司其职,责任心与主人翁意识悄然萌发。作为班主任,我欣喜地见证着他们学会自我管理、服务集体,班级氛围更加和谐向上。

　　学校的发展如春风化雨。杨校长主持的省级"小主人"课题,像一座灯塔,点燃了我们探索"立德树人"的科研热情。学校精心打造的学术节、教艺节、专家指导……这些宝贵的平台,不断拓宽我的视野,锤炼我的教学能力。感恩学校六年的悉心培养与信任。是这片沃土,让我从青涩走向成熟,在践行"小主人"教育中与孩子们共同成长,体味为师者的幸福。未来,我将怀揣感恩,继续用心耕耘,陪伴更多"小主人"茁壮成长,为学校更美好的明天贡献力量!

——王善芹老师

　　"博悦童年·赋能未来"的办学理念如春风化雨,浸润着青岛博文小学的每一寸教育沃土。崇尚"博学于文,约之以礼"的博园,教育变革带来的惊人蜕变——课堂小讲师教学范式的推行,让曾经沉默的教室焕发出思辨的光芒;小主人班级自主管理的实践,使稚嫩的肩头生长出责任的枝芽。

　　我目睹曾经害羞的小 A 站在讲台前,用坚定的声音,思辨的逻辑,解析数学题,眼中闪烁着自信光芒。课堂小讲师范式让每个孩子都成为知识的建构者与传播者,在"教"与"学"的角色转换中,完成对知识的深度淬炼。班级自主管理的实践中,我欣赏了更动人的风景。孩子们组建的"调解委员会"的

"法官们"调节了同伴矛盾，让班级成员间凝聚力更强，"书香小管家"们把图书角打理得井井有条。博文小主人的育人理念照亮了每个孩子的生命，他们用稚嫩而坚定的行动争当班级自主管理积极的创造者。

作为教师，博园的改革也让我完成了专业生命的重塑。当看到学生们在自主管理中展现出的创造力和责任感时，我深刻体会到：教育最美的风景，莫过于教师退后一步后看到的那个生机勃勃的世界。

教育的真谛在于唤醒，在于赋能，在于和孩子们一起，在自主探索的道路上共同成长。当教育真正尊重儿童的主体性，童年便成为绽放无限可能的黄金时代。

——高玉洁老师

站在六年的讲台回望，杨校长精心铺就的成长之路，早已在我脚下延伸成一条繁花盛放的旅途。初涉教坛时的忐忑，在一次次专家讲座的醍醐灌顶、青年教师成长营的思维激荡中，逐渐沉淀为对教学节奏的从容把握、课堂管理的了然于心。杨校长赠予我们的，不只是技艺的精进，更是那份对教育事业日益深沉的敬畏——它早已超越职业本身，化为一种引路的光，照亮我前行的方向。

尤为感佩的，是杨校长"让儿童站在中央"的灼见。当她鼓励孩子们成为课堂与班级的主人，放手让稚嫩的肩膀担起责任，我亲眼见证了奇迹：孩子们眼中闪烁的自信与能力拔节生长，而我自己，亦从琐碎中脱身，得以凝神于更精微的教育雕琢。这双赢的智慧，将"育人"二字诠释得如此透彻动人。

更难忘校园里流淌的脉脉温情。节日里一份小小的惊喜，一场精心设计的仪式，无不诉说着对师生生命的尊重与珍视。这由杨校长一手培育的、有爱有光的校园生态，让教育真正成为向美而生的旅程——孩子们如花朵向阳舒展，我们教师，亦在这片沃土中不断汲取养分、向上生长。

六年韶华，感恩杨校长的远见与深情。是她引领我们穿透职业的日常，触摸到教育那深沉而温暖的灵魂内核。未来岁月，我将继续怀揣这份敬畏与热爱，在孩子们心中播撒美的种子，在教育的星河里，与他们一同向美而行。

——林田田老师

2020年的那个夏天，博园里的阳光泼洒了一地金光，大门内的翠竹成丛，在风的吹拂下，沙沙作响，仿佛在低声絮语，告诉我有关成长的惊喜秘密。

博文，这就是我要实现教育梦想的又一个起航地了。一群活泼可爱的萌娃闯进了我的生活，成为我生命中的主旋律。他们日常的学习、游戏、生活，各种琐碎而有趣的小事件宛如一首首小诗渐渐沉淀在我的眼里、心里。

关于学习，关于成长，关于精进，我苦于自己没有时间静一静心。恰在这时，青年成长营在杨校长的大力倡导下诞生了！一场场的专家讲座，一次次的思想碰撞，一遍遍的誓言重温，在我心中烙下了深深的印痕。怎么能没有感触呢？

杨校以最温柔的嗓音讲出了最鼓舞人心的话语：教育的核心是爱。爱出者爱返，福往者福来。教师的育人不仅仅是技能的提升，更是爱的感化。博文是一个充满人文关怀的学校，每一个孩子都是独一无二的存在。正是因为这样的理念，博文取得了一项又一项亮眼的成绩。大门外那一个个金灿灿的荣誉牌见证了每一个博园人努力奋战在平凡岗位中践行着的教育者的初心和使命。是她们，用无尽汗水赢得了现在的金杯口碑！在以后的日子里，我将步履紧行！

——经久伟老师

回首执教之路，我深切感受到个人的成长与学校的发展脉搏紧密相连。学校近年来令人瞩目的高速发展，如同一股强劲的东风，为青年教师提供了前所未有的广阔平台和成长推力。密集的教研活动、高规格的公开课展示、与优秀同行频繁的交流切磋，都成为淬炼教学能力的熔炉，促使我在专业上不断反思、精进和突破。

学校大力推行的"小讲师"教学模式，这一创新理念如春风化雨般浸润到我的音乐课堂，带来了令人欣喜的变化。课堂上，我鼓励学生化身"小讲师"，自主讲解音乐知识片段、分享欣赏感悟；在活动组织中，他们担当"小主人"，策划小型音乐会、编排节目流程。这不仅极大地激发了学生的主动性、创造力和自信心，让音乐学习从被动接受变为主动探索与分享，更悄然改变了我的角色定位——我从知识的单向传授者，逐渐转变为课堂的引导者、资源的整合者和学生潜能发展的助力者。

这一体系的实践，对我个人职业发展的裨益是深远的，它让我在学生的成长与闪光中，收获了满满的职业成就感和价值认同，坚定了我在音乐教育道路上深耕细作的信念。由衷感谢学校提供的沃土与机遇，也感恩一路同行的领导与同事们的支持与启发！

——陈甜甜老师

　　五年前初为班主任，当我第一次将班级管理的"权杖"交到孩子们手中时，内心满是忐忑与怀疑。如今回望这段教育旅程，我恍然发现，所谓"小主人自主管理"模式的探索，实则是一场教师自我认知的革命，一次从"控制者"到"引导者"的身份蜕变。

　　最初尝试时，我常陷入"形似而神不至"的误区——设立了班长轮值制，划分了卫生责任区，却仍忍不住在背后"垂帘听政"。直到那个午后，看着孩子们因意见不合而争执，我本能地想上前调解，却意外发现他们最终通过民主表决达成了共识。那一刻，我顿悟：真正的自主不是教师设计的精致流程，而是敢于让孩子在试错中成长的勇气。

　　在实践过程中，我逐渐掌握了"放手而不放任"的艺术。制定班级公约时，我只提供原则性框架，具体条款由学生讨论生成；处理矛盾时，我退居裁判席，让学生陪审团主持公道；甚至家长会上，也由学生代表汇报班级情况。这种"让位"不是懈怠，而是更高层次的教育自觉——用适度的留白激发孩子的创造力。

　　最令我惊喜的是见证孩子们"破茧成蝶"的成长轨迹。害羞的小夏在担任"一日班主任"后找到了表达自信，调皮的小张在负责班级板报后变得责任心十足。每个孩子都在适合自己的岗位上闪耀着独特光芒，这种差异化成长恰是标准化管理无法企及的教育境界。

　　五年探索让我明白，教育不是塑造，而是唤醒。当教师从台前退到幕后，教室才真正成为孩子们历练人生的舞台。小主人自主管理模式教会我的，不仅是管理技巧的革新，更是对教育本质的重新理解——最好的教育，往往发生在教师智慧地"不作为"之时。在这条路上，我愿继续做静待花开的园丁，见证更多自主成长的奇迹。

——崔昊老师

　　三尺讲台上的光阴，从来不是独行的旅程。学校的每一寸土壤都涌动着滋养教师生长的力量——教研活动是思想的溪流，公开课成为蜕变的茧房，那些看似寻常的备课反思，实则编织成托举羽翼的春风。当"小讲师"们怯生生站上讲台，又在同伴掌声中挺直脊背时，我分明看见教育的星火正在他们眼中苏醒。这何尝不是对我的二次启蒙？孩子们用稚嫩却笃定的讲解，为我推开了一扇新的窗：原来知识的传递可以如此轻盈，像蒲公英借风远行。

　　校园里的一砖一瓦都在诉说成长的寓言。走廊墙面上更迭的学生作品，记录着创新的年轮；办公室里随时响起的教学争论，淬炼着智慧的火花。在这里，教师不是孤勇的耕作者，而是与学校共呼吸的生命体——她给予我们破土的勇气，我们报以拔节的回响。当暮色漫过教学楼时，总有些感动悄然滋长：何其有幸，能在这样一片沃土共赴教育的朝晖夕阴。

——赵艳老师

时光如细沙，在指缝间悄然流淌。跟随着学校日新月异的脚步，我这个五年级的语文老师，也在这片教育的园地里，被滋养，被改变。

犹记得从前，讲台是我的方寸天地，话语如溪流单向流淌。如今，学校推开的"小讲师"之窗，让清风涌入了课堂。我试着退后一步，把舞台中央，轻轻让给那些跃跃欲试的身影。一次古诗课，几个孩子成了"小先生"。灯下查找，屏前凝思，小小的身影蕴藏着大大的能量。站上讲台，起初羞涩，继而侃侃，眼眸里闪烁着思考的光亮和分享的喜悦，像初绽的花蕾。那一刻，我恍然：这不只是讲台的交接，更是心灯的点燃。为了那短短几分钟，他们深入字句，体味诗情；开口讲述，锤炼自信；设计互动，懂得协作。知识，在他们手中，不再是冰冷的传递，而是温暖的创造与分享。

回望来路，个人的点滴成长，深深扎根于学校这片创新不息的沃土。每一次尝试，每一次见证孩子们眼底的光芒，都如醍醐灌顶：教育的真谛，或许就在于点燃心灯，托举翅膀，让每一个小小的灵魂，都能在自主的天空下，闪耀属于自己的萤火。

——韩鸿泽老师

清晨，玉兰花树影筛下斑驳的晨光，博文的校园中处处弥漫着生机。这方沃土，无声地滋养着无数稚嫩的生命；这方沃土，展开温暖怀抱托举起每一位教师的步履。

博文的优质发展，为教师铺就了坚实的成长之路。学校积极搭建舞台，鼓励老师们尝试新教学法、参加各类竞赛——这些平台让青年教师从青涩渐入成熟，如同一棵棵小树在沃土里得以扎根生长，枝繁叶茂。

教师的成长，亦在反哺着学校的发展。当年轻教师以勇气探索新课堂构建，当骨干教师以智慧引领教研探索，当老教师们仍坚守讲台，以毕生经验培育新苗——这些蓬勃的力量汇成一股股清泉，激荡着校园的平静之水，推动着博文这艘大船驶向更广阔的海洋。

而最令人动容的，莫过于师生间彼此照亮、互相成就的动人瞬间。曾有学生悄悄在老师讲桌上放下一盒润喉糖，那份无声的关切如暖流悄然浸润心田。孩子们眼中跳动的星辰般的光芒，正是老师们前行路上的灯火，照亮了我们育人的岁月。

展望博园的未来，我们携手共进，让学校如大树根深叶茂，让师生如繁花愈开愈盛，让教育的光辉照亮每一颗年轻的心灵，让百年树人的年轮向着星辰大海的征程继续延展。

这方土地所赐予我们的，不仅是青丝染霜的岁月痕迹，更是灵魂深处难以磨灭的印记。我们彼此成就，相互照亮，共同谱写着教育最庄重也最温暖的篇章。

——袁静老师

三寸粉笔，三尺讲台系国运。

一颗丹心，一生秉烛铸民魂。加入博园这个大家庭虽然只有短短几年，多么荣幸见证了学校在杨校长的带领下，在各个方面都取得了令人瞩目的成就，而我作为其中的一员，更是深感荣幸与自豪。杨校长用最先进的教育理念引领我们，尊重每一个孩子，激发潜能，铸就梦想，诠释着教育的使命与价值。润物无声，育人有形，因了杨校长的润泽，您看，博雅学子童年明媚的双眸中总是色彩活泼，飞舞灵动小手里闪现的是美好憧憬。

让我们用饱满的热情，无私的真爱，用灵魂唤醒另一个灵魂，一起助力孩子们的成长。相信我们将在杨校的带领下，一起驶向山之笃实，海之宽阔，让岁月为证，去捡拾一枚又一枚努力的勋章，共筑更加美好的博园。

——李珍老师

作为学校的一分子，我深刻感受到学校的蓬勃发展，而这份发展也滋养着我的个人成长。

最触动我的是"小讲师"课堂教学改革。起初，我十分担心孩子们能否胜任"讲"的角色。但当小讲师们站上讲台，眼神发亮地讲解、自信地提问互动，台下同学听得格外认真，积极回应。这不仅让知识在"教"与"学"的互动中内化得更深，更是改变着传统的教学模式：学生从被动接受者变成了自信的表达者。这让我反思：信任和放手，能激发出孩子巨大的潜能！

在班主任工作中，践行"小主人"班级自主管理理念也带来深刻变化。以往事无巨细都要亲力亲为，如今班级事务如卫生监督、活动策划等，都由孩子们认领"小岗位"。他们不仅各司其职,还学会了协商、解决问题。看到他们为班级荣誉认真负责的样子,我深感欣慰。这不仅减轻了我的负担,更重要的是培养了孩子们的主人翁意识。这让我明白:真正的管理是赋能,是激发内在的责任心。

学校的这些改革实践,让我深刻体会到:个人的成长,深深根植于学校发展的土壤。十分感谢杨校长为我们年轻教师提供的发展平台,正是学校勇于创新、以生为本的理念,才能使我快速成长。愿我们与学校继续同行,在培养"小主人""小讲师"的征途上,也成就更好的自己。

——秦莹老师

不长不短的六年时间,有幸亲历学校的发展,感叹着大博文的蜕变!倍感荣耀自豪之余,更深知其背后当家人付出的所有。是一次次的智慧引领、更是一次次的躬身垂范。所有的付出让"一位好校长成就一所好学校"这句话不再单薄,使其得以具象,并赋予了它厚度与温度。

杨校长不遗余力地关注着每位博文人的成长,革新我们的理念,让我们得以精神富足。作为青年教师,我们要抱持终身学习的信念,先破后立走出舒适区,只有向上看齐,才能真切感受拔节生长、淬砺绽放的美丽。

我们全体博文人在杨校的带领下,满怀信心与动力,会持续打造高质量发展优质化学校,让有爱、有温度、有智慧、有情怀的博雅文化落地开花!

——高卉老师

站在博园这片充满希望的教育沃土上,我的内心满是温暖与感激。作为青年教师,我深知自己的每一步成长,都离不开学校精心搭建的学习平台,离不开杨校长和各位校领导的悉心关怀与引领。

在教学方面,学校通过一次又一次干货满满的专题培训,为我打开了教育教学的全新视野。小讲师引领下的以生为本的授课模式,让原本枯燥的单向传授变成了生动有趣的师生、生生互动;AI 赋能课堂教学的创新实践分享,让我看到了科技与教育深度融合的无限可能;班级管理中的智能应用,更是为我提供了高效管理班级的新思路……学校的引领让我明白,教育不仅是知识的传授,更是心灵的启迪和人格的塑造。

在个人生活方面,杨校长的话语给予了我前所未有的能量和信心,我学会了以更积极的心态面对问题,以更开放的姿态接受新事物,主动向上、向好、向美,厚积薄发、相信自己,培养广泛的兴趣爱好,努力让自己的内核变得更加稳定，成为一个更具正能量、更富高能量的教师。

能够成为博文学校的一员，我倍感荣幸，未来的教育之路，我将紧紧跟随杨校长的引领，努力成为一名内核稳定、珍惜感恩、知行合一、深耕自我的高能量教师，在教育的道路上不断成长，逐梦前行！

——任伟娜老师

作为一名青年教师，我深感自豪与幸福，因为我所在的学校是一座充满荣誉与梦想的教育殿堂。近几年来，学校连续荣获诸多荣耀。这些成绩，如同璀璨的星辰，照亮了学校的教育之路，也温暖了每一位师生的心房。

学校对我的培养与引领，让我在教育的田野上茁壮成长。在这里，我感受到了学校对青年教师的关怀与呵护。杨校长亲自为我们指导教学，从课堂设计到教学方法，从学生管理到家校沟通，每一个细节都倾注了她的心血。她总是鼓励我们大胆创新，勇于尝试新的教学模式，让我们在实践中不断提升自我。学校还为我们提供了丰富的培训机会，让我们与教育前沿接轨，拓宽了视野，提升了专业素养。

我感恩学校的每一次荣誉，因为这些荣誉背后是学校对教育的执着追求，是对每一位教师的悉心培养。学校不仅关注学生的成长，更关心教师的发展。在这里，我感受到了家的温暖，也找到了自己的价值。我感恩学校给予我的平台，让我能够在这里施展才华，实现梦想。

我将永远铭记学校的培养与引领，用感恩的心去回报学校。我将以更加饱满的热情投入到工作中，用心去教育每一个孩子，用爱去温暖每一个家庭。我愿与学校同呼吸、共命运，为学校的明天贡献自己的全部力量。

——崔玉鑫老师

杨校长的深刻洞见不仅是对教育初心的凝练，更是对教师专业发展的精准导航。让我知道教师的能量提升始于认知觉醒，成于躬身实践。在平日的工作中要以数智提效，以情怀育人，知行合一，赋能成长。回望来时路，我的每一步成长都浸润着学校的滋养。这片教育沃土以包容的胸襟接纳稚嫩，用厚重的文化托举成长。我愿将"知行合一"刻进行走的年轮，把杨校长的殷殷嘱托化作四季耕耘，唯愿以初心为帆，奔赴山海；以"知行合一"破局成长惯性；以"能量管理"重构职业生态；以"赋能思维"照亮学生未来。

——郑璐璐老师

作为见证博文一路走来的老教师，看到学校这几年翻天覆地的变化，感慨良多。步入校园，认真感受校园里每一个细节的改变，仔细领略环境一点一滴的改善……几年来，翻新了陈旧滞后的设施，打造了许多教育基地，焕发了蓬勃向上的活力。校园有清净雅致、神清气爽之感觉，有风清气正、欣欣向荣之景象。教师幸福从教，学生健康成长，厚实底蕴，提升品质，一切都以更好的姿态重现。老师们在杨校长的带领之下，教育理念有创新，不断取得优异的成绩。作为一名博文的老教师，我要以身作则，发挥党员先锋作用，牢记"校荣我荣，校优我优"，新学期"撸起袖子，加油干"！

——李红莉老师

学校为青年教师精心搭建的成长平台与宝贵机会，为我铺设了专业发展的阶梯，让我拾级而上，收获丰盈。在赋能培训中，杨校长提出的"高能量"理念，让我触摸到了教育者应有的生命姿态——教师当如炬火，既要保持自身精神世界的明亮通透，更要用这份光热去点燃学生求知的火种。这种能量不应是短暂的激情燃烧，而是源于教育信仰的恒久续航。在"认知力"的阐释中，杨校长的话语如拨云见日，令我豁然开朗：学科素养的深耕、教育理念的迭代、跨学科视野的拓展，这些认知能力的叠加不是简单的知识堆砌，而是构建起支撑教育行为的坚实思维脚手架。最触动我的是"知行合一"的育人哲学。杨校长以其深厚的教育实践，为我们清晰勾勒出智慧从"知"到"行"的转化路径。我顿悟到，真正的教育绝非教案上的文字符号，它是教师以生命能量激活知识、以认知能力重构课堂、以实践智慧培育成长的完整闭环。未来的教育征途上，我愿以今日所悟为罗盘，在知行合一的笃行中书写无愧的教育人生。

——范晓倩老师

青年教师的成长得益于杨校长前瞻性的引领和团队共同营造的成长氛围。在 AI 技术快速发展的时代背景下，学校没有选择观望，而是主动拥抱变革，为青年教师搭建实践平台，这种开放进取的文化为专业成长提供了肥沃土壤。

杨校长不仅在教学专业上给予悉心指导，更在教师认知提升和生命成长方面倾注心血。她以春风化雨般的引领，帮助青年教师排除干扰、修炼内核，使我们在高能量的团队磁场中持续精进。这种"专业＋生命"的双重培养模式，让教师的成长不仅体现在教学能力的提升，更在于教育初心的坚守和育人使命的践行。

作为青年教师,在感恩这份引领的同时,更应以笃行不怠的态度回馈学校的培养——将所学转化为教学创新,用专业底蕴赋能课堂,以大爱之心滋养每一位学生。这种个人与集体的共同成长,正是博文教育生态蓬勃发展的生动写照。

——王亚琪老师

博园在杨校长的引领下,坚守立德树人初心,秉持优质发展理念,用爱与智慧打造有温度、有品质的博雅教育。学校丰富多元的艺术活动,为师生搭建了广阔的成长平台。美术课堂里的小讲师环节,以学生为中心,打破传统教师主导的课堂模式,让学生走上讲台,围绕美术知识、作品赏析、创作技巧等内容进行讲解分享,在锻炼语言表达、组织能力的同时,加深对美术知识的理解,激发创新思维,培养主动学习的意识,营造积极活跃的课堂氛围。充分调动了学生美术学习积极性提升了综合素养。精彩纷呈的校园主题画展及毕业生画展,为师生留下了珍贵的美好回忆。这些都离不开杨校长的悉心策划与全力支持。感恩学校,以深厚的底蕴滋养着我的教育理念。感恩校长,以智慧与情怀照亮我前行的道路。未来,我将满怀激情投身美术教育事业,让博雅学子感受到美术学习的艺术魅力与文化内涵。校荣师贵,愿共赴山海,以匠心育桃李,以热忱铸辉煌,携手书写博园教育新华章!

——李蓓老师

教育就是一场向美而行的遇见,于我而言,体育教育就是带着孩子们在操场上挥洒汗水、快乐成长。回头看看自己走过的路,心里满满都是感恩——是学校给我们搭建了这么好的成长舞台,让我们边学边练,这些温暖的帮助,都是我们进步路上最给力的支持!

在体育课堂中,我积极推进"小讲师"模式。当学生们自信地示范动作、进行趣味训练时,我忽然懂得教育的真谛不仅是传授,更是唤醒。杨校引领的AI数智赋能培训,为我推开了数字教育的大门:用AI进行体育赛事数据编排,大大提高了工作效率;为学生生成个性化体能成长曲线,绘制个人"运动成长图谱"。学校的引领让我握住了时代的接力棒,在数智赋能中看见教育的更多可能。

特别感谢杨校和学校的培养,让我这个体育老师也能跟上时代的步伐。成长从来不是一个人的事,而是一群人互相照亮、共同进步的过程。现在,我正带着这份温暖,继续在体育教育的天地里播种希望,让每个孩子都能跑出自己最帅的姿势,踢出最漂亮的弧线!

——朱洪鑫老师

在博园这片教育的沃土上,我们如同新生的树苗,既需要向下扎根的沉淀,也离不开向上生长的力量。学校的多元培育似阳光普照,让我们在自由而严谨的氛围中,逐渐褪去稚嫩,走向成熟。每一次课堂上的灵感迸发,每一场活动中的团队协作,每一回与师长的促膝长谈,都在无声地塑造着我们的品格与能力。

何其有幸,能与博文相遇。在这里,教育不是冰冷的规训,而是充满爱的唤醒;成长不是孤独的跋涉,而是一群人的同行共进。未来,我将继续带着博文赋予的这份力量,向下扎根,向上生长,终有一日蔚然成荫,以荫蔽他人——这或许就是对这片教育热土最好的回报。

——梁宝真老师

三尺讲台见证四季更迭,语文课本浸润岁月沉香。作为一名语文教师,我与学校共同成长的历程,恰似一本写满温暖与力量的教育手记,每一页都镌刻着师生的欢笑、课堂的灵光与奋进的足迹。

在学校大力推进小讲师课堂教学改革的浪潮中,我的教学理念发生了巨大转变。过去,我总是习惯主导课堂,如今,我退居幕后,鼓励学生走上讲台,成为知识的"小讲师"。这种转变不仅激发了学生的学习热情,更培养了他们的表达与思维能力。看着孩子们从羞涩腼腆到自信大方地分享观点,我深刻体会到"授人以鱼不如授人以渔"的真谛。

而小主人班级自主管理模式的推行,同样让我惊喜不断。班级事务不再是我一人操心,学生们成为班级的小主人,主动承担起班级的管理任务责任,他们展现出极强的责任感与创造力。班级凝聚力不断增强,孩子们在自主管理中学会了团结协作、自我约束,班级氛围愈发积极向上。

学校的发展为我们提供了广阔的成长舞台,在参与这些改革实践的过程中,我收获了满满的职业幸福感。未来,我将继续紧跟学校发展步伐,不断提升自我,与学校一同奔赴更美好的明天。

——李晶晶老师

作为一名美术老师,我很荣幸在诸多的学校活动里,可以用镜头捕捉记录一次又一次学校的华丽蜕变,身为博文人的我深感骄傲与震撼。爱眼护眼长廊、爱眼小屋、未来教室、惜味园音乐餐厅、书画院…今天我们所看到的美好温馨的校园文化环境，这里面还满怀着杨校长对孩子们的爱与温度。一定是心存大爱的校长，才能时时刻刻都心系着孩子的成长！

如果说学校环境文化是外环，那教师团队则是更为重要的内核。杨校长注重教师专业底蕴的提升，借助优质学习资源抑或是教师会议等形式，将高阶理念传递，用最新的教育思想"武装"、助力我们的一次次进步与素养提升！作为青年教师，我将怀揣这份关怀和热爱，继续奋力前行，期待与博园共同迎接更加辉煌的未来。

——于晓敏老师

作为美术青年教师，我深刻感受到个人成长与学校发展同频共振。学校推进的"小讲师课堂"教学改革，彻底革新了我的教学理念。以往单向传授知识的模式被打破，我鼓励学生化身"小讲师"，站上讲台分享艺术见解、创作思路。看着他们从羞涩到自信地表达，从被动接受到主动探索，我意识到课堂真正成了思维碰撞的乐园，也让我明白教师应是引导者，而非灌输者。

小主人班级自主管理的实践，同样让我收获颇丰。在美术课堂中，我借鉴这一理念，将材料整理、课堂纪律管理等任务交给学生。他们在自主管理中展现出的责任心和创造力，让课堂秩序井然且充满活力。

学校发展的每一步都为我提供了成长的养分，我也将继续深耕美育，与学校、学生共同奔赴更美好的未来。

——董雪老师

每次通过青年成长营的学习——一个学校为我们精心搭建的精神与智慧交融的成长平台，我的收获都非常大，恰似经历了一场场青春的淬火重生。我明白了"凡事向内归因，不向外求"。向内归因是一种深邃的生命智慧，当我们将目光从外界风雨收回，投向内在星火时，往往会在灵魂深处遇见最真实的答案。我懂得了要"知行合一，说到做到，才能快速成长"。要改变知而不行、行而不知，哪怕每天微调 0.1%，一年后也会收获不一样的能量成长。要相信相信的力量，相信厚积薄发的力量。我更深刻地理解了要做一个情绪稳定、珍惜感恩，主动向上、向好、向美发展的人；要做一个内核稳定、善于自律、不断锻造高能量体质，实现每日精进的人。当结束的掌声渐息，我触摸到的不只是笔记本上密密麻麻的心得，更有一团在胸腔中熊熊燃烧的青春之火。接下来，我将用知行合一的利刃劈开成长的迷雾，让青春在奋斗中迸发出璀璨光华，紧跟时代步伐，继续深耕自我，奋发向上，激扬青春力量。

——黄晨老师

时光荏苒，回首与学校共同走过的岁月，我深刻感受到个人成长与学校发展密不可分。学校以"博悦童年·赋能未来"的办学理念，构建"博雅教师-博雅教学-博雅学生-博雅德育-博雅校园"的博雅文化体系，尤其是"博雅小讲师课堂"教学模式的探索，让我在实践与反思中实现了教育理念的蜕变，也见证了学生的蓬勃成长。

学校近年来聚焦以生为本的课堂改革，为教师搭建了学习、实践、展示的平台。通过教研组研讨、名师示范、校本培训，我逐渐从"知识的传授者"转变为"学习的引导者"。让我在教学设计中更注重学生的思维培养，而非简单的内容灌输。

小讲师课堂是理念变革的催化剂。从"教师主讲"到"学生主学"：小讲师机制让学生站上讲台，通过备课、讲解、答疑，锻炼了表达能力与逻辑思维，而我也从"掌控者"变为"倾听者"和"协作者"。从"单一评价"到"多元激励"：学生的成长不再局限于分数，他们的自信心、团队协作能力、创新思维在课堂中熠熠生辉。

我深知，教育是一场温暖的修行。未来，我将继续以学校发展为导向，深耕课堂改革，为培养"有理想、有能力、有担当"的学子倾尽全力。

——刘昊老师

童言童语

亲爱的母校：

时光飞逝，六年博园学习生活满是感动与温暖。我们在"小主人"自主管理的浪潮里，在一次次躬身实践中把"担当"酿成成长的注脚。而"小讲师"的讲台，让我们在分享与碰撞中悄然点燃内驱力的火种——原来当知识从"被动接收"变成"主动点亮"，眼里的光，早就藏着自我驱动的答案。国旗下的展示台啊，曾是我们踮脚仰望的舞台。第一次攥着演讲稿发抖时，校服纽扣硌得掌心发疼，如今再站上台阶，风掀起领口的瞬间，看见台下老师眼里的期许，忽然就懂得：原来"自信"从来不是单枪匹马的勇敢，是博园把每个"第一次"都酿成了"我能行"的底气。根系深处，总有一片叫"博园"的土地，在岁月里，为我们留着永不褪色的春天。

——2019 级 5 班　任蒝斐

亲爱的母校：

时光的齿轮悄悄转过六载春秋，校园里的每一缕风，都在轻轻哼唱告别的前奏。

最难忘老师们伏案的背影：课堂上，您的目光如炬，把晦涩的公式讲成闪烁的星子；课后，您的笔尖轻落，在作业本上画出温暖的批注。那些被粉笔灰染白的晨昏里，您用园丁般的温柔，把知识的甘露酿成了我们心田里破土的力量。杨校长送的星星抱枕还躺在床头，黄色雨衣曾在雨天为我撑起一方晴空，小龙仔玩偶至今还陪着我挑灯读书——这些带着温度的礼物，早已藏进记忆的褶皱里，成为岁月里最柔软的注脚。感恩母校，感恩这趟满载星光的旅程，让我知道：离别从来不是终点，而是带着您赠予的温柔，去更远的地方，续写属于自己的晴朗。

——2019 级 2 班　彭馨译

亲爱的母校：

六载光阴飞逝，博园的每一天都充满着温暖和收获。藏在每一个"六一"儿童节的小确幸成为难忘的童年记忆。绿茵场上我们奔跑的身影、飞扬的衣角，汗水在阳光下折射出童年的肆意洒脱。在一次次"小主人"实践中，我们在勇气与智慧的画布上晕染属于自己的辽阔晴空。感恩老师们春风化雨的教导，引领我们前行。更加感谢亲爱的杨校长，可爱灵动的校园吉祥物小博，清幽静谧的雅趣亭，鲜艳热烈的减压大红花……我们将怀揣这份博园专属的爱，扬帆启航！祝愿母校桃李满园，光芒长新。

——2019 级 1 班　袁泉

亲爱的母校：

在博园的六年时光里，母校用无数温暖的细节陪伴我们成长。还记得初入校园时，攥着课本的小手微微发颤，如今却已能在知识的浪尖从容舒展——是母校把浩瀚的书海铺成前行的路，让每一次遨游都带着探索的雀跃。此刻站在时光的渡口回望，才发现博园早已把"感恩""勇毅""求知"的种子，种进了我们带露的青春里。未来或许会走过很多路，但这份藏在星芒、雨衣、饭香里的爱，会永远亮在心底，成为我奔赴山海时，最坚实的行囊。

——2019 级 4 班　王雨煊

亲爱的母校：

时光的白驹掠过六年光阴，当盛夏的蝉鸣漫过教学楼顶，才惊觉毕业的序章已在风里轻轻翻开。犹记入学那天，攥着书包带的小手紧张到发颤，是您递来的星星抱枕蹭过脸颊，把绒毛里藏着的温暖，悄悄揉进了我对校园的第一缕印象——原来从第一天起，您就把"家"的温度，缝进了每个博园学子的晨光里。六年的时光是一场被爱包裹的旅程：在"小主人"实践中学会担当，在课本里收获探索的勇气，更在无数个朝夕相处的日子里，懂得了何为责任、何为热爱。如今站在操场边回望，教室窗台上的星星抱枕还在轻轻晃动，就像您目送我们远航的目光——温暖，却永远带着鼓励我们飞翔的力量。

——2019 级 6 班　王晗珺

亲爱的母校：

"白日何短短，百年苦易满"。六年的小学时光，如同脱缰的野马，倏忽间便奔向了远方，消失得无影无踪。

依然记得那个夏天，您为我们精心准备的六一惊喜，让全班同学喜出望外；忘不了雨天，我们身上您细心备好的雨衣；也记得炎炎夏日，头戴您专门设计的小黄帽带来的荫凉。六载春秋，您悉心呵护着我们成长，恰似一只殷勤的春燕，为我们衔来知识的甘露与温暖的春风。

感谢您，亲爱的博文！感谢六年来您对我们无私的栽培与温暖的照顾！在这场爱的旅行里，我们终将小心封存在时光的琥珀里——让每个与您相关的瞬间，都永远闪着初遇时的晴朗。

——2019 级 9 班　汤伦晗

亲爱的母校：

六年的时光如溪水流淌，在博园的每一天都闪烁着温暖的光芒。忘不了升旗仪式上我们共同编排的表演，忘不了运动会上挥洒的汗水与欢呼，更忘不了课堂上老师们鼓励的目光和耐心的讲解。感谢母校为我们创造了如此多彩的成长天地，每一次"小主人"实践都让我们更加勇敢自信。

博园是藏在星星绒毛里的温柔，是回荡在国旗下的坚定，是刻进青春里永不褪色的坐标。纵使用尽所有辞藻，也道不尽这方土地予我的滋养——但请相信，无论未来走到多远的远方，您永远是我心底最温暖的归处，是我想起时，就会嘴角上扬的"家"。

离别之际，千言万语化作一句：愿母校桃李芬芳，永远是我们心中最明亮的灯塔。

——2019 级 8 班　李孟轩

亲爱的母校：

六年博园时光，满满的成长印记。课堂上，老师们的目光总像温柔的星星，扫过每一张仰起的脸庞。您讲题时挥动手臂的弧度，划出了知识星空的轨迹。同学们的笑闹声还在走廊回荡：后桌递来的半块橡皮、值日时互相搭手的拖把、运动会上握紧的加油的手——那些藏在细节里的陪伴，让"团结"二字有了毛茸茸的温度。最期待开学那天！杨校长总会早早地在校门口，微笑的拥抱我们"回家"。感谢敬爱的杨校长，感谢亲爱的老师们，感谢鸟语花香的博园和一起拼搏的同学们！此去星辰大海，唯愿您的光，永远照亮后来者的征途；而我，也将带着您赠予的温柔，在岁月里，长成您期待的模样。

——2019 级 7 班　肖雅心

亲爱的母校：

风掀起毕业手册的扉页时，指尖触到的除了夏末的潮热，还有藏在褶皱里的不舍在轻轻发烫。此刻怀里的星星抱枕正裹着熟悉的温度，绒毛蹭过脸颊时的痒意，忽然让记忆漫回那些被它填满的时光。这个被我抱出褶皱的"星星"啊，此刻正把博园的轮廓悄悄揉进我的掌心——那些藏在抱枕针脚里的爱，早就在无数个辗转的夜里，化作了我枕畔不落的星。就像它曾在冬夜替我挡住窗边的风，如今我知道，无论走到多远的远方，母校的光芒都藏在它绒毛的褶皱里，是我转身时永远亮着的灯，是我背包上摇晃的、不会坠落的星子。

——2019 级 3 班　朱耀羽

亲爱的母校：

"辞藻华章，亦需知音传唱。"母校的"小舞台，大梦想"博雅讲台，恰似点亮心野的灯火。当我站上讲台，将心中热爱的李清照——那婉约词宗的风华与词章娓娓道来，指尖轻颤的紧张，渐渐化作沉浸分享的灼热。我看见知识在目光交织中流淌，更触摸到勇气自心底破土的温热——原来热爱的絮语值得被倾听，思考的微光本就该闪耀。

这场与文字、与自己的重逢，是母校赠予的一粒种子：让我懂得，每个灵魂的热忱都能成为发声的理由。未来愿铭记这簇星火，携"生当作人杰"的意气，在求知路上笃行不怠——让当年讲台下燃起的光，终成照亮征途的炬火，不负这方沃土曾予我的温柔点亮。

——2019 级 6 班　蒋紫诺

亲爱的母校：

"小讲师"三个字，是藏进成长褶皱里的滚烫印记——曾因即将登台而攥皱的讲稿边角，在站上讲台的瞬间，竟被分享的热望烫平成舒展的光。这方讲台像把银亮的钥匙，推开的何止是知识的门，更是看见自我的窗：当思路在表达中清晰，当紧张在互动中化作从容，才懂所谓"成长"，本就是把"忐忑"熬成"坚定"的过程。

幸而有学校把实践的沃土铺成成长的阶梯，让知识分享的种子，在敢于发声的底气里，悄悄长出了勇气的根系。愿更多同学接过这束光——以讲台为帆，让每个认真准备的夜晚、每次勇敢开口的瞬间，都成为点亮自己的星芒：你看，发光的机会从来就在手中，只要敢踮脚，就能触到属于自己的晴朗。

——2019 级 7 班　周泓妤

亲爱的母校：

"教育不是注满一桶水，而是点燃一把火"。母校给予我担任小讲师的机会，恰似那簇点燃梦想的火苗，让我从初次登台的忐忑，蜕变为自信大方的小讲师。知识在碰撞中沉淀，表达在打磨中生辉，那些站在讲台上的时刻，早已不是单向的输出，而是梦想被点燃后，自内而外的光。

感恩母校这片沃土的滋养，未来我将带着"路漫漫其修远兮，吾将上下而求索"的信念，以星火为引，以笃行为帆，在更辽阔的天地间，让当年被母校点燃的光，终成照亮远方的炬火——做永远追光的人，亦做传递温暖的接班人。

——2019 级 9 班　黄楚乔

在博文小学的五年时光里，最让我骄傲的就是担任"小讲师"的经历。还记得第一次在爱眼长廊给大家讲解护眼知识时，我的声音都在发抖。但经过一次次课堂分享和长廊宣讲，现在的我能自信地给大家讲解护眼知识，还会跟大家互动呢！每次准备宣讲内容，我都会查阅最新的爱眼知识，把复杂的原理变成有趣的小故事。妈妈说我不仅养成了科学用眼的好习惯，连表达能力都像坐上了小火箭。以小讲师的身份参与活动时，我更是自信满满，一次比一次游刃有余，我相信这就是坚持的力量，这就是锻炼带给我们的成长。原来每个认真发光的灵魂，本就自带星芒，而小讲师的光是帮我们擦亮了早已存在的闪烁。

——2020 级 1 班　马嘉忆

当我第一次用英语带领全班朗读时，教室里回荡着稚嫩却整齐的发音。阳光透过玻璃窗，在单词卡上投下斑驳的光影。老师站在教室后排，眼角泛起细细的笑纹，那神情让我想起她纠正我发音的无数个午后。

曾经觉得拗口的单词，如今从同学们口中清脆地蹦出来，像一串晶莹的铃铛。我终于懂得，老师不厌其烦的示范里，藏着的不仅是知识，更是让语言活起来的魔法。

看到站在教室后面的老师眼睛里流露出来的鼓励，我突然明白了原来标准发音里住着世界的广阔：原来分享知识的声音，永远是最动听的礼物。

——2020 级 2 班　吴中博

很荣幸我能成为数学小讲师中的一员。热心为同学讲题时，我发现梳理思路更有条理了，在讲题中复盘知识点，还会遇到新挑战——遇到卡壳的题目，我会主动向老师请教，解题思路越来越清晰，知识储备也跟着丰富起来。特别感谢老师给予我成长的舞台，未来我会继续努力，用心做好每一次讲解，和大家一起在数学世界里闪闪发光！

——2020级4班　王锦玉

　　知道能参加学校的小讲师比赛，我很激动，决心要好好准备。我挑选了感兴趣的主题，起初有些紧张，随着老师的指导，我逐渐自信起来。当站在台上的那一刻，我不再胆怯，勇敢地展示自己，最终获得了一等奖的好成绩，真是太开心了！感谢老师给我的好机会，更感谢学校有这么好的大舞台，以后我想参加更多活动，为博园增光添彩！

——2020级3班　袁艺馨

　　在博园五年，我很庆幸成为博雅小讲师中的一员。从前上课我总把手蜷在课桌下，声音轻得像蚊鸣。后来老师让我们轮流站上讲台讲知识点，第一次开口时，攥紧讲稿的手心全是汗，可练着练着，忽然发现课本里的知识点早就在心里扎了根！为了讲清楚，我反复啃课本、查资料，现在妈妈都说我写作业时眼里带了"较真"的光，知识点像长了根似的扎实——原来敢开口的自己，真的会发光呀！最神奇的是，我现在站在讲台上一点也不怕啦！同学们都说我讲得清楚又有趣，连老师都给我竖大拇指呢！当小讲师让我变得像向日葵一样阳光自信，原来我也可以这么棒呀！

——2020级5班　赵曼婷

　　很开心在博园里开心地学习和成长，我特别自豪能成为课堂学习小主人！从前总守着课本等讲解，如今会提前在书页间圈圈画画，把疑惑标成醒目的问号。课堂上指尖从课桌边缘一点点扬起，开口时不再怕声音轻颤——那些和同桌争得眼睛发亮的讨论，那些举着笔记分享想法的瞬间，原来主动生长的课堂，真的会让知识在碰撞里发着光呢。

　　我明白了，主动学习不仅能学到知识，还能收获快乐。以后我会继续当好小主人，和大家一起在知识的海洋里快乐遨游！

——2020级7班　高晨茜

　　当我担任语文"字词小讲师"时，对我而言是一次格外珍贵的语文学习旅程。在准备讲解"月肉旁"的过程中，我不仅深究了它的本意，更循着线索探寻到它的引申用法。为了讲得清楚明白，我反复斟酌字词释义，这种细致入微的研习，仿佛为我打开了词语背后潜藏的鲜活世界——原来每一个字词，都是如此精妙而丰富地承载着古人观察天地的心得。

讲解时，当我看见台下同学因理解而眼神发亮，一种难以言喻的喜悦与成就感油然而生。自己曾有的怯懦与拘谨，在那一刻悄然消融。每一次清晰表达、每一次流畅交流，都如春蚕吐丝般悄然织就了我表达与沟通的信心之网。更让我体会到的是，讲解过程中那份沉甸甸的责任——将知识准确传递的使命，让我必须一丝不苟地审视每一处细节。

"教然后知困"，小讲台真乃大舞台。它让我照见自己知识的疆界，更让我明白，讲给别人听，其实就是对自己理解能力与表达技巧最深刻的锤炼。在讲解的字里行间，我不仅传递着知识，也正塑造着一个更自信、更敢于表达的自我。

——2020 级 9 班　王语诺

我第一次当小讲师时，心里既紧张又兴奋！站在讲台上时，我的小手有点发抖，声音也小小的。但是看到同学们认真听讲、积极举手的样子，我慢慢有了勇气，越讲越起劲！我带着大家读课文、做练习，还回答了几个问题，感觉自己真的像个小老师呢！

这次小讲师的经历，我明白了老师平时有多辛苦——要准备课程、耐心讲解，还要照顾每个同学。我也懂得了，学习不仅要自己认真，还要勇敢地分享知识。当小讲师不仅锻炼了我的胆量，还让我更爱学习了呢。

——2020 级 6 班　翟小煜

"六一"文艺汇演那天，当耀眼的阳光洒在舞台上时，我和同学们放声歌唱。台下陈老师竖起的大拇指让我心头一暖，雷鸣般的掌声响起时，我突然懂得了集体力量的珍贵。那些精彩的舞蹈、相声和模特秀都化作五彩光芒，而最闪亮的是我们共同创造的瞬间。站在舞台上的紧张与喜悦，合唱时彼此交融的歌声，都让我真切感受到：与伙伴们齐心协力完成一件事，竟是如此纯粹的快乐。这份同频共振的温暖，比任何掌声都更令人难忘。

——2020 级 2 班　崔嘉良

开始当小讲师时，我紧张得手心冒汗，但讲着讲着发现大家都在认真听！原来我会的题目还能帮到别人，现在我做题会多想想'怎么讲清楚'。最喜欢的是道德与法治的小讲堂，为了当好老师，我查了好多资料，感觉自己像个小专家！原来主动当"小老师"的快乐，藏在每一次查资料的兴奋里，藏在讲完题后全班的掌声里——学习呀，真的会因为每一次"小讲师"经历变得闪闪发亮呢！

——2020 级 8 班　葛妙恩

我特别开心能成为学校餐厅里的小帮厨。这段特别的经历，就像一颗甜甜的糖果，给我的校园生活带来了许多不一样的味道。还记得第一次穿上小帮厨的围裙，站在餐厅里，我心里既紧张又兴奋。看着那一排排摆放整齐的餐盘，还有同学们一张张充满期待的脸，我突然觉得自己有了一份很重要的责任。从那一刻起，我就暗暗告诉自己，一定要把这份工作做好，不能让大家失望。通过这次小帮厨的经历，我学到了很多书本上学不到的知识。我明白了劳动的价值，也懂得了团队合作的重要性。在餐厅里，我和其他的小伙伴们一起努力，互相帮助，共同维护餐厅的秩序。我们就像一个温暖的小家庭，每个人都在为这个博文这个大家庭付出自己的力量。

——2020 级 8 班　万全

学校每年都会组织我们去不同的地方研学，不仅开阔了眼界，还增长了知识。让我印象最深刻的一次，便是老师带领我们去青岛大鲍岛文化街区寻根溯源。走在古老的街道上，听着老师讲解这里的历史，我仿佛穿越回了过去。那些充满年代感的建筑、石板路，还有老青岛的故事，让我深深感受到家乡的文化底蕴。那些曾被忽略的角落啊，原来都是时光藏好的惊喜：我们踩着的，从来不只是路，更是家乡的文化底蕴、触手可及的温柔。感恩博园，研学不仅让我学到了书本上没有的知识，还让我在实践中学会了观察和思考，也懂得了团队合作的重要性。我会带着这些本领，去探索更广阔的世界！

——2020 级 5 班　邱婉茹

时光悄然流转，我在博园已度过了四个春秋。博园中的每一朵花、每一株草，都仿佛是岁月的低语者，静静诉说着我们成长的点点滴滴，见证着我们的蜕变与进步。身为博雅校园文化宣讲员，我心中满是自豪。春暖花开的时节，校园里那片宛如童话世界的牡丹园，小矮人在花丛间为我们编织着一个个如梦似幻的童话故事；初夏的微风轻轻摇曳着那一串串白里透紫的紫藤花，静心亭里传来同学们琅琅的读书声，那声音清脆悦耳，与紫藤花的香气交织在一起，构成了一幅充满诗意与希望的图画；当秋风为大地铺上了一层柔软的金色地毯，七彩鹿在金秋的暖阳中熠熠生辉，散发出炫彩的光芒，仿佛在为我们指引着前进的方向，鞭策着我们在人生的道路上勇敢追逐梦想；而冬日，整个校园瞬间变成了一个银装素裹的童话世界，我们和小博一起欣赏这晶莹剔透的雪花，每一片雪花都像是一个小精灵，承载着博雅少年纯真而美好的梦想，从博园这片充满希望的土地上启航，飞向更加广阔的天空。

——2021 级 4 班　赵思齐

嘻嘻，当班级小主人，感觉超棒！我的眼睛变成亮亮的小灯，发现地上有小纸片，"嗖"地捡起来送它回家！数学课小组合作中，我和团队的其他成员自豪地展示三角形内角和的多种求证办法，吸引了同学们的眼球。我还是学校食堂文化的讲解员，来迎接外宾时，我自信满满地成为学校"惜味园"的代言人，别提有多荣幸了！平时班级管理中，我帮作业本排好队，让它们像听话的小士兵，我帮老师记录同学们学习的积分。虽然我像一只忙碌的小蜜蜂，但是能照顾我们的班级，心里甜甜的！成为一名小主人，是超级幸福的事！

——2021 级 6 班　刘镕瑄

"博雅花，博雅花，向阳开！"迎着清晨的第一缕阳光，我漫步在花香四溢的博园，道出博园里的第一声问候。博雅花是校园里一朵奇特的花，这是一朵声控释压花，我们亲切地叫她"博雅花"。随着鲜红的花瓣徐徐绽开，花萼里射出闪亮的光芒。我轻柔地叫醒她，犹如这花园里的小主人，每天看着她盛开，我的心里也悄悄绽开了一朵博雅之花。

——2021 级 4 班　刘梓涵

又是一个儿童节，博园已经沸腾了……看！二年级的同学们迫不及待地跑上了主席台，他们跳起了舞，舞蹈的动作舒展大方，让人看着心情愉悦。当大家正投入到看表演时，舞蹈结束了，顿时掌声、欢呼声此起彼伏，仿佛在奏响博园的交响曲。接着是一位女同学的蒙古族民歌独唱，一开口，时间好像按下了暂停键，那动听悦耳的声音从她嗓子里流出，飘向每位同学的耳朵里，音乐像一道道漂亮的彩虹，搭建在同学们之间。我们安静地听着，她投入地唱着，歌曲唱完了，换来的是一片雷鸣般的掌声……快乐的时光总是很短暂，转眼间，六一庆祝活动就要画上一个圆满的句号，我们恋恋不舍地告别了这快乐的一天，不，这应该是收获满满的一天。

——2021 级 3 班　于露

　　在博园的小讲师大赛中,当我站在聚光灯下,面对台下无数双眼睛时,心跳声仿佛盖过了自己的讲解词。我深吸一口气,让魔方在指尖重新开始轻盈地旋转、跃动。讲解声逐渐流畅,如同一条从容流淌的小溪。奇妙的是,当我沉浸其中,紧张竟悄悄消融了。展示完毕,雷鸣般的掌声涌来,其中还夹杂着观众席欢呼声,如同夜幕里惊喜迸出的星群,瞬间照亮了我心中小小的宇宙——那一刻,我恍然明白,魔方不仅在我手中转动,它更在我心间开启了一扇魔法之门。感谢博园为我们搭建了展示自我的舞台,让我成为一名优秀的小讲师!成功大门打开,门后的无限可能,正随着每一次转动,徐徐铺展在脚下。我会继续加油!

——2021 级 3 班　袁玥

　　减压太阳花?这是一朵什么花呐?一进我们博文的校园,一朵鲜艳的花朵映入眼前,每当我们大声欢笑,大声呐喊的时候,伴随着欢声笑语,花朵就会徐徐绽放……特别的美丽,特别的解压,这是学校专门给博文学子们在学习之余释放心情、传播欢乐的美好礼物,我爱减压太阳花,我爱博文校园。

——2021 级 1 班　蔡佳和

　　还记得那次我们去海军博物馆研学,我被那些宏伟壮观的战舰模型和历史照片所深深吸引。每一件展品都仿佛在诉说着海军的辉煌历史和为国家安宁所作出的巨大贡献。我尤其被那些关于中国近代海军发展的展览所触动,了解到从最初的艰难起步到如今的现代化海军建设,其中的艰辛与努力令人肃然起敬。博物馆内还有许多互动体验区,让我有机会近距离接触一些海军装备,感受到现代科技在军事领域的应用。这些互动体验不仅增加了趣味性,也让我对海军装备有了更深入了解。这次参观青岛海军博物馆让我受益匪浅。我不仅了解到了海军的发展历程和现代化建设,更深刻体会到了海军将士们为保卫国家安宁所作出的巨大牺牲和贡献。我爱祖国,爱我的学校,今后一定好好学习,争取成为国家的栋梁,为学校争光!

——2021 级 1 班　郭慈恩

　　今天我是博文小帮厨!当我戴上小围裙,游走在惜味园中,我的成就感爆棚。当我把红红的苹果,弯弯的香蕉分给小伙伴,突然觉得自己像守护甜蜜的小精灵。小帮厨的经历,让我明白了劳动不是辛苦的任务,而是一场充满惊喜的冒险!我盼望着下次还能戴上"小围裙",继续当传递甜蜜的小使者!

——2021 级 2 班　张立轩

你们知道吗，我在学校担任班级的图书管理员，而且我还有一个小助手呢。我非常热爱读书，读的书多，所以储备的知识也多！去年回老家时，我跟舅舅比赛，三场识字大赛，我成功打败了舅舅！我能认这么多字，与我平时勤奋读书息息相关。肩头的责任悄悄生根发芽，让读书的热爱愈发滚烫——我会携手助手，带着同学们畅游书海，在字里行间采撷智慧的星光，让每一次翻页都成为汲取力量的成长。

——2021 级 5 班　张桐畅

成为爱眼护眼小屋的宣讲员，让我收获满满！在准备护眼知识时，我深知了眼睛多珍贵，不良习惯多伤眼。每次给同学们分享时，看到大家认真听，我特别自豪。这宣讲员职责让我学会担当，也懂了守护视力要从日常点滴做起，我会继续当好"护眼小卫士"，传递知识，让更多人看见清晰美好！

——2021 级 2 班　陈闻凯

5 月 30 上午，青岛市市北区档案馆的叔叔阿姨为我们带来一次"把家的故事，装进魔法盒子"的研学活动。同学们给 10 年后的自己写了一封信，在信中，我与未来的自己开启了对话，憧憬美好的未来。大家都得到了一张研学证书和 10 年后取信的"钥匙"：一张带有编号的纪念联。凭着这把"钥匙"和身份证，到了 2035 年，我就可以到档案馆去取阅这封信了。

时光就像一条河，10 年后的我流向了更宽广的"大河"，去寻找更好的自己。那时的我已经是一名大学生，通过这份档案，可以回到美好的博园时光，了解自己，欣赏自己，这就是一种奇妙的时光穿梭吧！

——2022 级 3 班　高昱瑾

在博雅公开课上，我担任小讲师的角色。那天我站在讲台上，看着台下四十多名同学和十多名领导老师，我心中不免有些紧张，紧紧握着手中的控屏笔，慢慢开始我的讲解，讲着讲着我竟然忘记了紧张，越来越熟练，声音也更加洪亮了。最后在同学们热烈的掌声中结束了我的讲解。感谢老师给我展示自己的机会，让我锻炼了自己。小讲师的经历犹如一道光照亮我的生活，给我指明了努力的方向，我要继续努力学习，长大后成为一名真正的老师！

——2021 级 5 班　刘昀澔

属于我们的六一儿童节到了，学校为我们举办了一场精彩的庆祝活动，我到现在都记忆犹新。

表演开始了,同学们各有各的特长,跳舞的同学们就像一只只翩翩起舞的蝴蝶。演唱的每个同学都那么自信,站在舞台上,嗓音洪亮,赢得了台下小观众阵阵掌声。其中我最喜欢的是合唱团,统一的裙裾随节奏轻晃,她们站在光里,笑靥比灯光更亮,像捧起一把跳动的小太阳,把整个舞台都染成了暖融融的金色。每一年的儿童节都难以忘怀,今天特别开心!

——2022 级 1 班　吕岩林

听!这琅琅的读书声从哪里传来?原来是我们班在雅趣亭晨诵呢!作为一名领诵员,我感到无比骄傲与自豪。从掷地有声的《少年中国说》到声情并茂的古诗吟诵,同学们都非常认真与投入。这次诵读活动让我深深地感受到对祖国的热爱,我们立志要好好学习,成为建设祖国的栋梁!

——2022 级 2 班　徐乃松

我是一名数学课代表,也是学校纪律自主管理小主人,我深切地体会到自己就是博园的小主人。这不仅是一份职责,更是我以主人翁身份守护博园、共建秩序的担当。博园的规则与宁静,需要我们共同维护。每一次善意的提醒、每一次对规范的坚持,都是作为小主人对博园的用心呵护,我在引导中传递规则的温度,在督促中见证成长的足迹。

——2022 级 4 班　杨宗泽

夸夸日那天,我的耳朵特别忙!它像两只小蝴蝶,在教室里飞来飞去,专门捡好听的话。同学凑近我耳朵说:"你今天跳绳跳得可真快啊!"哇,原来我跳起来的时候那么厉害!我心里偷偷笑开了花,被夸的时候呢,感觉就像有人在我头顶悄悄放了一颗小太阳,整个人都亮了起来,走路都想蹦蹦跳跳。我也去夸同学们,我惊奇地发现原来夸别人的话,自己听到了,心里也会像吃了一勺甜甜的蜂蜜。夸夸日活动,让我们学会了欣赏,得到了自信。

——2022 级 5 班　申爱家

体育节的缤纷赛事轮番登场——绳影翻飞的绳王挑战赛、风驰电掣的田径赛场,还有热血沸腾的"校长杯"足球对决,每一幕都跃动着青春的热力。这次校长杯足球赛太令人难忘啦!赛场上,我们班的足球运动员互相配合,拼搏努力,我和小伙伴们在场边拼命喊"加油"!我们班踢了三场比赛,一路"过关斩将",最后一场比赛结束,裁判老师吹响哨子,我们赢啦!我们班取得了三年级冠军的好成绩。大家抱在一起又蹦又跳,连嗓子喊哑了都不觉得累。这是我们全班努力的结果,太开心啦!

——2022级6班　王梓骁

今天是我期待已久的校园跳绳比赛日,清晨起床时,我的心就像揣了只小兔子似的怦怦直跳。站在操场上,看着五星红旗在晨风中飘扬,我的手掌心都沁出了汗珠。我参加的是最具挑战性的双人合作跳绳项目。上场前,我们默契地击掌,彼此的手都在微微发抖,但眼神里都闪烁着坚定的光芒。和我的好朋友在绳间跳跃,同学们的加油声阵阵传入耳中,跳起来特别有劲!最终,我们获得了级部第一的好成绩,为班级争得了荣誉,简直太激动了。通过参加比赛,我感受到了运动的快乐,也体会到了团队的力量!

——2022级7班　袁星蕴

作为博文小学文化宣传员,第一次带着《年鉴》走进社区时,心里满是忐忑与期待。当翻开书页,给叔叔阿姨讲起《年鉴》里小讲师们从紧张发抖到自信宣讲的蜕变,展示同学们跑酷、蹦床比赛的获奖照片时,他们眼里的笑意让我突然明白:这本带着墨香的《年鉴》,不只是纸页的堆叠,更是博文精神的缩影。最感动的是有阿姨说"原来学校藏着这么多精彩",那一刻我忽然懂得,宣传员的意义就是用热忱作桥梁,让校园里的光,也能照亮社区的每个角落,让更多人看见博文的温度与力量。

——2023级1班　魏妤璇

哇!我在博园上学还不到两年,就收到了超级棒的"研学大礼包"!第一次出发去青岛极地海洋世界时,我兴奋得像只小海豚,蹦蹦跳跳地上了大巴车。在那里,我和成群结队的鱼儿打招呼,看企鹅摇摇摆摆"滑冰",认识了好多奇奇怪怪又可可爱爱的海洋生物!原来大海里藏着这么多有趣的小秘密呀!

后来去青岛城市展览馆,我简直像走进了魔法城堡!超大的城市沙盘亮起来时,我感觉自己变成了"城市小巨人",能一眼看到整个青岛!听着讲解员姐姐讲故事,我就像在翻看青岛的"成长日记",每一页都藏着有趣的小秘密。当我踮着脚尖,望着展览馆里青岛的未来规划图,就像透过一面神奇的望远镜,看到了它闪闪发光的未来!那一瞬间,我好想快点长大,和同学们一起把家乡变得更美丽!

——2023级2班　陈晞

那一天我永远难忘。老师脸上的微笑如同阳光般照进我的心里:"你能来做这次的小讲师吗……"

第一次站在讲台上时,我的手心沁出了汗,粉笔在黑板上的划痕像歪斜的雁行。可当我看见台下同学们亮晶晶的眼睛,忽然明白了老师平日里的目光——那是一种温柔的期待。 准备的夜晚,我总想起老师批改作业时弯下的背影。原来每一个知识都经过了多少双手的传递,像一盏灯点亮另一盏灯。此刻我才真正懂得,那些被我们抱怨的严厉要求里,藏着怎样殷切的希望。

此刻我好似明白了教育就是让知识的火种,在心灵间永远延续。

——2020 级 2 班　蒋易辰

我非常喜欢当小讲师,每次到我做小讲师的时候,我都会认真准备,和妈妈一起查阅资料,做电子版的展示稿,并且在家不停地练习。但是一上台我还是紧张得手心冒汗,多次争当小讲师之后,我变得越来越有自信,我会边讲边举例子,大家还抢着提问呢! 原来把知识讲给别人听,不仅能让自己记得更牢,还能收获成就与快乐。现在的我渐渐明白,当小讲师不只是站在台上说话,更是一场奇妙的"知识旅行",感谢学校和老师的培养,相信每一次分享都会让我离更优秀的自己更近一步!

——2021 级 2 班　张凯庭

今天学校的"粽情六一,嗨翻童年"活动可太有意思啦! 早上一进教室,就看到同学们都穿着漂亮的衣服,大家欢声笑语,教室里洋溢着过节快乐的气氛。在众多节目中,我最喜欢相声表演,表演的同学你一句我一句,逗得大家都笑弯了腰。轮到我的节目时,我紧张得手心冒汗,生怕自己表现不好,可音乐响起来我就不害怕啦,和小伙伴们一起蹦蹦跳跳,台下的老师还跟着拍呢! 表演取得了成功,我们都很开心! 真是一个难忘的活动呀!

——2023 级 8 班　王清妍

在博文小学当"小讲师"啦! 第一次上台时,我攥紧讲台边缘,心跳声盖过了话音,句子像断了线的珠子往下掉。可练着练着,忽然发现讲题时能笑着圈画重点,同学们举起的手比星星还亮——原来把学会的知识说给大家听,是这么暖的事! 老师指着我作业本上的进步说"像坐火箭",妈妈说我现在查资料时眼里闪着光——原来勇敢开口的每个瞬间,都在悄悄把我变成更主动的自己呀! 站在小讲台上,我就像一颗闪亮的小星星——你也来试试吧!

——2023 级 7 班　赵书玮

我当小讲师啦！站在讲台上，我的心跳得怦怦响。我把我学到的知识讲给同学们听，就像老师平时教我们一样！虽然我有点紧张，但我觉得自己像个小英雄！我喜欢学校，博文就像一个暖暖的怀抱，让我快乐成长！

——2024 级 1 班　郑思苒

自从当了小讲师，我的学习成绩突飞猛进。能体验当"老师"感觉特别棒，给"学生"讲解做题思路，我也可以更好地掌握知识。当然最开心的莫过于得到老师的鼓励和表扬啦！这让我讲得越来越起劲，越来越出彩。而且我还学会了换位思考，举一反三。现在的我不仅学会从别人的角度想问题，表达能力也更厉害啦！当小讲师真是太幸福啦！

——2023 级 5 班　刘佳伊

当上小讲师后，我才发现原来"当老师"这么有趣！为了把知识点讲清楚，我要提前整理思路、设计互动问题，过程中不仅把知识记得更牢，还收获了同学们的掌声和认可。第一次站在讲台上时我特别紧张，但看到大家认真听讲的样子，突然就不害怕了。现在我越来越喜欢这种"小老师"的感觉，不仅变得更自信，还交到了很多新朋友，真希望以后能继续当小讲师！

——2022 级 6 班　侯骏楦

家长感言

时光如诗，岁月如歌。六年前那个牵着我的手怯生生走进校园的小女孩，如今已蜕变成落落大方的少年。回首在博文的每一个春秋，心中满是感动与感恩。

感恩学校用"有爱·有温度"的教育，为孩子们筑造了成长的乐园。晨读时的书声琅琅，运动会上的挥汗如雨，艺术节中的创意飞扬……这一幕幕镌刻着孩子成长的足迹，更凝聚着老师们的智慧与心血。六年来，代忻不仅收获了知识，更学会了感恩与坚持，懂得了责任与协作。那些藏在"博雅礼物"里的仪式感，那些老师批改作业时的细心叮咛，都成为她生命中温暖的底色。

感谢杨校长，将"成长的温度"融入教育的每一个细节，让这片沃土滋养出自信、阳光的博文学子。感谢校领导如春风化雨般的引领，感谢各科老师的专业与包容，是你们用爱心点亮了孩子们的求知路，用耐心守护了他们每一次跌倒与飞翔。

离别不是终点，而是新的起点。愿我们的母校桃李芬芳，永葆教育初心；愿老师们平安顺遂，耕耘满庭芬芳；愿孩子们怀揣博文赋予的勇气与智慧，在更广阔的天地里，扬帆远航，续写华章！

——2019级8班代忻家长

作为家长，每每看到孩子从入学之初的懵懂胆怯，到如今眉宇间流露出的明朗自信，内心便有无限感动。我们深知，这份令人欣慰的成长，深深扎根于学校独特育人理念与精心实践的沃土之中。

学校"博悦童年·赋能未来"的办学宗旨，绝非停留于口号，而是真切化作了孩子日常可见可触的生动体验。尤其让我们感动和敬重的是，从杨校长的那句"身上有汗，眼里有光，心中有梦想"中我们看到了学校灵魂的温度与力量。让我们欣慰地感受到孩子学会了关怀与感恩。同学间的互帮互助，对老师真诚的问候，甚至回家后分享校园趣事时流露出的温暖，都让我们看到，学校倡导的仁爱之心，已悄然在孩子心中生根发芽。"眼里有光"，那是求知欲被点燃的光芒，是好奇心被呵护的神采。让我们真切感受到孩子对学习、对世界那份纯粹的热爱与向往。这份光，照亮了他探索未知的勇气。从"身上有汗"中，我们更欣喜地看到孩子不再畏惧付出与努力。运动场上奋力奔跑的身影，艺术节排练时一遍遍地练习，甚至是参与校园劳动、手工实践时那份专注与投入，汗水浸润着他的坚持与成长。这汗水，是体验的甘甜，是收获的勋章，让他懂得美好源于耕耘。

学校推行的"小主人"课题和"课堂小讲师"教学模式，也始终从各方面影响着孩子。尤其体现在老师对孩子点滴进步细致入微地观察与鼓励中，使得孩子能在校园中寻获属于自己的一方舞台，绽放独特光彩。

我们深信，在这样富有智慧与温情的教育理念滋养下，孩子收获的不仅是知识，更将拥有拥抱未来、心怀阳光的从容底气。由衷感谢学校为孩子们铺设的这条通向美好未来的温暖路径。

——2023 级 3 班代奕泽家长

相知不一定是相识，但相识一定是熟知。初识博文是在 2023 年一个教师节访谈的报纸页面中。杨伟校长诠释了"博、雅"二字的文化底蕴。"博，大通也。（广博通达）。雅，正也（端正高雅）。"作为教师应学高为师、身正为范；作为学子应言行文雅、志趣高雅。这里每一个字的诠释，都深深地感动着我。而这一年，也正值我家孩子步入小学。当有幸成为博文小学的家长后，我又深切感受到了学校的理念"博悦童年·赋能未来"不仅是办学理念，更是融入孩子日常成长的基因。

我的孩子曾经内向、不爱表达，甚至担心说错不爱举手，对自己并没有很多自信。但是，在经过了两年的校园生活，通过参加了"小讲师"和学校社团后找到了属于自己的那份笑容。她在编程的世界里就像一块海绵，不断地汲取着人工智能领域的养分。她把朗诵演讲的所学所得，慢慢地释放在"小讲师"的比拼中，一点一点地收获着自信。班级"一人一岗位"，让她的责任感油然而生。这种将"他律变自律"的智慧，正是博文赋予孩子受用一生的成长密钥。

当孩子谈起"A 城寻宝"时眼里的光，当她说手指的痣"那是和我们黄老师的位置一样时"，当她说起未来要成为"优雅有担当的人"时，我明白了。两年的校园生活，博文已在她心中种下博雅的种子。在家长开放日，我目睹了

"小讲师们"言行文雅、志趣高雅的自信风采，让我瞬间看到了博文少年的模样。家委会的"护学岗"更让我体会到：博文的教育没有围墙，家校同心才是孩子成长的坚实后盾。

这所"家门口的好学校"，正以破茧成蝶的姿态，点亮每个博雅少年的未来之光！感谢学校用"博雅"文化为孩子们铺就生命底色，让教育回归本真，许他们一个既有宽度又有温度的美好童年。

——2023 级 8 班赵悦含家长

最好的教育是学校和家庭的双向奔赴，孩子选择了博文是一件值得骄傲和幸福的事。从入校时懵懂无知，到如今知识丰富、独当一面，从需要家长帮助，到主动帮助他人，一点一滴的进步都离不开学校、老师的引领。

感谢杨校长，真正把博文小学变成了家门口的优质好学校！"博悦童年·赋能未来"——博文以儿童为中心，注重学生的全面发展。课堂上，孩子们扎实学习；生活上，每个节日都有仪式感的惊喜；成长上，是艺体双修的多样舞台，就连孩子的体质健康、用眼健康都被学校放在心上。博，大通也，雅，正也，这是杨校长带领全体老师对孩子们未来的期许，学校尊重差异，因材施教，帮助孩子发扬自己的闪光点，增强自信心。

家校共育需要我们的共同努力，让我们守着这份优质教育，看孩子们长成参天大树。

——2020 级 3 班许葳林家长

作为一名两孩在博文小学就读成长的家长，对博文小学感情至深，感悟颇多。"博学于文，约之以礼"深深镌刻在学校发展与壮大之中。特别是自杨伟校长就任以来，学校的发展更是日新月异。以"博悦童年·赋能未来"为文化品牌，构建"博雅教师，博雅教学，博雅学生，博雅德育，博雅校园"文化体系，让家校共育，师生同爱走出特色的博文教育体系道路。

学校在紧抓学科文化教育中更是多元化发展，有在全国屡获殊荣的"蹦床社团"、多次捧回"市长杯"冠军的"足球社团"、斩获佳绩的"合唱团"，校内如火如荼的"小讲台，大梦想"，扣人心弦的"绳王争霸赛"，数不胜数的体育比赛，丰富多彩的社团活动，与青岛大学艺术学院共建教学科研实践基地，推动艺体共育发展。

"百舸争流，奋楫者先；千帆竞发，勇进者胜。"愿博文小学在当代实践中传承精神，为争创全国名校而努力！

——2023 级 4 班刘芳菲家长

时光荏苒，五载春秋，在青岛博文小学这片教育的沃土上，我欣喜地见证着孩子的蜕变与成长。学校以"博悦童年·赋能未来"为育人圭臬，不仅彰显了教育的远见卓识，更以春风化雨般的温情，滋养着每一颗纯真的心灵。

在这里，教育是一场诗意的修行。运动会上矫健的身姿，研学途中求知的眼眸，艺术节上灵动的才情，无不镌刻着童年的璀璨印记。惜味园里飘香的餐食，手工课上创意的绽放，节日庆典中文化的传承，都在诉说着博文教育的精致与温度。作为家长，我们亦在学校的引领下，领悟了教育的真谛——分数并非丈量成长的标尺，而独立之精神、自由之思想、终身之学习，方为人生至宝。

感恩博文，以智慧之光点亮童年，以人文之韵润泽生命。在这方自由而有序的天地里，孩子们采撷知识的芬芳，积蓄成长的力量，终将绽放出属于自己的盛世华章！

——2020 级 5 班赵曼婷家长

作为一名博文学子的家长，我有幸见证了家中两个孩子从初入校园时的懵懂孩童，逐渐成长为德智体美劳全面发展的少年。这一路走来，我深切感受到学校倡导的"博悦童年·赋能未来"教育理念贯穿于孩子成长的每一刻，融入她们进步的每一个脚印。

博文始终秉持"博雅"文化理念，全方位呵护孩子们的成长：注重培养学生的自主学习能力，扎实推进"五育"并举，关注学生身心健康，并积极构建家校共育的桥梁。同时，学校提供的优良学习环境与硬件设施，为孩子们的全面发展奠定了坚实基础。

学校精心设计的各项活动令人印象深刻。"小讲师"活动有效提升了孩子们的自信心与自主学习能力；假期里的"A 城寻宝"闯关计划，让孩子们在游戏中学习，激发了探索欲与创新意识；丰富多彩的社团活动（如体适能、足球、棒垒球、舞蹈、乐器等），则为孩子们的课后生活增添了无限快乐，促进了综合素养的提升。

此外，孩子们最爱的"惜味园"保障了健康均衡的饮食，助力她们茁壮成长。而"家长课堂"则紧密联结了家校，让我们深刻认识到：孩子的成长从来不是一场孤军奋战的比赛，而是一场需要家校携手、共同托举未来的旅程。

我们相信博文，更由衷地感谢博文！

——2021 级 1 班蔡佳和家长

作为家长，我真心为学校"以生为本"的小主人学习教育理念点赞。还记得孩子刚当上"小讲师"时，攥着备课笔记的小手直冒汗，可站上讲台后，却能有条理地分享，甚至学着老师的样子追问同学"这里听懂了吗？"——那眼里闪烁的自信，让我看到了课堂之外的成长力量。

学校推行的小讲师教学，不是简单的"角色互换"，而是把课堂真正还给孩子。当孩子需要用自己的语言讲清知识点，就得先吃透内容、梳理逻辑，甚至琢磨怎么让同学听得懂。这种"输出型学习"，比被动听课更能激发思考力。

更让我感动的是，学校尊重每个孩子的节奏——内向的孩子可以先在小组内分享，勇敢的孩子能站上讲台发光。这种"以生为主"的课堂，让孩子不再是知识的接收者，而是学习的主人。看着他们在表达中越来越从容，我深知：真正的教育，就是点亮每个孩子心中的光，让他们带着底气与热爱勇敢前行。感谢学校的用心，让成长看得见、摸得着。

——2020 级 7 班高晨茜家长

很荣幸孩子能成为一名博雅学子。小学阶段是孩子人格与习惯养成的关键期，我们一直坚信，好的教育不止于知识传授。博文秉持"有爱、有温度、有智慧"的办学思想，犹如一座灯塔，照亮孩子成长的道路。

学校实施"小主人"教育，充分尊重每个孩子的个性特点，精准捕捉每个孩子的闪光点，引导他们在自己擅长的领域中不断探索，从而建立起强大的自信。学校致力于培养孩子的家国情怀与责任意识，循序渐进地引导孩子认识到"关心、尊重、责任"的真义，并且积极推动家校共育模式的深度开展。精心打造的科创节、体育节、艺术展等丰富多彩的多元课程，为孩子们提供了广阔的体验平台，孩子们能够充分发挥自己的想象力和创造力，在锐意创新中不断成长，为未来的发展积蓄能量。在这样的优质教育环境中，孩子们就像一颗颗充满希望的种子，自信且茁壮地成长着。在此，我们衷心感谢老师们的悉心引导和辛勤付出，也感谢学校为孩子们精心规划的发展蓝图。我们坚信，在博文这片充满爱与智慧的沃土上，博雅学子定能扬起理想的风帆，驶向更加辉煌灿烂的未来！

——2021 级 4 班刘梓涵家长

作为家长，我们深深认同学校"博悦童年·赋能未来"的办学理念。在这一理念的引领下，孩子不仅收获了知识，更在快乐中培养了自信、表达力和综合素养。学校通过丰富的课程和活动，让孩子在博学中感受求知的喜悦。无论是趣味课堂、实践探索，还是艺术体育，孩子总能找到自己的兴趣点。我们惊喜地发现，孩子每天放学都充满热情，乐于分享学到的知识，这种主动学习的态度正是"博雅"教育的生动体现。作为家长，我们由衷感谢学校为孩子提供宝贵的"小小宣讲员"实践机会。这一特色活动不仅培养了孩子的表达能力，更培养了她的责任意识和主人翁精神。学校精心设计的"英语小主播"活动，让孩子爱上了英语学习，为了讲好一段英文稿，她会反复查阅资料，模仿发音，这种"为教而学"的过程，让知识掌握得更牢固。作为家长，我们也会继续鼓励孩子珍惜这样的机会。

感谢学校为孩子搭建了绽放自我的舞台，让童年充满探索的乐趣。作为家长，我们将继续配合学校的教育方向，共同守护孩子的成长。

——2022 级 4 班李盈萱家长

作为家长，我由衷感谢青岛博文小学以"博悦童年·赋能未来"为核心理念，构建起充满温度与智慧的教育生态。学校打破传统教育边界，为孩子们提供多元选择和个性学习，以精心打造的诸多优秀社团为载体，让每个孩子都能找到兴趣支点，在热爱中舒展天性。课堂小讲师、小帮厨阵地、班级一人一岗位等等，学校实行的"小主人自主管理"模式，更是将成长的主动权交予孩子，让孩子们在实践中提升责任感与领导力，真正实现了"以学生发展为根本"的教育真谛。

让我尤为感动的还有学校对家校共育的深度践行，通过丰富的互动机制搭建起家校沟通的桥梁，让家长也能深度参与孩子的成长旅程。相信在家校同频共振的教育模式下，孩子们定能积蓄充足的底气与力量，在人生舞台上绽放无限可能！

——2020 级 1 班陈路瑶家长

时光荏苒、岁月如梭，转眼间孩子们就小学毕业了。

犹记得六年前那个满脸稚气的小小孩童，懵懂地走入了博园的怀抱。在这里，有别开生面的开学典礼，有精心准备的儿童节礼物，有老师们呕心沥血的谆谆教导，有精彩的校园活动……

六年的时光，孩子们从懵懂无知的孩童成长为有知识、有理想的少年。他们学会了阅读,学会了思考,学会了合作,学会了面对挑战。每一次学科闯关、每一次运动会、每一次文艺演出……都记录着孩子们成长的脚步,也凝聚着老师们的辛勤付出。

作为家长,我们深感欣慰。孩子们的每一点进步,都离不开老师们的悉心指导和帮助。在此,我要感谢学校为我们提供了一个优秀的教育环境,让孩子们在这里快乐学习、健康成长。

最后,祝愿老师们工作顺利,家庭幸福,祝愿我们的学校明天更加美好!

——2019 级 6 班王晗珺家长

我的两个孩子都在青岛博文小学学习。看着他们在博园中快乐成长,我由衷地感谢学校。每天接送他们上下学,看到他们脸上洋溢着的笑容,我就知道,这所学校给予他们的不仅仅是书本上的知识,更是精神上的富足。

博园秉承着"博悦童年•赋能未来"的办学理念,真的让孩子们受益匪浅。学校不仅注重知识的传授,更重视孩子们的快乐成长和未来发展。还有"十个一"特色培养,比如每个孩子都要学会一项体育技能、参与一次社会实践、作为小讲师展示自我所学等。这让孩子们在学习之余,还能发展自己的兴趣爱好,培养他们的团队合作精神和实践能力。看着孩子们在学校的各种活动中越来越自信,越来越有担当,我深刻感受到学校对孩子们的用心。

感谢学校为孩子们创造了如此美好的学习环境,这里有优秀的老师,有亲切的同学,有丰富的课程。我相信,在这样的学校里,孩子们一定会继续茁壮成长,成为社会的栋梁之材。我期待着他们在这里收获更多的知识和友谊,迎接更加美好的未来!

——2022 级 5 班张景怡家长

一定是特别的缘分,家里的大宝和二宝都有幸在博园上学,收获进步与成长!作为家长,其实我特别想表达自己的感谢。

第一是感谢杨校长,用心为孩子们打造有爱有温度的校园。在每个节日为孩子营造仪式感,准备各种节日礼物。学校自创的博雅手眼操、体适能操和八段锦强健了孩子的体魄。还有蹦床社团、棒球社团、篮球社团、足球社团等各类社团活动,无不体现学校全面育人的理念。

第二要感谢我们的班主任以及各位任课老师,不但从学习方面帮学生们总结学习技巧,还从生活的点点滴滴关注到每一个孩子,家长们心里特别安心。能遇到这样认真负责的班主任和各位任课老师,是家长们的荣幸。

千万次感谢，无以表达感谢之情。希望未来的日子里，我们会继续配合学校和老师，把孩子们培养得越来越优秀！

————2023 级 6 班张姝涵家长

作为家长，孩子的饮食健康一直是我们最关注的事情，而博文的"惜味园"真正做到了让家长放心、安心。以前孩子吃饭总是挑三拣四，全家人跟着操心。进入博文小学这一年多的时间，孩子像换了个人。每天回来都会手舞足蹈地跟我们分享食堂的美食，从食物的多样化，到每日餐食的精心搭配，都能感受到孩子对学校饭菜满满的喜爱。孩子不挑食了，营养均衡了，不仅身体素质得到了提升，还培养出了良好的用餐习惯，味蕾和心情都得到了很大的满足，连精神状态都焕然一新。这都多亏了学校食堂的专业与用心，让孩子茁壮成长。

————2023 级 2 班梁辰佳妈妈

作为博文一年级学生的家长，看着孩子每天雀跃地奔向校园，心中充盈着感动与安心。这份安心，源于我们真切地感受到了学校"有爱、有温度、有智慧"的办学思想，如阳光雨露般滋养着稚嫩的幼苗。

"有爱"是老师们俯下身倾听孩子心声时的温柔眼神，是同学间互帮互助时纯真的笑容。这份爱，让孩子初离父母怀抱的忐忑，迅速化作加入大家庭的安全感和归属感。"有温度"体现在校园里每一个细节，从清晨校门口亲切的问候，到雨天老师默默撑起的红伞方阵，再到对孩子点滴进步的真诚鼓励。这温度，让学习不再冰冷，让孩子的心灵得以舒展。"有智慧"则是老师们巧妙引导孩子探索知识、激发好奇心的教育艺术。无论是生动的课堂互动，还是寓教于乐的实践活动，都让我们惊叹于教育智慧的闪光。

博学于文，约之以礼。"关心、尊重、责任"的博雅校训，像一盏明灯为孩子指引着成长的方向。在博文，孩子们不仅畅游书海，汲取知识的养分，更在日常点滴中被春风化雨般地浸润着规则意识与文明礼仪。看到孩子开始懂得整理自己的书包，主动问好，乐于分享，我们欣喜地看到"博雅"的种子正在幼小的心田里悄然萌发。

非常荣幸能见证学校将这份宝贵的教育实践与思考结集成书。相信这当中不仅记录着教育的智慧结晶，更能将这份"有爱、有温度、有智慧"的力量和精神传递给更多家庭，照亮更多孩子的成长之路。感谢博文，为孩子们打造了如此美好的起点！

——2024 级 6 班白秋实家长

　　开学初，牵着忐忑的"小豆包"踏进博文小学，我心中也满是担忧。然而这份忧虑很快被消融。博文教师们用春风般的关怀，将孩子的焦虑化作甜甜的期待。孩子回家总爱讲述课堂的奇妙，拼音课变成了趣味寻宝，数学题藏在生活故事里。老师们的智慧教学如春雨，让知识的小苗悄然萌发，更令人欣喜的是校园生活的斑斓色彩。"博悦童年"的理念在缤纷的社团中生动绽放，合唱团的童声清亮，足球小将的一招一式，舞蹈社团中努力的汗水……孩子回家时眼睛发亮，兴奋地述说着尝试的每一种可能，每一个明天似乎都藏着新的惊喜。

　　当孩子每天清晨雀跃着奔向校门，我由衷庆幸选择了这里。博文小学不仅以"有温度有智慧"的怀抱，稳稳接住了初入学的稚嫩心灵，更用丰富多元的舞台，悄然点亮了孩子探索未来的眼睛。这"赋能未来"的承诺，正在每一天扎实而温暖地兑现。感谢博文小学，为孩子们打造了一个充满爱与希望的成长乐园！

——2024 级 3 班蒋雨宸家长

　　作为家长，走进博文小学的每一步，都像是翻开一本写满教育智慧的温暖诗篇。这所学校以润物无声的方式，将先进的办学理念融入校园的每一处细节；用独具匠心的特色教育，为孩子们铺就了一条充满爱与希望的成长之路。

　　踏入校园，便能感受到浓厚的文化气息扑面而来，校园里的每一面墙壁、每一处景观都蕴含着教育的深意。在日常教学中，老师们时刻关注每个孩子的性格特点、兴趣爱好和学习节奏。无论是课堂上鼓励学生大胆表达的开放式教学，还是课后针对不同学生制订的个性化辅导方案，都让我深刻体会到学校对"尊重个体差异"的执着追求。这种教育方式，让每个孩子都能在适合自己的土壤中汲取知识的养分，自信地成长。

　　博文小学用爱与智慧践行着先进的办学理念，用丰富多元的特色教育点亮孩子们的未来。作为家长，我庆幸孩子能在这样优秀的校园学习生活，也坚信在学校的精心培育下，每一个孩子都能在这里找到属于自己的精彩，成长为最好的模样！

——2020 级 4 班袁静瑶家长

作为青岛博文小学的家长，我深深感受到学校"博悦童年·赋能未来"的办学理念如何滋养孩子的成长。学校以"博雅文化"为核心，不仅培养学识广博，更塑造言行文雅、志趣高雅的品格。孩子在这里从"被动学习"转变为"自主探索"，课堂上化身"小讲师"，戴上博士帽分享知识；假期里完成"A 城寻宝"创意任务，在趣味中提升综合素养。

学校的五育并举令人赞叹，啦啦操、棒球、合唱团等多个社团让孩子全面发展，多次斩获省市竞赛大奖。此外，学校关注孩子身心健康，"博雅手眼操"和科学营养餐计划呵护孩子的视力与体魄。家校共育方面，开放日、专家讲座让我们更懂教育，与学校携手助力成长。

博文小学不仅传授知识，更点亮了孩子眼中的光。感恩学校的用心培育，让每位"博雅少年"自信迈向未来！

——2020 级 6 班韩梦莹家长

进入博文已经 5 年了，从孩子每天迫不及待上学的笑脸，到周末津津乐道分享的校园趣事，看到孩子在学校蓬勃生长，作为家长倍感欣慰，而这一切离不开学校鲜明的办学理念和用心的教育实践。学校既关注当下童年的幸福成长，又着眼于未来发展的核心素养，体现了教育的前瞻性与人文关怀。这种平衡当下与未来、知识与能力的教育观，彰显了学校作为教育引领者的格局与担当。管理科学规范，校园环境优美宜人，各项设施先进完善。从教育教学到后勤保障，处处体现着精细化管理和人性化服务。

"博悦童年·赋能未来"——"博"体现教育的广度，拓展孩子的认知边界；"悦"彰显教育的温度，让孩子在自主发现中享受成长乐趣。我们坚信：童年的宽度决定人生的高度，心灵的愉悦滋养终身的学习力。

感恩遇见，感谢博文，祝越来越好！

——2020 级 7 班栾添淏家长

作为家长，每当踏入这片洋溢着生机与智慧的校园，内心总会被"博悦童年·赋能未来"这一办学理念深深触动。学校不仅以卓越的学术追求为基石，更以春风化雨般的关怀，滋养着孩子们的全面成长与心灵快乐。老师们以渊博的学识与无私的爱心，为孩子们开辟了一片自由翱翔的天地，让学习不再是枯燥的任务，而化作一场充满惊喜与发现的奇幻之旅。

在这里，校园的每一寸空气都弥漫着欢乐与活力。丰富多彩的体育艺术活动，如激情四射的足球、活力创意的蹦床、优雅灵动的软式棒垒球，不仅锤炼了孩子们的体魄，更铸就了他们坚韧不拔的意志与携手共进的团队精神；而百花齐放的艺术社团，则为孩子们搭建了闪耀才华的璀璨舞台，让每一份天赋都能熠熠生辉。

我的孩子在这片沃土中茁壮成长，褪去了稚嫩与羞涩，蜕变为开朗自信的少年。她学会了以独立思考的锋芒探索世界，也懂得了用团队协作的智慧拥抱集体。学校精心设计的课程与活动，如同一把把钥匙，为每个孩子打开了属于自己的宝藏之门，真正实现了"博悦"与"赋能"的完美交融。

由衷感谢学校以高瞻远瞩的教育理念，为孩子们的童年注入了无尽的快乐与智慧，更为他们的未来铺就了星辰大海般的无限可能！我们坚信，在这片用爱与匠心浇灌的园地里，每一朵含苞待放的花蕾，终将绽放出独一无二的绚烂光华！

——2021 级 6 班刘镕瑄家长

作为一名博文学生家长，很欣赏我校推行的"小主人"教学模式，尤其在培养孩子综合能力方面成效显著，令人欣喜！

各个学科的课堂小讲师锻炼了孩子的表达与自信。孩子通过备课、讲解，不仅巩固了知识，更学会了逻辑梳理与公开演讲，这种"以教促学"的方式让学习更主动。

研学活动将课堂延伸到社会。孩子自主设计活动目标、协调分工，在实践中提升了问题解决与团队协作能力，项目化学习成果中的深度思考远超预期，体现了探究精神的萌芽。

班级自主管理尤为可贵。通过制定班规和小主人自主管理，孩子们学会了责任与规则意识。班级事务由学生主导的民主氛围培养了孩子们的领导力与同理心。

"小主人"体系以儿童为中心，从"被动接受"转向"主动担当"，潜移默化中塑造了独立、自信、有责任感的未来公民。作为家长，我们深感认同，并期待这一理念持续深化！

——2022 级 3 班冷佳熹家长

博文小学通过赋予学生如"晨曦领读员"等职责，培养孩子们"自主、自信、自我管理、自我评价"的特质，助力个性化成长。张藩同学就是在这种赋能中实现了显著蜕变。她完成了从"被安排"到"主动思考、自觉行动"的转变，深刻理解了承诺与责任。

为胜任领读员，她克服赖床，学会时间管理，将自律视为"小管家"和"小卫士"，坦言"自律让我和同学们一起，在书香中遇见了更好的自己"。"领读员"的职责提升了她的多维能力：规划能力——提前准备晨读内容；组织与表达能力——带领全班朗读；影响力与领导力——她的认真带动了班级阅读氛围，图书角借阅量激增，并在"博雅小讲师"大赛中获一等奖。孩子的成长离不开学校和老师的用心培养。感谢博文小学提供宝贵的实践平台，感谢老师们的爱与智慧，点亮孩子们的自律之光！这份在责任中磨砺的自律、品格、自信与担当，将成为她未来人生的珍贵基石。

——2021 级 5 班张藩家长

看着孩子伏在书桌前认真备课的模样，台灯在他稚嫩的侧脸投下温暖的光晕。他时而蹙眉思考，时而小声试讲，那份专注让我想起春日里努力破土的嫩芽。

记得第一次听他结结巴巴地试讲时，发音带着稚气。如今站在讲台上的他，声音清亮如晨露，那是老师用耐心一次次浇灌出的成长。

孩子需要这片成长的沃土，让害羞的种子有机会绽放。教育最美的模样，莫过于看着孩子渐渐挺直了脊背，眼里有了自信的光芒。

——2020 级 2 班蒋易辰家长

作为博文家长，必须给学校餐厅点赞！不仅饭菜美味又营养，还特别重视食育文化的教育。孩子在学校吃得开心，吃得放心，同时学到了营养知识，明白合理膳食的重要性。现在孩子在家像个"小营养师"，分享三餐搭配和选食材的窍门，假期也主动帮忙做饭。学校食堂把教育融入就餐，让孩子轻松掌握健康饮食知识，真正做到"寓教于食"。把孩子送进这用心的学校，是我们博文家长的幸运。

——2021 级 4 班阎依依妈妈

作为毕业班学生家长，内心满是感慨与感激。六年时光匆匆，见证着孩子在老师的悉心教导与呵护下，从懵懂孩童成长为阳光少年。临近毕业，学校精心筹备的毕业生书画展，不仅是孩子们艺术成果的展示，更是为他们的小学生活画上了充满仪式感的句点。特别感谢杨校长和全体老师，用这份别出心裁的安排，为孩子们和家长们留下了珍贵而独特的回忆。相信这份温暖与美好，会成为孩子们前行路上的动力，激励他们以饱满的热情、昂扬的姿态，勇敢开启人生新征程。

衷心祝愿我们的大博文桃李满园，续写辉煌篇章；祝愿博文的全体老师工作顺遂，平安喜乐；也祝愿同学们在未来的日子里乘风破浪，向着梦想扬帆远航！

——2019 级 4 班王雨煊妈妈

作为一名五年级学生家长，在这五年里，我深深感受到了孩子在博园里的成长。青岛博文小学"博悦童年·赋能未来"这一办学理念，既有教育的前瞻性，又饱含对儿童成长成才的人文关怀。

学校通过丰富的课程和活动，让孩子在快乐中成长。例如各种形式的运动会、春季秋季研学、可口的惜味园美食、手工活动、节日庆祝活动、班级展演活动……而家长的角色则是配合学校，给予孩子更多实践和探索的机会。同时，作为家长，我也深受博文办学理念的启发，不要用短期成绩衡量成长，而应更关注孩子的思维方式和终身学习习惯。

感谢博文小学为孩子创造一个既自由又有支撑的成长环境，让他们的童年充满可能，未来更有底气。

——2020 级 9 班颜嘉禾家长

当晨光为美丽的博园披上一片金黄，意气风发的孩童们已沐浴在琅琅书声中。这片承载着无数少年梦想的校园，用六年时光将青涩的稚子雕琢成挺拔的国之栋梁。作为家长，我们见证了孩子们从稚嫩儿童成长为翩翩少年，也见证了一所学校如何用文化的乳汁哺育出一届又一届心怀远方的学子，在短短的时间崛起成为家门口的优质学校。我们想用最真挚的语言，向这片孕育梦想的沃土致敬，向那些用生命之光点亮星辰的引路人致谢！

杨校长如同掌舵的航海家，在教育的海洋中把握方向。用最先进的理念引领孩子们的成长，让孩子们成为拥有健康体魄，眼里有光的当代少年。教室里留下了孩子们奋笔疾书勤奋的身影，运动场上挥洒的汗水与艺术节绽放的才华交相辉映。在这里，孩子们不仅学会了用知识了解世界，更懂得了用诗心感知生活，感谢美丽的博园，希望我们的学校越来越好。

——2022 级 1 班孟睿哲家长

孩子进入青岛博文小学后，我深切感受到学校的独特魅力。学校以"博悦童年·赋能未来"为办学理念，构建起"博雅"文化体系，让孩子在浓厚的文化氛围中成长。

课堂上，"博雅小讲师"模式激发孩子的积极性，孩子戴上博士帽分享知识，学习兴趣愈发浓厚。学校还开设多样社团：足球、棒球、蹦床、合唱、英语、吟诵等社团，助力孩子德智体美劳全面发展，增加了团队协作体验。与此同时，学校积极推进家校合作，举办的家长课堂、亲子活动，增进了家长与孩子间的感情，也让我们家长学到很多教育方法。

青岛博文小学真正做到了为孩子的成长全方位赋能，让孩子拥有快乐且充实的童年，作为家长，我十分放心且满意。

——2022 级 8 班秦许容家长

作为毕业生家长，心中满满地感激与感慨。有幸参加了学校的每次开学典礼与多次活动，见证了六年前那个稚嫩懵懂的孩童，在博园的精心呵护下成长为自信阳光的少年，同时见证了不一样的博文！六年里，孩子不仅在学业上打下了坚实基础，更在丰富多彩的活动中学会了独立、合作与担当。仪式感满满的博雅礼物，运动会上拼搏的身影，艺术节里绽放的才情，无不凝聚着学校的匠心与用心……

感谢六年来每一位任课老师，是你们用专业与耐心点燃孩子们求知的热情，用关爱与鼓励守护他们的成长。杨校长带领下的大博文，将成长的温度、梦想的光芒与青春的活力，悄然镌刻进每个学子的小学旅程。

祝愿童话般美好的博文蒸蒸日上、桃李满天下，老师们身体安康、万事胜意；愿孩子们眼眸有星辰，心中有山海，继续绘就属于自己的璀璨未来！

——2019 级 7 班肖雅心家长

作为青岛博文小学的家长，我们深切感受到学校"博悦童年·赋能未来"理念带来的温暖与力量。

学校以"学生发展为本"，通过博雅课程打破学科壁垒，让孩子在项目式学习中主动探索，激发了无限创造力；以"教师发展第一"为基石，培育出的博雅教师专业且富有爱心，不仅关注孩子的学业，更注重品格塑造。

在这里，孩子们收获的不仅是知识，更是自我成长的勇气与能力。"博雅德育"浸润心灵，校园里处处是温暖的育人场景；家校紧密协作，让我们家长也深度参与到孩子的成长中。很幸运孩子能在这样优质的教育生态中学习，相信在学校的悉心培育下，她定能自信从容地走向未来！

——2024 级 4 班谷晗睿家长

这是与博文小学相识相伴的六年。作为家长,我们最放心的就是把孩子送到博文小学上学,不仅仅是因为学校的设施环境好,更是因为这里有着阳光健康、积极向上的校园文化。如果把孩子比喻成一粒种子,那博文小学就是滋养她茁壮成长的丰厚土壤,每天在阳光的沐浴下,尽情地向上成长。

这是与老师同学朝夕相处的六年。对孩子来说,最难以割舍的就是与老师、同学们的深厚感情。她与同学们在教室里一起聆听老师们的谆谆教诲,她与同学们在红旗下一起用稚嫩的声音表达对党和国家的拳拳热情,她与同学们在操场上一起为班级荣誉而拼洒汗水。这一幕幕的场景,定格在脑海中,成为她一生中最真挚的美好回忆。

这是与父母亲人携手并进的六年。孩子的成长是显而易见的,又是潜移默化的。每天早上送学时,一看就是大孩子了,个子长高了很多。究竟是何时长这么高的,没有答案,只能说是在不知不觉间长大了,变得懂事了。六年里,孩子不仅懂得了有付出才有收获的道理,而且领悟了培养良好生活学习习惯的真谛。在孩子的影响下,作为父母的我们也一起成长了,一起奋斗、一起进步,携手迎接更好的明天。

——2019级9班梁善铟家长

看着那个曾经躲在我身后的小小人儿,如今竟能站在讲台上,眼眸发亮地分享她的发现,那一刻,我的心被巨大的暖流填满了! 这不仅仅是"小讲师"的光环,更是在"博悦童年·赋能未来"办学理念下,学校坚守教育本质、尊重个体差异、赋能多元成长的深邃实践。它让孩子在自信表达中找到属于自己的成长密码,更让我们家长坚信:在博文这片沃土上,每个孩子都能被看见、被点亮,这正是教育最动人的模样!

——2024级1班郑思苒家长

白驹过隙,忽然而已。六年前,孩子们带着天真与懵懂走进校园的激动心情仿佛还在昨天。蓦然回首,发现你们长大了,长高了,也成熟了。在博文小学"有爱·有温度"的滋养下,你们勤奋学习,快乐生活! 曾经的那些天真顽皮的你们经过时间的磨砺已经长成阳光自信的少年,从稚气未消到沉稳好学,从淘气任性到明理守信,今天展现在我们眼前的,是朝气蓬勃、乐观向上、心怀感恩!

感谢辛勤耕耘的老师们,是你们默默地付出,成就了孩子们的华丽蜕变! 感恩我们的母校,是您的"爱和温度",让孩子们能在无忧无虑的环境里茁壮成长！

衷心祝愿我们的母校蒸蒸日上，未来更加灿烂辉煌！愿孩子们继续无畏前行，绽放属于自己的光芒！

——2019级4班陈浩辰家长

我的孩子是学校田径社团的一员，在孩子平日参加体育训练的过程中，学校为孩子们提供了坚实的后盾。从专业的训练场地到完备的器材保障，从科学的训练计划到贴心的后勤服务，学校始终以学生发展为核心，为运动员们创造了优越的成长环境。指导老师们倾注了无数心血，无论烈日风雨，总能看到他们陪伴孩子训练的身影。杨校长也经常给孩子们加油打气，无限关爱点燃了孩子们的斗志。正是这份无私的付出与信任，让孩子在运动赛场上突破自我，一份份荣誉的取得，属于孩子，更属于每一位用汗水浇灌梦想的老师和学校！

——2021级2班王茂辰家长

作为家长，我非常欣慰孩子能在这样一所充满教育情怀的学校成长。学校"博悦童年·赋能未来"的办学理念和博雅特色育人体系，不仅体现在课堂上，更渗透在校园生活的点滴中。老师们不仅注重知识的传授，更重视培养孩子的品格、关心孩子的成长，让孩子"育"见爱、感受爱、学会爱，成为最棒的博雅少年！此外，学校还格外重视家校共育，老师们总是能仔细关注着孩子的细微变化，鼓励孩子成长，时不时与家长沟通，共育博雅之花，让孩子成长为一个温暖、自信、有生命力的人！

——2022级7班袁星蕴家长

几年来，从博文走出了一批批感恩、自信的优秀少年学子——我家俩孩子先后进入博文小学学习，我深刻体会到学校的先进教育理念，注重培养学生独立思考和解决问题的能力，不仅关注学科知识的传授，更注重培养学生的综合素养、创新思维和实践能力的提升。

学校的老师有亲和力，两个孩子的班主任老师和任课老师特别会教学，让孩子愿意学习；课下还和孩子沟通交流，能第一时间发现孩子身上的闪光点和存在的问题，并让问题得到解决。作为家长，把孩子送到博文，非常放心。

学校注重鼓励学生自主学习，培养探究精神，通过项目式学习和独立思考，培养学生的解决问题的能力。学校还提供了丰富多样的课外活动和社团组织,让学生能够根据自己的兴趣选择参加,不仅能够开阔视野,还能够培养学生的动手能力和团队合作精神。学校还注重挖掘和培养学生的个性特长,在音乐、体育、艺术等领域努力提供特色课程和专业指导,为学生的全面发展提供良好的保障。

相信经历时间的积淀,博文的底蕴会更加浓厚,必将托举一批批学子们飞得更高!

——2023级1班徐雁海、徐晨瑞家长

作为家长,看着孩子自信地站在讲台上,化身"小讲师"令人惊喜又感动。学校的小讲师培养计划,不仅锻炼了孩子的语言表达和逻辑思维,更让他学会主动梳理知识、换位思考。每次准备讲解内容时,孩子都会反复打磨讲稿、模拟演练,这种认真钻研的态度也延伸到了日常学习中。现在他越来越敢于表达观点,面对挑战也更有底气,真心感谢学校提供这样宝贵的成长平台!

——2022级6班侯骏楦家长

作为博园的一名学生家长,我欣喜地看到学校每天的积极变化。

学校致力于构建博雅成长体系,从教师团队到高效课堂,都在用心培育孩子。孩子们在"博悦童年·赋能未来"理念引领下,在充分发挥自身优势的岗位上进行小主人自主管理,素养和综合能力都得到了明显提升。

家校协作紧密,学校不断创设机会让我们能参与孩子成长中,见证孩子成长的每一步。

看着孩子在有温度、重发展的环境里,从知识学习到人格塑造都稳步前行,真心觉得选对了学校,期待孩子继续在这博文的优质平台上,绽放更多精彩,收获更多成长!

——2022级2班徐乃松家长

作为博文小学的家长,心中满是自豪与骄傲。看着孩子在运动场上奋力投掷,最终斩获优异成绩,那精彩瞬间令人难忘。这份荣誉的背后,凝聚着老师们日复一日的悉心指导,更饱含着孩子刻苦训练的汗水与坚持。

由衷感谢学校搭建起如此优质的展示平台,让孩子们得以尽情释放活力,在挑战自我中收获成长;也特别感激每一位老师的辛勤付出与耐心教导,是你们温暖的鼓励、有力的支持,为孩子照亮了体育逐梦之路,让她能在赛场上不断突破,绽放光芒。衷心希望孩子能将这份对运动的热爱长久保持,带着赛场上的拼搏精神，勇敢迎接生活中的每一个挑战。愿她在充满爱的博园里，持续超越自我，书写属于自己的精彩篇章。请孩子放心，无论何时何地，老师和家长永远是她最坚实可靠的后盾！

——2020 级 1 班刘萌家长

作为家长，孩子入学以来的成长变化让我倍感惊喜。学校秉持"博悦童年·赋能未来"的办学理念，不仅重视知识传授，更关注孩子的身心健康与个性发展。课堂上，老师鼓励孩子大胆提问、独立思考；课后，丰富的社团活动和实践课程，让孩子在艺术、体育、科技等领域探索兴趣。

学校倡导家校共育，定期的沟通交流让我们深入了解孩子的学习情况。在这样温暖、开放的教育环境中，孩子变得自信开朗，学习主动性和创造力都得到了极大提升。真心感谢学校和老师的用心付出，也为选择这所学校感到无比幸运！

——2024 级 2 班袁心仪家长

每个周一的升旗仪式上，博文的师生注视着五星红旗迎风飘扬，当稚嫩又响亮的声音喊出"关心、尊重、责任"博文的校训时，我意识到教育的美好不仅是知识的传递，更在于品格的塑造。博文正通过每一次升旗、每一次教育契机、每一次博文活动、每一次家校共育、每一位博文老师的谆谆教诲，将这些朴素而深刻的品格种子播撒到孩子们的心田，将这些抽象的概念，化作具体而微小的生活片段，浸润着博文学子成长的每一天。感谢老师、感恩博文，将这些重要的品格编织进孩子们的生命里，既要托举知识的翅膀，又要守护纯真的初心，让知识传授与精神感召同频共振。

——2021 级 3 班于露家长

六年校园时间即将结束，作为毕业生的家长，我深刻地感受到孩子不论是身心成长，还是学习成绩和综合素养都有非常大的进步，这些成绩都离不开校领导的带领和悉心培养，也离不开老师们的耐心细心孜孜不倦的教导。感谢校领导给孩子们提供了很多展示的舞台，感谢老师对孩子的认可和辛苦付出，衷心祝愿：全体毕业班同学快快乐乐、健健康康走向美好的未来！衷心祝福：学校全体教师，身体健康，家庭幸福，事业兴旺！衷心希望：学校人才辈出！

——2019 级 9 班姜紫豪妈妈

作为博文小学的家长，我们深切感受到学校"博悦童年·赋能未来"理念带来的温暖与力量。学校的"小主人"育人体系以学生为中心,通过丰富多彩的课程设置,打破传统学习模式,让孩子们在项目式学习中主动探索,激发了无限创造力。博文还有着专业且充满爱心的教师团队,不仅关注孩子的学业,更注重品格的塑造。我们相信,在这样充满智慧和爱的环境中,孩子们一定能健康快乐地成长,成为有责任感、有创造力、有爱心的人。我们期待与学校一起,见证孩子们的每一次进步,分享他们的每一次成功。

——2024 级 5 班高恺欣家长

我很感谢博文在对孩子培养的方式和方法方面做出的努力。孩子在担任小讲师后,不仅锻炼了逻辑思维和表达能力,更在分享中体会到助人的快乐和老师的辛苦。课堂上孩子们热烈讨论、互相启发,让我看到"教"与"学"双向成长的力量。再次感谢博文的老师们,让每个孩子都能成为知识的传递者和探索者,这种共赢的学习模式,正是教育和学习最温馨的模样。

——2023 级 5 班刘佳伊家长

儿子参与了"小讲师"活动,回来后就一直自豪地给我们分享他的精彩瞬间,看着他自信的样子,才惊觉这场经历像把钥匙,打开了他藏在脑腆里的能量。从选主题,到主动做 PPT,一遍遍地给我们模拟讲解。站上讲台时虽有紧张和磕绊,但最终克服困难,顺利地分享了自己准备的内容。这不仅是表达力的飞跃,更是从"等问题"到"找问题"的成长,那些在台上发光的瞬间,早让自信悄悄爬满了他的肩膀,再次感谢学校和老师给孩子们提供了展示自我的机会。

——2021 级 2 班张凯庭家长

青岛中小学生寒假作业悄然"大变身"

2023 年 1 月 22 日，刊登于《山东教育报》

话说新春，增强文化自信

兔年生肖绘画、临摹福字、剪窗花……今年寒假遇上兔年春节，在作业主题设计上，各校运用"大展宏'兔'""'兔'飞猛进"等谐音梗；在作业内容设计上，体验新春年俗成为一道必选题。

"学校已经连续 6 个假期开展'A 城寻宝'主题特色作业，今年是兔年，我们在主题设计上充分融入新春兔年元素。"青岛博文小学校长杨伟介绍，今年寒假作业设计了"'兔'飞猛进蓄新能""动如脱兔闹新春""大展宏'兔'秀才艺""实践参与'兔必'No.1""扬眉'兔'气送安康"等五大主题，根据学生发展的各类核心素养点，详细设计了阅读、体育运动、劳动实践、安全健康等12 项内容，引导学生为新学期做好准备。青岛枣山小学以可爱的兔子元素为主题开展寒假"争章"作业，帮助学生多元化发展。"我要争当'先锋兔'，争获向阳章。"该校三年级学生周静媛高兴地说，要用绘画、手抄报等形式抒发对祖国的美好祝愿。"我要争当强身健体'健康兔'，争获健体章。"一名学生说。还有文化传承"智慧兔"、勤劳能干"劳动兔"等。校长刘岩林表示，设计各种有趣可爱的兔子徽章，旨在帮助学生在寒假保持良好的学习、生活习惯，用更贴近生活的方式引导学生发现现实生活中的"兔趣"，传承中华优秀传统文化，增强文化自信。

动手实践，感悟劳动快乐

2022 年秋季学期开始，"劳动课"正式成为义务教育阶段中小学独立课

程。这个寒假,全市各中小学更加注重劳动作业的设计,作业形式也是别出心裁。青岛博文小学劳动作业中设计了"春节美食 Vlog"版块,要求学生学一道家传的年夜菜,学习包饺子、做馒头,并用照片、视频等方式记录自己学习的过程和劳动成果;当一回美食博主,并把制作的美食给辛苦了一年的父母品尝,和父母一起感悟劳动创造的快乐。青岛城阳第二实验中学给各年级寒假作业设计了"体验父母工作的一天",提出要为父母做营养餐,做家中小主人,学会招待客人等感恩父母实践活动;设计了"寻访身边的能工巧匠"活动,引导学生传承工匠精神;设计了调查研究类作业,引导学生关注当前社会热点问题,并开展实践调查研究。

岛城百万中小学生花式迎开学

2023 年 2 月 7 日,刊登于《青岛日报》

　　青岛博文小学校长杨伟与学校干部、老师一早便在学校门口等候学生们的到来,而学生则相约佩戴自己亲手制作的"萌兔"头饰,高高兴兴迈入久违的校园。此外,问候、击掌、拥抱也成了新学期的"标配",学生们在笑声中开启前"兔"似锦新篇章。

春暖花开日,恰逢少年归

——青岛博文小学开学周学科启航课程纪实

2023 年 2 月 11 日,刊登于青报教育在线

【摘要】春暖花开日,恰逢少年归。良好的开端是成功的一半,青岛博文小学提前谋划,精心准备,秉承"有心""有趣""有用"的设计思路,开展了形式多样、精彩纷呈的开学周学科启航第一课。老师们用创意的形式,给予课堂学习满满的仪式感,用多元的方式激发孩子们的学习激情,帮助博娃快速"收心起意"回归课堂,筑梦新起点,启航新学期。

春暖花开日,恰逢少年归。良好的开端是成功的一半,青岛博文小学提前谋划,精心准备,秉承"有心""有趣""有用"的设计思路,开展了形式多样、精彩纷呈的开学周学科启航第一课。老师们用创意的形式,给予课堂学习满满的仪式感,用多元的方式激发孩子们的学习激情,帮助博娃快速"收心起意"回归课堂,筑梦新起点,启航新学期。

语文学科 在展示中分享快乐

卯兔迎春,低年级语文组以"A 城赋能 我爱 5+"为主题拉开开学启航课的序幕,举办了一场别样的寒假作业成果颁奖会:好书推介——评选 A 城图书品鉴家、书法展览——评选 A 城墨韵书法家、新学期启航——评选 A 城语霸小讲师。中年级语文组以"回顾"与"展望"的主题开启学习的第一课,借力寒假"5A 赋能"的多元实践活动评选"创意小能人""金牌小讲师""阅读小达人",开启 Free Talk 时间交流假期旅程感受祖国山河的壮美。高年级语文组从回眸忆往昔、着眼当下事、展望向未来三个篇章起航新学期第一课,引领学生欲善其事,计划先行,谋定而动,为新学期加油赋能!

数学学科　在探究中点燃热情

新征程、再启航，低年级数学组借助春节福娃涂色的项目式活动学习点燃课堂气氛，借助小福娃身体每部分对应的数学题目，一起分享答案分享思考过程，巩固旧知基石铺好新知之路，力争将福娃涂得更漂亮！中年级数学组"快闪"点亮课堂、思考"为什么学习数学"、数学文化感知"如何学好数学"触动学生心灵深处，点燃学习热情。趣生智，智提效，帮助学生形成内驱力。高年级数学组从精彩分享、新课起航，合作探究、生生共创，回顾总结、未来可期三部分回顾假期生活，开启启航第一课，激发学生新学期数学学习的热情，发展学生的数学思维。

英语学科　在表彰中树立榜样

兔年新气象，逐梦迎未来。英语组以学业电展示为抓手，通过"炫""评""定"的形式，上好开学第一课，将第一课上的生动、有趣，上到学生的心坎里去。教师随机播放假期阅读书目片段，让学生现场挑战、现场打分，通过展示评选，激励学生努力学习。除此之外，通过设计多种形式的表彰会和有趣的小讲师分享会，为学生新学期的学习树立榜样作用。

艺术学科　在赋能中自信成长

聚力音美，结合"A城赋能，我爱5+"艺术电，充分发挥学科优势，践行"五育并举"教育理念，美术启航第一课以感知美、欣赏美、创造美为核心，以《船》为开端，乘风破浪，评选出"最佳优秀小航手"，为新学期赋能！音乐启航第一课以富有趣味性的手势舞、声势律动训练，手部以及整个身体根据音乐进行一系列的动作，促进学生创造力和想象力的发展，以美育人，以乐润心，为新学期领跑助力！

　　开学周展现在一至六年级近两千余名学生眼前的学科启航课程，是博雅教学团队用心、用情通过头脑风暴、集智分享构思和创意的，是用来点燃孩子们心灵的一颗火种！经历了启航课程的洗礼后，博园的孩子们必将点燃内心的火焰，潜移默化，循序渐进，最终会自主成长，成为学习的主人。同时老师们也蓄势待发，将继续关注学生学习方式的变革，努力在教学工作新样态中持续学习和实践，博园师生将共同带着激情、梦想、智慧、毅力在新的学期中蓬勃生长！

满满的仪式感！ 2023 青岛小学报名确认现场：花样百出、暖心相迎

2023 年 7 月 2 日，刊登于人民日报客户端

在青岛博文小学的报名确认现场，家长们一进校门就被校园美景深深吸引，孩子们更是迫不及待地冲进充满童趣的校园。"小朋友们，别着急！来来来，初入博园先来张靓照！"每组家庭初入博园从网红打卡照开始，一眼爱上小学校园！

家长们按流程井然有序地进入确认现场，各组工作人员细心审核、热心服务、严格把关，耐心为家长解决各种问题。为了帮助大小朋友们尽早熟悉博园生活，学校精心准备了全面介绍学校办学成果的文化宣传片、精美的校报，还专门为小朋友准备了趣味闯关小游戏，益智博雅棋、有趣的绘本……老师们或循循善诱，或倾听鼓励，用爱心引领准小学生认识校园点滴，开启梦想之旅。

"这所学校真了不起！""这里的操场好大啊！""这里的食堂饭菜真诱人！""这里的老师好亲切！"……现场确认结束后，家长和孩子们沉浸式参观校园的"惜味园"音乐餐厅、悦动体育馆、博爱大道、博园新景观等，并纷纷在博园打卡拍照。老师们贴心地用拍立得给每组家庭拍照留念，现场将照片贴在赠送给每位孩子的精美宣传折页上，定格美好的记忆。

新学期新气象　学习乐园再升级

2024 年 9 月 5 日，刊登于《半岛都市报》

创新课程，关爱成长

　　为深入推进幼小科学衔接，帮助一年级新生更好地度过入学适应期，青岛博文小学优化国家课程实施，基于儿童关键经验，聚焦"儿童心理适应"，采用游戏化、情境式、任务型的方式，从科学创意艺术、劳动技能三个维度为孩子们精选启航赋能课程，以便帮助孩子们更好地适应学习生活，寓学于乐，激发孩子们对小学生活的向往。

太暖心了! 教师节前夕,青岛博文学子手绘漫画肖像送祝福

2024 年 9 月 8 日,刊登于青报教育在线

"收到如此用心的礼物,我们真的太感动了。" 9 月 8 日上午,青岛博文小学举行"躬耕教坛、强国有我"教师节主题庆祝活动。现场,学生们送上了为每位教师亲手绘制的漫画肖像,献上最温暖的祝福,令教师们感到惊喜不已。

用画笔描绘最美教师

一大早,青岛博文小学的校园洋溢着浓浓的节日氛围。校门口,"教师节快乐" 5 个大字分外醒目。在学生们的掌声和祝福中,教师们两两相邀,踏上红毯来到舞台中间,颇具"明星范"。

随后,学生代表把用彩色画笔绘制的漫画肖像送到了教师们的手上。青报教育在线看到,学生笔下的每位教师画像都独一无二,每位教师的特点都准确地勾勒出来,形象生动。

"祝老师节日快乐!""老师您辛苦了!""春风十里不如您。""袁老师最帅!"……画像旁,学生们还写下了一句句真挚的祝福,表达着对老师的感激之情。

"孩子们画的太棒了,发型、神态、动作都很传神……这是一份令人惊喜的节日礼物。"接过画像后,教师们脸上露出幸福的笑容。

除了手绘画像,学生们还精心制作了贺卡,表达对老师的节日祝福。一张张创意十足的贺卡贴满了整面展示墙。

家长送锦旗　诚挚谢师恩

令教师们更感动的是,五年级七班的家长自发来到庆祝活动现场,送上

了写有"博雅校园办一流名校　博文学子成济世英才""春风润物,明德育才　泽流及远,千里思源"两面锦旗。

"马老师平时对班里的孩子非常用心,我们想用锦旗表达对马老师和学校的感谢。"一位家长代表表示,博文教师认真负责、爱生如子。尤其是疫情期间,教师们付出了更多的时间和心血,对待任何事情都事无巨细,令家长们很放心。

"这个教师节令我终生难忘!"五年级七班班主任马秀青激动地说,今年是自己度过的第 21 个教师节,家长的到来给了她一个莫大的惊喜。学校教育离不开家长的支持,今后她也将和家长继续携手共进,助力学生的健康成长。

当天,每个班级学生在课前主动为任课老师送上祝福语,一声声"祝老师节日快乐"响彻整个校园。

"希望通过仪式感满满的庆祝活动,让教师们充分体会到职业幸福感。"青岛博文学校副校长冷玉娟表示,每年学校都会通过系列教师节庆祝活动,让每个学生进一步了解了教师工作的辛苦,感受到教师默默耕耘、无私奉献的精神,表达了对教师的敬仰和爱戴之情。

锦旗飘扬，花束传情！
青岛博文小学教师节温情满校园！

2024 年 9 月 10 日，刊登于青报教育在线

"老师节日快乐！""老师辛苦啦！"一声声清脆的问候在青岛博文小学的校园里回荡。在这个充满希望与收获的季节里，青岛博文小学迎来了一年一度的教师节。一场以"以匠心守望初心"为主题的教师节活动，在校园里温情上演。

心手相牵，师生情深共此时

清晨的阳光洒在校园，一条鲜艳的红毯铺就出荣耀之路。青岛博文小学老师们脸上洋溢着自信与喜悦，在同学们的祝福声中走过红毯。红毯尽头，老师们郑重地签订师德承诺书。一笔一画，写下的是承诺，更是责任。他们承诺将以高尚的师德、精湛的业务，为学生的成长和发展贡献自己的全部力量。这份承诺书，如同一份神圣的契约，将老师们与教育事业紧紧相连。

学校倡导推行"绿色教师节"理念，学生精心制作了手工花束，并亲手书写了贺卡，以此向老师表达崇高的敬意和诚挚的祝福。他们满怀敬意地捧着自己制作的花束，连同满溢热情的拥抱，向老师致以最纯洁、最真挚的祝福。

老师们在接受这些手工花束和贺卡时纷纷表示："感谢孩子们的用心，每个手工花束都满载着孩子们的纯真情感，让我们深切感受到教育事业的幸福与成就！"在师生间相互拥抱和祝福的温馨氛围中，师生情谊与温暖交织，构成了校园中最动人的风景。

以爱育人，收获满满家长情

特别的节日里，特别的专属惊喜来到了博园——2019 级 9 班的家长代表

献上锦旗，2023 级 2 班家长代表献上表扬信。他们代表家长，向学校领导和老师致以诚挚的祝福和感谢！

　　家长们纷纷表示，青岛博文小学在校长杨伟的科学引领下，实现了学校发展的历史性飞跃，高质量发展成绩斐然，深得老百姓的青睐与赞誉。在"博悦童年，赋能未来"办学理念引领下，教师团队向阳生长、向下扎根，老师们无私的爱与付出感染着每一位学子，得到了家长们发自内心的尊敬和赞誉。

　　校长杨伟表示，感谢所有家长和同学们的深情厚谊。青岛博文小学一直致力于为孩子们提供一个充满爱与关怀的学习环境。每一位老师都以满腔的热情和无限的耐心，为孩子们的成长保驾护航。未来，学校将大力弘扬教育家精神，不断优化教育环境，提升教学质量，为加快建设教育强国贡献自己的力量。

打造校园亲子运动品牌

2024 年 11 月 13 日，刊登于《青岛早报》

　　11 月 13 日，市北区全民健身运动驿站走进青岛博文小学，为"最美的教育是家校和谐共育"家长开放日带来一场亲子趣味体育盛会。市北区全民健身运动驿站探究贴合居民喜爱的运动模式，根据节庆和参与人群的不同，灵活调整参赛项目，实现全域覆盖、全龄参与、全民共享，成为一个有心、有趣、有温度的移动式运动品牌项目。

　　青岛博文小学以市北区教体局"2+2+N"模式为指导，推广可复制的市北特色中小学体育育人体系，充分利用大课间、家校结合等，普及推广跳绳、跑酷足球等亲子校园运动，让运动成为校园文化的重要组成部分。

　　市北区全民健身运动驿站携手青岛博文小学，尝试贯通体育育人全路径，助力校园亲子运动品牌打造，也是体育赛事活动"进商圈、进广场、进校园"有力举措。

第二所赵革"微尘"博爱学校揭牌

2024 年 12 月 6 日,刊登于《青岛早报》

　　12 月 5 日,青岛早报以《"微光"成炬 4 年捐款 6.5 万》为题,报道了 90 岁老人"微光"公益捐款 20 年,以"微光"的名字累计捐款 65 000 元,但始终不愿意透露姓名、地址、电话等信息的故事。新闻一经报道,在社会上引起了强烈的反响。大爱青岛,人人都可以是一粒"微尘",散发一份"微光"。12 月 5 日,另一位感动了数万读者的"微尘"——岛城市民赵革,捐赠的第二所赵革"微尘"博爱学校启动仪式在青岛博文小学举行。青岛早报曾独家报道了赵革在生命最后时刻把 134 万多元遗产捐给微尘基金用于助学项目的故事。早在 5 月 14 日,赵革捐赠的首所微尘博爱学校在平度市古岘镇大朱毛小学揭牌,同时,中国红十字会授予赵革"中国红十字贡献奖章"。

让公益之花在校园绽放

　　赵革遗产执行人黄女士,青岛市红十字会、青岛市教育局体育卫生与艺术教育处、青岛市财政局社会保障处、团市委青年发展部、市北区教体局等单位的相关负责人出席本次活动。

　　2023 年,青岛市微尘公益基金会收到一笔来自个人的捐款,共 134 4013.37 元,捐款人名叫赵革。这是微尘基金成立以来首次收到的大笔遗产捐赠,赵革当时选择微尘基金的"筑梦工程"中,就包含了微尘博爱学校项目,本所博爱学校建立的相关费用就全部出自于赵革的定向款中。启动仪式上,赵革遗产执行人黄女士,青岛市红十字会、市北区教体局相关负责人,青岛博文小学校长杨伟共同为"青岛红十字微尘博爱学校"揭牌,宣告红十字微尘博爱学校在青岛博文小学正式启动。

　　现场,杨伟向黄女士回赠锦旗。黄女士接过锦旗并表示,希望博文小学能够将此笔善款的用处发挥到极致,以志愿服务活动为载体,帮助学生提高社会化能力,以志愿服务为依托,让慈善公益精神在新时代新征程绽放更加璀璨的光芒，让赵革的大爱精神感染每一位学生，让公益的力量在教育的大地上生根发芽，绽放出最绚丽的花朵。

博文小学将博爱育人与自主管理相融合，积极实施"小主人自主管理"。启动仪式第一阶段结束后，学生们化身"校园文化讲解员"，带领与会领导参观学校。"小主人讲校园"的形式能够有效培养学生主人翁意识，将学校博爱育人文化内化于心，引导小主人发挥大职责，通过小微尘传递大能量。学生对校内雅趣亭、七色鹿、博文椅等的介绍，让校内每一处设施都会"说话"，用无声的语言讲述着公益的力量、文化的魅力与教育的温度，实现了公益知识的本土化、特色化。

青岛博文小学校长杨伟：携爱前行　点亮教育之光

"好的教育不单单是拥有优良的学业成绩，更重要的是孩子们要学会爱、感受爱、分享爱，将来能够成为一个温暖学校、温暖家庭、造福社会的合格公民。"杨伟在活动现场说道。她还表示，红十字会以人道为本，博爱为怀，奉献为荣，与学校的育人理念高度契合，加入红十字微尘博爱学校后，学校将继续以核心素养为根本，以美好品格为生命底色，持续打造慈善公益精神基地，不断培养具有公益人格的年轻力量，让红十字会与"微尘有情，博爱无疆"的慈善公益精神洒满校园，为建设美好社会贡献博文力量。

博文小学始终秉持博雅育人、博爱赋能的教育理念，将"博爱育人"品牌与思政教育、课堂教学、自主管理、研学实践和家校协同有机融通。校内精心打造微尘博爱之家，将学生亲手创作的以微尘故事、红十字精神为主题的手抄报、征文等作品装订成册，进行展示、传阅。微尘博爱之家内随处可见微尘精神文化宣传板块，图文结合的形式能够更好地帮助学生了解并传承微尘公益精神。

博文小学持续推动青年志愿者行动纵深发展，构筑志愿服务育人新高度。"博雅志愿服务团"在校方积极领导下广泛开展"弯腰捡纸屑，抬头扬美德""我是岛城志愿者""城市发展我负责"等诸多公益实践活动，展示出岛城青年蓬勃向上、奋发有为的青春风采。

科学度寒假　寻味中国年

2025 年 2 月 7 日,刊登于《半岛都市报》

　　在这个寒假,市北区的孩子们通过丰富多彩的实践活动和富有创意的寒假作业感受到了浓厚的春节氛围,领略了中华文化的博大精深。

校园运动会科技含量高

2025 年 5 月 1 日，刊登于《青岛早报》

在青岛博文小学"艺体双修共育未来"2025 年春季田径运动会上，同时举行与青岛大学艺术学院的教学科研实践基地挂牌仪式，标志着学校与青岛大学艺术学院将携手同行、共育艺体英才。青岛博文小学是全国蹦床体教融合活力校园，46 个班级以"践行十个一"为核心理念带来了精彩的入场式展演，全方位展现学校育人理念，彰显独特教育生态的活力。

青岛中小学召开春季运动会

2025 年 5 月 12 日,刊登于《青岛日报》

青岛博文小学举行"艺体双修,共育未来"2025 年春季田径运动会暨与青岛大学艺术学院携手共创教学科研实践基地挂牌仪式,标志着两校将在艺体教育领域携手创造更多精彩。

助推幼小科学衔接

2025 年 5 月 17 日，刊登于《青岛早报》

5 月 16 日讯　5 月份是义务教育学校招生报名季，为有序做好幼小衔接工作，岛城多所学校举行校园开放活动，让幼儿和家长提前走进小学校园零距离感受，共赴成长之约。

青岛博文小学以"育见博文，一路生花"为主题，面向周边社区及幼儿园全面开放，通过沉浸式校园探访、趣味课堂体验、特色社团参观、家校对话等多元形式，为 400 余名即将入学的幼儿搭建起零距离感受小学教育的桥梁。

第十四章 学校荣誉

青岛博文小学荣誉情况（2019.9 至今）

奖励日期	奖励或荣誉名称	授予单位
2019.10	《中国教育报》—让每个学生"C位"出境	《中国教育报》报道
2020.01	山东省卫生先进单位	山东省爱卫会
2020.03	青岛市市级文明校园	青岛市市北区精神文明建设委员会办公室
2020.03	青岛市文明单位标兵	青岛市市北区精神文明建设委员会办公室
2020.06	全国青少年人工智能活动特色单位	中国科协青少年科技中心
2020.07	青岛市中小学高水平现代化学校	青岛市教育局
2020.11	青岛市中小学教育质量综合评价改革实验一等奖	青岛市人民政府教育督导室
2020.11	2020年度青岛市地震科普示范学校	青岛市教育局 青岛市科学技术协会
2020.12	山东省第二批教育信息化示范单位	山东省教育厅
2020.12	青岛市健康促进学校	青岛市卫健委
2020.12	立德树人视域中的"小主人"课程构建与实施研究 2020JXZ040	山东省教育科学研究院
2021.04	市北区"与经典同行"整本书阅读实验学校	市北区教育和体育局
2021.05	"新时代·十个一伴我成长"2021年市北区中小学合唱展演一等奖	市北区教育和体育局
2021.07	全国软式棒垒球实验学校	中国棒球协会
2021.10	2021年市北区中小学生健身操比赛一等奖	市北区教育和体育局

奖励日期	奖励或荣誉名称	授予单位
2021.11	青岛市公共机构节水型单位	青岛市水务管理局 青岛市机关事务服务中心
2021.11	青岛市中小学第二批优秀校本德育课程	青岛市教育局
2021.12	市北区第一届学术节语文优秀教研组	市北区教育和体育局
2021.12	全国规范化家长学校实践活动实验学校	青岛市教育局关心下一代 工作委员会
2021.12	2021青岛市优秀家庭教育服务站	青岛市教育局
2022.01	山东省星级食堂	山东省教育厅
2022.01	承办青岛市义务教育作业革命之优化作业设计统筹作业管理工作第三次会议并做作业改革经验介绍	青岛市教育科学研究院
2022.04	青岛市文明校园	青岛市市北区精神文明建设 委员会办公室
2022.05	青岛市无烟学校	青岛市教育局市卫健委
2022.06	2021年度教育体育系统党支部评星定级——四星	中共青岛市市北区委教育 工作委员会
2022.08	第一批山东省绿色学校	山东省教育厅
2022.08	中国棒垒球传统学校	中国棒球协会 中国垒球协会
2022.11	2022年市北区中小学生健身操比赛一等奖	市北区教育和体育局
2022.12	山东省随班就读示范学校	山东省教育厅
2022.12	青岛市中小学AAAA级阳光校园	青岛市教育局
2022.12	青岛市教体融合示范学校	青岛市教育局
2023.01	市北区第二届学术节优秀组织单位	市北区教育和体育局
2023.01	市北区第二届学术节优秀教研组	市北区教育和体育局
2023.02	市北区中小学校高质量发展考核优秀单位	中共青岛市市北区教育和 体育局党组
2023.03	2022年市北区33届"区长杯"小学生足球比赛女子甲组第一名	市北区教育和体育局

续表

奖励日期	奖励或荣誉名称	授予单位
2023.03	2022 年市北区 33 届"区长杯"小学生足球比赛男甲甲级第四名	市北区教育和体育局
2023.03	2022 年市北区 33 届"区长杯"小学生足球比赛男子乙组第七名	市北区教育和体育局
2023.03	承办 2023 "足"梦市北——青岛市市北区校园足球发展三年行动计划发布会	市北区教育和体育局
2023.04	2023 年市北区中小学生社团舞蹈比赛一等奖	市北区教育和体育局
2023.04	市北区中小学生社团器乐比赛二等奖	市北区教育和体育局
2023.05	市北区中小学生社团合唱比赛二等奖	市北区教育和体育局
2023.05	承办《明眸世界　点亮未来——2023 年青岛市儿童青少年近视防控工作会议暨教医联动包校试点工作启动仪式》,并做《明眸"视"界,让前行更有力量》经验介绍	青岛市教育局
2023.06	学校首创的《博雅手眼操》应邀参加山东教育电视台全国"爱眼日"主题推进活动	山东省教育电视台
2023.06	青岛市第三十三届中小学生艺术节舞蹈展演二等奖	青岛市教育局
2023.06	2023 年"市长杯"足球赛女乙甲级第七名	青岛市教育局
2023.08	山东省营养与健康学校	山东省卫健委 山东省教育厅 山东省市场局 山东省体育局
2023.09	2023 年市北区中小学班级器乐比赛展演二等奖	市北区教育和体育局
2023.09	2023 年市北区中小学班级合唱比赛展演二等奖	市北区教育和体育局
2023.10	2023 年市北区"肯德基"健身操比赛一等奖	市北区教育和体育局
2023.10	2023 年市北区"奔跑吧•少年"中小学生秋季田径运动会体质健康监测项目第六名	市北区教育和体育局

奖励日期	奖励或荣誉名称	授予单位
2023.10	2023 年市北区中小学生班级舞蹈展演二等奖	市北区教育和体育局
2023.11	2023 年 34 届"区长杯"足球赛女子甲组第三名	市北区教育和体育局
2023.11	2023 年 34 届"区长杯"足球赛男甲甲级第八名	市北区教育和体育局
2023.11	青岛市融合教育集团理事单位	青岛市教育局
2023.11	2023 年市北区中小学生武术套路比赛第六名	市北区教育和体育局
2023.12	2023 年全国蹦床体教融合比赛 U7 一等奖	国家体育总局体操运动管理中心
2024.01	青岛市中小学校星级食堂	青岛市教育局
2024.01	山东省体操类项目教体融合示范特色学校	山东省体操协会
2024.01	市北区第三届学术节优秀组织单位	市北区教育和体育局
2024.02	青岛市青少年体育后备人才基地（棒垒球）	青岛市体育局
2024.02	青岛市青少年体育后备人才基地（体操）	青岛市体育局
2024.02	2023 年度市北区中小学校综合绩效考核优秀单位	市北区教育和体育局
2024.03	市北区首批科学教育实验校	市北区教育和体育局
2024.05	承办市北区食育校园行现场会	市北区教育和体育局
2024.06	"市北区第二届教师读书节"先进学校	市北区教育研究发展中心
2024.06	2024 市北区中小学生社团合唱展演二等奖	市北区教育和体育局
2024.07	山东省儿童青少年近视防控试点学校	山东省教育厅
2024.09	第八届全国青少年无人机大赛（山东省赛）旋翼竞速赛团体第七名	山东省航空航天协会
2024.09	青岛市教书育人先进集体	中共青岛市委 青岛市人民政府

续表

奖励日期	奖励或荣誉名称	授予单位
2024.09	第八届全国青少年无人机大赛(青岛市赛)小学男子组团体第六名	青岛市教育局、青岛市体育局、青岛市科学技术局
2024.09	第八届全国青少年无人机大赛(青岛市赛)优秀组织奖	青岛市教育局、青岛市体育局、青岛市科学技术局
2024.09	2024 年市北区全环境立德树人优秀案例	市北区教育和体育局
2024.09	2024 年市北区少儿体能(跑酷)挑战赛团体总分第一名	市北区教育和体育局
2024.09	2024 市北区中小学生班级舞蹈展演二等奖	市北区教育和体育局
2024.10	2024 年第 35 届"区长杯"中小学生足球赛小学组男甲乙级第一名	市北区教育和体育局
2024.10	2024 年第 35 届"区长杯"中小学足球赛小学组女子甲组第二名	市北区教育和体育局
2024.10	2024 市北区中小学生班级合唱展演二等奖	市北区教育和体育局
2024.10	2024 市北区中小学生班级器乐展演二等奖	市北区教育和体育局
2024.10	2024 年"肯德基"健身操第五名	市北区教育和体育局
2024.10	2024 年市北区中小学生秋季田径运动会体育道德风尚奖	市北区教育和体育局
2024.10	青岛市 STEM 协同创新联盟校	青岛市教育局
2024.10	青岛市家庭教育典型案例二等奖	青岛市教育局
2024.11	2024 年全国蹦床体教融合比赛 U-12 组一等奖	国家体育总局体操运动管理中心
2024.11	2024 市北区中小学生班级戏剧展演一等奖	市北区教育和体育局
2024.11	2024 年青岛市青少年航海模型运动竞赛优秀组织单位	青岛市体育局 青岛市教育局
2024.12	"青春创想　智引未来"市北区青少年创新意节优秀组织单位	共青团市北区委 市北区教育和体育局

奖励日期	奖励或荣誉名称	授予单位
2024.12	市北区第十七届小学生英语口语模仿展示活动一等奖并代表市北区参加青岛市小学生英语口语模仿展示活动	市北区教育研究发展中心
2024.12	市北区首家"青岛红十字微尘博爱学校"	青岛市红十字会
2025.02	2024年度市北区教体系统高质量发展综合绩效考核优秀单位	市北区教育和体育局
2025.02	青岛市青少年体育后备人才基地	青岛市体育局
2025.02	市北区第四届学术节优秀组织单位	市北区教育和体育局
2025.03	2025年市北区中小学生春季田径运动会小学甲组团体总分第六名	市北区教育和体育局
2025.04	山东省2024年度学校安全工作先进集体	山东省教育厅
2025.04	"新时代十个一伴我成长"市北区中小学合唱展演中一等奖	市北区教育和体育局
2025.05	市北区人工智能实验学校	市北区教育研究发展中心
2025.06	青岛市教育学会科研工作基地学校	青岛市教育学会
2025.06	市北区"红领巾奖章"集体二星章大队	共青团市北区委 市北区教育和体育局 市北区少工委